Die Methode für jeden Tag

Polnisch
ohne Mühe

VON
BARBARA KUSZMIDER

DEUTSCHE ÜBERSETZUNG UND BEARBEITUNG VON
Brigitte NENZEL
in Zusammenarbeit mit
Susanne GAGNEUR

Zeichnungen von J.L. Goussé

KÖRNERSTRASSE 12
50823 KÖLN
Deutschland

© Assimil 1995/2021
überarbeitete Auflage

ISBN 978-3-89625-003-2

Der Assimil-Verlag
bietet folgende Sprachkurse an:

Grundkurse Niveau A1–B2 / Reihe "ohne Mühe"

Amerikanisch • Arabisch • Brasilianisch • Bulgarisch
Chinesisch • Chinesische Schrift • Dänisch
Deutsch (als Fremdsprache) • Englisch • Finnisch
Französisch • Griechisch • Hindi • Indonesisch
Italienisch • Japanisch • Kanji-Schrift • Koreanisch
Kroatisch • Latein • Luxemburgisch • Niederländisch
Norwegisch • Persisch • Polnisch • Portugiesisch
Rumänisch • Russisch • Schwedisch • Spanisch
Thai • Tschechisch • Türkisch • Ungarisch
Vietnamesisch

Vertiefungskurse Niveau B2–C1 / Reihe "in der Praxis"
Englisch • Französisch • Italienisch • Spanisch

Weitere Sprachkurse in Vorbereitung

… Aktuelles und weitere Infos unter www.AssimilWelt.com

Die Tonaufnahmen
mit den fremdsprachigen Texten aller Lektionen und Verständnisübungen aus diesem Kurs – insgesamt 190 Min. Spieldauer – können Sie im Internet oder bei Ihrem Buchhändler bestellen: **Polski bez trudu**

4 Audio-CDs ISBN 978-3-89625-153-4

VORWORT

Wussten Sie, dass Wörter wie "Gurke", "Grenze", "Säbel" und "Peitsche" aus dem Polnischen stammen? Selbst das eher italienisch klingende "Dalli" kommt von **dalej** "weiter, vorwärts". Auch das umgangssprachliche "Penunze" von **pieniądze** ist ein Beispiel für ein Wort, das Eingang ins Deutsche gefunden hat.

Noch zahlreicher sind die polnischen Wörter, die wir als Deutschsprachige gleich verstehen können. In diesem Buch werden Sie viele polnische Wörter entdecken, die Sie ohne weitere Hilfe richtig deuten können.

Es gibt fast 40 Millionen Polnisch-Sprecher in Polen, und es kommen noch ca. 15–20 Millionen im Ausland hinzu. Es gibt größere Sprecherzahlen in Deutschland, Brasilien, Frankreich, Russland, Weißrussland, Tschechien, der Ukraine und dem Baltikum. Auch in Kanada, Irland, Argentinien und Australien findet man polnische Minderheiten. Allein in den USA leben etwa 6–10 Millionen Polnisch-Sprecher.

Ursprünglich zählt die polnische Sprache zur lechischen Gruppe der westslawischen Sprachen, einer Untergruppe der indogermanischen Sprachfamilie. Sie ist eng verwandt mit dem Kaschubischen, dem Tschechischen, dem Slowakischen und dem Sorbischen, das von einer in Deutschland lebenden Minderheit gesprochen wird.

Die polnische Sprache ist sicher keine einfache Sprache. Sie besitzt sieben Fälle, und fast jede Endung wird dekliniert oder konjugiert. Dafür besitzt das Polnische keine Artikel und wurde im Vergleich zu anderen slawischen Sprachen von Anfang an mit dem lateinischen Alphabet geschrieben. Zur Wiedergabe der polnischen Laute werden diakritische Zeichen (Zeichen mit Akzenten) verwendet.

Mit dem Kurs **Polnisch ohne Mühe** wird es Ihnen problemlos gelingen, sich autodidaktisch in 100 Lektionen die Grundlagen des Polnischen anzueignen. Sie werden hiermit das sprachliche Niveau von 4–5 Semestern VHS bzw. die Stufe B2 des Gemeinsamen Europäischen Referenzrahmens für Sprachen erreichen – ohne Auswendiglernen und "Grammatikpauken".

INHALT

Vorwort	III
Polnisch ohne Mühe mit ASSiMiL	IV
Passive und aktive Phase	V
Die Aussprache des Polnischen	VI
Aufbau der Lektionen	VI
Arbeitsweise	IX
Lektionen 1–100	1
Grammatikalischer Anhang	425

POLNISCH OHNE MÜHE MIT ASSIMIL

Dieser Kurs richtet sich an Personen, für die das Polnische noch eine völlig unbekannte Sprache ist, sowie an diejenigen, die bereits vorhandene Polnischkenntnisse auffrischen möchten. Er vermittelt in 100 Lektionen modernes und lebensnahes Polnisch. Insgesamt erlernen Sie in diesem Kurs ca. 2.000 Vokabeln.

Polnisch ohne Mühe präsentiert Ihnen die Sprache so, wie man ihr im täglichen Leben begegnet. Durch den lebendigen Kontext werden Sie sich sehr schnell wohl fühlen. Die ASSiMiL-Methode bietet eine natürliche Progression: Lassen Sie sich leiten, und Sie werden bequem Ihr Ziel erreichen.

Das Geheimnis der natürlichen Assimilierung bei ASSiMiL ist die **Regelmäßigkeit** des Lernens: 15–20 Minuten täglich in Gesellschaft Ihres Kurses, und Sie werden schnell Fortschritte machen. Haben Sie einmal wenig Zeit, so vermindern Sie die Lerndosis lieber, als dass Sie sie ganz streichen. Sie müssen nicht pro Tag eine Lektion durcharbeiten, sondern können eine Lektion auf mehrere Tage verteilen.

Lernen Sie **nicht auswendig**. Die bessere Art, sich eine Fremdsprache anzueignen – oder besser: zu assimilieren – ist wiederholtes Lesen und vor allem Anhören der Dialoge und Übungstexte.

Lesen Sie auf jeden Fall die vorliegende **Einleitung** und die **Erläuterungen zur Aussprache** am Ende des Buches. Dort wird beschrieben, wie Sie die vereinfachte Lautschrift lesen. Die Erläuterungen sind eine wichtige Ergänzung zu den Tonaufnahmen.

Sie können die **Lautbeschreibungen** auf den letzten Seiten dieses Buches außerdem jederzeit zum Nachschlagen benutzen. Vor allem in den ersten Tagen Ihres Studiums sollten Sie sich die Lautschrifttabelle immer wieder ansehen und die Laute laut und deutlich nachsprechen.

Nach der letzten Kurslektion finden Sie einen umfangreichen **grammatikalischen Anhang**, den Sie jederzeit zum Nachschlagen verwenden können. Lernen Sie aber bitte die dort abgedruckten Listen und Tabellen nicht auswendig!

PASSIVE UND AKTIVE PHASE

Wie alle ASSiMiL-Kurse gliedert sich auch dieser Kurs in eine passive und eine aktive Phase (auch "Zweite Welle" genannt). Bis Lektion 49 üben Sie zunächst passiv das Verstehen, d. h. Sie sollen die Texte lediglich beim Lesen und Anhören verstehen. Dabei sollten Sie die Aufnahmen möglichst oft anhören, sich mit der Aussprache vertraut machen, die Anmerkungen lesen und die Übungen absolvieren. In dieser Phase bilden Sie noch keine eigenen Sätze, sondern sammeln lediglich passive Kenntnisse an.

Mit Lektion 50 beginnt die "aktive Phase" oder auch "Zweite Welle", für die Sie von nun an täglich etwa 5–10 Minuten mehr einplanen müssen. Sie finden nun am Ende jeder Lektion den Hinweis "Zweite Welle", gefolgt von einer Lektionsnummer. Das bedeutet: Nachdem Sie Ihre aktuelle Lektion wie gewohnt passiv studiert haben, gehen Sie zurück zu der angegebenen Lektion und arbeiten diese aktiv durch, d. h. Sie versuchen, den deutschen Dialog auf der rechten Buchseite – wie ein Dolmetscher – auf Polnisch wiederzugeben, wobei Sie die linke Buchseite zudecken. Dies üben und wiederholen Sie so lange, bis Sie den Text korrekt in die Fremdsprache übersetzen können.

Sie können (und sollten) ebenso mit der Verständnisübung der jeweiligen Lektion verfahren, d. h. auch hier versuchen, die deutschen Sätze auf Polnisch wiederzugeben. Zur Kontrolle finden Sie die fremdsprachigen Sätze auf der gegenüberliegenden Buchseite.

Im Laufe dieser "Aktivierung" werden Sie überrascht sein, wie viele Kenntnisse Sie bereits – ohne Mühe und intuitiv – erworben haben, und dass Sie schon eine Menge Wortschatz und Strukturen passiv "assimiliert" haben. Gleichzeitig werden Sie feststellen, dass Sie Ihre bislang erworbenen Kenntnisse vertiefen und festigen und gleichzeitig Ihren Wortschatz erweitern. Außerdem zeigt Ihnen die Zweite Welle noch bestehende Schwierigkeiten auf, und Sie werden herausfinden, was Sie noch einmal wiederholen müssen.

DIE AUSSPRACHE DES POLNISCHEN

Die vereinfachte ASSiMiL-Lautschrift ist eine Hilfestellung bei der Aussprache der polnischen Laute. Sie dient als Unterstützung neben den Tonaufnahmen. Die meisten der verwendeten Lautschriftzeichen sind der deutschen Sprache entnommen; Sie werden also keine Schwierigkeiten haben, sie sofort lesen zu können.

Auf den letzten beiden Buchseiten finden Sie eine Aussprachetabelle, die Sie zum Nachschlagen verwenden können, und weitere wichtige Erklärungen zur Aussprache.

Auf einige Besonderheiten möchten wir hier kurz hinweisen:
– Das Polnische weist im Gegensatz zu anderen slawischen Sprachen Nasalvokale (Nasale) auf.
– Die Betonung liegt auf der vorletzten Silbe. In den anderen slawischen Sprachen ist der Akzent beweglich (Russisch), oder es wird die erste Silbe betont (Tschechisch, Slowakisch).
– Der sogenannte polnische Umlaut beruht auf dem Wechsel des Vokals **e** in **o** oder **a** vor harten Konsonanten.

Die polnische Rechtschreibung

Für Ausländer und sogar für viele Polen ist die Beherrschung der Orthografie von Wörtern mit **ż** / **rz**, **u** / **ó**, **h** / **ch** schwierig, da sie in der gesprochenen Sprache (fast) identisch klingen. Darüber hinaus gelten für die polnische Grammatik und Interpunktion viele Regeln ... und doppelt so viele Ausnahmen!

AUFBAU DER LEKTIONEN

A. Lektionstext

Auf jeder linken Buchseite finden Sie den polnischen Dialog, auf der gegenüberliegenden, rechten Buchseite die sinngemäße deutsche Übersetzung. Um vor allem am Anfang das Verständnis zu erleichtern, gibt es an vielen Stellen auch die Wort-zu-Wort-Übersetzung bestimmter Satzteile in runden Klammern (...). Satzteile bzw. Ausdrücke im Deutschen, die im polnischen Text nicht vorhanden, jedoch für das Verständnis oder für die syntaktische Korrektheit des Deutschen wichtig sind, sind mit eckigen Klammern [...] versehen. Zahlen am Satzende (1), (2), usw. verweisen auf einzelne Anmerkungen.

VII

B. Vereinfachte Lautschrift/Aussprache
Die phonetische Transkription aller polnischen Lektionssätze der jeweiligen Seite finden Sie unter dem Lektionstext in einem mit **WYMOWA** "Aussprache" überschriebenen Absatz.

Bei der Lautschrift handelt es sich um eine speziell von ASSiMiL entwickelte Phonetik [aßimil fonetik], die Ihnen die Aussprache des Polnischen erleichtern soll.

Ausführliche Erläuterungen dazu, wie Sie die Phonetik lesen, finden Sie auf den beiden letzten Seiten dieses Buches.

Ab Lektion 22 werden nur noch die Ausdrücke in vereinfachter Lautschrift wiedergegeben, deren Aussprache schwirig oder ungewöhnlich ist.

C. Anmerkungen
Eingeklammerte Zahlen im polnischen Lektionstext verweisen auf die Anmerkungen, die immer auf der gleichen Buchdoppelseite zu finden sind; das erspart Ihnen umständliches Hin- und Herblättern. Die Anmerkungen enthalten in Kürze wichtige Informationen zum Verständnis des jeweiligen Satzes, eines Satzteils oder eines Wortes bzw. deren Grammatik. Sie können auch ergänzenden Wortschatz, Synonyme, usw. oder einfach landeskundliche Details beinhalten.

D. Verständnisübung mit Lösung
Die 1. Übung jeder Lektion ist eine aus wenigen Sätzen bestehende Übung, in der das Vokabular der aktuellen und auch der letzten Lektionen wieder aufgegriffen und in einen anderen Kontext eingebettet wird. Anhand dieser Übung können Sie feststellen, ob Sie den bisher angetroffenen Wortschatz verstehen bzw. passiv assimiliert haben. Die Lösung dieser Übung finden Sie in Form der deutschen Übersetzung der Übungssätze auf der gegenüberliegenden Buchseite.

Falls Sie Probleme haben, einzelne Sätze spontan zu verstehen, sollten Sie unbedingt die aktuelle Lektion nochmals lesen. Am besten sofort … und später diese Übung erneut wiederholen.

E. Lückentextübung mit Lösung
Die 2. Übung jeder Lektion ist eine Lückentextübung, die ebenfalls auf dem bislang kennengelernten Vokabular basiert. Hier sollen Sie auf der Grundlage der angegebenen deutschen Sätze in die darunter stehenden polnischen Sätze fehlende Wörter einsetzen.

Die "Lücken" werden durch Punkte " . . . . . . " dargestellt, wobei jeder Punkt für einen Buchstaben steht. Endet ein Satz mit einer "Lücke", so ist der Schlusspunkt des Satzes fett gedruckt.

Die Lösung zu dieser Übung, d. h. die Wörter, die Sie einsetzen müssen, finden Sie auf der rechten Buchseite.

F. Motivationshinweise

Gelegentlich gibt es kleine Lernhinweise, die dazu dienen sollen, Sie zu ermuntern und zu motivieren, Sie also sozusagen "bei Laune zu halten". Sie enthalten auch wichtige Tipps für das effektive Lernen und für Situationen, in denen Sie auf Schwierigkeiten stoßen oder in denen Sie sich evtl. etwas demotiviert fühlen.

G. Wiederholungslektionen

Jede 7. Lektion ist eine Art "Bilanz". Hier werden in systematischer Form die Besonderheiten (inkl. Grammatik) der vergangenen sechs Lektionen wiederholt, vertieft und anhand von Beispielen erläutert. In diesen Lektionen finden Sie u. a. auch Konjugations-, Deklinations- und Wörterlisten, die Sie vielleicht in den Lektionen vermisst haben. Versuchen Sie nicht, alles beim ersten Durchlesen zu behalten! Diese Lektionen sind hauptsächlich dazu da, ein späteres Nachschlagen zu ermöglichen.

H. Illustrationen

Schenken Sie auch den Illustrationen ein bisschen Aufmerksamkeit. Jede Karikatur dreht sich um einen Satz aus der jeweiligen Lektion. Vielleicht helfen Ihnen die Illustrationen, sich bestimmte Wendungen oder Ausdrücke besser zu merken, weil Sie sie mit einem Bild bzw. einer Situation assoziieren können.

I. Tonaufnahmen

Sie können zwar auch mit dem Buch alleine lernen, wir empfehlen Ihnen dennoch dringend, zusätzlich die Tonaufnahmen (siehe Seite II) oder die Lernsoftware zu erwerben. Beide enthalten sämtliche fremdsprachigen Lektions- und Verständnisübungssätze. Professionelle SprecherInnen aus unterschiedlichen Regionen Polens gewährleisten eine hohe Authentizität in Aussprache, Betonung und Satzmelodie. Zu Beginn werden die Texte relativ langsam gesprochen; im Laufe der Lektionen steigert sich das Sprechtempo bis hin zu dem typischen Polnisch, wie Sie es unter Polen hören werden.

ARBEITSWEISE

1. Hören Sie sich zunächst die komplette Lektion mehrmals hintereinander auf den Tonaufnahmen an, und vergleichen Sie die Aussprache mit der vereinfachten Lautschrift unter dem Lektionstext.

2. Hören Sie sich dann die Aufnahmen erneut an, und lesen Sie den polnischen Text Satz für Satz laut mit. Machen Sie sich aber vor allem am Anfang keinen Stress mit der Aussprache. Akzeptieren Sie, dass Ihr Ohr sich erst allmählich an die fremden Laute gewöhnt und Sie eine gewisse Zeit brauchen, um diese zu hören und zu erzeugen. Lesen Sie parallel auch die Übersetzung auf der rechten Seite.

3. Lesen Sie immer die den jeweiligen Sätzen zugeordneten Anmerkungen bewusst durch.

4. Hören Sie sich am Ende die Lektion noch einmal komplett auf den Tonaufnahmen an.

5. Lesen Sie dann jeden Satz einzeln so oft laut, bis Sie ihn wiederholen können, ohne ins Buch zu sehen.

6. Hören Sie sich die Lektion noch einmal komplett an.

7. Wenn Sie den gesamten Lektionstext verstanden, sich mit der Aussprache vertraut gemacht und die Anmerkungen gelesen haben, absolvieren Sie die Verständnisübung.

8. Arbeiten Sie anschließend, am besten schriftlich, die Lückentextübung durch, natürlich ohne zwischendurch auf die Lösung zu sehen!

9. Gehen Sie erst dann zur nächsten Lektion über, wenn Sie den Text der aktuellen Lektion problemlos verstehen!

Viel Spaß!

1 Jeden (jeddenn)

LEKCJA PIERWSZA (1) (Aussprache: lekzja pjerfscha)

To nie problem

1 — Ewa! Telefon! **(1)**
2 — Tak. Halo?
3 — Ewa? Cześć, mówi Marek. **(2)**
4 — A, Marek, dzień dobry. **(3)**
5 — Mam problem.
6 — Masz problem? Jaki?
7 — Jutro jest egzamin i... **(4)**
8 — I co? To nie problem. Profesor jest sympatyczny.
9 — Ty też. Dziękuję bardzo. **(5) (6)**

10   Mam, masz.
11   To jest, to nie jest.
12   Dzień dobry, dziękuję, jutro.

▲ Wir empfehlen Ihnen, zunächst die polnischen Sätze mehrmals langsam und laut zu lesen. Achten Sie dabei auf die phonetische Umschrift und die betonten Silben. Weitere Erklärungen zur Aussprache stehen – leicht aufzufinden – auf den letzten Seiten dieses Buches.

LAUTSCHRIFT / WYMOWA (wimmowwa)
to n[i]e problemm **1** ewwa! telleffon! **2** takk, hallo? **3** ewwa? tschesj'c[i], muwi marrekk. **4** a, marrekk, dz[i]en[i] dobrî. **5** mamm problemm. **6** masch problemm? jakki? **7** jutro jeßt egsammin i... **8** i zo? to n[i]e problemm. proffeßorr jeßt ßîmpatîtschnî. **9** ti tesch. dz[i]e[n]kuje bardso. **10** mamm, masch. **11** to jeßt, to n[i]e jeßt. **12** dz[i]en[i] dobrî, dz[i]e[n]kuje, jutro.

ANMERKUNGEN
(1) Das polnische **e** spricht man als kurzes [ä] wie in "hätte". Der Einfachheit halber umschreiben wir es mit [e]. Alle polnischen Vokale werden kurz ausgesprochen.
(2) Der Akzent ´ auf einem Konsonanten kennzeichnet einen weichen Laut. Das **ś** entspricht dem deutschen ch wie in "ich". Das **ć** hat im Deutschen keine Entsprechung. Hier helfen Ihnen die Tonaufnahmen. In der Lautschrift steht hinter diesen Konsonanten das Zeichen [i].

Dwa (dwa) **2**

ERSTE LEKTION

Das [ist] kein Problem

1 — Eva! Telefon!
2 — Ja. Hallo?
3 — Eva? Hallo, [hier ist] (spricht) Mark.
4 — Ah, Mark, guten Tag.
5 — [Ich] habe [ein] Problem.
6 — [Du] hast [ein] Problem? Was für eins (welches)?
7 — Morgen ist [die] Prüfung und ...
8 — Ja und (und was?)? Das [ist] kein Problem. [Der] Professor ist sympathisch.
9 — Du auch. Danke (sehr).

10 [Ich] habe, [du] hast.
11 Das ist, das ist nicht (das nicht ist).
12 Guten Tag, danke, morgen.

ANMERKUNGEN (Fortsetzung)
(3) Das **y** ist ein kurzes, geschlossenes [i] wie in "B<u>i</u>ld"; Lautschriftzeichen [î].
(4) Das polnische **z** wird stimmhaft gesprochen wie in "Ha<u>s</u>e".
(5) Das **ż** spricht sich wie der stimmhafte Anlaut von "<u>J</u>ournal", am Wortende wird es jedoch zu einem stimmlosen [sch].
(6) Innerhalb eines Wortes ist das **ę** (e mit Häkchen) ein Nasallaut. Befindet es sich am Wortende, steht es für ein kurzes [ä].

▲ Die Anmerkungen finden Sie stets auf derselben Buchdoppelseite wie die zu erklärenden polnischen Sätze. Das erspart Ihnen umständliches Hin- und Herblättern.

LEKTION 1

3 Trzy (t'schî)

VERSTÄNDNISÜBUNG / ĆWICZENIE (c̨ifi'tschen̨e)

1. To jest profesor. 2. Profesor nie jest sympatyczny. 3. Jaki masz problem? 4. Jutro mam egzamin.

LÜCKENTEXTÜBUNG / WYPEŁNIĆ BRAKUJĄCE SŁOWA
(wîpeŵnic̨ı brakkujo̱nze ßŵowwa)
Setzen [Sie die] fehlenden Wörter ein.

1 *[Ich] habe [eine] Prüfung.*

 . . . egzamin.

2 *Was für eine (welche) Prüfung hast [du]?*

 Jaki . . . . egzamin?

3 *Das ist [ein] Problem.*

 To . . . . problem.

4 *Wie ist [der] Professor?*

 Jaki . . . . profesor?

LEKCJA DRUGA (2) (lekcja druga)

Bardzo dobrze

1 — O, masz nowy telewizor! **(1)**
2   Co jest teraz! **(2)**
3 — Moment. Gdzie jest program? **(3)**
4   O, już. Jest film.
5 — Jaki?

WYMOWA

bardso dobje **1** o, masch nowwî tellewwisorr! **2** zo jeßt terraß! **3** momment. gdz̨e jeßt proggramm? **4** o, jusch. jeßt film. **5** jakki?

> *Sie sind nun am Beginn der zweiten Lektion. Achten Sie darauf, dass im Polnischen alle Buchstaben gesprochen werden.*

Cztery (tsch'terrî) 4

�◄ In den Übungen werden die Wörter, die Sie angetroffen haben, erneut verwendet. Damit können Sie überprüfen, ob Sie diese Wörter wiedererkennen und in leicht veränderten Sätzen richtig verstehen. In der zweiten Übung müssen Sie versuchen, einzelne Wörter richtig einzusetzen. Jeder Punkt steht für einen Buchstaben.

Lösung zur Verständnisübung:

1. Das ist [ein/der] Professor **2**. [Der] Professor ist nicht (nicht ist) sympathisch. **3**. Was für ein Problem hast [du]? **4**. Morgen habe [ich eine] Prüfung.

▲ Die Lösungen zur Verständnis- und Lückentextübung finden Sie stets auf der rechten Buchseite: für die erste Übung die passende Übersetzung, für die zweite die gesuchten Wörter. ▼

Diese Wörter hätten Sie einsetzen sollen:

1 Mam – . **2** – masz – ? **3** – jest – . **4** – jest – ?

ZWEITE LEKTION

Sehr gut

1 — Oh, [du] hast [einen] neuen Fernseher!
2   Was [gibt es] (ist) jetzt?
3 — [Einen] Moment. Wo ist [das] Programm?
4   Ah, hier (schon). Es gibt (ist) [einen] Film.
5 — Welchen?

ANMERKUNGEN

(1) Das polnische Fernsehen bietet neben mehreren öffentlich-rechtlichen auch zahlreiche Voll-, Sparten und Regionalprogramme. **Telewizor** ist der "Fernseher", **telewizja** dagegen ist das "Fernsehen".
(2) Jest heißt "ist"; es kann auch "es gibt" bedeuten.
(3) Das **o** wird immer kurz ausgesprochen wie in "P<u>o</u>tt".

LEKTION 2

5 Pięć (pje_nc_i)

6 — Seria amerykańska «Colorado».
7 — A potem? **(4)**
8 — Koncert: muzyka klasyczna.
9 — To wszystko? **(5)**
10 — Nie. Jest też magazyn Francja-Polska.
11 — Właśnie, bardzo dobrze. **(6)**

12   Co, gdzie, już.
13   Teraz, potem.

WYMOWA

6 ßerja ammerîkan¡'ßka kollorrado. **7** a pottemm? **8** konzert: musîka klaßî'tschna. **8** to fschîßtko? **10** n¡e. jeßt tesch maggasîn franzja-polßka. **11** wŵas¡'n¡e, bardso dobje. **12** zo, gdz¡e, jusch. **13** terraß, pottemm.

ĆWICZENIE

1. Mam nowy telewizor. 2. Masz program? 3. Teraz jest film.
4. Potem jest koncert.

WYPEŁNIĆ BRAKUJĄCE SŁOWA

1   *Hast [du] schon [einen] Fernseher?*

   . . . . już . . . . ?

2   *Ja, [ich] habe [einen] neuen Fernseher.*

   Tak, ... telewizor.

3   *Was gibt es jetzt?*

   . . jest . . . . . ?

Sześć (scheści'ci) 6

6 — [Die] amerikanische Serie "Colorado".
7 — Und danach?
8 — [Ein] Konzert: Klassische Musik.
9 — [Ist] das alles?
10 — Nein. Es gibt (ist) auch [ein] französisch-polnisches Magazin (Magazin Frankreich-Polen).
11 — [Na also] (eben), [das ist] sehr gut.

12 Was, wo, schon.
13 Jetzt, danach.

Erklärungen zur Verwendung der runden und eckigen Klammern in der Übersetzung stehen auf Seite VI der Einleitung.

ANMERKUNGEN
(4) a heißt ebenso wie **i** "und", dient jedoch dazu, einen leichten Gegensatz herauszustellen.
(5) w wird vor einem stimmlosen Konsonanten, hier **sz** [sch], zu [f], was die Aussprache erleichtert.
(6) Vielleicht hilft es Ihnen, wenn Sie wissen, dass die erste Silbe von **właśnie** "eben" wie die erste Silbe des französischen Wortes "voilà" gesprochen wird. Denken Sie daran, dass das Zeichen [¡] einen "weichen" Laut markiert.

Hören Sie sich, wenn Sie eine neue Lektion beginnen, diese ein paar Mal hintereinander an, bevor Sie sich mit den einzelnen Sätzen beschäftigen.

Lösung zur Verständnisübung:
1. [Ich] habe [einen] neuen Fernseher. **2**. Hast [du das] Programm? **3**. Jetzt gibt es [einen] (ist) Film. **4**. Danach gibt es [ein] (ist) Konzert.

4 *Jetzt gibt es ein Konzert.*

. . . . . jest . . . .

5 *Danach gibt es [einen] Film.*

. . . . . jest . . . . .

Diese Wörter hätten Sie einsetzen sollen:
1 Masz – telewizor? **2** – mam nowy – . **3** Co – teraz? **4** Teraz – koncert. **5** Potem – film.

LEKTION 2

7 Siedem (s̜eddemm)

LEKCJA TRZECIA (3) (lekzja t'schec̜a)

Co nowego?

1 — Dzień dobry pani. **(1) (2)**
2 — A, pan dyrektor! Jak wakacje? **(3)**
3 — Dziękuję. Co nowego?
4 — Nic specjalnego. A mamy już biuro.
5 — Tak? Gdzie?
6 — W centrum, koło hotelu «Sawa». **(4) (5)**
7 — To praktycznie. Bank jest daleko?
8 — Nie, blisko. Poczta też.
9 — I nawet biblioteka.

10   Pan, pani.
11   Nic, blisko, daleko.
12   Mamy, też.

WYMOWA
zo nowweggo 1 dz̜en̜ dobrî pann̜i 2 a, pann dîrektorr! jakk wakkazje? 3 dz̜en̯kuje. zo nowweggo? 4 niz ßpezjalneggo. a, mammî jusch bjuro. 5 takk? gdz̜e? 6 f zentrum, koŵo hottellu ßawwa. 7 to praktîtsch'n̜e. bank jest dalleko? 8 n̜e. blißko. potsch'ta tesch. 9 i nawwett bibljottekka. 10 pann, pann̜i. 11 niz, blißko, dallekko. 12 mammî, tesch.

Verbringen Sie möglichst 15–20 Minuten täglich in Gesellschaft Ihres Kurses. Wenn Sie einmal wenig Zeit haben, reicht es schon aus, wenn Sie sich einige Minuten lang die Tonaufnahmen Ihrer aktuellen Lektion anhören.

Osiem (os¡emm) 8

DRITTE LEKTION

Was [gibt es] Neues?

1 — Guten Tag, [meine] Dame (Frau).
2 — Ah, Herr Direktor! Wie [waren die] Ferien?
3 — Danke. Was [gibt es] Neues?
4 — Nichts Besonderes. Ah, [wir] haben schon [das/ein] Büro.
5 — Ja? Wo?
6 — Im Zentrum. Neben [dem] Hotel «Sawa».
7 — Das [ist] praktisch. Ist [die] Bank weit?
8 — Nein, [sie ist] nah. [Die] Post auch.
9 — Und sogar [die] Bibliothek.

10 Herr, Frau.
11 Nichts, nah/in der Nähe, weit.
12 Wir haben, auch.

ANMERKUNGEN

(1) Konsonanten, denen ein **i** folgt und solche, die mit einem Akzent versehen sind, werden "weich" ausgesprochen und als "weiche" Laute bezeichnet. In der Lautschrift werden sie mit einem [¡] markiert.

(2) **pani** "Frau" können Sie auch im Sinne von "Dame" benutzen. Im Polnischen wird der Nachname bei der Begrüßung grundsätzlich weggelassen. Kennen Sie jemanden etwas näher, den Sie aber nicht duzen, kann in diesem Fall **pan/pani** + Vorname benutzt werden: **Dzień dobry pani Ewo.** "Guten Tag Frau Eva."

(3) Das **a** im Polnischen wird immer kurz gesprochen. Sprechen Sie **pan** "Herr" wie [pann].

(4) Der Buchstabe **ł** spricht sich wie der Anlaut des englischen Wortes "water", d. h. mit gespitzten Lippen. In der Lautschrift wird er mit [ŵ] wiedergegeben, was nicht mit [w] zu verwechseln ist.

(5) **hotelu** ist der Genitiv (Wes-Fall) von **Hotel**.

*Bei manchen Konsonanten tritt, wenn danach der Vokal **i** folgt, ein Effekt auf, den das Deutsche nicht kennt: Der Konsonant wird "weich" gesprochen, d. h. mit einem kurzen angehängten j-Laut. Folgt nach dem **i** kein weiterer Vokal, ist der j-Laut meist nicht mehr deutlich zu hören. Folgt aber ein weiterer Vokal (**a, e, o, ó, u**) auf das **i**, so hört man den weichen Laut sehr gut.*

LEKTION 3

9 Dziewięć (dzjewjencj)

ĆWICZENIE

1. Gdzie jest biuro? **2.** Biblioteka jest blisko. **3.** Bank jest w centrum? **4.** Poczta jest daleko. **5.** Mamy teraz wakacje.

WYPEŁNIĆ BRAKUJĄCE SŁOWA

1 *Wo ist [der] Direktor?*

.... dyrektor?

2 *Morgen haben [wir eine] Prüfung.*

Jutro .... egzamin.

LEKCJA CZWARTA (4) (lekcja tschfarta)

Do jutra

1 — Cześć. Masz dziś dobry humor. **(1)**
2 — Tak, jestem bardzo zadowolony.
3 — Dlaczego?
4 — Bo mam nowe mieszkanie. **(2)**

WYMOWA

do jutra **1** tschesi'cj. masch dzjisj dobrî hummorr. **2** takk, jeßtemm bardso sadowwollonnî. **3** dlatscheggo? **4** bo mamm nowwe mjeschkanje.

Anhand der Seitenzahlen können Sie sich sehr gut mit den polnischen Kardinalzahlen vertraut machen.

Dziesięć (dz₁es₁e n c₁) **10**

Lösung zur Verständnisübung:
1. Wo ist [das] Büro? 2. [Die] Bibliothek ist [in der Nähe] (nah).
3. Ist [die] Bank im Zentrum? 4. [Die] Post ist weit. 5. [Wir] haben jetzt Ferien.

3 *Jetzt ist [die/eine] Post in der Nähe.*

..... poczta ....

4 *Ist [die] Bibliothek weit?*

Biblioteka ....?

Diese Wörter hätten Sie einsetzen sollen:
1 Gdzie jest – ? **2** – mamy – **3** Teraz – jest blisko **4** – jest daleko?

VIERTE LEKTION

Bis morgen

1 — Hallo. [Du] hast heute gute Laune (guter Humor).
2 — Ja, [ich] bin sehr zufrieden.
3 — Warum?
4 — Weil [ich eine] neue Wohnung habe. (Weil habe neue Wohnung.)

ANMERKUNGEN
(1) humor ist ein Maskulinum, wie die meisten polnischen Substantive (Hauptwörter), die auf einem Konsonanten enden. Das Adjektiv (Eigenschaftswort), das hier vor dem Substantiv steht, wird an dieses angepasst.
(2) Sie haben bestimmt bemerkt, dass die Personalpronomen (persönlichen Fürwörter) **ja** "ich", **ty** "du" usw. entfallen. Die Endungen der Verben (Tätigkeitswörter) geben bereits Aufschluss über die entsprechende Person.

Lesen Sie den Dialog, die Übersetzungen und die Anmerkungen so oft, bis Sie den Eindruck haben, den Text ohne Hilfe der Übersetzungen zu verstehen.

11 Jedenaście (jeddenas¡'c¡e)

5 — To świetnie! A gdzie teraz mieszkasz? **(3)**
6 — Mieszkam niedaleko stąd. Oto mój nowy adres. **(4) (5)**
7 — Czy jutro jesteś w domu? – Tak.
8 — No to do jutra.

9   Mieszkam, mieszkasz, mieszka.
10 Mieszkanie. **(6)**

WYMOWA

5 to s¡fjetn¡e! a gdz¡e terraß mjeschkasch? **6** mjeschkamm n¡edallekko ßto_nt. otto muj nowwî adreß. **7** tschî jutro jeßtes¡ w dommu? takk. **8** no to do jutra. **9** mjeschkamm, mjeschkasch, mjeschka. **10** mjeschkan¡e.

ĆWICZENIE

1. Dlaczego Ewa jest zadowolona? 2. Bo ma nowe mieszkanie. 3. Gdzie pan mieszka? 4. Mieszkam daleko. 5. Czy jutro jesteś w domu? 6. Tak, jutro jestem w domu.

WYPEŁNIĆ BRAKUJĄCE SŁOWA

1 *Wo wohnt Eva?*

. . . . . mieszka . . . ?

2 *Eva wohnt nicht weit von hier.*

. . . . niedaleko . . . . . .

Seien Sie am Anfang zufrieden, wenn Sie die Dialoge beim Lesen und Hören <u>verstehen</u>, und machen Sie sich ein wenig mit der fremden Aussprache vertraut.

Dwanaście (dwannas¡'c¡e) **12**

5 — Das [ist] großartig! Und wo wohnst [du] jetzt (jetzt wohnst)?
6 — [Ich] wohne nicht weit [von hier]. Hier [ist] meine neue Adresse.
7 — Bist du morgen zu Hause (ob morgen bist zu Hause)? – Ja.
8 — Also dann, bis morgen.
9 [ich] wohne, [du] wohnst, [er/sie/es] wohnt.
10 [eine/die] Wohnung.

ANMERKUNGEN
(3) In den Ausdrücken **to świetnie** "das ist großartig", **to dorbze** "das ist gut", **to wszystko** "das ist alles" wird im Polnischen die Entsprechung unseres "ist" weggelassen.
(4) Die Verneinung **nie** kann wie hier am Beginn eines Wortes eingefügt werden: **daleko** "weit" > **niedaleko** "nicht weit".
(5) adres "Adresse" ist im Polnischen ein Maskulinum.
(6) Mieszkanie "Wohnung" ist im Polnischen ein Neutrum.

Merken Sie sich niemals einzelne Wörter, sondern versuchen Sie immer, sich Wörter in einem Kontext, z. B. in einem kurzen Satz oder einer Wendung, einzuprägen. Sie können sich für unterwegs auch Karteikarten mit Vokabular anlegen.

Lösung zur Verständnisübung:
1. Warum ist Eva zufrieden? **2**. Weil [sie eine] neue Wohnung hat.
3. Wo wohnen Sie (Wo Herr wohnt)? **4**. [Ich] wohne weit [weg].
5. Bist du morgen zu Hause? **6** Ja, morgen bin [ich] zu Hause.

3 *Wohnst du weit weg?*

... mieszkasz ...... ?

4 *Warum sind Sie [Frau] zufrieden?*

.... jest .... zadowolona?

Diese Wörter hätten Sie einsetzen sollen:
1 Gdzie – Ewa? **2** Ewa mieszka – stąd. **3** Czy – daleko?
4 Dlaczego – pani – ?

LECITION 4

13 Trzynaście (t'schînasi'cie)

LEKCJA PIĄTA (5) (lekzja pjonta)

Miłego wieczoru

1 — Co pani woli: kino czy teatr? **(1)**
2 — Wolę teatr. **(2)**
3 — To dobrze. Jest dobry spektakl niedaleko stąd. Chodźmy. **(3)**
4 — Bardzo chętnie. **(4)**
5 — Gdzie jest kasa? – Tutaj.
6 — Proszę dwa bilety.
7 — Parter czy balkon? **(5)**
8 — Ja wolę balkon, a pan? **(6)**
9 — Ja też. Ile płacę?
10 — Sto złotych. Miłego wieczoru.

WYMOWA

miŵeggo wjetschorru **1** zo panni wolli: kino tschî te'atr? **2** wolle te'atr. **3** to dobje. jeßt dobrî ßpektak'l niedallekko ßtont. hocimî. **4** bardso hentnie. **5** gdzie jest kassa? tuttaj. **6** prosche dwa billetî. **7** parterr tschî balkonn? **8** ja wolle balkonn, a pann? **9** ja tesch. iŵe pŵazze? **10** ßto sŵottîh. miŵeggo wjetschorru.

ĆWICZENIE

1. Ja wolę kino, a pani? **2.** Teatr jest niedaleko. **3.** Woli pan balkon czy parter? **4.** Czy to jest nowy spektakl? **5.** Mam dwa bilety.

Czternaście (tsch'ternas¡'c¡e) 14

FÜNFTE LEKTION

Einen schönen Abend

1 — Was haben Sie (Frau) lieber, Kino oder Theater?
2 — [Ich] ziehe [das] Theater vor.
3 — Das [ist] gut. Nicht weit von hier gibt es eine gute Vorstellung. Gehen [wir].
4 — Sehr gern.
5 — Wo ist [die/eine] Kasse? – Hier.
6 — Bitte zwei Karten.
7 — Parkett oder Loge?
8 — Lieber [die/eine] Loge, und [Sie, mein] Herr?
9 — Ich auch. Wie viel schulde (zahle) [ich Ihnen]?
10 — Hundert Zloty. Einen schönen (netten) Abend.

ANMERKUNGEN

(1) Im Polnischen wird die Höflichkeitsform "Sie" durch **pan/pani** "Herr/Frau" ersetzt.
(2) **Wolę** bzw. **woli** sind die 1. bzw. 3. Person Singular des Verbs **woleć**. Es entspricht den deutschen Ausdrücken "lieber haben" bzw. "vorziehen, bevorzugen".
(3) **stąd**: **d** am Wortende wird [t] ausgesprochen.
(4) **dz** wird stimmhaft etwa wie in "beredsam" ausgesprochen.
(5) **Parter** bedeutet sowohl "Parkett" (Theaterplatz) als auch "Erdgeschoss".
(6) Das Pronomen (Fürwort) **ja** "ich" hat hier eine verstärkende Funktion, im Sinne von "was mich betrifft". Sonst wird es meist weggelassen.

Die polnische Währung ist der **Złoty**. Ein **Złoty** entspricht 100 **Groszy** (groschî). Alle Münzen (1, 2 bzw. 5 Złoty) tragen auf einer Seite das Wappen Polens als Motiv. Auf den Banknoten sind seit 1994 historisch bedeutende Herrscher Polens abgebildet.

Lösung zur Verständnisübung:

1. Ich ziehe [das] Kino vor, und Sie (Frau)? **2**. [Das] Theater ist nicht weit. **3**. Bevorzugen Sie (Herr) [die] Loge oder [das] Parkett? **4**. Ist das [eine] neue Vorstellung? **5**. [Ich] habe zwei Karten.

LEKTION 5

15 Piętnaście (pje_ntnas_i'c_ie)

WYPEŁNIĆ BRAKUJĄCE SŁOWA

1 *Das ist [ein] gutes Theater.*

To . . . . teatr.

2 *Ich gehe lieber ins (bevorzuge das) Konzert.*

Ja . . . . koncert.

3 *[Das] Kino ist nicht weit.*

Kino . . . .

LEKCJA SZÓSTA (6) (lekzja schußta)

To wystarczy?

1 — Mówy pan po polsku? **(1)**
2 — Mówię źle, ale dobrze rozumiem.
3 — Czy polski jest trudny?
4 — To zależy. Dla mnie jest łatwy. **(2)**
5 — Ciekawe! Jak pan to robi?
6 — Po prostu pracuję.

WYMOWA

to wißtartschî? **1** muwi pann po polßku? **2** muwje z_ile, alle dobje rosumjemm. **3** tschî polßki jeßt trudni? **4** to salle_jî. dla mn_ie jeßt ŵatfî. **5** c_iekkawwe! jakk pann to robbi? **6** po proßtu prazzuje.

Szesnaście (scheßnas̨i'c̨ie) **16**

4 *Ist das [eine] gute Vorstellung?*

... to .... spektakl?

5 *Das ist [ein] neuer Film.*

.. jest .... film.

Diese Wörter hätten Sie einsetzen sollen:

1 – jest dobry – . **2** – wolę – . **3** – jest niedaleko. **4** Czy – jest dobry – ? **5** To – nowy – .

SECHSTE LEKTION

Reicht das?

1 — Sprechen Sie Polnisch? (Spricht Herr auf Polnisch?)
2 — [Ich] spreche [es] schlecht, aber [ich] verstehe [es] gut.
3 — Ist Polnisch schwer?
4 — Das kommt darauf an. Für mich ist [es] leicht (einfach).
5 — Interessant! Wie machen Sie das? (Wie Herr das macht?)
6 — [Ich] arbeite einfach.

ANMERKUNGEN

(1) Im Polnischen gibt es weitere Möglichkeiten, diese Frage zu stellen. Sie können auch sagen: **Czy mówy pan po polsku?** oder **Pan mówy po polsku?** Die letzte Frage drückt ein gewisses Erstaunen oder Überraschung aus.
(2) mnie "mich" ist der Genitiv (Wes-Fall) und auch der Akkusativ (Wen-Fall) von **ja** "ich".

Während Sie mithilfe der Seitenzahlen die Grundzahlen lernen können, lernen Sie über die Lektionsnummern auch die polnischen Ordnungszahlen kennen.

LEKTION 6

17 Siedemnaście (s|eddemnas|'c|e)

7 — Dużo pan pracuję?
8 — Nie dużo, ale regularnie. **(3)**
9 — Na przykład?
10 — 15 (piętnaście) minut dziennie.
11 — I to wystarczy?
12 — Niech pan spróbuje! **(4)**

WYMOWA

7 dujo pann prazzuje? **8** n|e dujo, alle reggularn|e. **9** na pschîkŵatt? **10** pje_ntnas|'c|e minutt dz|en'n|e. **11** i to wißtartschî? **12** n|eh pann ßprubbuje!

ĆWICZENIE

1. Mówię dobrze po polsku. 2. Anna nie mówi po polsku.
3. Marek dużo pracuje. 4. Polski jest łatwy. 5. Polski nie jest trudny. 6. Dla mnie polski jest trudny.

WYPEŁNIĆ BRAKUJĄCE SŁOWA

1 *Arbeiten Sie (Herr) viel?*

 Czy ... dużo .... ?

2 *[Ich] arbeite nicht viel.*

 ... pracuję ..... .

3 *Polnisch ist nicht leicht.*

 ...... nie .... łatwy.

Osiemnaście (os_iemm'nas_i'c_ie) **18**

7 — Arbeiten Sie viel (viel Herr arbeitet)?
8 — Nicht viel, aber regelmäßig.
9 — Zum Beispiel?
10 — 15 Minuten täglich.
11 — Und das reicht?
12 — Versuchen Sie es! (Lass Herr probieren!)

ANMERKUNGEN

(3) In **regularnie** "regelmäßig" und **dziennie** "täglich" hat die Endung **-nie** nichts mit der Verneinung zu tun. Sie dient zur Bildung von Adverbien (Umstandsbestimmungen).
(4) Die Partikel **niech** tritt beim Imperativ (Befehlsform) der 3. Person auf und bringt einen Wunsch oder einen Befehl zum Ausdruck.

Dank der wörtlichen Übersetzungen in runden Klammern wird Ihnen die Struktur der polnischen Sprache schnell vertraut werden.

Lösung zur Verständnisübung:

1. [Ich] spreche gut (auf) Polnisch. **2**. Anna spricht [kein] (nicht spricht auf) Polnisch. **3**. Mark arbeitet viel. **4**. Polnisch ist einfach. **5**. Polnisch ist nicht schwer. **6**. Für mich ist Polnisch schwer.

4 *Für mich ist Polnisch leicht.*

Dla . . . . polski . . . . łatwy.

5 *Ich arbeite zu Hause.*

. . . . w . . . . .

Diese Wörter hätten Sie einsetzen sollen:

1 – pan – pracuje? **2** Nie – dużo. **3** Polski – jest – . **4** – mnie – jest – . **5** Pracuję – domu.

LEKTION 6

19 Dziewiętnaście (dz_iewjentnas_i'c_ie)

LEKCJA SIÓDMA (... s_iudma)

WIEDERHOLUNG UND ANMERKUNGEN

Beginnen wir mit der Aussprache.

Die *Betonung* liegt im Polnischen fast immer auf der *vorletzten Silbe*.

Im Polnischen werden alle Buchstaben eines Wortes, auch die am Wortende, ausgesprochen. Einige Laute, besonders am Wortende oder neben einem stimmlosen Konsonanten, werden jedoch stimmlos gesprochen: vergleichen Sie **dużo** ("viel") [dujo] und **już** ("schon") [jusch].

Die Vokale **u** und **ó** werden gleich ausgesprochen.

Die beiden Laute **ą** und **ę** werden nasal gesprochen; **ą** wie in "Fond" und **ę** wie in "Teint".

Sie haben bemerkt, dass im Polnischen 'weiche' Laute existieren. Diese Laute sind durch einen Akzent gekennzeichnet (**ć, ń, ś, ź, dź**) oder es folgt ihnen ein **i** (ci, ni, si, zi, dzi). Wissen Sie noch, wie die Wörter **dzień** ("Tag"), **cześć** ("Hallo"), **dziś** ("heute") ausgesprochen werden?

Schließlich erinnern wir noch einmal daran, dass Vokale im Polnischen immer **kurz** ausgesprochen werden; **e** wie in "Kette", **a** wie in "kann", **o** wie in "Lotte". Das gilt auch für das Wortende.

Und jetzt ein bisschen Grammatik:

Die Form **jest** entspricht der 3. Person Singular (Einzahl) des Verbs "sein" und hat im Polnischen zwei Bedeutungen: "ist" (**Gdzie jest kasa?** "Wo ist die Kasse?") und "es gibt" (**Jest Film.** "Es gibt einen Film").

Im Polnischen gibt es wie im Deutschen drei 'Geschlechter': Maskulinum (männlich), Femininum (weiblich) und Neutrum (sächlich). Die meisten Wörter im Maskulinum enden mit einem Konsonanten: **adres** ("Adresse"), **bilet** ("Eintrittskarte"), **humor** ("Humor", auch "Laune"); die Wörter im Femininum enden mit einem **-a**: **kasa** ("Kasse"), **poczta** ("Post"); die Wörter im Neutrum mit einem **-o** oder **-e**: **biuro** ("Büro"), **mieszkanie** ("Wohnung"). Dies mag Ihnen im Moment überflüssig erscheinen, aber Sie benötigen diese Kenntnisse später, wenn Sie beispielsweise Adjektive an Substantive anpassen wollen.

SIEBTE LEKTION

Die Bildung des Genitivs, auch 'Wesfall' genannt, ist regelmäßig. Die Form hängt wie im Deutschen vom Genus, also dem grammatischen Geschlecht, ab (das lernen Sie später noch).

Hier auf einen Blick die häufigsten Endungen des polnischen Genitivs:

Genus (Geschlecht)	Maskulinum (männlich)	Femininum (weiblich)	Neutrum m h (sächlich)
Genitiv (Wesfall)	-a, -u	-i, -y	-a
Beispiele:	pan ("Herr") – pana hotel – hotelu	biblioteka – biblioteki poczta ("Post") – poczty	biuro – biura

Im Moment möchten wir Sie mit möglichst wenig Grammatik belasten. Merken Sie sich nur, dass die folgenden Formen Genitivformen sind: **blisko hotelu** ("in der Nähe *des Hotels*"); **biuro dyrektora** ("das Büro *des Direktors*"); **numer telefonu** ("die *Telefon*nummer").

Die Höflichkeitsform wird im Polnischen mit der 3. Person Singular und den Wörtern **pan** ("Herr") und **pani** ("Frau") gebildet. Für Familienmitglieder, Freunde und enge Bekannte wird selbstverständlich die 2. Person Singular verwendet. Wenn Sie jemanden kennen, den Sie aber nicht duzen, können Sie die Person mit **pan/pani** + Vorname ansprechen. Im Gegensatz zum Deutschen ist es unüblich, dass bei der Anrede der Nachname fällt.

Wenn Sie nun etwas Zeit haben, sollten Sie noch einmal ganz in Ruhe die letzten sechs Lektionen lesen – und zwar laut!

21 Dwadzieścia jeden (dwadz̦eṣ¡c¡a jeddenn)

LEKCJA ÓSMA (8) (... ußma)

Partia pokera

1 — Ten blondyn, to twój kolega? **(1)** **(2)**
2 — Ależ nie, to mój kuzyn. **(3)**
3 — Jest sam? **(4)**
4 — Nie wiem. Dlaczego?
5 — Tak sobie. Jest bardzo sympatyczny. **(5)**
6 — Przepraszam, czy pan gra w karty?
7 — Gram trochę.
8 — To dobrze. Organizuję jutro partię pokera. **(6)**
9 — Świetnie! Moja żona bardzo to lubi. **(7)**

10 Mój, twój, moja, twoja.
11 Gram, grasz, gra.

WYMOWA

partja pokkerra 1 tenn blondîn, to tfuj kollegga? 2 allesch n¡e, to muj kusîn. 3 jeßt ßamm? 4 n¡e wjemm. dlatscheggo? 5 takk ßobje. jest bardso ßîmpatîtschnî. 6 pschepraschamm, tschî pann gra f kartî? 7 gramm trohhe. 8 to dobje. organnisuje jutro partje pokkerra. 9 s¡fjetn¡e! mojja jonna bardso to lubi. 10 muj, tfuj, mojja, tfojja. 11 gramm, grasch, gra.

ACHTE LEKTION

Pokerpartie

1 — Dieser Blonde, (das) [ist] dein Freund?
2 — Aber nein, das [ist] mein Cousin.
3 — Ist [er] allein?
4 — [Ich] weiß nicht (nicht weiß). Warum?
5 — Nur so. [Er] ist sehr sympathisch.
6 — Entschuldigen [Sie bitte], spielen [Sie] Karten (spielen Herr im)?
7 — [Ich] spiele [ein] bisschen.
8 — Das [ist] gut. [Ich] organisiere morgen [eine] Pokerpartie.
9 — Großartig! Meine Frau mag das sehr (sehr das mag).

10 Mein, dein, meine, deine.
11 [Ich] spiele, [du] spielst, [er, sie, es] spielt.

ANMERKUNGEN

(1) Im Polnischen gibt es keine Artikel. An ihrer Stelle werden Demonstrativpronomen (hinweisende Fürwörter) gesetzt: **ten** ("dieser, der"), **ta** ("diese, die"), **to** ("dieses, das").
(2) **Kolega** (eigentlich "Kollege", umgangssprachlich "Freund") ist, obwohl es auf dem für das Femininum charakteristischen **-a** endet, ein Maskulinum.
(3) In **to jest** ("das ist") kann in der Umgangssprache das Verb **jest** weggelassen werden.
(4) Sprechen Sie [ßamm].
(5) **Tak** ("ja") heißt auch "so", "wie", "so wie". Merken Sie sich die Redewendung **Tak sobie** ("so einigermaßen").
(6) **Partię** ist der Akkusativ (Wenfall) von **partia**. In den meisten Aussagesätzen steht das Objekt (Satzglied, das von einem Verb als Ergänzung gefordert wird) im Akkusativ.
Pokera ist der Genitiv von **poker**. Erinnern Sie sich an die Tabelle in der Wiederholungslektion (Nr. 7)? Dort haben Sie gesehen, dass die männlichen Substantive im Genitiv mal die Endung -a, mal die Endung -u (vgl. **hotelu**, Lektion 3) haben.
(7) **Bardzo** heißt "sehr", z.B.: **bardzo lubi** ("sie/er/es mag sehr"), **bardzo sympatyczny** ("sehr sympathisch"), **bardzo dobrze** ("sehr gut").

23 Dwadzieścia trzy (dwadz;es;'c;a t'schî)

ĆWICZENIE

1. To mój kolega. 2. Twój kuzyn jest sympatyczny. 3. Jesteś sam?
4. Nie gram w karty. 5. Grasz w pokera? 6. Twoja żona jest w domu?

WYPEŁNIĆ BRAKUJĄCE SŁOWA

1 *Das ist mein Professor.*

To . . . profesor.

2 *Wo ist deine Frau?*

. . . . . jest . . . . . żona?

3 *Spielst du Karten?*

. . . . . w . . . . . ?

LEKCJA DZIEWIĄTA (9) (... dz;ewjonta)

Okazja na rewanż

1 — Często grasz w tenisa?
2 — A co, szukasz partnera? **(1)**
3 — Tak. – To fantastycznie, ja też.
4 — To kiedy gramy? **(2)**
5 — Co robisz teraz, na przykład?

WYMOWA

okkasja na rewwansch **1** tsche**n**ßto grasch f tennißa? **2** a zo, schukasch partnerra? **3** takk. to fantaßtîtsch'n;e, ja tesch. **4** to kjedî grammî? **5** zo robbisch terraß, na pschîkŵatt?

Dwadzieścia cztery (dwadz$_i$es$_i$'c$_i$a tsch'terrî) 24

ÜBUNG

1. Das [ist] mein Freund. 2. Dein Cousin ist sympathisch. 3. Bist [du] alleine? 4. [Ich] spiele nicht Karten. 5. Spielst [du] Poker? 6. Ist deine Frau zu Hause?

4 *Mark spielt kein Poker.*

. . . . . nie . . . w . . . .

5 *Ich bin allein zu Hause.*

Jestem . . . w . . . . .

Diese Wörter hätten Sie einsetzen sollen:

1 – mój -. **2** Gdzie – twoja – ? **3** Grasz – karty? **4** Marek – gra – pokera. **5** – sam – domu.

NEUNTE LEKTION

Gelegenheit zur Revanche

1 — Spielst [du] oft (oft spielst im) Tennis?
2 — Warum (und was), suchst [du einen] Partner?
3 — Ja. – Das [ist] großartig, ich auch.
4 — Also, wann spielen [wir]?
5 — Was machst [du] jetzt, zum Beispiel?

ANMERKUNGEN

(1) Nach dem Verb **szukam** ("ich suche") folgt der Genitiv.
(2) **To** ("dieses, das") bedeutet auch "also".

LEKTION 9

25 Dwadzieścia pięć (dwadz$_i$es$_i$'c$_i$a pje$_n$c$_i$)

 6 — Jestem wolna. – To chodźmy. **(3) (4)**
 7 — No i jak? Jesteś zmęczona?
 8 — Trochę. Może wystarczy na dzisiaj? **(5)**
 9 — Dobrze. Jutro masz okazję na rewanż. **(6)**

10   Szukam, szukasz.

WYMOWA

6 jeßtemm wolna. to hoc$_i$'mî. 7 no i jakk? jeßtes$_i$ sme$_n$tschonna?
8 trohhe. moje wißtartschî na dz$_i$is$_i$aj? 9 dobîe. jutro masch
okkasje na rewwansch. 10 schukkamm, schukkasch.

ĆWICZENIE

1. To nowy dyrektor. 2. To nowa biblioteka. 3. Szukam profesora.
4. Szukasz hotelu? 5. Jesteś wolna dziś wieczorem? 6. To dobra
okazja.

WYPEŁNIĆ BRAKUJĄCE SŁOWA

1 *Eva ist sympathisch, aber [sie ist] oft müde.*

   . . . jest . . . ., ale . . . . . . zmęczona.

2 *Das ist ein gutes Programm, aber [es ist] schwierig.*

   To . . . . . program, . . . trudny.

3 *Ich suche den Direktor des Hotels.*

   . . . . . . dyrektora . . . .

4 *Suchst du die Bank? Sie ist nebenan.*

   Szukasz . . . . .? Jest . . . .

Dwadzieścia sześć (dwadz$_i$es$_i$'c$_i$a sches$_i$'c$_i$) **26**

6 — Ich habe Zeit (bin frei). – Also, gehen [wir].
7 — Was ist? Bist [du] müde?
8 — Ein bisschen. Vielleicht reicht [das] für heute?
9 — Gut. Morgen hast [du eine] Gelegenheit zur (für) Revanche.

10 [Ich] suche, [du] suchst.

ANMERKUNGEN

(3) Weibliche Adjektive haben im Singular die Endung **-a**, z.B.: **zmęczona** ("müde"), **wolna** ("frei"), **nowa** ("neu"), **dobra** ("gut"); männliche dagegen die Endung **-y**, z.B.: **zmęczony, wolny, nowy, dobry**.
(4) In **chodźmy** ("gehen wir") wird das **dź** zu einem stimmlosen [c$_i$], weil es sich in der Wortmitte befindet.
(5) Dzisiaj = **dziś** ("heute").
(6) Okazję ist der Akkusativ von **okazja** ("Gelegenheit").

ÜBUNG
1. Das [ist ein] neuer Direktor/[ist der] neue Direktor. **2.** Das [ist die/eine] neue Bibliothek. **3.** [Ich] suche [den/einen] Professor. **4.** Suchst [du das/ein] Hotel? **5.** Bist [du] heute Abend frei? **6.** Das [ist eine] gute Gelegenheit.

Diese Wörter hätten Sie einsetzen sollen:
1 Ewa – sympatyczna, – często -. **2** – dobry -, ale -. **3** Szukam – hotelu. **4** – banku. – blisko.

LEKTION 9

27 Dwadzieścia siedem (dwadz_ieś_i'c_ia s_ieddemm)

LEKCJA DZIESIĄTA (10) (... dz_ies_ionta)

Nie dla mnie

1 — Idę do kiosku. **(1)**
2 — To dobrze. Kup jakiś żurnal i aspirynę. **(2)**
3   Masz pieniądze? **(3)**
4 — Właśnie szukam portfela. O, jest. Zaraz wracam.
5 — Idziesz już? Kup też papierosy. **(4)**
6 — Dobrze. – Już? Co to jest?
7 — Magazyn Literacki. Jest fantastyczny artykuł:
8   Informatyka a poezja. **(5)**
9 — Tytuł oryginalny, ale to nie dla mnie!

10 Idę, idziesz.
11 Papierosy, pieniądze.

WYMOWA

n_ie dla mn_ie **1** ide de kjoßku. **2** to dobje. kupp jakkis_i jurnall i aßpirîne. **3** masch pjen_io_ndse? **4** wŵaś_i'n_ie schukkamm portfella. o, jeßt. sarraß wrazzamm. **5** idz_iesch jusch? kupp tesch papjeroßî. **6** dobje. jusch? zo to jeßt? **7** maggasîn literrazki. jeßt fantaßtîtschnî artîkuŵ. **8** informattîka a po'esja. **9** tîtuw orrîginalnî, alle to n_ie dla mn_ie! **10** ide, idz_iesch. **11** papjeroßî, pjen_io_ndse.

Dwadzieścia osiem (dwadz₁es₁'c₁a os₁emm) 28

ZEHNTE LEKTION

Nicht für mich

1 — [Ich] gehe zum Kiosk.
2 — Das [ist] gut. Kauf (irgendein) [eine] Zeitschrift und Aspirin.
3 Hast [du] Geld?
4 — [Ich] suche gerade [das] Portemonnaie. Ah, [da] ist [es]. [Ich] komme gleich zurück (gleich komme zurück).
5 — Gehst [du] schon? Kauf auch Zigaretten.
6 — Gut. – Schon? Was ist das (was das ist)?
7 — [Ein] Literatur-Magazin (literarisches Magazin). [Es gibt einen] hervorragenden (ist fantastischer) Artikel:
8 Informatik und Poesie.
9 — [Der] Titel [ist] originell, aber das [ist] nichts (nicht) für mich!

10 [Ich] gehe, [du] gehst.
11 Zigaretten, Geld.

ANMERKUNGEN

(1) In Polen kann man am Kiosk nicht nur Zeitungen, sondern auch Zigaretten, Briefmarken, Fahrkarten sowie Seife, Waschmittel, Bücher und anderes kaufen.
(2) **Jakiś** bedeutet "irgendein", "ein beliebiger". Da es im Polnischen keine Artikel gibt, wird dieses Wort oft in der Funktion eines unbestimmten Artikels benutzt, z.B.: **Jest tu jakiś hotel?** ("Gibt es hier ein Hotel?").
Żurnal "Modezeitschrift, Frauenzeitschrift". Die "Tageszeitung" heißt **gazeta** [gasetta].
Aspirynę ist der Akkusativ von **aspiryna**.
(3) **Pieniądze** ("Geld") wird im Plural (Mehrzahl) benutzt. Das Wort **pieniądz** im Singular bedeutet "Geldstück".
(4) **Papierosy** ist der Plural von **papieros** ("Zigarette").
(5) Wir erinnern daran, dass "und" **i** oder **a** heißen kann (das **a** hebt einen Gegensatz hervor).

29 Dwadzieścia dziewięć (dwadz$_i$es$_i$'c$_i$a dz$_i$ewje$_n$c$_i$)

ĆWICZENIE

1. Idę do banku. 2. Idziesz do teatru? 3. Gdzie jest mój portfel? 4. Ten artykuł jest oryginalny. 5. Masz papierosy? 6. Co masz dla mnie?

WYPEŁNIĆ BRAKUJĄCE SŁOWA

1 *Morgen gehe ich ins Theater.*

Jutro ... do ....

2 *Ist dieses Telefonat (Telefon) für mich (zu mir)?*

... telefon .... do ....?

3 *Mein Hotel ist weit weg.*

... hotel .... daleko.

4 *Ist das dein Portemonnaie?*

.. twój ....?

LEKCJA JEDENASTA (11) (... jeddenaßta)

Kiedy są rezultaty?

1 — Masz już plany na wakacje? **(1) (2)**
2 — Jeszcze nie, a ty?
3 — Ja też nie. Czekam na rezultaty. **(3)**
4 — Jakie rezultaty?

WYMOWA

kjeddy so$_n$ resultattî? **1** masch jusch plannî na wakkazje? **2** jesch'tsche n$_i$e, a tî? **3** ja tesch n$_i$e. tschekkamm na resultattî. **4** jakkje resultattî?

Trzydzieści (t'schidz₁es₁'c₁i) **30**

ÜBUNG

1. [Ich] gehe zur Bank. 2. Gehst [du] ins Theater? 3. Wo ist mein Portemonnaie? 4. Dieser Artikel ist originell. 5. Hast [du] Zigaretten? 6. Was hast [du] für mich?

5 *Warum bist du allein (Mann)?*

. . . . jesteś . . .?

Diese Wörter hätten Sie einsetzen sollen:

1 – idę – teatru. **2** Ten – jest – mnie. **3** Mój – jest -. **4** To – portfel. **5** Dlaczego – sam.

Verzweifeln Sie nicht, wenn Sie sich noch etwas verloren vorkommen; das ist ganz normal. Ihre Kenntnisse werden sich mehr und mehr festigen und vertiefen – vorausgesetzt, Sie lernen weiterhin jeden Tag eine Viertelstunde und lesen den Text dabei immer laut. Sie haben noch ca. 40 Lektionen passiven Studiums vor sich!

ELFTE LEKTION

Wann gibt es die Ergebnisse?

1 — Hast [du] schon Pläne für [die] Ferien?
2 — Noch nicht, und du?
3 — Ich auch nicht. [Ich] warte auf [die] Ergebnisse.
4 — Welche Ergebnisse?

ANMERKUNGEN

(1) Die Präposition (Verhältniswort) **na** ("auf") bedeutet im Polnischen auch "für".
(2) **Plany** ("Pläne"), **rezultaty** ("Ergebnisse") ist der Plural von **plan, rezultat**.
(3) Dem Verb **czekam** ("ich warte") folgt wie im Deutschen immer die Präposition **na** ("auf"); das Substantiv steht im Akkusativ: **Czekam na okazję** ("ich warte auf eine Gelegenheit").

LEKTION 11

31 Trzydzieści jeden (t'schidziesi'cii jeddenn)

```
 5 — Egzaminu z fizyki. (3)
 6 — A kiedy są? – Nie wiem.
 7 — To na co czekasz? Masz numer sekretariatu?
 8 — Halo, sekretariat uniwersytetu? (4)
 9     Czy ma pani już rezultaty?
10     Dopiero jutro? Dziękuję.

11     Czekam, czekasz, czeka.
```

WYMOWA

5 egsamminu ß fisîki **6** a kjeddy son? – nie wjemm. **7** to na zo tschekkasch? masch nummerr ßekkrettarrjattu? **8** hallo, ßekkrettarrjatt uniwersîtettu? **9** tschî ma panni jusch resultattî? **10** doppjerro jutro? dzienkuje. **11** tschekkam, tschekkasch, tschekka.

ĆWICZENIE

1. Jakie masz plany na wakacje? 2. Rezultaty są jutro. 3. Gdzie są papierosy? 4. Kiedy masz egzaminy? 5. Idę do biblioteki.

WYPEŁNIĆ BRAKUJĄCE SŁOWA

1 *Wann ist deine Prüfung?*

   Kiedy .... twój ....?

2 *Die Prüfungen sind morgen.*

   .... są ..... .

3 *Wie ist das Ergebnis des Spiels (Wettkampfes)?*

   Jaki .... rezultat .....?

4 *Wie ist deine Telefonnummer?*

   .... jest .... numer ....?

5 *Ich habe die Ergebnisse der Prüfung.*

   ... rezultaty ....

Trzydzieści dwa (t'schîdz$_i$es$_i$'c$_i$i dwa) 32

5 — Der Physikprüfung.
6 — Und wann gibt es sie? – [Ich] weiß [es] nicht (nicht weiß).
7 — Worauf (auf was) wartest [du denn]? Hast [du die] Nummer [des] Sekretariats?
8 — Hallo, Sekretariat [der] Universität?
9 Haben [Sie] (Frau) schon [die] Ergebnisse?
10 Erst morgen? Danke.

11 [Ich] warte, [du] wartest, [er/sie/es] wartet.

ANMERKUNGEN

(3) Der Genitiv von **fizyka** ("Physik") lautet **fizyki**. Weibliche Substantive haben im Genitiv die Endung **-i**, wenn der vorhergehende Konsonant ein **k**, ein **g**, ein **l** oder ein 'weicher' Konsonant (z.B.: **ś**, **ć** usw.) ist. In allen anderen Fällen ist die Genitivendung **-y**.
Fizyka betonen wir auf zwei Arten: fizyka oder umgangssprachlich fizyka. Diese Regelung betrifft alle Substantive mit der Endung **-yka** oder **-ika**, z.B. auch muzyka, muzyka.
(4) **Uniwersytet** ("Universität") ist ein Maskulinum und hat daher im Genitiv die Endung **-u**.

ÜBUNG

1. Welche Pläne hast [du] für [die] Ferien? **2.** [Die] Ergebnisse gibt es morgen. **3.** Wo sind [die] Zigaretten? **4.** Wann hast [du die] Prüfungen? **5.** [Ich] gehe in [die] Bibliothek.

Diese Wörter hätten Sie einsetzen sollen:

1 – jest – egzamin. 2 Egzaminy – jutro. 3 – jest – meczu. 4 Jaki – twój – telefonu. 5 Mam – egzaminu.

Von der nächsten Lektion an benutzen wir die Klammern in der Übersetzung nur noch bei bestimmten Redewendungen. Sie wissen ja mittlerweile, dass die Artikel, die Personalpronomen und die Formen des Verbs "sein" normalerweise weggelassen werden; wir brauchen also jetzt nicht mehr jedes Mal darauf hinzuweisen.

LEKTION 11

33 Trzydzieści trzy (t'schîdz¡esi'c¡i t'schî)

LEKCJA DWUNASTA (12) (... dwunnaßta)

To sprawa gustu

1 — Co robimy wieczorem?
2 — Jest mecz w telewizji. **(1) (2)**
3 — Wiesz dobrze, że nie lubię sportu. **(3)**
4 — To co proponujesz?
5 — Nie wiem, może... O, jest koncert grupy «Awangarda». **(4)**
6 A prawda, nie lubisz jazzu. **(5)**
7 — Niestety, nie.
8 — Trudno. To chodźmy do cyrku.
9 — Przecież cyrk jest dla dzieci! **(6)**
10 — To naprawdę sprawa gustu...

11 Lubię, lubisz, lubi.
12 Wiem, wiesz, wie.

WYMOWA

to ßprawwa gußtu **1** zo robbimî wjetschorremm? **2** jeßt metsch f tellewisji. **3** wjesch dobje, je n¡e lubje ßportu. **4** to zo propponnujesch? **5** n¡e wjemm, moje... o, jeßt konzert gruppî «awangarda». **6** a prawda, n¡e lubisch dschesu. **7** n¡eßtettî, n¡e. **8** trudno. to hoc¡'mî do zîrku. **9** pschec¡esch zîrk jest dla dz¡ec¡i! **10** to naprawde ßprawwa gußtu... **11** lubje, lubisch, lubi. **12** wjemm, wjesch, wje.

ZWÖLFTE LEKTION

Das ist Geschmackssache

1 — Was machen wir heute Abend?
2 — Im Fernsehen gibt es einen Wettkampf.
3 — Du weißt sehr wohl (gut), dass ich Sport nicht mag.
4 — Was schlägst du dann vor?
5 — Ich weiß nicht, vielleicht ... Oh, es gibt ein Konzert der Gruppe "Avantgarde".
6 Ach, stimmt, du magst keinen Jazz.
7 — Leider nicht.
8 — Schade. Dann gehen wir in den Zirkus.
9 — Na, aber Zirkus ist was für Kinder!
10 — Das ist wirklich Geschmackssache ...

11 Ich mag, du magst, er/sie/es mag.
12 Ich weiß, du weißt, er/sie/es weiß.

ANMERKUNGEN

(1) **Mecz** bedeutet im allgemeinen "Wettkampf". In der Umgangssprache ist das Wort ein Synonym (sinnverwandtes Wort) für ein "Fußballspiel". Grundsätzlich kann es für jede Ballsportart benutzt werden.
(2) **Telewizji** ist der Lokativ von **telewizja** ("Fernsehen"). Es ist dieselbe Form wie im Genitiv, jedoch geht dem Lokativ immer eine Präposition voraus, hier: **w** ("im").
(3) **Lubię sport** ("Ich mag Sport"), aber **nie lubię sportu** ("Ich mag keinen Sport"). Nach bestimmten verneinten Verben wird der Genitiv benutzt.
(4) **Grupy** ist der Genitiv von **grupa**.
(5) **Jazzu** spricht man [dschesu]. Von diesem Wort gibt es zwei Schreibweisen: **jazz** und **dżez**. Die aus dem Englischen übernommene Variante (also: jazz) ist gebräuchlicher.
(6) **Dzieci** ist der Plural von **dziecko** [dziezko] ("Kind").

Haben Sie daran gedacht, das Zählen zu üben? Nein? Dann lesen Sie noch einmal alle Seiten- und Lektionszahlen.

35 Trzydzieści pięć (t'schîdz$_i$es$_i$'c$_i$i pje$_n$c$_i$)

ĆWICZENIE

1. Lubi pani teatr? **2.** Niestety nie lubię teatru. **3.** Wiem, że nie lubisz cyrku. **4.** Naprawdę nie masz gustu.

WYPEŁNIĆ BRAKUJĄCE SŁOWA

1 *Ich weiß, dass du keinen Sport magst.*

. . . ., że . . . lubisz . . . .

2 *Leider mag ich den Zirkus nicht.*

. . . ., nie . . . . . cyrku.

3 *Meine Frau mag keinen Poker.*

. . . . żona . . . lubi . . . .

LEKCJA TRZYNASTA (13) (... t'schînaßta)

Nie jestem doktorem!

1 — Halo, nazywam się Marek Bielak. **(1)**
2   Czy jest pan doktor?
3 — Tak, proszę zaczekać. – Halo, słucham. **(2)**

WYMOWA

n$_i$e jeßtemm doktorremm! **1** hallo, nasîwamm s$_i$e marrekk bjellakk. **2** tschî jeßt pann dokktorr? **3** takk, prosche satschekkac$_i$. hallo, ßŵuhamm.

Trzydzieści sześć (t'schîdz¡es¡'c¡i sches¡'c¡) **36**

ÜBUNG

1. Mögen Sie das Theater? **2.** Leider mag ich das Theater nicht. **3.** Ich weiß, dass du den Zirkus nicht magst. **4.** Du hast wirklich keinen Geschmack.

4 *Das ist gut, dass du zur Bank gehst.*

To . . . . . ., że . . . . do . . . .

Diese Wörter hätten Sie einsetzen sollen:

1 Wiem, – nie – sportu. **2** Niestety, – lubię -. **3** Moja – nie – pokera. **4** – dobrze, – idziesz – banku.

DREIZEHNTE LEKTION

Ich bin kein Arzt (Doktor)!

1 — Hallo, ich heiße (ich nenne mich) Mark Bielak.
2 Ist der Doktor da (ist Herr Doktor)?
3 — Ja, bleiben Sie dran (warten Sie bitte) – Hallo, ich höre.

ANMERKUNGEN

(1) Się ist ein Reflexivpronomen (rückbezügliches Fürwort), das bei allen Personen angewandt werden kann: **nazywam się** ("ich heiße", wörtlich: "ich nenne mich"), **nazywasz się** ("du heißt") usw. In einem Fragesatz steht **się** vor dem Verb: **Jak się nazywasz?** ("Wie heißt du?").

(2) Die Konstruktion **proszę** ("bitte") + Infinitiv ist eine unpersönliche Höflichkeitsform, mit der eine Forderung oder ein Befehl formuliert wird: **proszę zaczekać** ("warten Sie bitte").

LEKTION 13

37 Trzydzieści siedem (t'schîdzjesj'cji sjeddemm)

4 — Dzień dobry. Jak się czuje mój brat?
5 — Pana brat? **(3)**
6 — Mój brat to pana pacjent.
7 — Jaki pacjent?
8 — Nazywa się Adam Bielak, sala numer 6 (sześć).
9 — Ależ proszę pana, ja jestem doktorem historii, a nie medycyny. **(4) (5)**

WYMOWA

4 dzjenj dobrî. jakk sje tschuje muj brat? 5 panna bratt? 6 muj bratt to panna pazjent. 7 jakki pazjent? 8 nasiwa sje addamm bjelakk, ßalla nummerr schesj'cj 9 alesch prosche panna, ja jeßtemm doktorremm hißtorji, a nje medîzînî.

ĆWICZENIE

1. Jak się pan nazywa? 2. Nazywam się Adam Bielak. 3. Jestem profesorem muzyki. 4. Marek jest pana bratem? 5. Nie, Marek to brat doktora. 6. Marek jest bratem doktora.

WYPEŁNIĆ BRAKUJĄCE SŁOWA

1 *Wie heißt Ihr (Herr) Bruder?*

   Jak . . . nazywa . . . . brat?

2 *Wie heißt Ihr (Frau) Cousin?*

   Jak . . . nazywa . . . . kuzyn?

3 *Mein Bruder ist Bankdirektor.*

   Mój . . . . jest . . . . banku.

   Mój . . . . to . . . . banku.

4 *Ist Mark Ihr (Frau) Cousin?*

   Marek . . . . pani . . . . ?

   Marek . . pani . . . . . ?

4 — Guten Tag. Wie geht es meinem Bruder (wie fühlt sich mein Bruder)?
5 — Ihr Bruder?
6 — Mein Bruder ist Ihr Patient.
7 — Welcher Patient?
8 — Er heißt (nennt sich) Adam Bielak, Zimmer Nummer sechs.
9 — Aber, mein Herr, ich bin Doktor der Geschichte und nicht der Medizin.

ANMERKUNGEN

(3) Das Possessivpronomen (besitzanzeigendes Fürwort) "Ihr, Ihre" wird im Polnischen durch die Wörter **pana** (wenn der Besitzer ein Mann ist; Genitiv von **pan**) und **pani** (wenn der Besitzer eine Frau ist), ausgedrückt. Beispiele: **pana żona** ("Ihre Frau"); **pana** oder **pani kuzyn** ("Ihr Cousin").
(4) Wenn Sie einen Herrn ansprechen wollen, sagen Sie **proszę pana**, wenn Sie eine Dame ansprechen wollen, sagen Sie **proszę pani**.
(5) Im Ausdruck "ich bin ein Doktor" oder "ich bin der Bruder" usw., wird das Prädikatsnomen in den sogenannten Instrumentalfall gesetzt (Endung **-em** für das Maskulinum). Sie wissen bereits, dass in der 3. Person Singular das Verb "sein" weggelassen werden kann. Daher gibt es zwei Formen: **Marek to doktor = Marek jest doktorem**.

ÜBUNG

1. Wie heißen Sie (Herr)? **2.** Ich heiße (nenne mich) Adam Bielak.
3. Ich bin Professor der Musik. **4.** Ist Mark Ihr Bruder? **5.** Nein, Mark ist der Bruder des Doktors. **6.** Mark ist der Bruder des Doktors.

Diese Wörter hätten Sie einsetzen sollen:

1 – się – pana -. **2** – się – pani -. **3** – brat – dyrektorem -. / – brat – dyrektor -. **4** – jest – kuzynem. / – to – kuzyn.

39 Trzydzieści dziewięć (t'schîdz$_i$es$_i$'c$_i$i dz$_i$ewje$_n$c$_i$)

LEKCJA CZTERNASTA (14) (... tsch'ternaßta)

WIEDERHOLUNG UND ANMERKUNGEN

In den letzten Lektionen haben Sie verschiedene Fälle kennengelernt: den *Genitiv* (Wesfall), den *Akkusativ* (Wenfall), den *Instrumentalfall* (ein das Mittel oder Werkzeug bezeichnender Fall, der in den slawischen Sprachen vorkommt. Er antwortet auf die Fragen: Mit wem? oder Womit?) sowie den *Lokativ* (Ort, Zeit und näheres Satzobjekt bestimmender Fall. Er antwortet auf die Fragen: Wo? Wann? Worüber? Über wen?). Wir wollen jetzt gemeinsam noch einmal Ihre Kenntnisse zusammenfassen. Sie sollten jetzt noch keine Regeln lernen; betrachten Sie die Anmerkungen als notwendige Erklärungen und versuchen Sie bitte im Moment noch nicht, sie auf Ihre eigenen Sätze anzuwenden.

(1) In verneinten Sätzen weist der Genitiv auf das Objekt hin: **Ewa nie lubi sportu** ("Eva mag keinen Sport"). In den meisten Fällen kennzeichnet er die Herkunft oder Zugehörigkeit: **kuzyn Ewy** ("Evas Cousin"), **dyrektor banku** ("der Bankdirektor/Direktor der Bank"). Außerdem wird der Genitiv nach bestimmten Verben gebraucht: **szukam profesora** ("ich suche den Professor"), **słucham koncertu** ("ich höre mir ein Konzert an"). Schließlich wird er noch nach bestimmten Präpositionen angewendet: **idę do banku** ("ich gehe zur Bank"), **mieszkam koło hotelu** ("ich wohne neben dem Hotel"). Die Genitivformen im Singular haben für männliche Substantive die Endungen -a oder -u, für weibliche Substantive die Endungen -y oder -i. (Mit den Formen des Neutrums und des Plurals beschäftigen wir uns später).

(2) Der Akkusativ entspricht dem Fall des direkten Objekts. Er tritt in den meisten Aussagesätzen auf: **mam okazję** ("ich habe eine Gelegenheit"), **mam brata** ("ich habe einen Bruder"). Im Singular haben weibliche Substantive die Endung -ę. Bei den männlichen Substantiven, die *Personen* bezeichnen, sind die Endungen für Akkusativ und Genitiv gleich, z.B.: Akkusativ – **mam brata** ("ich habe einen Bruder"); Genitiv – **mieszkanie brata** ("die Wohnung des Bruders"). Bei männlichen Substantiven, die *Dinge* bezeichnen, ist der Akkusativ mit dem Nominativ (Werfall) identisch, also: Akkusativ: **mam egzamin** ("ich habe eine Prüfung"); Nominativ: **egzamin jest jutro** ("die Prüfung ist morgen").

Czterdzieści (tsch'terdz$_i$es$_i$'c$_i$i) **40**

VIERZEHNTE LEKTION

3) Ein Substantiv im Instrumentalfall folgt dem Verb "sein": **jestem doktorem** ("ich bin Doktor"). Alle männlichen Substantive im Singular haben die Endung **-em**. Denken Sie daran, dass es in der 3. Person zwei Formen gibt: **Marek jest kuzynem Ewy** ("Mark ist Evas Cousin") = **Marek to kuzyn Ewy**.

Was die Verben betrifft, so haben wir sie noch nicht systematisch durchkonjugiert. Fassen wir hier nur die Formen zusammen, die Sie bereits kennen:

haben:	**mam, masz, ma;**
sein:	**jestem, jesteś, jest;**
gehen:	**idę, idziesz, idzie;**
mögen:	**lubię, lubisz, lubi;**
wissen:	**wiem, wiesz, wie;**
spielen:	**gram, grasz, gra;**
warten:	**czekam, czekasz, czeka.**

Lassen Sie sich von der scheinbaren Unregelmäßigkeit der Verbformen nicht beirren. Sobald wir alle Verbformen des Polnischen einmal richtig systematisch durchgegangen sind, werden Sie keine Probleme mehr haben.

LEKTION 14

41 Czterdzieści jeden (tsch'terdz;es;'c;i jeddemm)

LEKCJA PIĘTNASTA (15) (... pjenтnaßta)

Nie warto

1 — Halo, komisariat milicji? **(1)**
2 — Tak, słucham panią.
3 — Chodzi o mojego męża. **(2)**
4 — Co się stało?
5 — Mój mąż zaginął. **(3)**
6 — Jest pani pewna?
7 — Oczywiście, nie ma go w domu od miesiąca. **(4) (5)**
8 — Rozumiem. Czy może pani opisać męża?
9 — Jest mały, dość gruby...
10 — Co jeszcze?
11 — Prawie łysy... Wie pan co, niech go pan nie szuka, nie warto. **(6)**

WYMOWA

nie warto **1** hallo, kommißarjatt milizji? **2** takk, ßŵuhamm panio_n. **3** hodz;i o mojjeggo me_nja. **4** zo s;e ßtaŵo? **5** muj mo_nj sagginoŵ. **6** jeßt pannii pewna? **7** otschîwis;i'c;ie, n;e ma go w dommu ott mjesio_nza. **8** rosumjemm. tschî moje panni oppißac; me_nja? **9** jeßt maŵî, dos;i'c;i grubî... **10** zo jesch'tsche? **11** prawje ŵîßî... wje pann zo, niehh go pann n;e schuka, nie warto.

ANMERKUNGEN

(1) Die landesweite Notrufnummer in Polen ist 997 (Polizei).
(2) Chodzi o ("es geht um", "es handelt sich um"). Der Ausdruck **chodzi** ("geht") wird hier als unpersönliches Verb benutzt (das jedoch trotzdem die Form der 3. Person Singular annimmt). An dieser Stelle möchten wir Sie darauf aufmerksam machen, dass es im Polnischen ein ausgeprägtes System von imperfektiven (unvollendeten) und perfektiven (vollendeten) Verben gibt.
O mojego męża ist der Akkusativ von **mój mąż** ("mein Mann"). Nur zu Ihrer Information: **mojego męża** ist auch ein Genitiv. Die Änderung der Vokale oder Konsonanten vor bestimmten Suffixen (Nachsilben) ist relativ häufig und stellt eine der größten Schwierigkeiten der polnischen Grammatik dar.

FÜNFZEHNTE LEKTION

Nicht [die Mühe] wert

1 — Hallo, Polizeikommissariat?
2 — Ja, ich höre (Frau).
3 — [Es handelt sich] (geht um) meinen Mann.
4 — Was ist passiert?
5 — Mein Mann ist verschwunden.
6 — Sind Sie sicher?
7 — Natürlich, er ist seit einem Monat nicht [mehr] zu Hause.
8 — Ich verstehe. Können Sie [Ihren] Mann beschreiben?
9 — Er ist klein, ziemlich dick ...
10 — Was noch?
11 — Fast kahl ... Wissen Sie (was), suchen Sie ihn nicht, [es ist] nicht [die Mühe] wert.

ANMERKUNGEN

(3) Mit **zaginął** greifen wir hier etwas vor; es handelt sich um eine Vergangenheitsform: "er ist verschwunden".
(4) **Nie ma** + Genitiv ist die Verneinung von **jest** ("ist", "befindet sich"). **Go** ist der Genitiv von **on** ("er").
(5) Nach der Präposition **od** ("von", "seit") folgt immer der Genitiv. Beispiel: **czekam od dzisiaj** ("ich warte seit heute"), **to jest prezent od Ewy** ("das ist ein Geschenk von Eva").
(6) Wie schon in Lektion 6, Anmerkung 4, erläutert, ist **niech** eine Partikel, die im Imperativ (Befehlsform) für die 3. Person gebraucht wird.

43 Czterdzieści trzy (tsch'terdz¡es¡'c¡i t'schî)

ĆWICZENIE

1. O co chodzi? **2.** Nie chodzi o mnie, ale o mojego brata. **3.** Pana brata nie ma w domu. **4.** Nie ma problemu. **5.** Dziś wieczorem nie ma koncertu.

WYPEŁNIĆ BRAKUJĄCE SŁOWA

1 *Der Professor ist nicht zu Hause.*

.... nie .. w ..... .

2 *Es handelt sich nicht um den Professor.*

Nie ...... o ....

3 *Es geht um meinen Cousin.*

...... o ...... kuzyna.

4 *Ihr (Herr) Bruder ist noch nicht zu Hause.*

.... brata ... ma .... w .... .

5 *Morgen gibt es keinen Film im Fernsehen.*

..... nie .. filmu . telewizji.

LEKCJA SZESNASTA (16) (... scheßnaßta)

Znamy się chyba

1 — Ktoś dzwoni, możesz otworzyć? **(1)**

WYMOWA

snammî s¡e hîbba **1** ktos¡ dswonni, mojesch otfojîici?

Czterdzieści cztery (tsch'terdz¡es¡'c¡i tsch'terî) **44**

ÜBUNG

1. Worum handelt es sich? **2.** Es geht nicht um mich, aber um meinen Bruder. **3.** Ihr (Herr) Bruder ist nicht zu Hause. **4.** Es gibt kein Problem. **5.** Heute Abend gibt es kein Konzert.

Diese Wörter hätten Sie einsetzen sollen:

1 Profesora – ma – domu. **2** – chodzi – profesora. **3** Chodzi – mojego –. **4** Pana – nie – jeszcze -domu. **5** Jutro – ma – w -.

SECHZEHNTE LEKTION

Wir kennen uns wohl

1 — [Es] (Jemand) klingelt, kannst du aufmachen?

ANMERKUNGEN

(1) Die Endung **-ś** an einem Interrogativpronomen (Fragefürwort) verwandelt dieses in ein unbestimmtes Pronomen: **kto** ("wer") – **ktoś** ("jemand"), **co** ("was") – **coś** ("etwas"), **gdzie** ("wo") – **gdzieś** ("irgendwo"), **kiedy** ("wann") – **kiedyś** ("irgendwann").

45 Czterdzieści pięć (tsch'terdz$_i$es$_i$'c$_i$i pje$_n$c$_i$)

2 — Tak, już idę.
3 — Dzień dobry, jestem koleżanką Ewy. **(2)**
4 Mam nadzieję, że nie przeszkadzam.
5 — Nie, nie, proszę bardzo. Ewa, mamy wizytę! **(3)**
6 — Czy my się nie znamy, przypadkiem? **(4)**
7 — Chyba tak, ale...
8 — Cześć Ania. Przepraszam, wy się znacie? **(5)**
9 — Właśnie. Poznaliśmy się gdzieś, ale nie wiemy gdzie. **(6)**
10 Znam, znasz, zna.
11 Znamy, znacie.

WYMOWA

2 takk, jusch ide. 3 dz$_i$en$_i$ dobrî, jeßtemm kollejanko$_n$ ewwî. 4 mamm nadz$_i$**e**$_n$je, że n$_i$e pscheschkadsamm. 5 n$_i$e, n$_i$e, prosche bardso. ewwa mammî wisîte! 6 tschî mî s$_i$e n$_i$e snammi, pschîpatkjemm? 7 hîba takk, alle... 8 tsches$_i$'c$_i$ an$_i$a. pschepraschamm, wî s$_i$e snac$_i$e? 9 wŵas$_i$'n$_i$e. posnallis$_i$mî s$_i$e gdz$_i$es$_i$, alle n$_i$e wjemmî gdz$_i$e. 10 snamm, snasch, sna. 11 snammi, snac$_i$e.

Czterdzieści sześć (tsch'terdz₍i₎es₍i₎'c₍i₎i sches₍i₎'c₍i₎)

2 — Ja, [ich] gehe schon.
3 — Guten Tag, [ich] bin eine Freundin von Eva.
4   Ich hoffe (ich habe die Hoffnung), dass ich nicht störe.
5 — Nein, nein, bitte sehr. Eva, wir haben Besuch!
6 — Kennen wir uns nicht zufällig?
7 — Ich glaube ja, aber ...
8 — Hallo Anna. Entschuldigung, kennt ihr euch?
9 — Genau. Wir haben uns irgendwo kennengelernt, aber wir wissen nicht, wo.
10   Ich kenne, du kennst, er/sie/es kennt.
11   Wir kennen, ihr kennt.

ANMERKUNGEN

(2) Denken Sie an die Konstruktion **jestem doktorem, jestem bratem** usw., in der das Prädikatsnomen in den Instrumentalfall gesetzt wird. Sie kennen bereits die Endung **-em** für das Maskulinum, hier nun die Endung für das Femininum: **-ą**. Beispiel: **jestem żoną, jestem koleżanką**. Vergessen Sie nicht, dass **kolega** ein Maskulinum ist. Da das Substantiv mit **-a** endet, wird es grammatikalisch wie ein Femininum benutzt. Man sagt also: **Marek jest kolegą Ewy** ("Mark ist Evas Freund").

(3) Es ist noch höflicher, wenn man den Wörtern **proszę** ("bitte"), **przepraszam** ("Verzeihung, Entschuldigung"), **dziękuję** ("danke") das Wort **bardzo** ("sehr") hinzufügt

(4) Wie bereits erwähnt, wird das Reflexivpronomen **się** ("sich") bei allen Personen in der gleichen Form angewandt.

(5) **Ania** ist eine Verkleinerungsform von **Anna**. Der Gebrauch von Verkleinerungen bei Vornamen ist in Polen eine verbreitete Erscheinung. Für jeden Vornamen gibt es mehrere Verkleinerungsvarianten. Diese werden mithilfe von verschiedenen Endungen gebildet. Hier einige Beispiele, um Ihnen das Phänomen zu verdeutlichen: **Ania, Anka, Aneczka, Aniusia** und andere.

(6) **Poznaliśmy się** ("wir haben uns kennengelernt"). **poznaliśmy** ("wir haben kennengelernt"). Das Präfix (Vorsilbe) **po-** sagt aus, dass die Handlung abgeschlossen ist. (Die Vergangenheit und der *"Aspekt"* werden in späteren Lektionen behandelt. Bereits in Lektion 21 finden Sie diesbezüglich einige Informationen.)

47 Czterdzieści siedem (tsch'terdzjesj'cji sjeddemm)

ĆWICZENIE

1. Jestem żoną profesora. 2. Marek jest kolegą Ewy. 3. Ania jest twoją koleżanką? 4. Czy ktoś jest w domu? 5. Masz coś dla mnie? 6. Zna pan mojego męża? 7. Tak, znamy się od miesiąca.

WYPEŁNIĆ BRAKUJĄCE SŁOWA

1 *Sind Sie ein Freund von Adam?*

. . . . pan . . . . . . Adama?

2 *Sind Sie eine Freundin von Anna?*

. . . . pani . . . . Ani?

3 *Machst du morgen Abend etwas?*

Robisz . . . jutro . . . . ?

4 *Hat jemand Zigaretten?*

Czy . . . . ma . . . . ?

LEKCJA SIEDEMNASTA (17)
(... sjeddemm'naßta)

W kawiarni

1 — Cześć. Jesteś sama? A Marek?
2 — Marka jeszcze nie ma. Jak tu gorąco! **(1)**
3   Mam ochotę na lody. **(2)**
4 — Co państwo biorą? **(3)**

WYMOWA

f kawjarni **1** tschesji'cji. jeßtesj ßamma? a marrekk? **2** marka jesch'tsche nje ma. jakk tu gorronzo! **3** mamm ohhotte na loddî **4** zo panjißtfo bjoronn?

ANMERKUNGEN

(1) Jak ("wie"). Man kann auch sagen: **jak tu jest gorąco**. Wir erinnern daran, dass das Verb **jest** in der Umgangssprache oft weggelassen wird.

Czterdzieści osiem (tsch'terdz¡es¡'c¡i os¡emm) 48

ÜBUNG

1. Ich bin die Ehefrau des Professors. **2.** Mark ist Evas Freund. **3.** Ist Anna deine Freundin? **4.** Ist jemand zu Hause? **5.** Hast du etwas für mich? **6.** Kennen Sie meinen Mann? **7.** Ja, wir kennen uns seit einem Monat.

5 *Wer wohnt nicht weit von hier?*

. . . mieszka . . . . stąd?

6 *Ich kenne Ihren Mann nicht.*

Nie . . . . pani . . . . .

Diese Wörter hätten Sie einsetzen sollen:

1 Jest – kolegą -. **2** Jest – koleżanką -. **3** – coś – wieczorem. **4** – ktoś – papierosy. **5** Kto -niedaleko -. **6** – znam – męża.

SIEBZEHNTE LEKTION

Im Café

1 — Hallo. Bist du alleine? Und Mark?
2 — Mark (noch) ist noch nicht da. Wie heiß es hier ist (wie hier heiß)!
3   Ich habe Lust auf ein Eis.
4 — Was nehmen Sie (Herrschaften nehmen)?

ANMERKUNGEN

(2) Der Redewendung **mam ochotę na** ("ich habe Lust auf") folgt der Akkusativ (vgl.: Lektion 14). Darüber hinaus heißt **na** auch "an, in, für, zu, gegen". **Lody** ("Speiseeis") ist der Plural von **lód** ("Eis").

(3) Państwo ("Herrschaften", auch im Sinne "Damen und Herren") + 3. Person Plural. Das Wort **państwo** wird bei der Anrede mehrerer Personen als Höflichkeitsform benutzt. Wenn man nur Frauen anspricht, sagt man **panie**, bei Männern **panowie**.

LEKTION 17

49 Czterdzieści dziewięć (tsch'terdz¡es¡'c¡i dz¡ewje_nc¡)

5 — Ja proszę lody waniliowe i kawę. A dla ciebie?
(4) (5)
6 — Dla mnie, sok pomarańczowy i paczkę papierosów. **(6)**
7 — Nie ma już papierosów. Coś jeszcze?
8 — Nie, to wszystko. O, Marek, nareszcie! Zawsze trzeba na ciebie czekać!
9 — Dlaczego się denerwujesz? Chyba nie z powodu papierosów?
To nie ma sensu.

WYMOWA

5 ja prosche loddî wan¡il¡jowwe i kawwe. a dla c¡ebje? **6** dla mnje, ßokk pommaran¡'tschowwî i patschke papjeroßuff. **7** nje ma jusch papjeroßuff, zos¡ jesch'tsche? **8** nje, to fschîßtko. o, marrekk, narresch'c¡e! safsche t'schebba na c¡ebje tschekkac¡! **9** dlatscheggo s¡e dennerrwujesch? hîbba nje ß powwoddu papjeroßuff? to nje ma ßenßu.

ĆWICZENIE

1. Na co masz ochotę? 2. Mam na coś ochotę, ale nie wiem na co.
3. Mam coś dla ciebie. 4. Nie ma jeszcze rezultatów. 5. Denerwuję się z powodu egzaminu. 6. Czekam na Marka, a nie na ciebie.

WYPEŁNIĆ BRAKUJĄCE SŁOWA

1 *Ich habe Lust auf eine Zigarette.*

Mam . . . . . . na . . . .

2 *Leider gibt es kein Eis mehr.*

. . . . nie . . już . . . .

3 *Ich warte im Café auf dich.*

. . . . . . na . . . . . . w . . . .

Pięćdziesiąt (pjencj'dzjesjont) 50

5 — [Für] mich (ich bitte) ein Vanilleeis und einen Kaffee. Und für dich?
6 — Für mich einen Orangensaft und ein Päckchen Zigaretten.
7 — Es gibt keine Zigaretten mehr (schon). Noch etwas?
8 — Nein, das ist alles. Ah, Mark, endlich! Man muss immer auf dich warten (immer man muss auf dich warten)!
9 — Warum regst du dich auf (sich aufregst)? Doch nicht wegen der Zigaretten? Das hat keinen Sinn.

ANMERKUNGEN
(4) Die von Substantiven abgeleiteten Adjektive stehen in der Regel hinter den Substantiven, auf die sie sich beziehen und werden getrennt geschrieben, z.B. **lody waniliowe** ("Vanilleeis") oder **sok pomarańczowy** ("Orangensaft").
(5) Ciebie ist der Genitiv und der Akkusativ von **ty** ("du").
(6) Papierosów ist der Genitiv Plural von **papieros** ("Zigarette"). Nach Mengenangaben (ein Päckchen, ein Glas, viel, ein wenig usw.) wird der Genitiv gebraucht.

ÜBUNG
1. Worauf hast du Lust? **2.** Ich habe Lust auf etwas, aber ich weiß nicht worauf. **3.** Ich habe etwas für dich. **4.** Es gibt noch keine Ergebnisse. **5.** Ich rege mich wegen der Prüfung auf. **6.** Ich warte auf Mark und nicht auf dich.

4 *Warum wartest du nicht auf mich?*

. . . . na . . . . nie . . . . ?

5 *Ich warte auf meinen Mann.*

. . . . . . na . . . . . . męża.

Diese Wörter hätten Sie einsetzen sollen:
1 – ochotę – papierosa. 2 Niestety – ma – lodów. 3 Czekam – ciebie – kawiarni. 4 Dlaczego – mnie – czekasz. 5 Czekam – mojego –.

LEKTION 17

51 Pięćdziesiąt jeden (pjenci'dzjesjont jeddenn)

LEKCJA OSIEMNASTA (18) (... osjemm'naßta)

Nie mam czasu

1 — Dokąd jedziesz na wakacje? **(1)**
2 — W tym roku chyba nigdzie. **(2)**
3 — Nie żartuj! Dlaczego?
4 — Mam pełno roboty. **(3)**
5 — A co robisz?
6 — Wiesz dobrze, uczę się polskiego. **(4)**
7 — Masz rację, ale jedna rzecz mnie denerwuje u ciebie.
8 — Tak? Co mianowicie?
9 — Nie masz nigdy czasu. **(5)**
10 — To co mam robić? **(6)**
11 — Jedź na wakacje do Polski! **(7)**

12   Jadę, jedziesz, jedzie.
13   Jedź!

WYMOWA

nje mamm tschaßu **1** dokkont jedzjesch na wakkazje? **2** f tîm rokku hîbba nigdzje. **3** nje żartuj! dlatscheggo? **4** mamm pewno robbottî. **5** a zo robbisch? **6** wjesch dobje, utsche sje polßkjego. **7** masch razje, alle jeddna jetsch mnje dennerwuje u cjebje. **8** takk? zo mjannowicje? **9** nje masch nigdí tschaßu. **10** to zo mamm robbicj? **11** jecj na wakkazje do polßki! **12** jadde, jedzjesch, jedzje. **13** jecj!

ANMERKUNGEN

(1) In Fragesätzen sagt man **gdzie** ("wo"), wenn es um eine Ortsbestimmung geht und **dokąd** ("wohin"), wenn es um eine Bewegung in eine bestimmte Richtung geht. Beispiele: **gdzie pan (pani) mieszka?** ("Wo wohnen Sie?"); **Dokąd pan (pani) jedzie (idzie)?** ("Wo fahren/gehen Sie hin?").
Das Verb **idę** bezieht sich auf die Bewegung zu Fuß ("ich gehe"). **Jadę** ("ich fahre") dagegen beschreibt die Bewegung mit einem Verkehrsmittel. Es gibt noch eine dritte Form: **chodzę**. Diese drückt eine nicht vollendete oder wiederholt ausgeführte Handlung aus.

ACHTZEHNTE LEKTION

Ich habe keine Zeit

1 — Wohin fährst du in die Ferien?
2 — In diesem Jahr wahrscheinlich nirgendwohin.
3 — Mach keine Witze! Warum?
4 — Ich habe viel (voll Arbeit) zu tun.
5 — Und was machst du?
6 — Du weißt (gut) doch, ich lerne Polnisch.
7 — Du hast recht, aber (eine Sache) etwas regt mich bei dir auf.
8 — Ach ja? (Ja?) Was denn?
9 — Du hast nie(mals) Zeit.
10 — Was soll ich denn machen?
11 — Fahr [doch] in die Ferien nach Polen!

12 Ich fahre, du fährst, er/sie/es fährt.
13 Fahre!

ANMERKUNGEN

(2) Bei Zeitangaben wird, wie im Deutschen, die Präposition **w** ("in") gebraucht. Der Präposition folgt das Substantiv (Jahr, Monat oder Woche) im Lokativ: **ten rok** ("dieses Jahr") = **w tym roku** ("in diesem Jahr").

(3) **Pełno** ("voll") ist ein Adverb (Umstandswort). Die Endung **-o** wandelt bestimmte Adjektive in Adverbien um. Beispiele: **łatwy – łatwo** ("einfach, leicht"); **duży – dużo** ("groß, viel"); **mały – mało** ("klein"). Achten Sie auf die Ähnlichkeit zwischen den Verben **robię, robisz** ("ich mache", "du machst") und dem Wort **robota** ("Arbeit") sowie den Verben **pracuję, pracujesz** ("ich arbeite", "du arbeitest") und **praca** ("Arbeit").

(4) **Uczę się** ("ich lerne") ist ein reflexives Verb, dem ein Genitiv folgt. **Polski** ist Nominativ; **polskiego** ist Genitiv.

(5) **Czasu** ist der Genitiv von **czas** ("Zeit").

(6) **Mam** + Infinitiv entspricht der Wendung "ich muss machen", "ich habe zu tun" oder "ich habe vor, etwas zu tun".

(7) **Jedź!** ("fahre!") ist der Imperativ von **jechać** ("fahren"). Im Polnischen steht in einem Imperativsatz die angesprochene Person immer im Vokativ.

53 Pięćdziesiąt trzy (pjeⁿci'dziesiǫnt t'schî)

ĆWICZENIE

1. W tym roku mam dużo pracy. 2. Nie jadę nigdzie na wakacje.
3. Masz czas jutro wieczorem? 4 Czy ktoś wie, gdzie mieszka Marek?
5. Twój mąż mnie denerwuje. 6. U mnie nie ma telefonu, a u ciebie?

WYPEŁNIĆ BRAKUJĄCE SŁOWA

1 *Fährst du dieses Jahr nach Polen?*

.... do ...... w ... roku?

2 *Geht jetzt jemand zur Bank?*

... ktoś .... teraz .. banku?

3 *Ist meine Frau bei dir?*

Czy .... żona .... u ......?

4 *Nein, ich bin alleine.*

..., jestem .... (Frau).

5 *Wegen der Prüfungen gehe ich nirgendwohin.*

Nie ... nigdzie . powodu ....

6 *Diesen Monat wohnt Mark bei mir.*

. tym .... Marek ...... u ..... .

LEKCJA DZIEWIĘTNASTA (19)
(... dziewjeⁿtnaßta)

Powodzenia

1 — Przepraszam pana, gdzie jest ulica Kopernika? **(1)**

WYMOWA

powwodsenja **1** pschepraschamm panna, gdzje jeßt uliza koppernika?

ÜBUNG

1. Dieses Jahr habe ich viel zu tun (Arbeit). **2.** Ich fahre nirgendwohin in Ferien. **3.** Hast du morgen Abend Zeit? **4.** Weiß jemand, wo Mark wohnt? **5.** Dein Mann regt mich auf. **6.** Bei mir gibt es kein Telefon, und bei dir?

Diese Wörter hätten Sie einsetzen sollen:

1 Jedziesz – Polski – tym -. **2** Czy – idzie – do -. **3** – moja – jest – ciebie. **4** Nie, – sama. **5** -idę – z – egzaminów. **6** W – miesiącu – mieszka – mnie.

Versuchen Sie von nun an, wenn Sie ein neues Verb lernen, sich die 1. und die 3. Person Singular einzuprägen. Diese beiden Formen weisen auf die Konjugation (Beugung des Verbs) hin, der das Verb angehört. Wenn Sie diese Konjugation kennen, können Sie auch die anderen Personalformen des Verbs bilden.

NEUNZEHNTE LEKTION

Viel Glück

1 — Entschuldigen Sie (Herr), wo ist die Kopernikus-Straße?

ANMERKUNGEN

(1) "Entschuldigen Sie (Frau)" heißt **przepraszam panią**.
Mikołaj Kopernik (Nikolaus Kopernikus), bedeutender Astronom des Mittelalters. Lebte in den Jahren 1473-1543. Stellte die These auf, dass die Sonne im Mittelpunkt des Weltalls ruhe und die Erde sie mit allen anderen Planeten umkreise.

55 Pięćdziesiąt pięć (pje_nc_i'dz_ies_io_nt pje_nc_i)

2 — To dwa kroki stąd. Może pan iść pieszo.
3 — Nie mogę. Mam dużą walizkę, dwie torby, paczkę i parasol. **(2)**
4 — W takim razie, tam jest postój taksówek. **(3)** Skąd pan jest? Chyba nie jest pan Polakiem? **(4)**
5 — Nie, jestem Francuzem.
6 — I jest pan w Polsce na wakacjach? Na długo? **(5)**
7 — Nie wiem dokładnie. Może dwa, trzy tygodnie. **(6)**
8 — Mówi pan doskonale po polsku. O, ma pan taksówkę. Powodzenia!

9 Mogę, możesz, może.

WYMOWA

2 to dwa krokki ßto_nt. mo_je pann is_i'c_i pjescho. **3** n_ie mogge. mamm du_jo_n wallißke. dwje torb_i, patschke i parraßoll. **4** f takkim raz_ie, tamm jeßt poßtuj takßuwekk. ßko_nt pann jeßt? hîbba n_ie jeßt pann pollakjemm? **5** n_ie, jeßtemm franzusemm. **6** i jeßt pann f polße na wakkazja_hh? na dŵugo? **7** n_ie wjemm dokkŵadn_ie. mo_je dwa, t'schî tigodn_ie. **8** muwi pann doßkonnalle po polßku. o, ma pann takßufke. powwodsen_ja! **9** mogge, mo_jesch, mo_je.

ĆWICZENIE

1. Nie mieszkam w Polsce, jestem tu na wakacjach. **2.** Biblioteka jest blisko, możesz iść pieszo. **3.** Nie mogę iść do banku, jestem zajęta. **4.** Mam ochotę iść do cyrku, ale chyba nie ma już biletów. **5.** Trzeba zaczekać, jestem pewna, że ktoś jest w domu.

Pięćdziesiąt sześć (pje$_n$c$_i$'dz$_j$es$_j$o$_n$t sches$_i$'c$_i$) **56**

2 — Es sind nur zwei Schritte (von hier). Sie können zu Fuß gehen.
3 — Das kann ich nicht. Ich habe einen großen Koffer, zwei Taschen, ein Paket und einen Regenschirm.
4 — Wenn das so ist, dort ist ein Taxistand. Woher kommen Sie? Sie sind wohl kein Pole?
5 — Nein, ich bin Franzose.
6 — Und Sie machen Ferien in Polen? Für lange [Zeit]?
7 — Ich weiß es [noch] nicht genau. Vielleicht zwei, drei Wochen.
8 — Sie sprechen ausgezeichnet (auf) Polnisch. Ah, Sie haben ein Taxi.
Viel Glück (Erfolg)!

9 Ich kann, du kannst, er (sie, es) kann.

ANMERKUNGEN

(2) **Torba** ("Tasche") ist ein Femininum, deshalb sagt man **dwie torby** ("zwei Taschen"), aber **dwa kroki** ("zwei Schritte"), denn **krok** ("Schritt") ist ein Maskulinum.
(3) **Taksówek** ist der Genitiv Plural von **taksówka** ("Taxi").
(4) Die Partikel **chyba** ("wahrscheinlich" oder "wohl") schwächt die getroffene Aussage ab und bringt somit eine gewisse Unsicherheit zum Ausdruck (siehe vorherige Lektionen). Manchmal bedeutet sie auch "ich nehme an".
(5) Verwechseln Sie nicht **jadę na wakacje** (Akkusativ) und **jestem na wakacjach** (Lokativ). Ebenso **jadę do Polski** (Genitiv) und **jestem w Polsce** (Lokativ).
(6) **Tydzień** (Maskulinum) heißt "eine Woche", **dwa tygodnie** "zwei Wochen".

ÜBUNGEN

1. Ich wohne nicht in Polen, ich bin in Ferien. **2.** Die Bibliothek ist in der Nähe, du kannst zu Fuß gehen. **3.** Ich kann nicht zur Bank gehen, ich bin beschäftigt. **4.** Ich habe Lust, in den Zirkus [zu] gehen, aber wahrscheinlich gibt es keine Eintrittskarten mehr. **5.** Man muss warten, ich bin sicher, dass jemand zu Hause ist.

57 Pięćdziesiąt siedem (pjeⁿcʲi'dzʲiesʲioⁿt sʲieddemm)

WYPEŁNIĆ BRAKUJĄCE SŁOWA

1 *Die Post ist sehr weit, ich kann nicht zu Fuß hingehen.*

Poczta .... bardzo ......, nie .... iść ....

2 *Bist [du] für lange Zeit in Polen?*

...... w ...... na .....?

LEKCJA DWUDZIESTA (20) (... dwudzʲeßta)

Prezent dla koleżanki

1 — Dzień dobry, chciałbym jakiś ładny prezent. **(1)**
Ma pani coś interesującego? **(2)**

2 — Oczywiście. Dla kogo ten prezent?
Dla koleżanki z Francji. **(3)**

3 — Może perfumy? – To niezbyt oryginalne. **(4)**

4 — To może naszyjnik z bursztynu? – Wolę coś innego.

5 — Mamy srebrne broszki, bardzo ładne. – To zbyt drogie. **(5)**

WYMOWA

present dla kolleĵanki **1** dzʲienʲi dobrî, hcʲiaŵbîm jakkisʲi ŵadnî present. ma panni zosʲi interreßujoⁿzeggo? **2** otschîwisʲi'cʲie. dla koggo tenn present? dla kolleĵanki s franzji. **3** moĵe perfumî? to nʲesbît orrîginale. **4** to moĵe naschîjnʲik s burschtînu? wolle zosʲi in'neggo. **5** mammî ßrebrne broschki, bardso ŵadne. to sbît drogje.

ANMERKUNGEN

(1) "Ich möchte" hat zwei Formen, je nachdem, ob ein Mann oder eine Frau spricht: **chciałbym** (bei Männern); **chciałabym** (bei Frauen).

(2) Vgl. Sie **co nowego? nic specjalnego** (Lektion 3). Die Endung **-ego** erscheint auch bei Ausdrücken der Art: **coś nowego/specjalnego** ("etwas Neues, Spezielles" usw.).

Pięćdziesiąt osiem (pje_nc_i'dz_ies_io_nt os_iemm) 58

3 *Hast du Lust, heute Abend ins Theater zu gehen?*

.... ochotę ... do ...... dziś ....?

4 *Kannst du im Café auf mich warten?*

Możesz .... na .... w ....?

Diese Wörter hätten Sie einsetzen sollen:

1 – jest – daleko, – mogę – pieszo. **2** Jesteś – Polsce – długo. **3** Masz – iść – teatru – wieczorem. **4** – zaczekać – mnie – kawiarni.

ZWANZIGSTE LEKTION

Ein Geschenk für eine Freundin

1 — Guten Tag, ich möchte ein hübsches Geschenk.
Haben Sie etwas Interessantes?

2 — Sicher. Für wen [ist] das Geschenk? – Für eine Freundin aus Frankreich.

3 — Vielleicht ein Parfum? – Das ist nicht sehr (nicht zu) originell.

4 — Dann vielleicht eine Bernsteinkette? – Ich ziehe etwas anderes vor.

5 — Wir haben Silberbroschen, sehr schön. – Die sind (das ist) zu teuer.

ANMERKUNGEN

(3) Kogo ist der Genitiv von **kto?** ("wer?").

(4) Zbyt "zu (sehr)", **niezbyt** "nicht zu (sehr)".

(5) Srebrne broszki ("silberne Broschen, Silberbroschen") ist der Nominativ Plural. Das Adjektiv steht hier vor dem Substantiv. Wenn Sie demnächst nach Polen reisen und typisch polnische Andenken kaufen möchten, begeben Sie sich am besten in einen **Cepelia**-Laden. Dort werden Sie eine Fülle von Volkskunst-Artikeln finden. Dazu gehören Erzeugnisse der Silberschmiedekunst, der Bernsteinverarbeitung sowie Lederwaren, Holzfiguren, Trachtenpuppen, meist gestickte Leinendecken, Blusen und vieles mehr.

LEKTION 20

59 Pięćdziesiąt dziewięć (pje_nci'dzjesio_nt dzjewje_nci)

6 — W takim razie, może haftowaną kamizelkę? – Nie znam jej rozmiarów. **(6)**
7 — A wazon z ceramiki? – Ona nie lubi wazonów. Nie ma nic innego?
8 — Sama nie wiem co panu zaproponować. **(7)**
9 — A może lalkę w stroju ludowym?
10 — Doskonały pomysł, ale...
11 — Może mi pani pokazać? **(8)**
12 — ...niestety, nie ma.

WYMOWA

6 f takkim razje, mojê haftowwano_n kammiselke? nje snamm jej rosmjaruf. **7** a wason ß zerrmiki? onna nje lubi wasonnuf. nje ma niz ·in'neggo? **8** ßamma nje wjemm zo pannu sapropponnowwacj. **9** a mojê lalke f ßtrojju ludowîm? **10** doßkonnaŵî pommîßŵ, alle... **11** mojê mi pannji pokkasacj? **12** ... njeßtettî, nje ma.

ĆWICZENIE

1. Chciałabym coś oryginalnego dla mojego męża. 2. Mogę panu pokazać bardzo ładny prezent. 3. To wszystko, nie ma pani nic innego? 4. Proszę zaczekać, mam coś naprawdę ładnego.

WYPEŁNIĆ BRAKUJĄCE SŁOWA

1 *Ich möchte etwas nicht zu Teures.*

. . . . (.) coś . . . . drogiego.

2 *Hast du etwas Neues für mich?*

Masz . . . nowego . . . mnie?

3 *Bei mir nichts Neues (Spezielles), und bei dir?*

U . . . . nic . . . ., a . ciebie?

4 *Kannst du mir diese Vase zeigen?*

Możesz . . pokazać . . . wazon?

Sześćdziesiąt (sches$_i$'c$_i$'dz$_j$es$_j$o$_n$t) **60**

6 — Dann vielleicht (in dem Fall) eine gestickte Weste? – Ich kenne ihre Größe nicht.
7 — Und eine Keramikvase? – Sie mag keine Vasen. Gibt es nichts anderes?
8 — Ich weiß selber nicht, was ich Ihnen vorschlagen soll.
9 — Und vielleicht eine Trachtenpuppe (Puppe in Volkstracht)?
10 — Eine ausgezeichnete Idee, aber ...
11 — Können Sie mir eine zeigen?
12 — ...leider [nein], es gibt keine.

ANMERKUNGEN
(6) Rozmiary ist ein Nominativ Plural und bedeutet wörtlich "Maße", was dem deutschen Ausdruck "Größe" entspricht. **Jego rozmiary** ("seine Größe").
(7) Sam (im Femininum **sama**) heißt "allein". Hier wird das handelnde Subjekt des Satzes verstärkt betont: "was mich selber/alleine betrifft", "was mich selber/alleine angeht".
(8) Mi ("mir") ist der Dativ von **ja** ("ich").

ÜBUNG
1. Ich möchte (Frau) etwas Originelles für meinen Mann. **2.** Ich kann Ihnen ein sehr schönes Geschenk zeigen. **3.** Ist das alles, haben Sie nichts anderes? **4.** Warten Sie bitte, ich habe etwas wirklich Hübsches.

Diese Wörter hätten Sie einsetzen sollen:
1 Chciałbym (oder: chciałabym) – niezbyt -. **2** – coś – dla -. **3** – mnie – specjalnego – u -. **4** – mi – ten -.

LEKTION 20

61 Sześćdziesiąt jeden (schesʲi'cʲi'dzʲesʲio$_n$t jeddenn)

LEKCJA DWUDZIESTA PIERWSZA (21)
(... dwudzʲeßta pjerfscha)

Wiederholung und Anmerkungen

1 Vokal- und Konsonantenwechsel

Was Sie in den letzten Lektionen bestimmt erstaunt hat, sind die Änderungen bestimmter Buchstaben. Hier nur einige Formen: **idę, idziesz** ("ich gehe", "du gehst") oder **jadę, jedziesz** ("ich fahre", "du fährst") sowie **mój mąż** (Nominativ: "mein Mann"), **mojego męża** (Genitiv: "meines Mannes"). Solche Veränderungen treten tatsächlich recht häufig auf. Das führt natürlich dazu, dass das Erlernen der gesprochenen Sprache komplizierter wird. Ohne Kenntnisse der historischen Sprachentwicklung sind diese Phänomene schwer nachvollziehbar. Deswegen sollten Sie sich im Moment darauf beschränken, dies so zu akzeptieren. Diese Formen werden sich in Ihrem Gedächtnis nach und nach einprägen. Versuchen Sie nicht, sie auswendig zu lernen!

2 Die Position des Adjektivs

Adjektive, die auf eine individuelle Eigenschaft hinweisen (dies ist der häufigste Fall), stehen *vor* dem Nomen (Substantiv): **nowy dom** ("das neue Haus"), **dobry humor** ("gute Laune"). Dienen Sie jedoch der näheren Beschreibung eines Objekts, d.h. weisen sie auf eine spezifische Eigenschaft des Objekts hin, so stehen Sie *hinter* dem Nomen: **sok cytrynowy** = "Zitronensaft", **strój ludowy** = "Volkstracht".

3 Nie ma ("es gibt nicht")

Sie kennen bereits die Anwendungsweise des Verbs **jest** ("ist"): **polski jest łatwy** ("Polnisch ist leicht"); **polski nie jest trudny** ("Polnisch ist nicht schwer"). Bedeutet das Verb **jest** jedoch "es gibt", "es befindet sich" oder "es ist vorhanden", lautet die Verneinung **nie ma**. Das Substantiv, das das Verb begleitet, wird in den Genitiv gesetzt. Der Ausdruck **nie ma** kann vor oder hinter dem Substantiv stehen: **profesora nie ma** ("der Professor ist nicht da"), **nie ma problemu** ("es gibt kein Problem").

Sześćdziesiąt dwa (sches₁i'c₁i'dz₁ies₁io_nt dwa) 62

EINUNDZWANZIGSTE LEKTION

4 Perfektive (vollendete) und imperfektive (nichtvollendete) Verben

Wir haben bisher das Problem der perfektiven und imperfektiven Verben nur kurz angeschnitten. Hier fassen wir die wichtigsten Dinge noch einmal zusammen. Im Polnischen teilen sich die Verben in imperfektive und perfektive Verben. In den Grammatiken der slawischen Sprachen spricht man bei diesem Phänomen von dem "Aspekt".

Die imperfektiven Verben drücken die Idee einer nicht abgeschlossenen oder wiederholt stattfindenden Handlung aus. Dies kann die Gegenwart, die Vergangenheit und die Zukunft betreffen. Die perfektiven Verben bezeichnen dagegen eine vollendete Handlung unabhängig von der Zeitform. Oft wird der "Aspekt" der Verben durch Präfixe, Suffixe und manchmal durch die Änderung des Verbstamms gebildet. Anhand des folgenden Beispiels möchten wir Ihnen diese grammatische Kategorie verdeutlichen: "Warten Sie bitte", "Würden Sie bitte warten" kann mit **proszę czekać** (imperfektiver Aspekt) ausgedrückt werden, wobei keine Aussage über die Länge der Wartezeit gemacht wird, oder mit **proszę zaczekać** (perfektiver Aspekt), was suggeriert, dass die Wartezeit nicht lange andauert.

---

*Wundern Sie sich nicht, wenn die Aussprachehinweise unter dem Stichwort **WYMOWA** ab jetzt nicht mehr den kompletten Satz wiedergeben. Mit Sicherheit haben Sie jetzt mit den häufig vorkommenden Wörtern keine großen Probleme mehr. Kompliment! Bei den nächsten Lektionen werden wir uns daher auf die neuen Wörter beschränken.*

63 Sześćdziesiąt trzy (schesi'ci'dziesiont t'schî)

LEKCJA DWUDZIESTA DRUGA (22)
(... dwudzießta druga)

Ile lat ma pani córka?

1 — Ile państwo mają dzieci? **(1)**
2 — Mamy syna i córkę. **(2)**
3 — Znamy tylko syna. A jaka jest państwa córka? Jest duża? **(3)**
4 — O, tak. Jest dość duża. Ma prawie sześć lat. **(4)** Za tydzień są jej urodziny. **(5)**
5 — Nie ma jej teraz w domu?
6 — Nie, jest jeszcze w szkole.
7 — To ona już chodzi do szkoły? U nas dzieci chodzą do szkoły,
jak mają siedem lat. **(6)**
8 — Tutaj mogą chodzić wcześniej. **(7)**

WYMOWA

ile latt ma pannji zurka? **1** ile panjißtfo majon dziecji? **2** ... sînna ... **3** ... jakka ... dujâ? **4** ... dosi'ci ... prawje schesi'ci latt. sa tîdzjenji ßon jejj urodziinî. **6** ... jesch'tsche f schkolle. **7** ... hodzji do schkowî? ... hodson ... majon sjeddemm ... **8** ... moggon hodzjici ftschesinjej .

ANMERKUNGEN

(1) Wir erinnern daran, dass **państwo** ("Herrschaften") immer von der 3. Person Plural begleitet wird und dass dieses Wort fester Bestandteil der höflichen Anrede bei zwei und mehreren Personen ist. **Państwa** bedeutet also auch "Ihr, Ihre", z.B. **państwa bilet** ("Ihre Eintrittskarte"), **państwa bilety** ("Ihre Eintrittskarten"). Handelt es sich um eine Person ("Herr" oder "Frau/Dame"), sagt man **pana bilet (bilety)** und **pani bilet (bilety)**.
(2) **Syna, córkę** ist der Akkusativ von **syn** ("Sohn"), **córka** ("Tochter").
(3) **Jaki** ("welcher", "der, welcher"), **jaka** ("welche", "die, welche") wird auch benutzt, wenn man darum bittet, jemanden oder etwas zu beschreiben (entspricht dem deutschen "wie?"). Vergleichen Sie: **Jaki jest twój numer telefonu?** "Wie (welcher) ist deine Telefonnummer?" und **Jaki jest twój profesor?** ("Wie ist dein Professor?").

ZWEIUNDZWANZIGSTE LEKTION

Wie alt ist (wie viele Jahre hat) Ihre Tochter?

1 — Wie viele Kinder haben Sie (Herrschaften haben)?
2 — Wir haben einen Sohn und eine Tochter.
3 — Wir kennen nur den Sohn. Und wie ist Ihre Tochter? Ist sie groß?
4 — Oh, ja. Sie ist ziemlich groß. Sie ist fast sechs Jahre alt. In einer Woche hat sie Geburtstag.
5 — Ist sie jetzt nicht zu Hause?
6 — Nein, sie ist noch in der Schule.
7 — Geht Sie schon zur Schule? Bei uns gehen die Kinder zur Schule, wenn sie sieben Jahre alt sind.
8 — Hier können sie früher [hin]gehen.

ANMERKUNGEN

(4) **Lata** ist der Plural von **rok** ("Jahr"). Diese Form wird bei 2, 3, 4, 22, 23, 24, 32, 33, 34 usw. benutzt. Bei allen anderen Zahlen sagen wir im Plural **lat**. Beispiel: **czterdzieści trzy lata** ("43 Jahre"), **dwanaście lat** ("12 Jahre").

(5) **Jej** ist der Genitiv von **ona** ("sie") und auch das weibliche Possessivpronomen "ihr, ihre" (das polnische Possessivpronomen wird nicht gebeugt).
Urodziny ("Geburtstag") ist immer ein Plural.

(6) **Chodzić** ist das Äquivalent von **iść** und bedeutet "oft gehen", "gewöhnlich gehen", "laufen" (bei Kindern) oder im Sinne von "funktionieren". Beispiele: **lubię chodzić do kina** ("ich gehe gerne ins Kino"), **mój syn już chodzi** ("mein Sohn läuft schon"), **ten zegar nie chodzi** ("diese Uhr läuft nicht"). Hier ist **jak = kiedy** ("wenn").

(7) **Wcześnie** ("früh"), **wcześniej** ("früher"). Ebenso: **późno** ("spät"), **później** ("später"). Fügt man einem vom Adjektiv gebildeten Adverb die Endung **-ej** an, so erhält man den Komparativ (1. Steigerungsstufe).

65 Sześćdziesiąt pięć (sches$_i$'c$_i$'dz$_i$es$_i$o$_n$t pjenc$_i$)

9 — To ciekawe. A kto decyduje? Chyba nie dziecko? **(8)**
10 — Jasne, że nie. Decydują zawsze rodzice.

11   Mają, są, chodzą, mogą, decydują.

WYMOWA

9 ... c$_i$ekkawwe ... dezzîduje? ... dz$_i$ezko? **10** jaßne, je ... dezzîdujo$_n$ safsche rodz$_i$ize. **11** majo$_n$, ßo$_n$, hodso$_n$, moggo$_n$, dezîdujo$_n$.

ĆWICZENIE

1. Ile lat mają państwa dzieci? 2. Córka ma już trzy lata, a syn prawie osiem (lat). 3. Jakie jest twoje mieszkanie? 4. Jest duże i bardzo ładne. 5. Jaka jest twoja koleżanka? 6. Nie znam jej jeszcze. 7. Jaki jest pana nowy adres? 8. Dzieci chodzą chętnie do kina i do cyrku.

WYPEŁNIĆ BRAKUJĄCE SŁOWA

1   *Meine Wohnung ist sehr groß.*

　　.... mieszkanie .... bardzo .....

2   *Gehen Sie (Herrschaften) oft ins Theater?*

　　... państwo ...... często .. teatru?

3   *Wie ist dieses neue Kino?*

　　..... jest ...... kino?

4   *Ich weiß nicht, ich gehe nie ins Kino.*

　　Nie ...., nie ...... nigdy .. kina.

5   *In einem Jahr können Ihre Kinder in die Schule gehen.*

　　.. rok .... dzieci .... iść .. szkoły.

6   *Haben Sie (Herr und Dame) morgen Abend Zeit?*

　　.... państwo .... jutro ....?

Sześćdziesiąt sześć (sches̡'c̡i'dz̡es̡i̯o̯nt sches̡'c̡i) **66**

9 — Das ist interessant. Und wer entscheidet das? Wohl nicht das Kind?
10 — Natürlich (klar) nicht. Das entscheiden immer die Eltern.

11 Sie haben, sie sind, sie gehen, sie können, sie entscheiden.

ANMERKUNGEN

(8) Dziecko ("Kind") ist ein Neutrum, ebenso wie **wino** ("Wein"), **kino**, **mieszkanie** ("Wohnung"). Die sächlichen polnischen Substantive haben im Nominativ Singular überwiegend die Endung -o oder -e. Beachten Sie, dass ein Pronomen oder Adjektiv, das ein Substantiv im Neutrum begleitet, immer die Endung -e annimmt. Beispiele: **dobre wino jest drogie** ("guter Wein ist teuer"), **moje dziecko jest duże** ("mein Kind ist groß").

ÜBUNG

1. Wie alt sind (Wie viele Jahre haben) Ihre Kinder? **2.** Die Tochter ist schon drei Jahre alt und der Sohn fast acht. **3.** Wie ist deine Wohnung? **4.** Sie ist groß und sehr hübsch. **5.** Wie ist deine Freundin? **6.** Ich kenne sie noch nicht. **7.** Wie lautet (wie ist) Ihre neue Adresse? **8.** Die Kinder gehen gerne ins Kino und in den Zirkus.

Diese Wörter hätten Sie einsetzen sollen:

1 Moje – jest – duże. **2** Czy – chodzą – do -. **3** Jakie – to nowe -. **4** – wiem, – chodzę – do -. **5** Za – państwa – mogą – do -. **6** Mają – czas – wieczorem.

Wir sind sicher, dass Sie sich langsam an die Konjugationen gewöhnen. Wir haben mit dem Einfachsten, in gewisser Hinsicht jedoch auch mit dem Ende, angefangen, indem wir Ihnen mehrere Verben in der 3. Person Plural gezeigt haben. Alle haben, unabhängig von der Konjugation, die Endung -ą. Bei den anderen Personen ist es nicht immer so. Richten Sie sich also darauf ein, zahlreiche weitere Endungen kennenzulernen.

LEKTION 22

67 Sześćdziesiąt siedem (schesi'ci'dziesiont siseddemm)

LEKCJA DWUDZIESTA TRZECIA (23)
(... dwudzießta t'schecia)

Nowy samochód

1 — Czyj jest ten samochód? **(1)**
2 — Który? Ten czerwony Fiat? **(2)**
3 — Tak. Pierwszy raz go widzę. Jest tu chyba od niedawna. **(3)**
4 — To mój nowy samochód. Mam go od wczoraj.
5 — Wygląda nieźle. A jeździ dobrze? **(4)**
6 — Dość dobrze. To prawdziwa okazja.
7 — Nie jest całkiem nowy?
8 — Karoseria jest nowa, reszta, niestety nie.
9   Czyj, czyja, czyje.
10   Pierwszy raz, nieźle, od wczoraj.

WYMOWA
nowwî ßammohutt **1** tschîj ... **2** kturî? ... tscherwonnî fjatt?
3 ... pjerfschî raß go widse. ... ott niedawna. **4** ... ott ftschorrajj.
5 wîglonda niezile. a jezi'dzii ... **6** dosi'ci ... prawdziiwa okkasja.
7 ... zawkjemm ...

ANMERKUNGEN
(1) Achtung! **Samochód** ("Auto") ist ein Maskulinum. Man benutzt auch das Wort **auto** (Neutrum).
(2) **Który?** ("welcher?"), **która?** ("welche?") und **które?** ("welches?") sind Interrogativpronomen (Fragefürwörter). Sie werden benutzt, wenn man präzise erfahren möchte, um welchen Gegenstand bzw. welche Person es sich handelt (Vgl. Sie: **jaki, jaka, jakie** in der vorhergehenden Lektion): **Który jest twój samochód?** ("Welches ist dein Auto?"). **Jaki jest twój samochód?** ("Wie ist dein Auto?"). **Ten** ("dieser, dieser hier") kann alleine oder mit einem Substantiv benutzt werden. Ebenso: **tamten** ("dieser da" bzw. "der andere"). Im Femininum: **ta, tamta**, im Neutrum: **to, tamto**.

ĆWICZENIE
1. Nie wiesz, czyja jest ta walizka? Która? Ta jest moja, a tamta chyba twoja. 2. Państwo są w Polsce od dawna? Nie, jesteśmy tu od wczoraj. 3. Czy ten autobus jeździ często? Dość często. Właśnie jakiś jedzie. Czy to ten? 4. Który samochód państwo biorą, ten czy tamten? 5. Źle dziś wyglądasz, jesteś chyba zmęczona.

DREIUNDZWANZIGSTE LEKTION

Ein neues Auto

1 — Wessen Auto ist das?
2 — Welches? Dieser rote Fiat?
3 — Ja. Ich sehe ihn zum ersten Mal. Er ist wohl erst seit kurzem hier.
4 — Das ist mein neues Auto. Ich habe es seit gestern.
5 — Es sieht nicht schlecht aus. Und fährt es gut?
6 — Ziemlich gut. Das ist ein richtiges Schnäppchen (Gelegenheit).
7 — Es ist nicht ganz (vollkommen) neu?
8 — Die Karosserie ist neu, der Rest leider nicht.
9 Wessen oder wem (Maskulinum/Femininum/Neutrum).
10 Das erste Mal, nicht schlecht, seit gestern.

ANMERKUNGEN

(3) Od niedawna heißt "seit Kurzem". Gegenteil: **od dawna** ("seit "Langem").
(4) Wyglądać ("aussehen"). Beispiel: **dobrze (źle) wyglądasz** ("du siehst gut (schlecht) aus").
Jeździć ist die imperfektive Form von **jechać** ("fahren").

ÜBUNG

1. Weißt du nicht, (wessen Koffer das ist) wem dieser Koffer gehört? Welcher? Dieser hier gehört mir (meiner) und dieser da ist wohl deiner. 2. Sind Sie seit langem in Polen? Nein, wir sind seit gestern hier. 3. Fährt dieser Bus oft? Ziemlich oft. Gerade kommt einer (einer fährt). Ist es der hier? 4. Welches Auto nehmen Sie (Herrschaften), dieses oder jenes? 5. Du siehst heute schlecht aus (schlecht heute aussiehst), du bist wohl müde.

69 Sześćdziesiąt dziewięć (schesi'ci'dziesiont dziewjenci)

WYPEŁNIĆ BRAKUJĄCE SŁOWA

1 *Wem gehört dieses Kind? Welches? Es gehört mir nicht.*

 . . . . . jest . . dziecko? . . . . .? Ono . . . jest . . . . .

2 *Diese Wohnung sieht nicht schlecht aus.*

 . . mieszkanie . . . . nieźle.

3 *Leider ist sie (die Wohnung) nicht frei.*

 . . . . nie . . . . wolne.

LEKCJA DWUDZIESTA CZWARTA (24)
(... dwudziešta tschfarta)

Powiedz szczerze, co myślisz

1 — Podobno znowu piszesz książkę. **(1)**
2 — Tak, literatura to moja pasja. A ciebie to nie interesuje? **(2)**
3 — Oczywiście, ale ja wolę czytać, niż pisać. **(3)**
4 — To powiedz mi, co myślisz o mojej ostatniej książce. **(4)**
5 — Wiesz przecież, że nie jestem specjalistą.

WYMOWA

powjez sch'tscheje, zo mîsilisch **1** poddobno snowwu pischesch ksionschke. **2** ... literratturra ... paßja ... interreßuje? **3** otschîwisi'cie ... tschîtaci, nisch pißaci. **4** to powjez mi, zo mîsilisch o mojej oßtatniej ksionîze. **5** wjesch pscheciesch ... ßpezjalißton.

ANMERKUNGEN

(1) Podobno hat fast den Charakter eines Idioms (Redewendung). Man benutzt es im Sinne von "wie man hört", "wie es scheint" oder "soll es wohl geben" und setzt es entweder zu Beginn oder in der Mitte eines Satzes ein: **podobno jutro jest egzamin**, **egzamin jest podobno jutro** ("Wie man hört, ist morgen eine Prüfung" oder "Morgen soll es wohl eine Prüfung geben").

Siedemdziesiąt (s(j)eddemmdz(j)'es(j)o(n)t) 70

4 *Fahren Sie oft nach Polen?*

... pani (pan) ...... często .. Polski?

5 *Nein, ich bin zum ersten Mal in Polen.*

Nie, ... w ...... pierwszy ... .

Diese Wörter hätten Sie einsetzen sollen:

1 Czyje – to -. Które. – nie – moje. **2** To – wygląda -. **3** Niestety – jest -. **4** Czy – jeździ – do -. **5** – jestem – Polsce – raz.

VIERUNDZWANZIGSTE LEKTION

Sag ehrlich, was du denkst

1 — [Wie man hört] (angeblich), schreibst du wieder ein Buch.
2 — Ja, die Literatur ist meine Leidenschaft. Und dich, interessiert [dich] das nicht?
3 — Natürlich, aber ich ziehe das Lesen dem Schreiben vor (ich lese lieber als ich schreibe).
4 — Dann sag mir mal, was du über mein letztes Buch denkst.
5 — Du weißt doch, dass ich kein Experte bin.

ANMERKUNGEN

(2) Verwechseln Sie nicht **interesuję się muzyką** (Instrumentalfall): "ich interessiere mich für Musik" und **muzyka mnie** (Akkusativ) **interesuje**: "die Musik interessiert mich".
(3) Das Verb **pisać** ("schreiben") gehört zur 1. Konjugation. Diese kann man leicht erkennen, denn die 1. Person Singular hat die Endung **-ę** und die 2. die Endung **-esz**. Im Plural finden Sie den Buchstaben **-e-** in den beiden ersten Personen wieder: **-emy, -ecie**.
(4) **Mi** ist der Dativ von **ja** ("ich"). **Myślę o** + Lokativ heißt "ich denke an bzw. über" und **myślę, że** dagegen "ich denke, dass".

LEKTION 24

71 Siedemdziesiąt jeden (sjeddemmdzj'esjont jeddenn)

6 — Nic nie szkodzi, powiedz szczerze. **(5)**
7 — Myślę, że jest dobra i oryginalna.
8 — No widzisz! Znasz się doskonale na książkach. **(6)**
9 — Szkoda tylko, że to, co dobre nie jest oryginalne,
a to, co oryginalne nie jest dobre.

10   Piszę, piszesz, pisze.
11   Piszemy, piszecie, piszą.

WYMOWA

6 ... schkodzji ... 7 ... orrîginalna. 8 no widzjisch! snasch sje doßkonnalle na ksjonschkahh. 9 szkodda tîlko, ... 10 pische, pischesch, pische. 11 pischemmi, pischecje, pischon.

ĆWICZENIE

1. Czy zna się pani na samochodach? 2. Nie, nie znam się, interesuję się literaturą. 3. Czy myślisz już o egzaminach? 4. Oczywiście, od miesiąca myślę o rezultatach. 5. Podobno wolisz kino, niż teatr. 6. Chyba znasz się bardzo dobrze na filmach.

WYPEŁNIĆ BRAKUJĄCE SŁOWA

1 *Ich interessiere mich für Literatur und klassische Musik.*

   . . . . się . . . . i . . . . . . klasyczną.

2 *Autos interessieren mich nicht, und dich?*

   Samochody . . . . nie . . . ., a . . . . . . ?

3 *Denken Sie bereits an die Ferien?*

   . . . . . pan . . . o . . . . ?

4 *Angeblich sollen Sie sich mit (auf) Büchern auskennen.*

   . . . . zna . . . pan . . książkach.

5 *Ich mag Lesen nicht, ich ziehe das Schreiben vor.*

   . . . lubię . . . . . . , wolę . . . .

Siedemdziesiąt dwa (s(i)eddemmdzi'es(i)o(n)t dwa) 72

6 — Das ist nicht schlimm (nichts nicht schadet), sei (sag) ehrlich.
7 — Ich denke, es ist gut und originell.
8 — Na, siehst du! Du kennst dich mit (auf) Büchern hervorragend aus.
9 — [Es ist] nur schade, dass das, was gut ist, nicht originell, und das, was originell ist, nicht gut (ist).

10   Ich schreibe, du schreibst, er/sie/es schreibt.
11   Wir schreiben, ihr schreibt, sie schreiben.

ANMERKUNGEN

(5) Powiedz ("sag") ist der Imperativ von **powiedzieć** ("sagen"). Für das deutsche "sagen" können wir auch das Wort **mówić** ("sagen", aber auch "sprechen") nehmen. Im Fall von **powiedzieć** handelt es sich um ein perfektives Verb. Bei **mówić** haben wir es mit einem imperfektiven Verb zu tun.

(6) Znać się na + Lokativ ("sich mit etwas auskennen"). Hier ist **książkach** der Lokativ Plural (die Endung **-ach** im Lokativ Plural gilt für alle drei Geschlechter).

ÜBUNG

1. Kennen Sie sich mit Autos aus? **2.** Nein, ich kenne mich nicht [damit] aus, ich interessiere mich für Literatur. **3.** Denkst du schon an die Prüfungen? **4.** Natürlich, seit einem Monat denke ich an die Ergebnisse. **5.** Angeblich ziehst du das Kino dem (als) Theater vor. **6.** Du kennst dich wohl sehr gut mit Filmen aus.

Diese Wörter hätten Sie einsetzen sollen:

1 Interesuję – literaturą – muzyką –. **2** – mnie – interesują, – ciebie. **3** Myśli – już – wakacjach. **4** Podobno – się – na –. **5** Nie – czytać, – pisać.

LEKCJA 24

73 Siedemdziesiąt trzy (s̨eddemmdz̨esi̯on̯t t'schî)

> Die Wortstellung ist im Polnischen relativ frei. Das sollte Sie jedoch nicht verwirren. Wenn Sie das wissen, brauchen Sie sich nicht zu wundern, wenn Sie feststellen, dass bestimmte Wörter im Satz "spazieren gehen".

LEKCJA DWUDZIESTA PIĄTA (25)
(... dwudz̨eßta pjon̯ta)

Co pani mówi?

1 — Cieszę się, że panią widzę. Co słychać? **(1)** Ma pani chwilę czasu?
2 — Niestety, nie. Muszę koniecznie iść do lekarza. **(2)**
3 — Źle się pani czuje?
4 — Ja nie, **ale** mój mąż jest chyba chory.

WYMOWA

zo pann̨i muwwi? **1** c̨esche s̨e, je pan̨i̯on̯ widse. zo ßŵîhac̨? ... hfile tschaßu? **2** ... musche konn̨etschn̨e ... lekkaĭa. **3** z̨ile ... tschuje? **4** ... horrî.

Siedemdziesiąt cztery (s|eddemmdz|'es|o_nt tsch'terrî) 74

Bis Sie vollkommen mit der Bildung der Sätze im Polnischen vertraut sind, finden Sie an einigen Stellen immer noch die wörtliche Übersetzung bestimmter Satzteile in runden Klammern.

FÜNFUNDZWANZIGSTE LEKTION

Was sagen Sie?

1 — Ich freue mich, Sie zu sehen (dass ich Sie sehe.)
Wie geht's (was hören)? Haben Sie einen Moment Zeit?

2 — Leider nein. Ich muss unbedingt zum Arzt gehen.

3 — Fühlen Sie sich nicht wohl (schlecht sich Sie fühlen)?

4 — Ich nicht, aber mein Mann ist wahrscheinlich (wohl) krank.

ANMERKUNGEN

(1) Nach **cieszę się** ("ich freue mich") kann **że** ("dass"), z.B. **cieszę się, że jadę na wakacje** ("ich freue mich, dass ich in die Ferien fahre"), oder **z** + Genitiv stehen, z.B. **cieszę się z twojego sukcesu** ("ich freue mich über deinen Erfolg").
Co słychać? ("Wie geht's?") ist eine umgangssprachliche Wendung, um sich bei einer Person nach Neuigkeiten zu erkundigen: "Wie geht es?", "Was gibt es Neues?". Ein Hinweis am Rande: Die Verben **słychać** und **słyszeć** haben die gleiche Wurzel. **Słychać** wird nur im Infinitiv gebraucht. **Słyszeć** ("hören") ist ein imperfektives Verb, ähnlich wie **słuchać** ("hören", "zuhören").

(2) Adverbien stehen meistens vor dem Verb: **dużo pracuje** ("[er] arbeitet viel"), **dobrze wyglądasz** ("[du] siehst gut aus"). Während die Stellung der Wörter im Satz relativ frei ist, wie oben bereits erwähnt, kann man dennoch, wenn man ein bestimmtes Satzelement betonen will, dieses an den Satzanfang stellen: **koniecznie muszę iść do lekarza** ("unbedingt muss ich zum Arzt gehen").

LEKTION 25

75 Siedemdziesiąt pięć (s{je}ddemmdzi'es{jo}{n}t pje{n}ci)

5 — A co mu jest? **(3)**
6 — Widzi pani, on mówi przez sen. **(4)**
7 — Tak? To ciekawe.
8 — Opowiada zawsze co robi przez cały dzień.
9 — To chyba nic poważnego. Od jak dawna to trwa?
10 — Już trzy lata.
11 — To dlaczego dopiero teraz idzie pani do lekarza?
12 — Bo od tygodnia nic już nie mówi! **(5)**
13 Mówię, mówisz, mówi.
14 Mówimy, mówicie, mówią. **(6)**

WYMOWA

6 widz{j}i ... pscheß ßenn. 8 oppowjadda safsche ... pscheß zaŵî dz{jen}{j}. 9 ... niz powwajneggo. ott jakk dawna to trfa? 10 jusch t'schî latta. 11 ... dopjerro terraß idz{j}e ... 12 ... ott tîgoddn{j}a ... 13 muwje, muwisch, muwi. 14 muwimî, muwic{j}e, muwjo{n}.

ANMERKUNGEN

(3) **Mu** (abgekürzte Form) ist der Dativ von **on** ("er") und **ono** ("es"). Die nicht abgekürzte Form **jemu** wird am Anfang des Satzes sowie bei besonderer Betonung der Person benutzt, z.B.: **Jemu nic to nie mówi**. ("Ihm sagt das nichts") und: **Powiedz to jemu, a nie mnie**. ("Sag es ihm und nicht mir").

(4) Wir erinnern daran, dass das Verb **mówić** (imperfektiv) "sagen" und "sprechen" heißen kann: **mówię po polsku** ("ich spreche Polnisch"), **co mówisz?** ("was sagst du?").

ĆWICZENIE

1. Cieszysz się, że idziemy do teatru? 2. Bardzo się cieszę, od dawna mam na to ochotę. 3. Naprawdę musisz już iść? 4. Dopiero teraz jest coś ciekawego w telewizji. 5. Dzieci nie lubią chodzić do lekarza, doskonale to rozumiem.

WYPEŁNIĆ BRAKUJĄCE SŁOWA

1 *Ich freue mich sehr über dein Geschenk.*

. . . . . . się . . . . . . z . . . . prezentu.

2 *Ich muss zur Bank gehen, aber ich habe keine Zeit.*

. . . . . iść . . banku, . . . nie . . . czasu.

Siedemdziesiąt sześć (sjeddemmdzj'esjo_nt schesj'cj) **76**

5 — Und was hat er (was ihm ist)?
6 — Sehen Sie, er spricht im (durch) Schlaf.
7 — Ach ja? Das ist interessant.
8 — Er erzählt immer, was er (durch) den ganzen Tag macht.
9 — Das [ist] wohl nichts Ernstes. Wie lange (seit wie viel Zeit) dauert das schon?
10 — Schon drei Jahre.
11 — Warum gehen Sie dann erst jetzt (gehen Sie) zum Arzt?
12 — Weil er seit einer Woche nichts mehr sagt!
13 Ich sage (spreche), du sagst (sprichst), er (sie, es) sagt (spricht).
14 Wir sagen (sprechen), ihr sagt (sprecht), sie sagen (sprechen).

ANMERKUNGEN

(5) **Już** heißt in bejahten Sätzen "schon" und in verneinten Sätzen "[nicht] mehr". Beispiele: **jestem już zmęczony** ("ich bin schon müde"); **nie jestem już chory** ("ich bin nicht mehr krank").
(6) **Mówić** gehört zu den Verben der 2. Konjugation. Sie ist leicht zu merken; sehen Sie sich die Endungen der 2. Person Singular an: das einzige, das das Verb von der 1. Konjugation unterscheidet, ist der Buchstabe **i** anstelle des Buchstabens **e**.

Wenn Sie hier angekommen sind, können wir Sie beglückwünschen! Sie haben den Punkt, an dem Sie der Versuchung erlegen wären, aufzugeben, hinter sich gelassen ...

ÜBUNG

1. Freust du dich [darüber], dass wir ins Theater gehen? **2.** Ich freue mich sehr, seit Langem habe ich Lust dazu. **3.** Musst du wirklich schon gehen? **4.** Erst jetzt gibt es etwas Interessantes im Fernsehen. **5.** Die Kinder gehen nicht gerne zum Arzt, und ich verstehe das sehr gut.

3 *Wie man hört, bist du seit gestern krank.*

. . . . od . . . . jesteś . . . .

LEKTION 25

77 Siedemdziesiąt siedem (s|eddemmdzi'esjon̪t sjeddemm)

4   *Warum gehst du nicht zum Arzt?*

   . . . . nie . . . . . . do . . . . . . ?

5   *Ich kann nicht, ich muss auf [einen] Anruf warten.*

   Nie . . . . , muszę . . . . . . na . . . .

LEKCJA DWUDZIESTA SZÓSTA (26)
(... dwudzjeßta schußta)

Nie mamy szczęścia

1 — Chodź, wracamy do domu. Jestem zmęczona. **(1)**
2 — A ja jestem głodny. Chodźmy coś zjeść. **(2)**
3 — Zgoda, ale gdzie? Znasz jakąś restaurację w pobliżu? **(3)**
4 — Może ta, zobacz wygląda sympatycznie.
5 — Niestety zamknięta. Nie mamy szczęścia.
6 — Nie szkodzi, zjemy coś w domu.
7 — Zaczekaj, mam pomysł. Lubisz kuchnię włoską? **(3)**

WYMOWA

nje mammî sch'tschen̪sj'cja **1** hocj, wrazammî ... **2** ... gŵodnî. hocjmî zosj sjesj'cj. **3** sgodda ... ? ... jakkon̪sj reßtauracje f pobbliĵu? **4** ... sobbatsch wîglon̪da ... **5** ... samknjen̪ta ... **6** ... schkodzji, sjemmî ... **7** satscheekkaj, mamm pommîsŵ ... kuhnje wŵoßkon̪?

ANMERKUNGEN

(1) Chodź ("komm"), **chodźmy** (im Sinne von "komm, wir gehen"). "Geh" heißt **idź**; "geht" **idźcie**.

Diese Wörter hätten Sie einsetzen sollen:

1 Bardzo – cieszę – twojego -. 2 Muszę – do – ale – mam -. 3 Podobno – wczoraj – chory (oder: chora). 4 Dlaczego – idziesz – lekarza. 5 – mogę, – czekać – telefon.

SECHSUNDZWANZIGSTE LEKTION

Wir haben kein Glück

1 — Komm, [wir] kehren nach Hause zurück. Ich bin müde.
2 — Und ich, ich habe Hunger (bin hungrig). (Komm) Gehen wir etwas essen.
3 — Einverstanden, aber wo? Kennst du in der Nähe (irgend)ein Restaurant?
4 — Vielleicht das hier, schau [mal], sieht sympathisch aus.
5 — Leider, [es ist] geschlossen. Wir haben kein Glück.
6 — Das ist nicht schlimm (nicht schadet), wir essen etwas zu Hause.
7 — Warte, ich habe eine Idee. Magst du italienische Küche?

ANMERKUNGEN

(2) **Głodny** (Femininum **głodna**) heißt wörtlich "hungrig".
Zjeść ist eine perfektive Form des imperfektiven Verbs **jeść** ("essen"). Es gibt einen Grund, warum wir häufig auf die *Aspekte* (imperfektiv und perfektiv) eingehen: das Präsens (Gegenwart) wird immer mithilfe des imperfektiven Aspekts gebildet, das Futur (Zukunft) jedoch auf der Grundlage des perfektiven Aspekts. Beispiel: **jem** ("ich esse"), **zjem** ("ich werde essen") oder **robię** ("ich mache"), **zrobię** ("ich werde machen").

(3) Wir erinnern daran, dass den Verben **znać** ("kennen") und **lubić** ("mögen, gern haben") der Akkusativ folgt; daher die Endung -**ę** für weibliche Substantive (**restaurancję, kuchnię**) und -**ą** für weibliche Adjektive (**włoską**). **Jakąś** ist ein Indefinitpronomen, das im gleichen Kasus (Fall) auftritt wie das Substantiv, das es begleitet.

79 Siedemdziesiąt dziewięć (s$_i$eddemmdz$_i$'es$_i$o$_n$t dz$_i$ewje$_n$c$_i$)

8 — Bardzo lubię, a dlaczego pytasz?
9 — Podobno niedaleko stąd jest nowa restauracja włoska.
10 — Tak, wiem, ale nie możemy tam iść.
11 — Jak to, nie możemy? Dlaczego?
12 — Na drzwiach jest tabliczka: « Si parla italiano », a my nie mówimy przecież ani słowa po włosku. (4)

13 Jem, jesz, je.
14 Zjem, zjesz, zje.

WYMOWA

8 ... pîtasch? 9 ... reßtauracja ... 10 ... mojemmî tamm ...
12 na dsch'wjahh jeßt tablitschka: ... an$_j$i ßŵowwa po wŵoßku.
13 jemm, jesch, je. 14 sjemm, sjesch, sje.

ĆWICZENIE

1. Może jesteś głodna, zjesz coś? 2. Nie mam teraz czasu, zjem późniéj. 3. Chciałbym coś zjeść. 4. Ja też, chodźmy do restauracji. 5. Mam ochotę na coś dobrego. 6. Nie ma pan szczęścia, męża nie ma w domu. 7. Co robimy dziś wieczorem, masz jakiś pomysł?

WYPEŁNIĆ BRAKUJĄCE SŁOWA

1 *Dieses Restaurant sieht sympathisch aus; essen wir etwas?*

   . . restauracja . . . . sympatycznie, ... coś?

2 *Ich bin müde und ich fühle mich schlecht (schlecht mich fühle).*

   Jestem . . . . i . . . się . . . .

3 *In diesem Fall musst du unbedingt etwas essen.*

   W . . . . . razie . . . . . . koniecznie . . . zjeść.

Osiemdziesiąt (osiemmdziesiont) **80**

8 — Ich mag es sehr. Warum fragst du?
9 — Es soll nicht weit von hier ein neues italienisches Restaurant geben.
10 — Ja, ich weiß, aber wir können da nicht [hin]gehen.
11 — Wieso können wir das nicht? Warum?
12 — An der Tür gibt es ein Schild: « Si parla italiano » und wir sprechen doch kein einziges (weder) Wort (auf) Italienisch.

13 Ich esse, du isst, er (sie, es) isst.
14 Ich werde essen, du wirst essen, er (sie, es) wird essen.

ANMERKUNGEN
(4) Drzwi ("Tür/Türen") steht immer im Plural. **Drzwiach** ist der Lokativ.
Tabliczka ("kleine Tafel") ist eine Verkleinerung von **tablica** ("Tafel").

ÜBUNG
1. Du hast vielleicht Hunger, wirst du etwas essen? **2.** Ich habe jetzt keine Zeit, ich werde später essen. **3.** Ich würde [gerne] etwas essen. **4.** Ich auch, gehen wir ins Restaurant. **5.** Ich habe Lust auf etwas Gutes. **6.** Sie (Herr) haben kein Glück, [mein] Mann ist nicht zu Hause. **7.** Was machen wir heute Abend, hast du eine Idee?

4 *Gibt es eine (irgendeine) Post in der Nähe?*

   . . . jest . . . . . poczta . pobliżu?

5 *Welche Küche bevorzugst du, die polnische oder die italienische?*

   Którą . . . . wolisz, ... czy . . . . . . ?

Diese Wörter hätten Sie einsetzen sollen:
1 Ta – wygląda -, zjemy -. **2** – zmęczona – źle – czuję. **3** – takim – musisz – coś -. **4** Czy – jakaś – w -. **5** – kuchnię, polską – włoską.

LEKTION 26

81 Osiemdziesiąt jeden (os_iemmdz_i'es_{io}n_t jeddenn)

LEKCJA DWUDZIESTA SIÓDMA (27)
(... dwudz_ießta s_iudma)

Niech się pan nie przejmuje!

1 — Przepraszam pana, o której jesteśmy w Warszawie? **(1)**
2 — Za dwie godziny. Mamy jeszcze dużo czasu. **(2)**
3 — Ten samolot jest strasznie powolny. **(3)**
4 — Dlaczego się pan denerwuje? Boi się pan lecieć samolotem? **(4)**
5 — Jak myślę o tych wszystkich katastrofach... **(5)**
6 — Niech się pan nie boi. Nie warto się przejmować. **(6)**
  Według statystyk, ma pan taką samą szansę mieć wypadek, co wygrać na loterii. **(7)**

WYMOWA
n_iehh s_ie pann n_ie pschejmuje! 1 ... , o kturej jeßtes_imî w warschawje? 2 ... godz_iinî ... 3 ... ßtraschn_ie powwolnî. 4 ... dennerrwuje? bo'i ... lec_iec_i ßammollottemm? 5 ... mîs_ile o tîh fschißtkih kattaßtroffahh ... 6 ... pschejmowac_i. wedŵuk ßtattîßtîk ... takko_n ßammo_n schanße mjec_i ŵîpaddekk, zo ŵîgrac_i na lotterji.

ANMERKUNGEN
(1) Wussten Sie schon, dass Warszawa (Warschau), die Hauptstadt Polens, über 1,7 Millionen Einwohner zählt? Der Flughafen, auf dem unser verängstigter Freund landen wird, heißt "Okęcie" (okke_nc_ie).
(2) Godzina ("Stunde") ist ein Femininum, daher heißt es: **dwie godziny** (aber: **dwa lata**). **Za godzinę** heißt "in einer Stunde"; **za chwilę** heißt "gleich, in wenigen Minuten".

SIEBENUNDZWANZIGSTE LEKTION

Machen Sie sich keine Sorgen!

1 — Entschuldigen Sie (Herr), um wie viel [Uhr] sind wir in Warschau?
2 — In zwei Stunden. Wir haben noch viel Zeit.
3 — Dieses Flugzeug ist schrecklich langsam.
4 — Warum regen Sie sich auf? Haben Sie Angst, zu fliegen (mit Flugzeug fliegen)?
5 — Wenn ich an all diese Katastrophen denke ...
6 — Haben Sie keine Angst. Es ist nicht nötig, sich Sorgen zu machen. Laut Statistik(en) haben Sie die gleiche Chance, einen Unfall zu haben wie in der Lotterie zu gewinnen.

ANMERKUNGEN

(3) In dem Wort **samolot** ("Flugzeug") finden wir die Wurzel **samo-** ("alleine") und **lot** ("der Flug"). Also geht es um eine Maschine, die "alleine" fliegt. Es gibt noch eine Reihe anderer Wörter, die nach demselben Schema gebildet werden. Beispiele: **samochód** ("Auto"), **samolub** ("Egoist"), **samouk** ("Autodidakt").

(4) **Boję się** ("ich habe Angst") ist ein reflexives Verb der 2. Konjugation.
Lecę samolotem ("ich fliege mit dem Flugzeug"), **jadę samochodem** ("ich fahre mit dem Auto"). In diesen Beispielen stehen die Substantive im Instrumentalfall.

(5) Die Präposition **o** ("über") verlangt den Lokativ; **wszystkich katastrofach** ist ein Lokativ Plural von **wszystkie katastrofy** ("alle Katastrophen").

(6) **Przejmować się** ("sich Sorgen machen") ist ein Verb der 1. Konjugation. **Nie przejmuj się** heißt "mach dir keine Sorgen" (wörtlich: "sorge dich nicht").

(7) **Taką samą** ist der Akkusativ von **taka sama** ("die Gleiche"); Maskulinum heißt **taki sam** ("der Gleiche"). Achtung: **szansa** heißt hier nicht "Gelegenheit", sondern "Chance, Möglichkeit". Wir haben Ihnen bereits von Präfixen erzählt. Sie können den Sinn eines Wortes verändern. Beispiel: **grać** ("spielen"), **wygrać** ("gewinnen") und **przegrać** ("verlieren"). Lassen Sie sich also nicht auf's Glatteis führen! Trotz gleicher Wurzel und offensichtlicher logischer Ähnlichkeiten haben die Wörter trotzdem unterschiedliche Bedeutungen.

83 Osiemdziesiąt trzy (os;emmdz;'es;o_nt t'schî)

7 — Wiem i dlatego jestem zdenerwowany.
8 — Jak to? Nie rozumiem o czym pan mówi. (7)
9 — Właśnie niedawno wygrałem w toto-lotka.

10   Bać się, boję się, nie bój się! dlaczego się boisz?

WYMOWA

7 ... dlatteggo ... sdennerwowwannî. 8 ... o tschîm ... 9 ... wîgraŵemm f totto-lotka. 10 bac;; s;e, boje s;e, n;e buj s;e! dlatscheggo s;e bo'isch?

ĆWICZENIE

1. Czy państwa dzieci boją się lecieć samolotem? 2. Nie, to my się boimy i dlatego jedziemy samochodem. 3. O czym państwo mówią? 4. Nie warto się denerwować, to nic poważnego. 5. Nie przejmuj się, wracam za pięć minut. 6. Jest pan specjalistą, co pan myśli o programach w telewizji?

WYPEŁNIĆ BRAKUJĄCE SŁOWA

1   *In einer Woche ist der Geburtstag meines Sohnes.*

   . . tydzień . . urodziny . . . . . . syna.

2   *Woran denkst du? Ich denke an die Geschenke für die Kinder.*

   O . . . . myślisz? . . . . . o . . . . dla . . . .

3   *Sag mir, warum du aufgeregt bist.*

   . . . . mi . . . . jesteś . . . .

4   *Es ist nicht nötig, mit dem Auto zu fahren, sie wohnen nicht weit [von hier].*

   Nie . . . . . jechać . . . ., oni . . . . niedaleko.

Osiemdziesiąt cztery (os;emmdz;'es;o_nt tsch'terrî) 84

7 — Ich weiß, und deshalb bin ich aufgeregt.
8 — Wieso? Ich verstehe nicht, wovon Sie sprechen.
9 — Gerade neulich habe ich im Lotto gewonnen.

10 Angst haben, ich habe Angst, hab keine Angst! Warum hast du Angst?

ANMERKUNGEN

(7) **O czym** ("wovon, von was, worüber"); **czym** ist der Lokativ von **co** ("was"); **o tym** ("davon, von dem, darüber") ist der Lokativ von **to** ("das").

ÜBUNG

1. Haben Ihre Kinder Angst, mit dem Flugzeug zu fliegen? 2. Nein, wir sind es, [die] Angst haben und deshalb fahren wir mit dem Auto. 3. Wovon sprechen Sie? 4. Es ist nicht nötig, sich aufzuregen, es ist nichts Schlimmes (Ernstes). 5. Mach dir keine Sorgen, ich komme in fünf Minuten zurück. 6. Sie sind ein Experte, was denken Sie über die Fernsehprogramme?

5 *Ich fahre lieber mit dem Bus als mit dem Auto.*

.... jechać (oder jeździć) .... niż ....

Diese Wörter hätten Sie einsetzen sollen:

1 Za – są – mojego –. **2** – czym –. Myślę – prezentach – dzieci.
3 Powiedz – dlaczego – zdenerwowany. **4** – warto – samochodem, – mieszkają –. **5** Wolę – autobusem – samochodem.

LEKTION 27

85 Osiemdziesiąt pięć (os;emmdzi'es;ont pjenci)

LEKCJA DWUDZIESTA ÓSMA (28)
(... dwudz;eßta ußma)

Wiederholung und Anmerkungen

1 Das Verb "gehen"
Die zwei Formen des polnischen Verbs "gehen" kennen Sie bereits. Beide Formen, **iść** und **chodzić**, sind imperfektive Verben. Trotzdem gibt es einen graduellen Unterschied in der Bedeutung. **Iść** benutzen wir, wenn wir einen einmaligen Vorgang ausdrücken möchten, **chodzić** dagegen weist auf eine gewohnheitsmäßig ausgeführte Handlung hin. Beispiel: **Ewa idzie do szkoły** ("Eva geht zur Schule"), **Ewa chodzi do szkoły** bedeutet "Ewa besucht die Schule", also geht sie regelmäßig dorthin. Jeder Satz drückt einen unterschiedlichen Aspekt aus.

2 Die Konjugationen (Beugung der Verben)
Im Polnischen gibt es vier Konjugationen. Zwei kennen Sie bereits: die **1.** Konjugation, die sich durch die Endungen **-ę, -esz, -e, -emy, -ecie, -ą** auszeichnet und die **2.** Konjugation, die die Endungen **-ę, -isz, -i, -imy, -icie, -ą** hat.
Bitte beachten Sie, dass der Infinitiv, der immer auf **-ć** oder **-c** endet, keinen Hinweis auf die Konjugation gibt. Um herauszufinden, welche Konjugation anzuwenden ist, müssen Sie die Formen der 1., 2. und 3. Person Singular kennen.

3 Die Personalpronomen (persönliches Fürwort)
Sie haben bereits – und das ganz ohne Mühe – zahlreiche Personalpronomen kennengelernt. Wir wissen, dass es am Anfang nicht ganz einfach ist, die unterschiedlichen Formen im Gedächtnis zu behalten. Sie sollten sie jedoch kennen, obwohl die Personalpronomen oft weggelassen werden, wenn sie das Subjekt des Satzes bezeichnen. Deshalb hier eine kurze Wiederholung:
Nominativ Singular: **ja, ty, on/ona/ono** ("ich", "du", "er/sie/es").
Nominativ Plural: **my, wy, oni/one** ("wir", "ihr", "sie").
Oni bezeichnet männliche Personen sowie aus Männern und Frauen bestehende Gruppen.
One bezeichnet weibliche und neutrale Personen, männliche Gegenstände und Tiere sowie alle übrigen Gegenstände und Tiere.

ACHTUNDZWANZIGSTE LEKTION

Sie wissen, dass die Personalpronomen ebenso wie Substantive und Adjektive dekliniert werden. Hier die Formen, die Sie bisher am häufigsten gebraucht haben:
Im *Genitiv Singular*: **mnie** (von "ich"), **ciebie** (von "du"), **jego, niego, go** (von "er" und "es"), **jej, niej** (von "sie"). Im *Akkusativ Singular*: **mnie** (von "ich"), **ciebie, cię** (von "du"), **jego, niego, go** (von "er").

Die Formen **niego, niej** werden nach Präpositionen verwendet. Beispiel: **idę do niego/niej** ("ich gehe zu ihm/ihr"). Die Formen **cię, go** stehen niemals am Satzanfang. Die Formen **ciebie, jego** dienen dazu, das Pronomen herauszustellen. Beispiel: **nie znam cię** ("ich kenne dich nicht") aber **ciebie znam, ale jego nie** ("dich kenne ich, aber ihn nicht").

Dabei wollen wir es bewenden lassen, denn es ginge zu weit, auf alle Formen einzugehen. Die beste Art, eine Sprache zu lernen, besteht darin, sie zu sprechen, aber da ein bisschen Theorie auch nie schaden kann, empfehlen wir Ihnen, sich die gelernten Formen ab und zu einmal systematisch einzuprägen. Wenn Sie heute noch etwas Zeit und Lust haben, lesen Sie sich vielleicht noch einmal einige Lektionen aus dem letzten Block durch.

87 Osiemdziesiąt siedem (os̨emmdz̨'es̨o̞n s̨eddemm)

LEKCJA DWUDZIESTA DZIEWIĄTA (29)
(... dwudz̨eßta dz̨ewjo̞nta)

To bez znaczenia

1 — Chciałbym coś do czytania. **(1)**
2 — Coś lekkiego?
3 — Niekoniecznie. Mam samochód przed **sklepem**. **(2)**

Przeciwnie

4 — Nie męczy cię nauka polskiego?
5 — Przeciwnie! Mam bardzo wygodny **fotel**.

WYMOWA

to bes snatschen̨a **1** hc̨aŵbîm zos̨ do tschîtann̨a· **2** zos̨ lek'k̨eggo? **3** n̨ekonn̨etschn̨e. ... pschett ßkleppemm. pschec̨iwn̨e **4** n̨e me̞ntschî c̨e na'uka polßk̨eggo? **5** ... wîgodnî fottell.

Osiemdziesiąt osiem (os₍ᵢ₎emmdzᵢ'es₍ᵢ₎oₙt os₍ᵢ₎emm) 88

NEUNUNDZWANZIGSTE LEKTION

Das ist ohne Bedeutung

1 — Ich möchte etwas zum Lesen.
2 — Etwas Leichtes?
3 — Nicht unbedingt. Ich habe [mein] Auto vor dem Geschäft [stehen].

Im Gegenteil

4 — Ermüdet dich [das] Polnischlernen nicht?
5 — Im Gegenteil. Ich habe einen sehr bequemen Sessel.

ANMERKUNGEN

(1) Sie haben bestimmt gemerkt, dass im Polnischen aus bestimmten Wörtern leicht neue Wörter gebildet werden können. Fast alle Verben (hier: **czytać**) können mit Hilfe der Suffixe **-anie, -enie** und anderer mehr in Substantive umgewandelt werden. Sie drücken die Handlung oder ihr Ergebnis aus: **granie, pisanie, chodzenie, myślenie**. All diese Substantive sind Neutren und werden dekliniert (hier: **do czytania**, Genitiv). Erinnern Sie sich an: **mieszkanie** ("Wohnung"), **ćwiczenie** ("Übung"). Auch diese Substantive wurden aus Verben gebildet, und zwar: **mieszkać** ("wohnen") und **ćwiczyć** ("üben, trainieren").

(2) **Mam samochód** ("ich habe mein Auto" oder je nach Kontext "ich habe ein Auto"). Im Polnischen werden die Possessivpronomen nicht so häufig benutzt wie im Deutschen.
Przed ("vor") + Instrumentalfall ist eine örtliche oder zeitliche Angabe, z.B.: **przed koncertem, przed kinem** (der Instrumentalfall weist im Singular bei männlichen und sächlichen Substantiven die Endung **-em** auf), **przed kasą, przed wizytą** (**-ą** für weibliche Substantive). Das Gegenteil bei der Zeitangabe lautet **po** ("nach"). Diese Präposition verlangt nach einem Lokativ: **po kinie, po wizycie, po koncercie** (die häufigste Endung des Singulars ist **-e**) und **za** ("hinter") + Instrumentalfall gebrauchen wir bei der örtlichen Angabe "hinter,": **za sklepem, za kasą**.

LEKTION 29

89 Osiemdziesiąt dziewięć (os$_i$emmdz$_i$'es$_i$o$_n$t dz$_i$ewje$_n$c$_i$)

Prawdziwy komplement

6 — Czytałem niedawno jeden z pana wierszy. **(3)**
7 — Który? Ostatni?
8 — Mam nadzieję.

Trudna decyzja

9 — Podoba ci się ta sukienka? – Bardzo.
10 — To nad czym się zastanawiasz? **(4)**
11 — Zastanawiam się, skąd wziąć na nią pieniądze. **(5)**

WYMOWA

prawdz$_i$iwi komplemment **6** tschîtaŵemm n$_i$edawno jeddenn ß panna wjerschî. **8** ... nadz$_i$eje. trudna dezzîsja **9** poddobba c$_i$i s$_i$e ta ßukjenka? ... **10** to natt tschîm s$_i$e saßtannawjasch? **11** saßtannawjamm s$_i$e, ßko$_n$t wz$_i$o$_n$c$_i$ na n$_i$o$_n$ pjen$_i$o$_n$dse.

ĆWICZENIE

1. Przed domem jest jakiś samochód, nie wiesz czyj? **2.** Chcesz coś zjeść przed koncertem? Niekoniecznie, nie jestem głodna. **3.** Czytałem twój artykuł, ale nie rozumiem dokładnie, o co chodzi. **4.** Mam nadzieję, że nie przeszkadzam. Przeciwnie, bardzo się cieszę, że pana widzę. **5.** Podobno nie lubi pan czytać. Przeciwnie uwielbiam czytanie.

WYPEŁNIĆ BRAKUJĄCE SŁOWA

1 *Wir haben noch etwas Zeit vor dem Film.*

. . . . jeszcze . . . . . . czasu . . . . . filmem.

Dziewięćdziesiąt (dz_iewje_nc_idz_ies_jo_nt) **90**

Ein wahres (echtes) Kompliment

6 — Ich habe kürzlich eines Ihrer Gedichte gelesen.
7 — Welches? Das letzte?
8 — Ich hoffe es (ich habe die Hoffnung).

Eine schwierige Entscheidung

9 — Gefällt dir dieses Kleid? – Sehr.
10 — Was überlegst du dir denn noch?
11 — Ich überlege mir, woher ich das Geld dafür nehme.

ANMERKUNGEN

(3) Im Polnischen verwendet man nur eine Vergangenheitsform, deren Bildung relativ einfach ist. Damit werden Sie für die Schwierigkeiten entschädigt, die sich aus der Komplexität des *Aspekt*systems ergeben. Die Endungen für die Vergangenheitsform sind für alle Verben gleich, man unterscheidet nur zwischen Maskulinum und Femininum (+ dem Neutrum in der 3. Person Singular).
(4) **Zastanawiam się** ("ich überlege, ich frage mich") bringt das Zögern des Sprechers zum Ausdruck.
(5) **Wziąć** ("nehmen") ist perfektiv. Das imperfektive Äquivalent dazu ist **brać**.

ÜBUNG

1. Vor dem Haus ist ein Auto, weißt du nicht, wem es gehört? **2.** Willst du vor dem Konzert etwas essen? Nicht unbedingt, ich habe keinen Hunger. **3.** Ich habe deinen Artikel gelesen, aber ich verstehe nicht genau, wovon er handelt. **4.** Ich hoffe, ich störe nicht. Im Gegenteil, ich freue mich sehr, dass ich Sie sehe. **5.** Sie lesen wohl nicht gerne. Im Gegenteil, ich liebe Lesen.

2 *Hast du etwas Interessantes zu lesen?*

. . . . coś . . . . do . . . .?

LEKTION 29

91 Dziewięćdziesiąt jeden (dz$_i$ewje$_n$c$_i$dz$_i$esjo$_n$t jeddenn)

3 *Du bist wohl krank. Im Gegenteil, ich fühle mich ausgezeichnet.*

.... jesteś ...., czuję ... świetnie.

4 *Ich warte vor dem Kino auf dich.*

...... na ...... przed ....

5 *Ich bin immer sehr nervös vor der Prüfung.*

Jestem ...... bardzo .... przed ....

LEKCJA TRZYDZIESTA (30) (... t'schîdz$_i$eßta)

Nie wiesz czego chcesz

1 — Nie wiem, co ci kupić na imieniny. **(1)**
   Masz na coś ochotę?
2 — Wszystko mi jedno. Znasz mnie przecież.
3 — Chciałem ci kupić sukienkę. **(2)**
4 — Mam pełno sukienek.
5 — To kupię ci buty. Co ty na to? **(3)**

WYMOWA

n$_i$e wjesch tscheggo hzesch **1** ... kupic$_i$ na imjen$_i$inî. ... **2** fschîßtko mi jeddno . ... pschec$_i$esch. **3** hc$_i$ażemm ... **4** ... pewno ... **5** ... kupje ... buttî ...

Dziewięćdziesiąt dwa (dzjewjencjdzjesjont dwa) 92

6 *Mein Auto ist nicht neu, aber es ist bequem.*

... samochód ... jest ...., ale ....

Diese Wörter hätten Sie einsetzen sollen:

1 Mamy – trochę – przed -. 2 Masz – ciekawego – czytania. 3 Podobno – chory (oder: chora). Przeciwnie, – się -. 4 Czekam – ciebie – kinem. 5 – zawsze – zdenerwowany (oder: zdenerwowana) – egzaminem. 6 Mój – nie – nowy, – wygodny.

DREISSIGSTE LEKTION

[Du] weißt nicht, was [du] willst

1 — Ich weiß nicht, was ich dir zum Namenstag kaufen soll.
Hast du auf etwas Lust?
2 — Mir ist alles egal. Du kennst mich doch.
3 — Ich wollte dir ein Kleid kaufen.
4 — Ich habe [schon] viele Kleider.
5 — Dann werde ich dir Schuhe kaufen. Was [sagst] du dazu?

ANMERKUNGEN

(1) Mi, ci ist der Dativ **ja** ("ich") und **ty** ("du"). Es sind die unbetonten Kurzformen der Pronomen **mnie, tobie** (ebenfalls im Dativ). **Imieniny** ("Namenstag") ist immer Plural. Übrigens, der Namenstag wird in Polen genauso feierlich begangen wie der "Geburtstag": **urodziny**.

(2) Vergleichen Sie die unterschiedlichen Formen des Verbs **chcieć** ("wollen"). **Chcę** ("ich will"), **chcesz** ("du willst"), **chciałem** (Maskulinum)/**chciałam** (Femininum): "ich wollte, ich habe gewollt", **chciałbym** (Maskulinum)/**chciałabym** (Femininum): "ich würde (wollen), ich hätte gewollt". Natürlich gibt es Regeln für all diese "Unregelmäßigkeiten", aber die lernen wir erst später kennen.

(3) Kupić (perfektiv), **kupować** (imperfektiv). Wir erinnern daran, dass die perfektiven Formen kein Präsens haben. Mit ihrer Hilfe bilden wir das Futur, also: **kupię** ("ich werde kaufen"), **kupuję** ("ich kaufe [ein]")/(vgl. Anm. 4).

LEKTION 30

93 Dziewięćdziesiąt trzy (dz_iewje_nc_idz_ies_io_nt t'schî)

6 — Naprawdę nie potrzebuję butów. (4)
7 — To może rękawiczki albo kapelusz?
8 — Masz dziwne pomysły.
9 — A co myślisz o książce?
10 — Ciągle mi kupujesz książki.
11 — Mówisz, że wszystko ci jedno, a sama nie wiesz, czego chcesz. (5)
12 — Możliwe, ale wiem czego nie chcę.

WYMOWA

6 ... potschebbuje butuff. 7 ... re_nkawitschki ... kappellusch? 8 ... dz_iiwne pommißwî. 9 ... ks_io_nsch'ze? 10 c_io_ngle mi kupujesch ks_io_nsch'ki. 12 mojliwe ... hze.

ĆWICZENIE

1. Idę do sklepu, czy trzeba coś kupić? 2. Nie potrzebuję niczego specjalnego. 3. Mój mąż kupuje mi zawsze dziwne prezenty. 4. Jutro kupię tę książkę, podobno jest bardzo ciekawa. 5. Czy twoje nowe buty są wygodne? 6. Powiedz mi, czego szukasz, może wiem gdzie to jest. 7. Czy wszystko ci jedno, czego się uczysz? 8. Nie wolę oczywiście to, co mnie interesuje.

WYPEŁNIĆ BRAKUJĄCE SŁOWA

1 *Ich muss zum Kiosk gehen, brauchst du etwas?*

..... iść .. kiosku, ... czegoś?

2 *Wo kaufst du das Eis? Es ist sehr gut.*

Gdzie .... lody? .. bardzo ......

3 *In einer Woche ist Annes Namenstag, was kaufen wir ihr?*

.. tydzień .. Anny ...., .. jej ......?

4 *Man muss ein Geschenk für den Direktor kaufen.*

Trzeba ..... prezent ... dyrektora.

Dziewięćdziesiąt cztery (dzjewjen_cidzjesjo_nt tsch'terrî) 94

6 — Wirklich, ich brauche keine Schuhe.
7 — Dann vielleicht Handschuhe oder einen Hut?
8 — Du hast komische Ideen.
9 — Und was denkst du über ein Buch?
10 — Ständig kaufst du mir Bücher.
11 — Du sagst, dass dir das alles egal ist, aber selbst weißt du nicht, was du willst.
12 — [Das ist] möglich, aber ich weiß, was ich nicht will.

ANMERKUNGEN

(4) Potrzebować ("brauchen") ist ein imperfektives Verb, das nach einem Genitiv verlangt. Allgemein sind alle Verben auf **-ować** im Infinitiv imperfektiv. Sie haben das Suffix **-uj** in den Präsensformen. Beispiel: **pracować** ("arbeiten"), **pracuję** ("ich arbeite"); **interesować się** ("sich interessieren"), **interesujesz się** ("du interessierst dich"); **kupować** ("kaufen"), **kupuje** ("er/sie/es kauft").
(5) Czego ist der Genitiv von **co**.

ÜBUNG

1. Ich gehe zum Laden, muss etwas eingekauft werden? **2.** Ich brauche nichts Besonderes. **3.** Mein Mann kauft mir immer komische Geschenke. **4.** Morgen werde ich dieses Buch kaufen, es soll sehr interessant sein. **5.** Sind deine neuen Schuhe bequem? **6.** Sag mir, was du suchst, vielleicht weiß ich, wo es ist. **7.** Ist es dir (alles) egal, was du lernst? **8.** Nein, ich ziehe natürlich das vor, was mich interessiert.

5 *Ich liebe es, Parfüm zu kaufen.*

Uwielbiam . . . . perfumy.

6 *Ich will dir ein Buch kaufen, sag mir, welches du willst.*

. . . . ci . . . . . książkę, ... mi . . . . chcesz.

Diese Wörter hätten Sie einsetzen sollen:

1 Muszę – do -, potrzebujesz -. **2** – kupujesz -. Są – dobre. **3** Za – są – imieniny, co – kupimy. **4** – kupić – dla -. **5** – kupować -. **6** Chcę – kupić -, powiedz – jaką -.

LEKTION 30

95 Dziewięćdziesiąt pięć (dzjewje_nci dzjesjo_nt pje_nci)

LEKCJA TRZYDZIESTA PIERWSZA (31)
(... t'schîdzjeßta pjerfscha)

Ciągle to samo

1 — Jesteś wolna w poniedziałek po południu? **(1)**
2 — Poczekaj, zaraz zobaczę. Nie, niestety. Pracuję do czwartej,
     a potem mam wykład. **(2)**
3 — A we wtorek? Na pewno masz zebranie.
4 — Dlaczego jesteś złośliwy?
5 — Bo jesteś ciągle zajęta. Nigdy nie można na ciebie liczyć. **(3)**
6 — A co chciałeś robić?
7 — Miałem zamiar zaprosić cię do siebie. **(4)**

WYMOWA

cjongle to ßammo 1 ... f ponnjedzjawekk po powudnju?
2 potschekkaj, sarraß sobbatsche. .... do tschfartej, ... wîkŵat.
3 a we ftorrekk? na pewno masch sebranje. 4 ... swosjliwî?
5 ... sajenta .... njigdî nje mojna ... litschîcj. 7 mjawemm samjarr
saprosjicj ... sjebje.

Dziewięćdziesiąt sześć (dz$_i$ewje$_n$c$_i$dz$_i$esjo$_n$t sches$_i$'c$_i$) 96

EINUNDDREISSIGSTE LEKTION

Immer das Gleiche

1 — Bist du (am) Montagnachmittag frei?
2 — Warte, ich sehe (sofort) nach. Nein, leider nicht. Ich arbeite bis vier [Uhr] und danach habe ich eine Vorlesung.
3 — Und (am) Dienstag? Sicher hast du eine Sitzung.
4 — Warum bist so giftig?
5 — Weil du ständig beschäftigt bist. Nie kann man auf dich zählen.
6 — Was wolltest du denn machen?
7 — Ich hatte die Absicht, dich zu mir (sich) einzuladen.

ANMERKUNGEN

(1) Möchten Sie sagen, an welchem Wochentag sich etwas ereignet, benutzen Sie die Konstruktion **w** ("am") + Akkusativ. Vor "Dienstag" sagt man **we wtorek**, damit die Aussprache leichter fällt. Wir erinnern daran, dass der Akkusativ der männlichen Substantive mit dem Nominativ identisch ist. Die weiblichen Substantive: **środa** ("Mittwoch"), **sobota** ("Samstag"), **niedziela** ("Sonntag") haben dagegen die Endung **-ę**.
Achtung! **Południe** heißt "12 Uhr mittags" und "Süden". **W południe** ("mittags"), **przed południem** ("vormittags"), **na południu** ("im Süden").

(2) **Poczekaj!** = **zaczekaj!** ("warte!"). Nach **zaraz** ("sofort" aber auch "gleich") wird das Futur benutzt. Um im Polnischen die Uhrzeit auszudrücken, verwendet man die Ordinalzahlen: **pierwsza**, **druga** (Femininum). Die Endung **-ej** weist auf den Lokativ hin.

(3) **Można** ("man kann") ist eine unpersönliche Form. Erinnern Sie sich: **warto** ("es lohnt sich"), **trzeba** ("man muss/soll"). All diesen Formen folgt der Infinitiv.

(4) **Miałem** ("ich hatte, ich habe gehabt"), **mieliśmy** ("wir hatten, wir haben gehabt"). Beachten Sie den Wechsel von **ł** nach **l** und von **a** nach **e**. Denken Sie auch daran, dass das Verb "haben" + Infinitiv entweder "machen müssen" oder "die Absicht haben, etwas zu tun" bedeutet. **Siebie** ("mich, dich, uns, euch, sich") ist ein Reflexivpronomen, das sich auf das Subjekt (Satzgegenstand) des Satzes bezieht: **kupuję dla siebie** ("ich kaufe für mich"). Es handelt sich dabei um einen Genitiv oder einen Akkusativ.

LEKTION 31

97 Dziewięćdziesiąt siedem (dzjewjen cidzjesjont sjeddemm)

8 — Zaprosisz mnie kiedy indziej.
9 — Mieliśmy też odwiedzić Ewę w jej nowym mieszkaniu.
10 — No dobrze, to spotkajmy się w czwartek, o piątej.
 Mam wolną godzinę między pracą, a konferencją.

11 Poniedziałek, wtorek, środa, czwartek, piątek, sobota, niedziela.

WYMOWA

8 saprosjisch ... indzjej. 9 mjelisjimî tesch odwjedzjicj ... 10 ... ßpotkajmî sje f tschfartekk, o pjontej. ... mjendsî ... konferrenzjon. 11 ponjedzjaŵekk, ftorrekk, sjrodda, tschfartekk, pjontekk, ßobbotta, njedzjella.

ĆWICZENIE

1. We wtorek mam wolny wieczór, mogę cię zaprosić do siebie. 2. Niestety, po południu jestem zajęty, muszę iść do dentysty. 3. A co robisz w środę, przed południem? 4. Pracuję do pierwszej, a potem idę do koleżanki. 5. Czy można cię odwiedzić w sobotę albo w niedzielę? 6. Spotkajmy się w piątek, przed kinem.

WYPEŁNIĆ BRAKUJĄCE SŁOWA

1 *Bis wie viel [Uhr] arbeitest du am Mittwoch?*

 Do ...... pracujesz . środę?

2 *Ich arbeite bis sechs [Uhr].*

 .... do ....

3 *Was machen Sie Freitagnachmittag?*

 .. pan (oder pani) .... w ...... po ....?

Dziewięćdziesiąt osiem (dz|ewje_nc|dz|es|o_nt os|emm) 98

8 — Du kannst (wirst) mich ein anderes Mal einladen.
9 — Wir sollten auch Eva in ihrer neuen Wohnung besuchen.
10 — Na gut, dann treffen wir uns (am) Donnerstag um fünf [Uhr].
Ich habe zwischen der Arbeit und der Konferenz (freie Stunde) eine Stunde [frei].

11 Montag, Dienstag, Mittwoch, Donnerstag, Freitag, Samstag, Sonntag.

ÜBUNG

1. (Am) Dienstag habe ich einen freien Abend, ich kann dich zu mir einladen. **2.** Leider nein, nachmittags bin ich beschäftigt, ich muss zum Zahnarzt gehen. **3.** Und was machst du (am) Mittwochvormittag? **4.** Ich arbeite bis ein [Uhr], und danach gehe ich zu einer Freundin. **5.** Kann man dich am Samstag oder Sonntag besuchen? **6.** Treffen wir uns Freitag vor dem Kino.

4 *Ich muss unbedingt [meinen] Bruder besuchen.*

. . . . . koniecznie . . . . brata.

5 *Sind Sie Donnerstagmittag beschäftigt?*

. . . . pani . . . . . . w . . . . w . . . . ?

6 *Treffen wir uns um fünf [Uhr], kannst du?*

. . . . się . piątej, ... ?

Diese Wörter hätten Sie einsetzen sollen:

1 – której – w -. **2** Pracuję – szóstej. **3** Co – robi – piątek – południu.
4 Muszę – odwiedzić -. **5** Jest – zajęta – czwartek – południe.
6 Spotkajmy – o -, możesz.

LEKCJA 31

99 Dziewięćdziesiąt dziewięć (dz$_i$ewjen$_c$idz$_i$es$_i$o$_n$t dz$_i$ewje$_n$c$_i$)

LEKCJA TRZYDZIESTA DRUGA (32)
(... t'schîdz$_i$eßta druga)

Łatwo powiedzieć, trudniej zrobić (1)

1 — Nie wiem, co mam zrobić panie doktorze. (2)
Źle się czuję, boli mnie głowa i gardło, jestem ciągle zmęczony. (3)
2 — Pewnie pan za dużo pali. Dam panu radę: dlaczego pan nie rzuci palenia? (4)
3 — To nie takie proste.
4 — Przeciwnie, nic łatwiejszego. Sam to robiłem pięćdziesiąt razy. (5)
5 — A jeżeli to nie wystarczy?

WYMOWA

ŵatfo powjedz$_i$ec$_i$, trudn$_i$ej srobbic$_i$ **1** ... pann$_i$e doktoĵe. ... bolli mn$_i$e gŵowwa i gardŵo, ... **2** pewn$_i$e pann sa duĵo palli. damm ... radde: ĵuc$_i$i pallen$_i$a? **3** ... proßte. **4** ... niz ŵatfjejscheggo. ßamm ... pje$_n$c$_i$dz$_i$es$_i$o$_n$t rassî. **5** ... jejelli ... wißtartschî?

*Ab der nächsten Lektion verzichten wir auf die Lautschrift bei den Seitenzahlen. Mit Sicherheit haben Sie sich die Aussprache der Zahlen bis 100 gemerkt. Von 101 bis 199 müssen Sie den bisher gelernten Zahlen nur das Wörtchen **sto** ("hundert") voranstellen.*

ZWEIUNDDREISSIGSTE LEKTION

Einfach [zu] sagen, schwieriger [zu] tun

1 — Ich weiß nicht, was ich tun soll, (Herr) Doktor. Ich fühle mich schlecht, mir tun (tut) der Kopf und der Hals weh, ich bin ständig müde.
2 — Sicher rauchen Sie zu viel (Sie zu viel rauchen). Ich werde Ihnen einen Rat geben: warum hören Sie nicht auf (das Rauchen hinschmeißen) zu rauchen?
3 — Das ist nicht so einfach.
4 — Im Gegenteil, nichts [ist] einfacher. [Ich] selbst habe es fünfzig Mal gemacht.
5 — Und wenn das nicht reicht?

ANMERKUNGEN

(1) Um den Komparativ eines Adverbs zu bilden, hängt man die Endung **-iej** an: **łatwo, łatwiej; trudno, trudniej**. Bei einigen Adverbien wird der Komparativ unregelmäßig gebildet: **dużo, więcej** ("viel, mehr"); **dobrze, lepiej** ("gut, besser"); **źle, gorzej** ("schlecht, schlechter").
(2) Wenn man eine Person anspricht, benutzt man eine besondere Form, den "Vokativ" (Anredefall): **panie doktorze (dyrektorze, profesorze)**.
(3) **Boli** (Singular) **mnie** ("tut mir weh") oder **bolą** (Plural) **mnie** ("tun mir weh").
(4) **Pewnie = na pewno** ("sicher").
Za = zbyt ("zu sehr, zu viel"). **Za mało** ("zu wenig"), **za daleko** ("zu weit").
Rzucić (perfektiv), **rzucać** (imperfektiv) bedeuten wörtlich: "etwas hinschmeißen" im Sinne von "unterlassen, mit etwas aufhören".
Palenie ist ein Substantiv, das vom Verb **palić** ("rauchen") abstammt.
(5) **Łatwiejszego** ist der Genitiv von **łatwiejszy** ("einfacher, leichter"). Der Komparativ der Adjektive wird durch das Anhängen der Suffixe **-szy/-sza/-sze** oder **-(i)ejszy/-(i)ejsza/ -(i)ejsze** gebildet. Beispiel: **ciekawy, ciekawszy** ("interessant, interessanter"); **wygodny, wygodniejszy** ("bequem, bequemer").

LEKTION 32

6 — To niech pan chodzi wcześniej spać. Ja sam kładę się spać z kurami. **(6)**

7 — Łatwo panu powiedzieć, ale skąd ja wezmę kury?

8 Co cię (pana, panią) boli? Boli mnie głowa, bolą mnie nogi.

9 Chodzę (idę) spać = kładę się spać.

WYMOWA

6 ... ftsches$_i$n$_i$ej ßpac$_i$ .... kŵade ... ß kurrammi. **7** ŵatfo ... powjedz$_i$ec$_i$, ... wesme kurrî? **8** ... bollo$_n$ ... noggi.

ĆWICZENIE

1. Nie wiem, co powiedzieć, to nie takie łatwe. **2.** To bardzo łatwo zrobić. **3.** Czy można tu palić? Nie, przecież jest tabliczka: palenie zabronione. **4.** To ćwiczenie jest za łatwe, chciałbym coś trudniejszego. **5.** O której chodzisz spać? **6.** Dopiero o pierwszej? To naprawdę za późno. **7.** Nie jestem dzieckiem, nie chodzę spać z kurami!

WYPEŁNIĆ BRAKUJĄCE SŁOWA

1 *Sicher arbeiten Sie zuviel.*

...... pan .. dużo ....

2 *Im Gegenteil, ich arbeite sehr wenig.*

..........., pracuję ...... mało.

3 *Warum gehen Sie nicht früher schlafen?*

.... nie ...... pan .... spać?

.... nie .... pan .... spać?

6 — Dann gehen Sie früher schlafen. Ich selbst gehe (lege mich schlafen) mit den Hühnern schlafen.

7 — Leicht (Ihnen) [zu] sagen, aber woher nehme ich die Hühner?

8 Was tut dir (Ihnen) weh? Mir tut der Kopf weh, mir tun die Beine weh.

9 Ich gehe schlafen = ich lege mich zum Schlafen.

ANMERKUNGEN

(6) Chodzić spać heißt "Schlafen gehen" und betont besonders die Regelmäßigkeit des Zubettgehens. Man kann auch sagen **iść spać** ("schlafen gehen") oder **kłaść się spać** (wörtlich: "sich schlafen legen"). **Spać** alleine heißt "schlafen", z.B.: **śpisz już?** ("schläfst du schon?"); **jeszcze nie śpię** ("ich schlafe noch nicht").

ÜBUNG

1. Ich weiß nicht, was ich sagen soll, das ist nicht so einfach. **2.** Das ist ganz einfach [zu] machen. **3.** Kann man hier rauchen? Nein, es gibt (ist) doch ein Schild: Rauchen verboten. **4.** Diese Übung ist zu einfach, ich möchte etwas Schwierigeres. **5.** Um wie viel [Uhr] gehst du schlafen? **6.** Erst um ein [Uhr]? Das ist wirklich zu spät. **7.** Ich bin kein Kind, ich gehe nicht mit den Hühnern schlafen!

4 *Ich kann nicht, das ist nicht so einfach.*

Nie . . . . , to . . . takie . . . .

5 *Ich hoffe, dass diese Übung nicht zu schwierig ist.*

. . . nadzieję, . . to . . . . nie . . . . zbyt . . . . . .

Diese Wörter hätten Sie einsetzen sollen:

1 Pewnie – za – pracuje. **2** Przeciwnie, – bardzo -. **3** Dlaczego – chodzi – wcześniej -. / Dlaczego – kładzie się – wcześniej -. **4** – mogę, – nie – proste. **5** Mam -, że – ćwiczenie – jest -trudne.

LEKCJA 32

LEKCJA TRZYDZIESTA TRZECIA (33)
(... t'schîdz¡eßta t'schec¡a)

Skoro pan nalega

1 — Proszę pana. Może pan pozwolić na chwilę? **(1)**
2 — Słucham, czym mogę służyć?
3 — Czy może pan spróbować tej zupy? **(2)**
4 — A co, niedobra? Może podać inną? **(3)**
5 — Po prostu, proszę jej spróbować.
6 — Nie smakuje panu? **(4)**
7 — Niech pan sam spróbuje.
8 — Mamy inne dania. Zaraz podam kartę.
9 — Nie, dziękuję. Nie chcę nic innego.
10 — Polecam panu doskonały bigos. **(5)**

WYMOWA

ßkorro pann nallegga 1 ... poswollic¡ na hfile? 2 ... tschîm ... ßŵujîc¡? 3 ... ßprubowwac¡ ... suppî? 4 ... poddac¡ in'no$_n$? 6 ... ßmakkuje ... 8 ... dan¡a. ... poddamm karte. 10 pollezamm ... doßkonnaŵî bigoß.

DREIUNDDREISSIGSTE LEKTION

Wenn Sie darauf bestehen

1 — Mein Herr, bitte. Können Sie (für) einen Moment (erlauben) kommen?
2 — (Ich höre), womit kann ich Ihnen dienen?
3 — Könnten Sie diese Suppe (probieren) kosten?
4 — Wieso (und was), [ist sie] nicht gut? Vielleicht serviere (reichen) ich [Ihnen] eine andere?
5 — Ich bitte Sie, [sie] ganz einfach zu kosten.
6 — Schmeckt sie Ihnen nicht?
7 — Kosten Sie [sie] selbst.
8 — Wir haben andere Gerichte. Ich werde [Ihnen] sofort die Karte (reichen) bringen.
9 — Nein, danke. Ich möchte nichts anderes.
10 — Ich empfehle Ihnen einen hervorragenden 'Bigos'.

Lesen Sie die Texte der Lektionen auch immer laut? Vergessen Sie nicht, dass Sie Polnisch sprechen sollen, nicht nur lesen!

ANMERKUNGEN
(1) **Pozwolić** heißt eigentlich "erlauben, gestatten".
(2) **Spróbować** ("kosten" oder "etwas probieren, versuchen") ist ein perfektives Verb. Beispiel: **spróbuj tej zupy** ("koste die Suppe"), **spróbuj to zrobić** ("versuche das zu tun").
(3) **Może** + Infinitiv drückt einen Vorschlag aus: **może zrobić kawy?** ("Soll ich einen Kaffee machen?"), **może iść z tobą?** ("Soll ich mit dir gehen?"), **podać** ("servieren", wörtlich: "reichen") wird wie **dać** ("geben") konjugiert.
(4) Wenn Ihnen etwas gut schmeckt, sagen Sie **smakuje mi**. Wenn Ihnen etwas gefällt, sagen Sie **podoba mi się**.
(5) **Bigos** ist ein polnisches Nationalgericht, dessen Hauptzutat Sauerkraut ist. Weitere Bestandteile sind Fleischstücke in verschiedener Form (roh, geräuchert, gebraten), getrocknete Pilze und – je nach Rezept – andere Zutaten. **Bigos** muss lange gekocht werden, dann schmeckt er richtig gut.

105 Sto pięć

11 — Proszę tylko, żeby pan spróbował tej zupy. **(6)**
12 — No dobrze, skoro pan nalega... **(7)**
Ale jak mam spróbować, przecież nie ma łyżki!

13 Proszę spróbować, może pan spróbuje, niech pan spróbuje.

WYMOWA

11 ... jebbî pann ßprubowwaŵ ... 12 ...ŵîschki!

ĆWICZENIE

1. Proszę mi powiedzieć, co pan o tym myśli. 2. Niech mi pani powie, co pani woli. 3. Może państwo zaczekają, dyrektor za chwilę wraca. 4. Proszę poczekać chwilę, zaraz wracam. 5. Może pan otworzy książkę i zrobi to ćwiczenie. 6. Proszę mi podać kartę, chciałbym coś zjeść. 7. Niech jej pan da coś do czytania.

WYPEŁNIĆ BRAKUJĄCE SŁOWA

1 *Machen Sie diese Übung.*

Proszę ...... to .... *(Höflich)*

..... pan ..... to .... *(Umgangssprachlich)*

Może ... zrobi .. ćwiczenie. *(Vorschlag)*

2 *Sagen Sie mir, worum es geht.*

...... mi ...., o .. chodzi. *(Höflich)*

Niech .. pan ....., o .. chodzi. *(Umgangssprachlich)*

.... mi ... powie, . co .... *(Vorschlag)*

11 — Ich bitte Sie nur, diese Suppe zu kosten (dass der Herr koste).

12 — Also gut, wenn Sie darauf bestehen...
Aber wie soll ich kosten, wenn kein Löffel da ist!

13 Ich bitte Sie zu kosten, vielleicht kosten Sie, kosten Sie (umgangssprachlich).

ANMERKUNGEN

(6) Proszę ("bitte") kennen Sie bereits. Es ist die 1. Person Singular des Verbs **prosić** ("bitten"). Ebenso kommt **dziękuję** von **dziękować** ("danken") und **przepraszam** von **przepraszać** ("um Entschuldigung bitten"). Sie können von allen Personen benutzt werden.
Nach **żeby** ("damit" oder "dass") wird nicht wie im Deutschen das Präsens, sondern die Vergangenheit benutzt.
In dieser Lektion haben wir Ihnen die verschiedenen Formen des Imperativs vorgestellt, die als Höflichkeitsfloskeln verwendet werden. Sehr höflich: **proszę** + Infinitiv; höflich, mehr im Sinne eines Vorschlages: **może** (**pan, pani, państwo**) + Verb; umgangssprachlich: **niech pan** (**pani, państwo**, usw.) + Verb. In den beiden letzten Fällen steht das Verb in der 3. Person Singular oder Plural.

(7) Skoro = jeżeli ("wenn, falls").

ÜBUNG

1. Bitte sagen Sie mir, was Sie darüber (über das) denken. **2.** Sagen Sie mir, was Sie bevorzugen. **3.** (Vielleicht) Warten Sie [bitte], der Direktor kommt gleich zurück. **4.** Warten Sie einen Moment bitte, ich komme gleich zurück. **5.** (Vielleicht) Öffnen Sie das Buch und machen Sie diese Übung. **6.** Bitte bringen Sie mir die Karte, ich möchte etwas essen. **7.** Geben Sie ihr etwas zum Lesen.

3 *Versuchen Sie, mit dem Rauchen aufzuhören.*

. . . . . . spróbować . . . . . . palenie. *(Höflich)*

Niech . . . spróbuje . . . . . . palenie. *(Umgangssprachlich)*

. . . . pan . . . . rzucić . . . . *(Vorschlag)*

4 *Geben Sie mir Ihre Adresse und Telefonnummer.*

Proszę .. dać .... adres . numer .... *(Höflich)*

Niech .. pan .. pana ..... i ..... telefonu. *(Umgangssprachlich)*

.... mi ... da pana ..... i ..... telefonu. *(Vorschlag)*

LEKCJA TRZYDZIESTA CZWARTA (34)
(... t'schîdz;eßta tsch'farta)

Nie pamiętam już

1 — Tomek, miałeś posprzątać swoje rzeczy! Wiesz przecież, że wieczorem mamy gości. **(1)**
2 — Za chwilę, mamo. Muszę najpierw zadzwonić do Marka. **(2)**
3 — Zadzwonisz później. To twój sweter?
4 — Nie, Marka. Dał mi go na parę dni.
5 — A ta torba? Też Marka?
6 — Przecież dałaś mi ją na imieniny. Nie pamiętasz już? **(3)**

WYMOWA

nje pamjentamm jusch **1** tommekk, mjaŵesi poßpschontaci ßfoje jetschî! ... gosicji. **2** ... mammo. ... najpjerf sadswonnijici ... **3** sadswonisch puzi'njej. ... ßfetterr? **4** ... parre dnji. **5** ... torba? ... **6** pamjentasch jusch?

ANMERKUNGEN

(1) Tomek ist eine Verkleinerungsform von **Tomasz** ("Thomas"). **Swój/swoja/swoje** ist ein Possessivpronomen, das benutzt wird, wenn der Besitzer eines Gegenstandes mit dem Subjekt des Satzes identisch ist, z.B.: **jadę swoim** (instrumental) **samochodem** ("ich fahre mit meinem Auto") oder **masz swoje problemy** ("du hast deine Probleme"). Wollen Sie die Zugehörigkeit des Gegenstandes zu einer Person besonders hervorheben, gebrauchen Sie die Pronomen **mój, twój,** usw., z.B.: **chcę jechać moim samochodem** ("ich möchte mit meinem Auto fahren") oder **wolisz twoje problemy, czy moje** ("bevorzugst du deine Probleme oder meine").

Sto osiem **108**

Diese Wörter hätten Sie einsetzen sollen:

1 – zrobić – ćwiczenie. / Niech – zrobi – ćwiczenie. / – pan – to -.
2 Proszę – powiedzieć, – co -. / – mi – powie, – co -. / Może – pan -,
o – chodzi. **3** Proszę – rzucić -. / – pan – rzucić -. / Może – spróbuje –
palenie. **4** – mi – pana – i – telefonu. / – mi – da – adres – numer -. /
Może – pan - – adres – numer -.

VIERUNDDREISSIGSTE LEKTION

Ich erinnere mich nicht mehr

1 — Thomas, du solltest (hattest) deine Sachen aufräumen! Du weißt doch, dass wir [heute] Abend Gäste haben.

2 — (In einem) Moment, Mama. Ich muss zuerst Mark anrufen.

3 — Du rufst später an. Ist das dein Pulli?

4 — Nein, Mark's. Er hat ihn mir (hat gegeben mir ihn) für ein paar Tage gegeben.

5 — Und diese Tasche? [Gehört sie] auch Mark?

6 — Du hast sie mir (hast gegeben mir sie) doch zum Namenstag gegeben. Erinnerst du dich nicht mehr?

ANMERKUNGEN

(2) Mamo, tato sind die Vokativformen von **mama** ("Mama") und **tata** ("Papa").
Zadzwonić (perfektiv) und **dzwonić** (imperfektiv) heißt "anrufen, telefonieren" oder "klingeln, läuten".

(3) Was die Vergangenheit anbetrifft, so müssen Sie sich am Anfang zuerst einmal an die verschiedenen und gewiss verwirrenden Formen für das Maskulinum, das Femininum und das Neutrum (letzteres allerdings nur in der 3. Person Singular und Plural) gewöhnen. Eine Frau würde beispielsweise sagen: **miałam** ("ich hatte, ich habe gehabt"), ein Mann dagegen: **miałem**. In der 2. Person Femininum sagen wir: **miałaś** ("du hattest, du hast gehabt"), beim Maskulinum **miałeś** und in der 3. Person: **miała** ("sie hatte"), **miał** ("er hatte") und **miało** ("es hatte").

LEKTION 34

109 Sto dziewięć

7 — **A tak, rzeczywiście. Co to? Ty palisz, Tomek?**
8 — Coś ty, chyba żartujesz?
9 — To co tu robią te papierosy?
10 — To na pewno papierosy taty.
11 — Przecież tata pali papierosy bez filtra. **(4)**
12 — No to Marka.
13 — A te zapałki w twoich spodniach są czyje, taty czy Marka? **(5)**

WYMOWA

7 ... jetschîwis¡'c¡e. ... pallisch, ... 8 ... jartujesch? 13 ... sappaŵki f tfoih ßpodnjahh ...

ĆWICZENIE

1. Miałeś zadzwonić do mamy. 2. Nie mam teraz czasu, zadzwonię wieczorem. 3. Dlaczego dzwonisz dopiero teraz? Od godziny czekam na twój telefon. 4. Nie pamiętam, czy dałeś mi swój adres. 5. Dałem ci tylko telefon.

WYPEŁNIĆ BRAKUJĄCE SŁOWA

1 *Du hattest recht, das ist zu schwierig.*

...... rację, ... zbyt ....

2 *Ich hatte Lust, selbst diese Übung zu machen.*

...... ochotę ...... sam (oder: sama) .. ćwiczenie.

3 *Warum hast du mir ein so schönes Geschenk gegeben?*

.... mi ..... taki ..... prezent?

4 *Wen rufst du an? Ich muss mit einem Freund telefonieren.*

.. kogo ....? Muszę .... do ....

5 *Erinnerst du dich, was man machen muss? Natürlich, hab keine Angst!*

.... co ...... zrobić? Oczywiście, ... bój ...!

Sto dziesięć **110**

7 — Ach ja, stimmt. Was ist das? Thomas, du rauchst?
8 — Ach was, du machst wohl Witze?
9 — Was machen dann hier (hier machen) diese Zigaretten?
10 — Das sind bestimmt Papas Zigaretten.
11 — Aber, Papa raucht [doch] Zigaretten ohne Filter.
12 — Dann [sind] es [die von] Mark.
13 — Und die Streichhölzer in deiner Hose, wem gehören die, Papa oder Mark?

ANMERKUNGEN

(4) Die Präposition **bez** ("ohne") verlangt nach einem Genitiv, also **bez filtra**. Wollen Sie das Gegenteil sagen, benutzen Sie die Präposition **z** ("mit"), die mit dem Instrumentalfall in Verbindung tritt, z.B.: **z filtrem**.

(5) **Spodnie** ("Hose") ist immer ein Plural. Gegenstände, die aus zwei oder mehreren Teilen bestehen, haben keinen Singular, z.B.: **drzwi** (Tür"), **nożyce** ("Schere").

ÜBUNG

1. Du solltest Mama anrufen. **2.** Ich habe jetzt keine Zeit, ich werde sie [heute] Abend anrufen. **3.** Warum rufst du erst jetzt an? Ich warte seit einer Stunde auf deinen Anruf. **4.** Ich erinnere mich nicht, ob du mir deine Adresse gegeben hast. **5.** Ich habe dir nur die Telefonnummer (das Telefon) gegeben.

Diese Wörter hätten Sie einsetzen sollen:

1 Miałeś (oder: miałaś) -, to – trudne. **2** Miałem (oder: miałam) – zrobić – to -. **3** Dlaczego – dałeś (oder: dałaś) – ładny -. **4** Do – dzwonisz. – zadzwonić – kolegi. **5** Pamiętasz – trzeba -. -, nie – się.

LEKTION 34

LEKCJA TRZYDZIESTA PIĄTA (35)
(... t'schîdz;eßta pjonta)

Wiederholung und Anmerkungen

Heute widmet sich unsere Wiederholungslektion voll und ganz den Verben (Konjugationen, Aspekt, Zeiten). Sie haben schon eine Menge dazu gelernt und es ist wichtig, dass wir alles noch einmal vertiefen, bevor wir im Stoff weitergehen.

1 Die Konjugationen *(Fortsetzung)*
Wir wissen, wie ermüdend das Lernen von Grammatikregeln ist; daher versuchen wir, es Ihnen ein wenig leichter zu machen.
Sie kennen schon lange das Verb "haben": **mam, masz, ma, mamy, macie, mają**. Wenn wir Ihnen jetzt sagen, dass es zur *3. Konjugation* gehört, können Sie von nun an alle Verben konjugieren, die zu dieser Konjugation gehören. Bei jedem neuen Verb werden wir von nun an angeben, zu welcher Konjugation es gehört.
Die *4. Konjugation* unterscheidet sich von der 3. durch einen einzigen Buchstaben: anstelle eines **a** taucht ein **e** auf. Hier die Personalendungen: **-em, -esz, -e, -emy, -ecie, -eją** (oder **-edzą**).

2 Perfektiver und imperfektiver Aspekt
Wir haben Ihnen einige Beispiele von Verben genannt, bei denen sich mit dem Hinzufügen oder Weglassen eines Präfixes der *Aspekt* ändert: **robić, zrobić** ("machen, tun"); **jeść, zjeść** ("essen"); **czekać, poczekać** oder **zaczekać** ("warten").
Sie wissen ebenfalls, dass zwei völlig unterschiedliche Verben ein *Aspektpaar* bilden können: **mówić, powiedzieć** ("sprechen, sagen"); **brać, wziąć** ("nehmen"). Hier nun eine dritte Variante: die beiden Formen des Verbs, die perfektive und die imperfektive, unterscheiden sich durch ihr Suffix: **kupić, kupować** ("kaufen"); **dać, dawać** ("geben"); **rzucić, rzucać** ("werfen, schmeißen" aber auch "unterlassen"). Glücklicherweise gibt es nur diese drei Varianten, was für Sie trotz allem tröstlich sein kann!

FÜNFUNDDREISSIGSTE LEKTION

Sollten Sie mit einem bestimmten Grammatikthema Schwierigkeiten haben oder etwas nicht verstehen, gehen Sie folgendermaßen vor: Markieren Sie die entsprechende Stelle am Rand des Buches mit einem Stift und lernen Sie ganz normal weiter, ohne sich über dieses Problem den Kopf zu zerbrechen. Im weiteren Verlauf des Kurses wird das Thema oder die Schwierigkeit bestimmt noch diverse Male erklärt und so werden Sie, wenn Sie die entsprechend markierte Stelle hin und wieder noch einmal aufschlagen, feststellen, dass sich das Problem irgendwann "in Luft aufgelöst" hat oder dass Sie es aufgrund der inzwischen erfolgten Wiederholung verstanden haben!

3 Die Vergangenheit (Imperfekt)
Verglichen mit den Aspekten ist die Vergangenheit im Polnischen eher einfach zu bilden. Es gibt nur eine Vergangenheitsform und die Endungen sind für alle Verben – unabhängig von ihrer Konjugation – gleich. Damit Sie sofort eine Vorstellung davon haben, geben wir Ihnen jetzt Beispiele der Vergangenheitsformen für alle vier Konjugationen: *1. Konjugation:* **jecha-łem** ("ich bin gefahren, ich fuhr"); *2. Konjugation:* **wraca-łem** ("ich kam zurück, ich bin zurückgekommen"); *3. Konjugation:* **gra-łem** ("ich spielte, ich habe gespielt"); *4. Konjugation:* **rozumia-łem** ("ich verstand, ich habe verstanden").

Die einzige Schwierigkeit besteht darin, dass man einen Unterschied zwischen den Geschlechtern (Genus) machen muss, wobei das Neutrum nur in der 3. Person Singular eine andere Form hat. Im Verlauf Ihres weiteren Studiums werden Sie auch diese Schwierigkeit überwinden.

4 Die Zukunft (Futur)
Die Bildung des Futurs stellt keine besondere Schwierigkeit dar, da hierfür nur die imperfektiven Verben konjugiert werden müssen. Wir weisen darauf hin, dass es auch ein zusammengesetztes Futur gibt, das Sie allerdings erst später kennenlernen.

Zum Schluss noch ein guter Rat: Wenn Sie Zeit haben (die haben Sie bestimmt ...), blättern Sie ruhig noch einmal zurück und lesen Sie noch einmal einige der zuletzt durchgearbeiteten Lektionen. Sie brauchen wirklich nur zu lesen – das wird schon viel nützen!

113 Sto trzynaście

LEKCJA TRZYDZIESTA SZÓSTA (36)
(... t'schîdz_ießta schußta)

Czasem trudno odróżnić...

1 — Uważam, że obecna moda jest dość dziwna. Czasem zupełnie nie można odróżnić kobiet od mężczyzn. **(1)**
2 — Tak pan uważa? Mnie to nie przeszkadza.
3 — Na przykład, ten chłopak przed nami: długie włosy, różowe spodnie... **(2)**
Zupełnie jak dziewczyna. **(3)**
4 — Przecież to jest dziewczyna. Zresztą to moja córka.
5 — O, przepraszam. Nie wiedziałem, że jest pan jej ojcem. **(4)**
6 — Ależ skąd! Ja jestem jej matką.

WYMOWA

tschaßemm trudno odruj̃n_iic_i **1** uwajamm, że obbezna ... supeŵn_ie ... kobjett ott me_nsch'tschîsn. **2** ... n_ie pscheschkadsa. **3** ... hŵoppakk ... dŵugje wŵoßî, ruĵowwe ... jakk dz_ief'tschîna. **4** ... sreschto_n ... **5** ... wjedz_iaŵemm ... ojzemm. **6** alesch ßko_nt! ... matko_n.

Sto czternaście **114**

SECHSUNDDREISSIGSTE LEKTION

Manchmal [ist es] schwer zu unterscheiden...

1 — Ich finde, dass die derzeitige Mode ziemlich eigenartig (komisch) ist. Manchmal kann man die Frauen absolut nicht von den Männern unterscheiden.
2 — So, finden Sie? Mich stört das nicht.
3 — Zum Beispiel, dieser Junge vor uns: lange Haare, rosa Hose ...
Ganz wie ein Mädchen.
4 — Aber das ist ein Mädchen. Übrigens, das ist meine Tochter.
5 — Oh, entschuldigen Sie. Ich wusste nicht, dass Sie sein Vater sind.
6 — Aber ganz und gar nicht (Ach wo)! Ich bin seine Mutter.

ANMERKUNGEN

(1) **Kobieta** ("Frau"), im Plural sagen wir **kobiety** und der Plural von **mężczyzna** ("Mann") heißt **mężczyźni**. Im Genitiv Plural entfällt die Endung **-y** bzw. **-i**. Beachten Sie den Wechsel von **z** zu **ź**. Ist Ihnen aufgefallen, dass im Polnischen zwei Wörter für "Frau" existieren? **Kobieta** ist der allgemeine Begriff für das "weibliche Wesen". **Pani** benutzen wir immer in der Anrede. Ähnlich verhält es sich mit **mężczyzna** und **pan**.
(2) **Chłopak** ist ein familiärer Ausdruck für **chłopiec** ("Junge"). Der Plural lautet **chłopacy** oder **chłopcy**.
Die Adjektive haben im Plural die Endung **-e**. Die Adjektive vor neutralen Substantiven, die, wie Sie wissen, auf **-e** enden, haben im Singular und im Plural die gleiche Form: **dobre wino** ("guter Wein"), **dobre wina** ("gute Weine"). Wir erinnern daran, dass die männlichen (mit einigen Ausnahmen) und weiblichen Substantive im Plural auf **-e, -y** oder **-i** enden.
(3) **Dziewczyna** ("Mädchen" auch "junge Frau"), "kleines Mädchen" dagegen heißt **dziewczynka**. "Tochter" heißt **córka** und "Enkeltochter" **wnuczka**.
(4) **Ojcem** ist der Instrumentalfall von **ojciec** ("Vater").

LEKTION 36

Dobra rada

7 — Panie doktorze, mam straszny kaszel. Kaszlę i kaszlę bez przerwy.
8 — Ależ, droga pani, ludzie, którzy kaszlą jak pani, nie przychodzą do lekarza. **(5)**
9 — To dokąd mam iść?
10 — Do teatru.

WYMOWA

dobra radda 7 ... ßtraschnî kaschell. kaschle i kaschle beß pscherwî. 8 ... ludz$_j$e, ktujî kaschlo$_n$ ... pschîhodso$_n$ ... 9 ... doko$_n$t ...

ĆWICZENIE

1. Wolę dobre filmy niż złe książki. 2. Uważam, że ostatnie lekcje są bardzo łatwe. 3. Wszystkie kioski w pobliżu są zamknięte. 4. Miałem gdzieś papierosy i zapałki, nie wiesz gdzie są? 5. O której przychodzą twoje koleżanki? 6. Ewa przychodzi za godzinę, a Ania trochę później.

WYPEŁNIĆ BRAKUJĄCE SŁOWA

1 *Sind die letzten Übungen nicht zu schwierig?*

Czy . . . . ćwiczenia . . . są . . . . trudne?

2 *Welche Autos bevorzugst du, [die] neuen oder [die] alten?*

. . . . . samochody . . . . . . , ... czy . . . . . ?

3 *Am Sonntagnachmittag sind alle Geschäfte geschlossen.*

W . . . . po . . . . wszystkie . . . . . .

są . . . .

4 *Anscheinend haben wir [heute] Abend Gäste. Weißt du, wer kommt?*

. . . . wieczorem . . . . gości. . . . . . kto . . . . ?

Ein guter Rat

7 — Herr Doktor, ich habe einen schrecklichen Husten.
   Ich huste und huste pausenlos (ohne Pause).
8 — Aber, liebe Frau, die Leute, die wie Sie husten, kommen nicht zum Arzt.
9 — Wo soll ich dann hingehen?
10 — Ins Theater.

ANMERKUNGEN

(5) **Ludzie** ("die Leute") wird immer im Plural benutzt. Sein Äquivalent im Singular lautet **człowiek** ("der Mensch").
Którzy ist der Plural von **który**, das hier als "der" im Sinne von "welcher" benutzt wird. Vergleichen Sie: **człowiek, który pracuje** ("der Mensch, der arbeitet"); **ludzie, którzy pracują** ("die Leute, die arbeiten"). **Którzy** wird nur für Männer benutzt. Für alle anderen Kategorien (Frauen, Gegenstände, Abstraktes usw.) benutzt man **które**, z.B. **kobiety, które pracują; książki, które są na stole** ("die Bücher, die auf dem Tisch sind").
Przychodzić ("kommen") besteht aus dem Präfix **przy-** und dem Verb **chodzić**. Auf die gleiche Weise wird **przyjść** gebildet: **przy + iść** (**i** wird zu **j**).

ÜBUNG

1. Ich mag gute Filme [lieber] als schlechte Bücher. 2. Ich finde, dass die letzten Lektionen sehr einfach waren (sind). 3. Alle Kioske in der Nähe sind geschlossen. 4. Irgendwo hatte ich Zigaretten und Streichhölzer, weißt du nicht, wo sie sind? 5. Um wie viel Uhr kommen deine Freundinnen? 6. Eva kommt in einer Stunde und Anna etwas später.

5 *(Letztens) In der letzten Zeit bin ich oft zu Hause, weil meine Kinder klein sind.*

. . . . jestem . . . . . . w . . . ., bo . . . . dzieci . . małe.

Diese Wörter hätten Sie einsetzen sollen:

1 – ostatnie – nie – zbyt -. 2 – Jakie – wolisz, nowe – stare. 3 – niedzielę – południu – sklepy – zamknięte. 4 Podobno – mamy -. Wiesz – przychodzi. 5 Ostatnio – często – domu, – moje – są -.

117 Sto siedemnaście

LEKCJA TRZYDZIESTA SIÓDMA (37)
(... t'schîdz;eßta s;udma)

Przepraszamy za spóźnienie

1 — Jakoś nie widać naszych gości. **(1)**
2 — Rzeczywiście, już wpół do dziewiątej, a ich jeszcze nie ma. **(2)**
3 — To co robimy? Czekamy na nich, czy nie? **(3)**
4 — Zaczekajmy jeszcze pół godziny. Oni się zawsze spóźniają. **(4)**
5 — O, ktoś dzwoni. Idę otworzyć.
6 — Dobry wieczór. Przepraszamy za spóźnienie.
7 — Nie szkodzi, proszę bardzo. Chcecie może zobaczyć mieszkanie?
8 — Oczywiście. Macie bardzo dużą kuchnię, nie to, co u nas. **(5)**

WYMOWA

pschepraschammî sa ßpuz;n;en;e **1** jakkos; n;e widac; naschîh gos;c;ii. **2** jetschîwis;'c;e, jusch fpuŵ do dz;ewjo_ntejj ... **4** satschekkajmî ... ßpuz;n;ajo_n. **5** ... otfoĵîc;. **7** ... hzec;e ... sobbatschîc; ... **8** otschîwis;'c;e. ... kuhn;e ...

Sto osiemnaście 118

SIEBENUNDDREISSIGSTE LEKTION

Entschuldigen Sie unsere Verspätung

1 — Also, unsere Gäste sind nicht zu sehen.
2 — Ja wirklich, [es ist] schon halb neun und sie sind noch nicht [da].
3 — Also, was machen wir? Warten wir auf sie oder nicht?
4 — Wir sollten noch eine halbe Stunde warten. Sie verspäten sich immer.
5 — Ach, [es] klingelt jemand. Ich mach auf (gehe aufmachen).
6 — Guten Abend. Entschuldigt (wir entschuldigen) unsere Verspätung.
7 — Das ist nicht schlimm (schadet nichts), bitte sehr. Möchtet ihr euch vielleicht die Wohnung ansehen?
8 — Selbstverständlich. Ihr habt eine sehr große Küche, nicht wie bei uns.

ANMERKUNGEN

(1) **Widać** ("ist zu sehen") ist eine unpersönliche Form, ebenso wie **słychać** ("ist zu hören"). Wie Sie bereits wissen, benutzt man dieses Wort, um jemanden nach Neuigkeiten zu fragen: **Co słychać?** ("Was gibt's Neues?").
Nasz/nasza/nasze heißt "unser/unsere/unseres". Im Plural unterscheidet man zwei Formen: **nasi** (bezieht sich nur auf Männer) und **nasze**. **Naszych** ist der Genitiv Plural.
(2) Erinnern Sie sich? Die Uhrzeiten werden mit den Ordinalzahlen gebildet: **pierwsza, druga** usw. **O pierwszej, o drugiej** usw. heißt "um ein Uhr, um zwei Uhr" usw. Hier lernen Sie auch, wie die halbe Stunde gebildet wird: man benutzt **wpół do** + Genitiv, wobei wie im Deutschen zuerst "halb" und dann die nächste volle Stunde genannt wird: **wpół do drugiej** ("halb zwei"), **wpół do trzeciej** ("halb drei").
(3) **Nich** sowie **ich** sind der Genitiv und der Akkusativ des Pronomens **oni** ("sie"). **Nich** wird immer nach einer Präposition benutzt: **dla nich** ("für Sie"), **do nich** ("zu Ihnen"), **od nich** ("von Ihnen").
(4) **Spóźniać się** ("sich verspäten") ist ein imperfektives Verb und kennzeichnet somit die Regelmäßigkeit des Zuspätkommens.
Spóźnić się (perfektiv) drückt das Ergebnis aus.
(5) **Nas** ist der Genitiv, der Akkusativ und, so wie hier, der Lokativ von **my** ("wir").

LEKTION 37

119 Sto dziewiętnaście

9 — Ale za to wasze pokoje są większe. **(6)**
10 — Wszystkie meble są chyba nowe?
11 — Nie, tylko stół i kanapa. Krzesła i fotele są stare.
12 — Ale wyglądają zupełnie jak nowe.
13 — I w dodatku są bardzo wygodne. Zresztą możecie sprawdzić, zaraz podaję kolację.

WYMOWA

9 ... pokkojje so$_n$ wje$_n$ksche. 10 fschîßtkje meble ... 11 ... ßtuŵ i kannappa. kscheßŵa i fottelle ... 12 ... wyglo$_n$dajo$_n$ ... 13 i w doddatku ... ßprawdz$_i$ic$_i$, ... poddaje kollazje.

ĆWICZENIE

1. O której jemy kolację, dzieci są strasznie głodne? **2.** Za pół godziny, czekamy jeszcze na naszych gości. **3.** Możesz sprawdzić, czy wszystko jest gotowe? **4.** A gdzie są duże łyżki do zupy? **5.** Mam trochę czasu, żeby posprzątać mieszkanie, jest dopiero wpół do ósmej. **6.** Widać już rezultaty twojej nauki polskiego.

WYPEŁNIĆ BRAKUJĄCE SŁOWA

1 *Eure Möbel sind sehr hübsch.*

..... meble .. bardzo ....

2 *Deine Küche ist größer als meine.*

Twoja .... jest .... niż .... .

3 *Von hier sieht man alles, ihr könnt es überprüfen.*

Stąd .... widać, ... sprawdzić.

Sto dwadzieścia **120**

9 — Dagegen sind eure Zimmer größer.
10 — Alle Möbel sind wohl neu?
11 — Nein, nur der Tisch und das Sofa. Die Stühle und die Sessel sind alt.
12 — Sie sehen aber (wie) völlig neu aus.
13 — Und zudem sind sie sehr bequem. Ihr könnt es übrigens überprüfen, ich serviere gleich das Abendessen.

ANMERKUNGEN

(6) **Za to** ist ein umgangssprachlicher Ausdruck für **natomiast** ("dagegen, jedoch").
Duży/duża/duże heißt "groß/große/großes", "größer" dagegen heißt **większy/większa/większe**. **Większe** ist der Plural, aber auch das Neutrum im Singular.

ÜBUNG

1. Um wie viel Uhr essen wir zu Abend? Die Kinder haben schrecklichen Hunger. 2. In einer halben Stunde, wir warten noch auf unsere Gäste. 3. Kannst du überprüfen, ob alles fertig ist? 4. Und wo sind die Esslöffel (große Löffel zur Suppe)? 5. Ich habe etwas Zeit, um die Wohnung aufzuräumen, es ist erst halb acht. 6. Man sieht schon die Ergebnisse deines Polnischstudiums (Polnischlernens).

4 *Es ist schon halb zwölf, ich möchte schlafen gehen.*

. . . . już . . . . do . . . . , ... iść . . . . .

5 *Es ist zu früh für ein Abendessen.*

. . . . za . . . . na . . . .

Diese Wörter hätten Sie einsetzen sollen:

1 Wasze – są – ładne. **2** – kuchnia – większa – moja. **3** – wszystko -, możecie -. **4** Jest – wpół – dwunastej, chce – spać. **5** Jest – wcześnie – kolację.

LEKCJA 37

LEKCJA TRZYDZIESTA ÓSMA (38)
(... t'schîdz¡eßta ußma)

No, widzi pan!

1 — Panie kapitanie, czy mogę prosić o przepustkę na jutro?
Muszę iść do okulisty. **(1)**
2 — Nie mogę dać panu przepustki bez ważnego powodu.
3 — Ależ ja mam powód. Od pewnego czasu bardzo źle widzę. **(2)**
4 — A jak pan to może udowodnić?
5 — Bardzo prosto. Widzi pan kapitan tę muchę na ścianie? Tam w rogu, pod sufitem.
— Tak. **(3)**
6 — No właśnie, a ja jej nie widzę!

WYMOWA

no, wîdz¡i pann! 1 ... pros¡ic¡ o pscheppußtke ... okkulißtî. 2 ... bes wajneggo powwoddu. 3 ... mamm powwut. ott pewneggo ... 4 ... udowwodn¡ic¡? 5 ... te muhe na s¡'c¡an¡e? tamm w roggu, pott ßufitemm.

ACHTUNDDREISSIGSTE LEKTION

Na also, sehen Sie!

1 — Herr Kapitän, könnte ich morgen einen freien Tag bekommen (um einen freien Tag bitten)? Ich muss zum Augenarzt (gehen).
2 — Ich kann Ihnen ohne einen wichtigen Grund keinen freien Tag geben.
3 — Aber ich habe doch einen Grund. Seit einiger Zeit sehe ich sehr schlecht (sehr schlecht ich sehe).
4 — Und wie können Sie das beweisen?
5 — Ganz einfach. Sehen Sie, Herr Kapitän, diese Fliege an der Wand? Dort in der Ecke, unter der Decke. – Ja.
6 — Eben (Gerade), und ich sehe sie nicht!

Denken Sie daran, sich am Rand des Buches die Stellen zu markieren, die Sie nicht verstehen, so wie wir es Ihnen in Lektion 35 empfohlen haben?

ANMERKUNGEN

(1) **Panie kapitanie** ist die Vokativform. Wollen Sie um etwas bitten, benutzen Sie den Ausdruck **prosić o** + Akkusativ, z.B.: **proszę o ciszę** "Ruhe, bitte" (wörtlich: "ich bitte um Ruhe").
Przepustka ("Passierschein") ist ein Schein, mit dem man sich für eine kurze Zeit vom Dienst entfernen darf. Betrifft meistens Soldaten.

(2) Das Verb **widzieć**, das Sie bereits kennen (siehe Lektion 25: **cieszę się, że panią widzę**), ist ein imperfektives Verb und gehört zur 2. Konjugation: **co tam widzisz? nic nie widzę, ojciec źle widzi**. Sein perfektives Äquivalent lautet **zobaczyć**.

(3) Vergleichen Sie die Formen des Nominativs und des Lokativs: **ściana** ("die Wand"), **na ścianie** ("an der Wand"), **róg** ("die Ecke"), **w rogu** ("in der Ecke"). Wir erinnern Sie an die Formen **o książce, w domu, w telewizji**. Wir wollen Ihnen im Moment keine Regeln für die Bildung des Lokativs geben, weil diese ziemlich kompliziert sind. Sie werden sie mit der Zeit durch ständiges Anwenden und durch das Wiederholen in Beispielen assimilieren.

123 Sto dwadzieścia trzy

Jakie wino pan woli?

7 — Proszę o butelkę wina.
8 — Czerwonego czy białego? **(4)**
9 — Wszystko mi jedno. Jestem daltonistą.

Co słychać?

10 — Jestem bardzo zadowolony z mojego nowego aparatu. Słyszę teraz jak dawniej. **(5)**
11 — To świetnie! A od jak dawna go pan ma? **(6)**
12 — O, niedrogo. Pięćset złotych.

WYMOWA

7 ... butelke ... 8 tscherwoneggo tschî bjaŵeggo? 9 ... daltonnißto$_n$. 10 ... ßŵîsche ... dawn$_i$ej. 12 ... pje$_n$c$_i$ßett sŵottîh.

ĆWICZENIE

1. Chciałbym prosić o tę książkę. 2. Można prosić o numer telefonu profesora? 3. Nie widzę nigdzie mojego syna, może ty go widzisz? 4. Nie mamy waszego nowego adresu. 5. Cieszę się z twojego sukcesu. 6. Szukam nowego mieszkania, mam już dość starego. 7. Z jakiego powodu przychodzi pan do mnie?

WYPEŁNIĆ BRAKUJĄCE SŁOWA

1 *Könnte ich um deine Adresse bitten?*

. . . . prosić . twój . . . . .?

2 *Ich habe auch dein[e] Telefon[nummer] nicht.*

Nie . . . też . . . . telefonu.

Welchen Wein bevorzugen Sie?

7 — Eine Flasche Wein, bitte.
8 — Roten oder weißen?
9 — Das (alles) ist mir egal. Ich bin farbenblind.

Was gibt es Neues?

10 — Ich bin sehr zufrieden mit meinem neuen [Hör]gerät.
Ich höre jetzt wieder wie früher.
11 — Das ist ausgezeichnet! Und seit wann (wie lange) haben Sie es?
12 — Oh, nicht teuer. Fünfhundert Zloty.

ANMERKUNGEN

(4) Sie haben in den vorherigen Dialogen bereits Adjektive kennengelernt, die auf **-ego** enden. Wir haben diese Form aber noch nicht näher erklärt. Es handelt sich hier um den Genitiv Singular männlicher und neutraler Adjektive.

(5) Das Verb **słyszeć** ("hören") gehört zur 2. Konjugation. In seinen Endungen finden Sie jedoch den Buchstaben **-y-** anstelle des **-i-**: **słyszę, słyszysz, słyszy** usw. Vergleichen Sie **widzieć** ("sehen"): **widzę, widzisz, widzi**.

(6) Merken Sie sich diese Ausdrücke: **dawny** ("alt, ehemalig"), **dawno** ("vor langer Zeit"), **od dawna** ("seit Langem"), **od jak dawna?** ("seit wann?"), **dawniej** ("früher").

ÜBUNG

1. Ich möchte [Sie] gerne um dieses Buch bitten. **2.** Kann man [Sie] um die Telefonnummer des Professors bitten? **3.** Ich sehe meinen Sohn nirgendwo, vielleicht siehst du ihn? **4.** Wir haben eure neue Adresse nicht. **5.** Ich freue mich über deinen Erfolg. **6.** Ich suche eine neue Wohnung, ich habe die alte schon satt. **7.** Aus welchem Grund kommen Sie zu mir?

3 *Siehst du nicht irgendwo mein Portemonnaie? Wo kann es sein?*

Nie . . . . gdzieś . . . . . . portfela, ... on . . . . być?

4 *Hörst du, wie mein Mann hustet?*

.... jak ...... mój ...?

5 *Er muss unbedingt mit dem Rauchen aufhören.*

.... koniecznie ...... palenie.

6 *Was sieht man von deinem Balkon aus?*

Co ..... z .... balkonu?

LEKCJA TRZYDZIESTA DZIEWIĄTA (39)
(... t'schîdz_ießta dz_iewjo_nta)

Idź spać, jest bardzo późno

1 — Jeszcze nie śpisz? Zobacz, która godzina.
2 — Nie chce mi się spać. Zresztą, muszę skończyć ten rysunek i napisać list. **(1)**
3 — Przecież już prawie dwunasta. Co robiłeś przez cały dzień? **(2)**
4 — Jak to, co? Byłem w szkole... a potem w kinie.
5 — Ach tak?... A, zapomniałam ci powiedzieć, dzwonił twój kolega z liceum. **(3)**

WYMOWA
ic_i spac_i, jeßt bardso puz_ino 1 ... s_ipisch? sobbatsch, ... 2 ... sreschto_n ... ßkon_itschîc_i ... rîßunekk i nappißac_i lißt. 3 ... robbiwes_i pscheß zawî dz_ien_i? 4 ... f schkolle ... kinie. 5 ... sappomn_iaŵamm ... s lize'um.

ANMERKUNGEN

(1) Der unpersönliche Ausdruck **chce się** + Infinitiv ist sehr gebräuchlich, vor allem in der verneinten Form: **nie chce się**. Das Subjekt des Satzes wird in den Dativ gesetzt. Diese Konstruktion bedeutet dann: "Lust haben, etwas zu tun" oder "etwas möchten". Man sagt: **chce mi się jeść** (wörtlich: "ich möchte essen") = **jestem głodny** ("ich bin hungrig, ich habe Hunger"); **chce ci się pić?** ("Hast du Durst?"); **nie chce mi się pracować** ("ich habe keine Lust zu arbeiten").
Skończyć und **napisać** sind die perfektiven Äquivalente von **kończyć** ("enden, schließen") und **pisać** ("schreiben").

Sto dwadzieścia sześć **126**

7 *Nichts Interessantes, dagegen hört man die Autos.*

Nic . . . . , natomiast . . . . samochody.

Diese Wörter hätten Sie einsetzen sollen:

1 Mogę – o – adres. **2** – mam – twojego -. **3** – widzisz – mojego -, gdzie – może -. **4** Słyszysz – kaszle – mąż. **5** Musi – rzucić -. **6** – widać – twojego -. **7** – ciekawego, – słychać -.

NEUNUNDDREISSIGSTE LEKTION

Geh schlafen, es ist sehr spät

1 — (Noch) Schläfst du [noch] nicht? Sieh, wie spät [es ist] (welche Stunde).

2 — Ich bin nicht müde. Außerdem muss ich diese Zeichnung fertigmachen (beenden) und einen Brief schreiben.

3 — Aber, es ist schon fast Mitternacht (zwölf). Was hast du den ganzen Tag gemacht?

4 — Wie (das), was? Ich war in der Schule ... und dann im Kino.

5 — Ach ja? ... Ach, ich habe vergessen dir zu sagen, [dass] (hat angerufen) dein Freund vom Gymnasium angerufen hat.

ANMERKUNGEN

(2) In der Umgangssprache benutzt man das Wort **dwunasta** für "Mittag" und "Mitternacht" (förmlicher Ausdruck: **dwudziesta czwarta**). Für "Mitternacht" kann man ebenfalls **północ** sagen, was auch "Norden" heißt.

(3) Substantive mit der Endung **-um** sind meistens lateinischen Ursprungs und selten. Sie sind alle sächlich. Ihre Besonderheit besteht darin, dass sie im Singular unverändert bleiben: **idę do muzeum** ("ich gehe ins Museum"), **pracuję w laboratorium** ("ich arbeite im Labor").

LEKTION 39

127 Sto dwadzieścia siedem

6 — Który? Przecież mam dużo kolegów.
7 — Nie znam wszystkich. Zdaje się, że ma na imię Tomek. **(4)**
8 — Czy mam do niego zadzwonić?
9 — Tak, ale teraz jest za późno. Zresztą, to na pewno nic ważnego, jak zwykle.
10 — Nie wiadomo. Może chodziło o zadanie z fizyki na jutro.
11 — Przecież zobaczycie się jutro w szkole, to ci powie. **(5)**
12 — Nie, muszę koniecznie do niego zadzwonić jutro rano. Obudź mnie za piętnaście ósma. **(6)**
13 — Dobrze, ale teraz idź już spać.

WYMOWA

7 ... fschißtkih. sdajje sie, ... imje ... **9** ... niz waĵneggo, jakk swikle. **10** ... wjaddommo ... hodziiwo ... s fisiki ... **11** ... sobbatschicie sie ... **12** ... obbuci mnie sa pjentnasicie ußma.

NIE CHCE MI SIĘ SPAĆ

ĆWICZENIE

1. Chce mi się jeść, o której jest kolacja? 2. Dopiero za godzinę? Przecież już za dziesięć ósma. 3. Jak ma na imię twój kolega, który pracuje w muzeum? 4. Niestety nie znam wszystkich twoich kolegów. 5. Szukam prezentu dla koleżanki, czy mogę zobaczyć tę broszkę? 6. Zobacz, czy nie ma tam mojej paczki papierosów.

6 — Welcher? Ich habe doch viele Freunde.
7 — Ich kenne sie nicht alle. Es scheint [mir], dass er (hat als Vornamen) Tomek heißt.
8 — Soll ich ihn (zu ihm) anrufen?
9 — Ja, aber jetzt ist es zu spät. Außerdem [ist] es bestimmt nichts Wichtiges, wie immer.
10 — Man (nicht) weiß nie. Vielleicht ging es um die Physik-[Haus]aufgabe für morgen.
11 — Ihr seht euch doch morgen in der Schule, dann wird er [es] dir sagen.
12 — Nein, ich muss ihn unbedingt morgen früh anrufen. Weck mich um Viertel vor acht.
13 — Gut, aber jetzt geh schon schlafen.

ANMERKUNGEN

(4) Sie kennen bereits den Ausdruck **jak się nazywasz?** ("Wie heißt du?"; wörtlich: "wie nennst du dich"). Wollen Sie nur den Vornamen erfahren, fragen Sie: **jak masz na imię?** oder **jak pan (pani) ma na imię?**. Die Antwort darauf lautet: **mam na imię ...**

(5) Das Verb "sehen" hat zwei verschiedene Formen: **widzieć** (imperfektiv) und **zobaczyć** (perfektiv). **Chciałbym zobaczyć te buty** heißt "Ich möchte diese Schuhe sehen". Im Imperativ (Befehlsform) benutzt man immer die perfektive Form: **zobacz!** ("Sieh!" oder "Schau!").

(6) **Za piętnaście ósma** heißt wörtlich "in 15 [Minuten] acht [Uhr]".

ÜBUNG

1. Ich habe Hunger, um wie viel [Uhr] ist das Abendessen? 2. Erst in einer Stunde? Es ist doch schon zehn vor acht. 3. Wie heißt (Vorname) dein Freund, der (welcher) im Museum arbeitet? 4. Leider kenne ich nicht alle deine Freunde. 5. Ich suche ein Geschenk für eine Freundin, könnte ich diese Brosche sehen? 6. Sieh mal [nach], ob dort nicht mein Päckchen Zigaretten ist.

LEKTION 39

129 Sto dwadzieścia dziewięć

WYPEŁNIĆ BRAKUJĄCE SŁOWA

1 *Es ist schon halb eins, ich bin müde.*

.... już .... do ...., chce .. się ..... .

2 *Das Abendessen ist fertig, hast du Hunger? Nein, aber ich habe Durst.*

.... jest ......, chce .. się ....? ...,

natomiast .... mi ... pić.

3 *Um Viertel vor vier gibt es im Fernsehen einen sehr guten Film.*

.. piętnaście .... jest ...... dobry ....

w ....

LEKCJA CZTERDZIESTA (40)
(... tschterr'dz_ießta)

Pasjonujący temat

1 — Może pójdziemy na spacer? Zobacz jaka piękna pogoda. **(1)**
2 — Lepiej nie. Po południu ma padać. **(2)**
3 — Przecież nie ma ani jednej chmury.

WYMOWA

paßjonnujo_nzî temmatt **1** ... pujdz_iemmî na ßpazerr? sobbatsch ... pje_nkna poggodda. **2** leppjej ... paddac_j. **3** ... hmurrî.

4 *Hörst du das Telefon? Sieh nach, ob es bei uns ist.*

.... telefon? ......, czy .. u .... .

5 *Morgen müssen wir unbedingt den Arzt anrufen. Jetzt ist es zu spät.*

Jutro ...... koniecznie .... do ....

jest .. późno.

Diese Wörter hätten Sie einsetzen sollen:

1 Jest – wpół – pierwszej, – mi – spać. 2 Kolacja – gotowa, – ci – jeść. Nie, – chce – się –. 3 Za – czwarta – bardzo – film – telewizji. 4 Słyszysz –. Zobacz – to – nas. 5 – trzeba – zadzwonić – lekarza. Teraz – za –.

VIERZIGSTE LEKTION

Ein fesselndes Thema

1 — Vielleicht machen (werden wir gehen auf) wir einen Spaziergang?
Sieh mal, wie wunderschön [das] Wetter [ist].
2 — Besser nicht. Am Nachmittag soll es regnen.
3 — Es gibt doch keine einzige (eine) Wolke.

ANMERKUNGEN

(1) Sie kennen bereits die imperfektive Form des Verbs "gehen": **iść**. Hier nun die perfektive Form: **pójść** (beachten Sie den Wechsel von **i** zu **j**). Da das Futur, wie Sie wissen, auf der Grundlage der perfektiven Form gebildet wird, lautet es: **pójdę** ("ich werde gehen"), **pójdziemy** ("wir werden gehen").
(2) Wir erinnern daran, dass **lepiej** ("besser") der Komparativ von **dobrze** ("gut") ist. **Pada** heißt "es regnet". Man kann auch sagen: **pada deszcz** (wörtlich: "der Regen fällt").

LEKTION 40

4 — Na razie, ale pogoda się ciągle zmienia. **(3)**
5 — Nie bądź pesymistą!
6 — Przeciwnie, uważam, że to bardzo dobrze. Dzięki temu nigdy nie brak tematów do rozmów. **(4)**
7 — Czy naprawdę musimy rozmawiać o pogodzie, zamiast iść na spacer?
8 — Sama widzisz, że to pasjonujący temat.
9 — Nie żartuj! Powiedz od razu, że nie chce ci się ruszyć z domu. **(5)**
10 — Wcale nie, chętnie z tobą pójdę, ale dokąd?
11 — Wszystko jedno, może do parku...
12 — No dobrze, ale weź parasol. Właśnie zaczyna padać!

WYMOWA

4 na razie ... smjenia. 5 nie bonci peßimißton! 6 ... dzienki temmu ... brakk temmatuf do rosmuf. 7 ... samjaßt ... 9 nie jartuj! ... ruschîci ... 10 fzalle ... pujde ... 11 ... parku... 12 ... wezi parraßoll ... satschîna paddaci!

ĆWICZENIE

1. Od dawna uczysz się polskiego? 2. Od niedawna, właśnie zaczynam. 3. Pójdziemy jutro po południu do kina? 4. Nie, jutro muszę odwiedzić moich rodziców. 5. Masz zawsze dużo dziwnych pomysłów. 6. Nie uważasz, że dziś jest bardzo ładna pogoda? 7. Wiesz, że nie lubię rozmów o pogodzie. 8. Od pewnego czasu, nic ci się nie chce!

4 — Im Moment, aber das Wetter wechselt oft (immer).
5 — Sei kein Pessimist!
6 — Im Gegenteil, ich finde, das ist sehr gut. Dank dessen fehlt es nie an Gesprächsthemen (Themen für Gespräche).
7 — Müssen wir wirklich übers Wetter reden, anstatt (gehen auf) einen Spaziergang zu machen?
8 — Du siehst selbst, dass dies ein fesselndes Thema ist.
9 — Mach keine Witze! Sag sofort, dass du keine Lust hast, aus dem Haus zu gehen.
10 — Keineswegs, ich (würde gehen) gehe gerne mit dir, aber wohin?
11 — (Alles) Egal, vielleicht in den Park ...
12 — Na gut, nimm aber einen Regenschirm mit. Jetzt (Gerade) beginnt es zu regnen!

ANMERKUNGEN

(3) Pogoda się zmienia ("das Wetter wechselt"). In diesem Beispiel ist das Verb "wechseln" im Polnischen reflexiv (wir erkennen es an dem Morphem **się**). Es kann aber auch als nicht reflexives Verb verwendet werden: **Ewa zmienia mieszkanie** ("Eva wechselt die Wohnung"); **często zmieniam pracę** ("ich wechsle oft die Arbeit[sstelle]").

(4) Dem Ausdruck **brak** oder **brakuje** ("fehlen") folgt der Genitiv. Wie bereits erwähnt, nehmen die meisten männlichen Substantive im Genitiv Plural die Endung **-ów** an: **nie lubię lodów** ("ich mag kein Eis"), **nie palę papierosów** ("ich rauche keine Zigaretten").

(5) Nie chce ci się = nie masz ochoty (die erste Variante ist familiärer). **Z** + Genitiv drückt das Gegenteil von **do** oder **na** aus (den Unterschied zwischen beiden lernen wir später kennen). **Idę do kina** ("ich gehe ins Kino"), **wracam z kina** ("ich komme aus dem Kino") oder **idę na spacer, wracam ze spaceru** (man fügt ein **e** hinzu, um die Aussprache vor einem stimmlosen Konsonanten zu erleichtern).

ÜBUNG

1. (Seit Langem) Lernst du [seit Langem] Polnisch? **2.** Seit Kurzem, (gerade) ich fange gerade an. **3.** Gehen wir morgen Nachmittag ins Kino? **4.** Nein, morgen muss ich meine Eltern besuchen. **5.** Du hast immer viele komische Ideen. **6.** Findest du nicht, dass heute sehr schönes Wetter ist? **7.** Du weißt, dass ich keine Gespräche über das Wetter mag. **8.** Seit einiger Zeit hast du zu nichts Lust!

133 Sto trzydzieści trzy

WYPEŁNIĆ BRAKUJĄCE SŁOWA

1 *Wann fängst du mit dem Polnischlernen an?*

Kiedy . . . . naukę . . . . ?

2 *Aber, ich lerne schon seit Langem (sehr Langem) Polnisch.*

Przecież . . . . się . . . . od . . . . . . dawna.

3 *Wann wirst du zum Arzt gehen?*

Kiedy . . . . do . . . . ?

4 *Warum wechselst du das Gesprächsthema?*

. . . . zmieniasz . . . . . rozmowy?

LEKCJA CZTERDZIESTA PIERWSZA (41)
(... tschterr'dz_ießta pjerfscha)

Budzik

1 — Już piętnaście po szóstej! Muszę wracać do domu. **(1)**
2 — Skąd wiesz, która godzina? Przecież nie masz zegarka.
3 — Nie znoszę zegarków. To moja zasada od bardzo dawna.
4 — Nie rozumiem, jak można żyć bez zegarka. Jak ty to robisz?

WYMOWA

budz_iik **1** .. wrazzac_i ... **2** ... seggarka. **3** n_ie snosche seggarkuf. ... saßadda ...

5 *Weil du es seit einer Woche machen sollst.*

.. masz .. zrobić .. tygodnia.

6 *Seit einiger Zeit fühle ich mich besser.*

Od .... czasu ..... się ....

7 *Ich werde ein anderes Mal hingehen.*

..... kiedy ....

Diese Wörter hätten Sie einsetzen sollen:

1 – zaczynasz – polskiego. **2** – uczę – polskiego – bardzo -.
3 – pójdziesz – lekarza. **4** Dlaczego – temat -. **5** Bo – to – od -.
6 – pewnego – czuję – lepiej. **7** Pójdę – indziej.

EINUNDVIERZIGSTE LEKTION

Der Wecker

1 — [Es ist] schon Viertel nach sechs! Ich muss zurück (zurückkehren) nach Hause.
2 — Woher weißt du, wie viel Uhr [es ist]? Du hast doch keine Uhr.
3 — Ich [ertrage] mag keine Uhren. Das ist seit Langem mein Prinzip.
4 — Ich verstehe nicht, wie man ohne Uhr leben kann. Wie machst du das?

ANMERKUNGEN

(1) Piętnaście po szóstej heißt wörtlich: "fünfzehn nach sechs". (Siehe Wiederholungslektion).
Wracać ("zurückkommen, zurückgehen, zurückkehren") ist ein imperfektives Verb der 3. Konjugation. **Wrócić** dagegen ist perfektiv und gehört der 2. Konjugation an. Sie sehen hier, dass die beiden Formen, die perfektive und die imperfektive, zwei verschiedenen Konjugationen angehören. Dieses Phänomen tritt relativ häufig auf.

5 — Wystarczy patrzeć na słońce. **(2)**
6 — I nigdy się nie mylisz? **(3)**
7 — Nigdy. Robię to od wielu lat i mam dużą wprawę. **(4)**
Spróbuj mojej metody, zobaczysz sam, że jest praktyczna. **(5)**
8 — Hm! No dobrze spróbuję, ale powiedz mi jedno: Co robisz w nocy? **(6)**
9 — Przeciesz w nocy śpię.
10 — Ale jeżeli się obudzisz i chcesz wiedzieć, która godzina. **(7)**
Patrzysz na księżyc?
11 — Nie, skąd. W nocy mam trąbkę.
12 — Jaką trąbkę? Nie rozumiem.
13 — To bardzo proste. Otwieram okno i gram na trąbce. Zawsze jakiś sąsiad się budzi i mówi: «Co to za kretyn gra na trąbce o trzeciej rano?!»

WYMOWA

5 wißtartschî pat'schec̨i na ßŵon̨ize. 6 ... mîlisch? 7 ... wjellu ... fprawwe. ... mettoddi, sobbatschîsch ... praktîtschna. 8 ... w nozzi? 10 ... obbudz̨isch ... wjedz̨ec̨i ... pat'schîsch na ksi̯en̨jîz? 11 ... tro̯npke. 12 jakko̯n tro̯npke? ... 13 ... otfjeramm okno ... tro̯npze. ... ßo̯nsi̯att się budz̨i ... « ... krettîn ... o t'schec̨jej ranno?!»

5 — (Es reicht) Man muss nur die Sonne ansehen (auf die Sonne schauen).
6 — Und irrst du dich nie(mals)?
7 — Niemals. Ich mache das seit einigen Jahren und ich habe viel Routine [darin].
Probier [mal] meine Methode aus, du wirst selbst sehen, dass sie praktisch ist.
8 — Hm! Na gut, ich werde es versuchen, sag mir aber eins: Was machst du nachts?
9 — Nachts schlafe ich doch.
10 — Aber wenn du aufwachst und wissen willst, wie viel Uhr es ist.
Schaust du den Mond an?
11 — Nein, keineswegs. (In der Nacht) Nachts habe ich eine Trompete.
12 — Was für eine Trompete? Ich verstehe nicht.
13 — Das ist ganz einfach. Ich öffne das Fenster und spiele auf der Trompete.
[Es gibt] immer einen Nachbarn, der aufwacht und sagt: "Was ist das für ein Idiot, der morgens um 3 Uhr Trompete spielt?!"

ANMERKUNGEN

(2) **Patrzeć na** + Lokativ ("auf etwas schauen"). **Patrzeć** (imperfektiv) und **popatrzeć** (perfektiv). **Na co patrzysz?** ("Worauf schaust du?" oder "Was schaust du dir an?"); **Patrzę na zegarek** ("Ich schaue auf die Uhr").

(3) **Mylić się** (imperfektiv) und **pomylić się** (perfektiv).

(4) Merken Sie sich auch **od kilku** ("seit einigen") oder **od paru** ("seit ein paar"). Man benutzt diese Ausdrücke auch in Verbindung mit Monaten, Wochen, Tagen, Stunden, Minuten und Sekunden (all diese Substantive stehen im Genitiv). Beispiele: **od wielu miesięcy** ("seit vielen Monaten"), **od kilku tygodni** ("seit einigen Wochen"), **od paru dni** ("seit ein paar Tagen") oder **godzin** ("Stunden"), **minut** ("Minuten"), **sekund** ("Sekunden").

(5) Den Genitiv der männlichen und neutralen Adjektive haben Sie bereits kennengelernt, hier nun der Genitiv der weiblichen Adjektive. Er hat die Endung **-ej**: **szukam nowej pracy** ("ich suche eine neue Arbeit[sstelle]"), **spróbuj mojej zupy** ("koste meine Suppe").

(6) **W nocy** ("in der Nacht" oder "nachts"); **w dzień** ("am Tag" oder "tagsüber").

(7) **Obudzić się** ("aufwachen") ist ein perfektives und **budzić się** ("wach werden") ein imperfektives Verb. Es existiert auch die nicht reflexive Form des Verbs ohne **się**, also **budzić** ("wecken").

LEKTION 41

ĆWICZENIE

1. Od jak dawna uczy się pan polskiego? Od kilku tygodni. 2. Ja też chciałbym spróbować tej metody, uważa pan, że warto? 3. Szukam dobrej szkoły dla mojego syna. 4. Naprawdę musisz już wracać? Przecież jest jeszcze wcześnie. 5. Nigdy ci nie brak dobrych pomysłów.

WYPEŁNIĆ BRAKUJĄCE SŁOWA

1 *Ich suche eine gute Methode, um Polnisch zu lernen.*

Szukam . . . . . metody . . nauki . . . .

2 *Warum versuchen Sie es nicht mit unserer Methode, Sie werden es selbst sehen.*

. . . . nie . . . . pan . . . . . . metody, . . .

pan . . . .

3 *Wie lange machen Sie es [schon]? Seit einigen Monaten.*

Od . . . dawna . . . to . . . .? . . paru . . . .

4 *Es ist wohl sehr spät, ich muss zurück nach Hause.*

. . . . chyba . . . . . . późno, muszę . . . . . . do . . . . .

LEKCJA CZTERDZIESTA DRUGA (42)
(... tschterr'dz_ießta druga)

Wiederholung und Anmerkungen

1 Która godzina? ("Wie viel Uhr [ist es]?")
Im Polnischen gibt es verschiedene Arten, die Uhrzeit anzugeben. Wir erläutern hier die geläufigste umgangssprachliche Methode.

Sto trzydzieści osiem **138**

ÜBUNG

1. Seit wann lernen Sie Polnisch? Seit einigen Wochen. **2.** Ich würde diese Methode auch [gerne] ausprobieren, finden Sie, dass es [die Mühe] wert ist? **3.** Ich suche eine gute Schule für meinen Sohn. **4.** Musst du wirklich schon zurückgehen? Es ist doch noch früh. **5.** Dir fehlt es nie an guten Ideen.

5 *Nein, es ist erst zehn nach zwei.*

Nie, ... dopiero . . . . po . . . .

6 *Bist du sicher, dass deine Uhr richtig geht?*

. . . . . . pewny, . . twój . . . . dobrze . . . . . ?

Diese Wörter hätten Sie einsetzen sollen:

1 – dobrej – do – polskiego. **2** Dlaczego – spróbuje – naszej -, sam – zobaczy. **3** – jak – pan – robi. Od – miesięcy. **4** Jest – bardzo -, – wracać – domu. **5** -, jest – dziesięć – drugiej. **6** Jesteś -, że – zegarek – chodzi.

ZWEIUNDVIERZIGSTE LEKTION

a) Um die *volle Stunde* anzugeben, benutzt man die Ordinalzahlen: **pierwsza, druga, trzecia** usw. (wie die Nummern der Lektionen dieses Kurses).
O pierwszej, o drugiej, o trzeciej, usw. ("um ein Uhr", "um zwei Uhr", "um drei Uhr" usw.)

b) Um die *halbe Stunde* anzugeben, nennt man – wie im Deutschen – die nächste volle Stunde und benutzt **wpół do pierwszej** ("halb eins"), **wpół do drugiej** ("halb zwei") usw.

LEKTION 42

c) Um die *Minuten nach einer vollen Stunde* anzugeben, sagt man z.B. **pięć po pierwszej** ("fünf nach eins"), **dziesięć po drugiej, piętnaście po trzeciej,** usw.
Umgangssprachlich können Sie auch einfacher sagen: **pierwsza pięć** ("ein [Uhr] fünf"), **druga dziesięć** ("zwei [Uhr] zehn"), **trzecia dwadzieścia trzy** ("drei [Uhr] dreiundzwanzig") usw.

d) Um die *Minuten vor einer vollen Stunde* anzugeben, sagt man **za pięć pierwsza** ("zehn vor eins"), **za dziesięć druga, za dwadzieścia trzecia** usw.

Man verwendet auch das Wort **kwadrans** ("eine Viertelstunde"), z.B.: **kwadrans po pierwszej** ("Viertel nach eins"), **za kwadrans druga** ("Viertel vor zwei") usw.

Üben Sie nun die Uhrzeiten auf Polnisch, indem Sie anhand der obengenannten Regeln die folgenden Uhrzeiten lesen:

3 Uhr 30, 11 Uhr 30, 5 Uhr 25, 8 Uhr 35, 10 Uhr 45, 12 Uhr 55.

2 Der Genitiv *(Fortsetzung)*
Sie konnten feststellen, dass der Genitiv von allen Fällen im Polnischen am häufigsten verwendet wird. Wir wollen das Gelernte hier noch einmal zusammenfassen. Dazu haben wir einige Beispiele aus den vorherigen Lektionstexten aufgelistet, die Ihnen ermöglichen sollen, die Endungen des Genitivs besser im Gedächtnis zu behalten:

Singular:
Szukam dobrej szkoły; nie ma mojej matki.
Die weiblichen Substantive haben die Endung **-y** oder **-i**; die Adjektive und die Pronomen **-ej**.
Szukam dobrego filmu; nie lubię czerwonego wina.
Die männlichen Substantive enden auf **-u** oder **-a** und die neutralen auf **-a**. Die männlichen und neutralen Adjektive haben die Endung **-ego**.

Plural:
Szukam nowych metod i dobrych pomysłów; nie widzę naszych kobiet ani twoich dzieci.
Die meisten männlichen Substantive haben die Endung -ów (es gibt jedoch auch einige, die auf -i oder -y enden): Die weiblichen und neutralen Substantive sind häufig endungslos. Wichtig ist noch, dass ein **-e-** oder **-ie-** eingeschoben wird, wenn der Stamm auf mehreren Konsonanten endet, z.B.: **matka, matek; okno, okien.** Denken Sie auch immer an die Vokaländerungen: **o/ó** bei **noga** ("Bein"), **nóg** sowie **ę/ą** bei **ręka** ("Hand"), **rąk**. Die Adjektive aller drei Geschlechter enden im Genitiv Plural auf **-ych** oder **-ich** (das betrifft auch Pronomen und Zahlwörter), z.B.: **otwartych okien, łatwych lekcji, moich profesorów.**

So hätten Sie die Zeitangaben bilden sollen:
wpół do czwartej, wpół do dwunastej, dwadzieścia pięć po piątej, za dwadzieścia pięć dziewiąta, za piętnaście jedenasta, za pięć pierwsza.

141 Sto czterdzieści jeden

LEKCJA CZTERDZIESTA TRZECIA (43)
(... tsch'terdz;eßta t'schec;a)

Kochajcie zwierzęta (1)

1 — Co się stało z twoim psem? Już go nie masz? **(2)**
2 — Niestety, zginął mi. Szukałam go wszędzie, ale na próżno. **(3)**
3 — Był bardzo miły... Szkoda... **(4)**
4 — A jaki inteligentny, nie masz pojęcia! Strasznie go żałuję.
5 — A dałaś ogłoszenie do gazety?
6 — Żartujesz chyba! Mój pies był mądry, ale nie aż tak, żeby czytać gazety!
7 — Tato, co masz w tym koszyku?

KOCHAJCIE ZWIERZĘTA.

WYMOWA

kohhajjc;e swjeje'nta **1** ... ßtawo ß tfo'im pßemm? ... **2** ... sginow ... schukaważmm ... fsche_ndz;e ... prujno. **3** bîw ... miwî ... **4** ... intelligentnî ... pojje_nc;a! ßtraschn;e go ʒawuje. **5** ... ogŵoschen;e do gasettî? **6** ... pjeß bîw mo_ndrî, ... asch takk, ... gasettî? **7** ... koschîku?

Sto czterdzieści dwa **142**

DREIUNDVIERZIGSTE LEKTION

Liebt die Tiere

1 — Was ist mit deinem Hund passiert? Hast du ihn (schon) nicht [mehr]?
2 — Leider [nein], er ist verschwunden (mir). Ich habe ihn überall gesucht, aber vergebens.
3 — Er war sehr nett ... Schade ...
4 — Und wie (welch) intelligent er war; du hast keine Ahnung! Ich bedaure es schrecklich (ihn sehr)!
5 — Hast du denn eine Anzeige in die Zeitung gesetzt (gegeben)?
6 — Du machst wohl Witze! Mein Hund war klug, aber nicht so sehr, dass er die Zeitung(en) gelesen hätte!
7 — Papa, was hast du in diesem Körbchen?

ANMERKUNGEN

(1) Mögen Sie etwas, so können Sie das im Polnischen auf zwei Arten ausdrücken, und zwar mit Hilfe des Verbs: **lubić** ("gern haben, mögen"), das Sie bereits kennen, z.B.: **lubię muzykę**, oder mit **kochać** ("lieben"), z.B.: **kocham ojca i matkę**. Das zweite Verb drückt eine besondere Leidenschaft für eine Person oder eine Sache aus. **Kochajcie** ist die Befehlsform (2. Person Plural). Näheres zur Bildung der Befehlsform siehe Anmerkung 5.

(2) Dem Ausdruck **stało się** ("ist geschehen") folgt der Instrumentalfall (Endung **-em** für männliche und neutrale Substantive, **-ą** für weibliche Substantive). Männliche Adjektive enden im Instrumentalfall auf **-ym** oder **-im**, weibliche auf **-ą**. Beachten Sie den Wegfall des Buchstabens **i** in **psem** (Nominativ: **pies**).

(3) **Zginąć** oder **zaginąć** ("verschwinden"). Um die Vergangenheit zu bilden, lässt man die Infinitiv-Endung **-ć** weg, fügt das **-ł** oder **-l** und die Endungen für Person, Genus und Numerus hinzu. **Zginął/zaginął** (keine Endung): "er ist verschwunden"; **zginęła/ zaginęła** (ą wird zu ę): "sie ist verschwunden". Das Verb **zginąć** wird generell vom Dativ begleitet, der auf die Person hinweist, der etwas abhanden gekommen ist: **Markowi zginęła książka** ("das Buch von Mark ist verschwunden"). Bitte nicht verwechseln mit **Marek zgubił książkę** ("Mark hat [sein] Buch verloren").

(4) **Był** ("er war", "er ist gewesen"); **była** ("sie war", "sie ist gewesen").

LEKTION 43

8 — Poczekaj, to niespodzianka. Zamknij oczy... Już! **(5)**
9 — O, jaki śliczny kotek! **(6)**
10 — Podoba ci się?
11 — Nawet bardzo. A co to jest, kot czy kotka?
12 — Kot. – A skąd wiesz?
13 — Eee... No przecież widzisz, że ma wąsy.

WYMOWA

8 potschekajj, to njeßpodzjanka. samknij otschî ... 9 ... sjlitschnî kottekk! 13 ... wonßî.

ĆWICZENIE

1. Nie wiem, co się stało z moją książką. Chyba mi zginęła. 2. Przecież miałaś ją jeszcze wczoraj. Musi tu gdzieś być. 3. Szukałam jej wszędzie, ale jest tu tyle rzeczy... 4. To dobra okazja, żeby posprzątać mieszkanie. 5. Co jest w tym koszyku? 6. Nie mam pojęcia, zobacz sam.

WYPEŁNIĆ BRAKUJĄCE SŁOWA

1 *Was ist mit deiner Katze passiert?*

 Co ... stało . twoim ..... ?

2 *Ich habe keine Ahnung, sie ist irgendwohin verschwunden.*

 ... mam ...., zginął ....

3 *Hast du sie überall gesucht?* (Frage an einen Mann)

 .... go .... ?

4 *Ja, ich bin bei allen Nachbarn gewesen.*

 ..., byłem . wszystkich ....

5 *Ich habe sogar eine Anzeige in die Zeitung gesetzt (gegeben).*

 ..... nawet .... do ....

8 — Warte, das ist eine Überraschung. Schließ die Augen... Jetzt!
9 — Oh, was für ein hübsches Kätzchen!
10 — Gefällt es dir?
11 — Sogar sehr. Und was ist es, ein Kater oder eine Katze?
12 — Ein Kater. – Und woher weißt du das?
13 — Äh... Na, du siehst doch, dass er einen Schnurrbart hat.

ANMERKUNGEN

(5) **Oczy** ist der Plural von **oko** ("Auge"). Der Imperativ (Befehlsform) wird gebildet, indem man die Endung der 2. Person Singular im Indikativ (Wirklichkeitsform) Präsens weglässt, z.B.: **piszesz – pisz!**, ("Schreib!"), **bierzesz – bierz!** ("Nimm!"), **idziesz – idź!** ("Geh!") oder durch die Suffixe **-j**, wie bei **czytasz – czytaj!** ("Lies!"), **-ij** oder **-yj** ersetzt, wie z.B.: **zamkniesz – zamknij!** ("Schließ!"). Im Plural fügen wir die Endungen **-my** (1. Person) und **-cie** (2. Person), z.B.: **piszmy** ("Schreiben wir!"), **piszcie** ("Schreibt!") oder **czytajmy, czytajcie** usw. an. Der Imperativ der 3. Person Singular und Plural besteht aus der Partikel **niech** + dem entsprechenden Verb im Präsens. Beispiel: **Niech je!** ("Er/sie/es soll essen!") oder **Niech szukają!** ("Sie sollen suchen!").

(6) Wir haben bereits von Verkleinerungsformen (Diminutiven) für Vornamen gesprochen. Auch für Substantive gibt es diese Form. Die meisten Substantive, Adjektive und Adverbien der Art können entsprechende Diminutive haben. Diese werden durch Anhängen von Suffixen gebildet. Hier die häufigsten Fälle (für männliche Substantive): **-ek, -ik, -yk**, z.B.: **domek** ("Häuschen"), **fotelik** ("kleiner Sessel"), **koszyk** ("Körbchen"); (für weibliche Substantive): **-ka, -uszka, -yczka**, z.B.: **lampka** ("Lämpchen"), **paczuszka** ("kleines Paket, Päckchen"), **siostrzyczka** ("kleine Schwester"); (für neutrale Substantive), z.B.: **-ko**: **krzesełko** ("Stühlchen"), **mieszkanko** ("kleine Wohnung").

Wir gehen davon aus, dass Sie jetzt mit den Deklinationen gut vertraut sind. Zögern Sie nicht, bei Unsicherheiten oder Zweifeln noch einmal einige Lektionen zurückzublättern!

ÜBUNG

1. Ich weiß nicht, was mit meinem Buch passiert ist. Es ist (mir) wohl verschwunden. **2.** Gestern hattest du es doch noch. Es muss hier irgendwo sein. **3.** Ich habe es überall gesucht, aber hier sind so viele Sachen... **4.** Das ist eine gute Gelegenheit, die Wohnung aufzuräumen. **5.** Was ist in diesem Körbchen? **6.** Ich habe keine Ahnung, schau selbst [nach].

6 *Warte noch ein bisschen und mach dir keine Sorgen.*

.... jeszcze ...... i ... przejmuj ... .

LEKCJA CZTERDZIESTA CZWARTA (44)
(... tsch'terdzießta tsch'farta)

Nie wiadomo, co ważniejsze...

1 — Podobno pani mąż jest dziennikarzem? To chyba bardzo ciekawy zawód?
2 — Nie radzę nikomu wychodzić za mąż za dziennikarza! **(1)**
3 — Co pani mówi? Nie ma go nigdy w domu?
4 — To nawet nie o to chodzi.
5 — To co panią martwi? **(2)**
6 — To, że on myśli wyłącznie o swojej pracy.
7 — Wszyscy mężczyźni są tacy... Musi się pani przyzwyczaić. **(3)**
8 — Ale przecież kariera to nie wszystko.
9 — Co zrobić? Mężczyźni myślą częściej o karierze, niż kobiety. **(4)**

WYMOWA

nie wjaddommo, zo wajniejsche ... **1** ... dzien'nikajemm ... sawwut? **2** ... wihodziici sa monsch ... **5** ... martfi? **6** .. wiwontschnie o sfojjejj ... **7** fschißzî mensch'tschîzinii ... tazzî ... pschîswîtscha'ici. **8** ... karjerra ... **9** ... tschensi'ciej o karjeje ...

ANMERKUNGEN

(1) Nikomu ist der Dativ von **nikt** ("niemand"). "Heiraten" hat im Polnischen zwei Formen: **wyjść za mąż** (für eine Frau) und **ożenić się** (für einen Mann). Die perfektiven Äquivalente sind **wychodzić za mąż** (unser Beispiel) und **żenić się**.

Diese Wörter hätten Sie einsetzen sollen:

1 – się – z – kotem. 2 Nie – pojęcia, – gdzieś. 3 Szukałeś (oder: szukałaś) – wszędzie. 4 Tak, – u – sąsiadów. 5 Dałem – ogłoszenie – gazety. 6 Poczekaj – trochę – nie – się.

VIERUNDVIERZIGSTE LEKTION

Man weiß nicht, was wichtiger [ist]...

1 — (Es scheint) [Stimmt es], dass Ihr Mann Journalist ist? Das ist wohl ein sehr interessanter Beruf?
2 — Ich rate niemandem, einen Journalisten zu heiraten!
3 — Was sagen Sie? Ist er nie zu (im) Hause?
4 — Es geht nicht einmal darum.
5 — Worum sorgen Sie sich dann?
6 — Es ist, dass er nur (ausschließlich) an seine Arbeit denkt.
7 — Die Männer sind alle so ... Sie müssen sich [daran] gewöhnen.
8 — Aber die Karriere ist doch nicht alles.
9 — Was [soll man] machen? Die Männer denken öfter an [die/ihre] Karriere als Frauen.

ANMERKUNGEN

(2) **Martwić** ("sich sorgen") wird vom Akkusativ begleitet: **Co cię martwi?** ("Worum machst du dir Sorgen?", wörtl. "was sorgt dich?"). Mögliche Antwort: **Martwi mnie mój syn.** ("Ich mache mir Sorgen um meinen Sohn."). Oft verwendet man auch die reflexive Form mit der Präposition **o** ("um"): **martwić się o** + Akkusativ: "sich Sorgen machen, sich beunruhigen". **Martwię się o mojego syna** ("ich sorge mich um meinen Sohn"). **Nie martw się** = **nie przejmuj się** ("sorge dich nicht, mach dir keine Sorgen").

(3) Im Plural nimmt das Pronomen **taki** ("so einer, solcher"), wenn es sich auf Männer bezieht, die Form **tacy** an, im Femininum und im Neutrum heißt es **takie**. Das Pronomen wird wie ein Adjektiv dekliniert.

(4) **Częściej** ("öfter") kommt von **często** ("oft"). Der Wechsel von **t** zu **ci** kommt im Polnischen sehr häufig vor. Beachten Sie auch den Wechsel von **r** zu **rz** in **karierze** (Lokativ von **kariera**).

147 Sto czterdzieści siedem

10 — Ale są pewne granice. Wie pani, co on ostatnio zrobił?! Opublikował w swojej gazecie dwa moje listy miłosne. **(5)**
To były listy, które napisałam jeszcze przed ślubem!

11 — Przecież to nic strasznego... Powinna się pani cieszyć. **(6)**

12 — Mam się cieszyć?! On je opublikował w rubryce humorystycznej! **(7)**

WYMOWA

10 ... pewne granize ... srobbiŵ? oppublikowwaŵ f ßfojjejj gasecje ... lißtî miŵoßne. ... bîŵî ... nappißaŵamm ... pschett sjlubemm! **11** ... niz ßtraschneggo ... powwin'na ... **12** ... rubrîze humorîßtîtschnej!

ĆWICZENIE

1. Podobno pani córka wychodzi za mąż? 2. Tak, ślub jest za dwa tygodnie. 3. Źle wyglądasz, czy coś cię martwi? 4. Martwię się o moją pracę. 5. Przecież masz bardzo ciekawy zawód. 6. Tak, ale nie mogę się przyzwyczaić do moich nowych kolegów. 7. Nie martw się, praca to nie wszystko.

10 — Aber es gibt bestimmte Grenzen. Wissen Sie, was er zuletzt gemacht hat?! Er hat in seiner Zeitung zwei meiner Liebesbriefe publiziert. Das waren Briefe, die ich noch vor der Hochzeit geschrieben hatte!

11 — Das ist doch nichts Schlimmes (Schreckliches) ... Sie sollten sich darüber freuen.

12 — Ich soll mich freuen?! Er hat sie in der Rubrik "Humor" publiziert!

ANMERKUNGEN

(5) **Gazecie** ist der Lokativ von **gazeta** ("Tageszeitung"). Beachten Sie den Wechsel von **t** zu **ci**. Dieses Phänomen haben Sie bereits bei dem Adjektiv **często – częściej** angetroffen. **Miłosny** (Adjektiv) kommt von **miłość** ("Liebe"). Achtung! Trotz des Konsonanten am Ende des Wortes ist **miłość** ein weibliches Substantiv.

(6) Um einen Wunsch oder eine Verpflichtung auszudrücken, benutzt man die Konstruktion **powinna pani** + Infinitiv (bei einer Frau) und **powinien pan** + Infinitiv (bei einem Mann). Das entspricht dem deutschen Ausdruck "Sie sollten...". Im Plural heißt es dann **powinniście państwo**. Für weitere Personen hängt man an diese beiden Formen die entsprechenden Personalendungen an, z.B.: **powinieneś zaczekać** ("du solltest warten").

(7) **Rubryka** (Nominativ); **w rubryce** (Lokativ). Im Lokativ gibt es viele Konsonantenwechsel dieser Art. Wir gehen später darauf noch genauer ein.

In diesen letzten Lektionen gab es eine ganze Menge neues Vokabular! Wenn nötig, schreiben Sie alle Wörter, die Sie sich schlecht merken können, ein paarmal hintereinander auf.

ÜBUNG

1. (Es scheint) [Stimmt es], dass Ihre Tochter heiratet? **2.** Ja, die Hochzeit ist in zwei Wochen. **3.** Du siehst schlecht aus, machst du dir um etwas Sorgen? **4.** Ich mache mir Sorgen um meine Arbeit. **5.** Du hast doch einen sehr interessanten Beruf. **6.** Ja, aber ich kann mich nicht an meine neuen Kollegen gewöhnen. **7.** Mach dir keine Sorgen, die Arbeit ist nicht alles.

149 Sto czterdzieści dziewięć

WYPEŁNIĆ BRAKUJĄCE SŁOWA

1 *Ich heirate in einem Monat. (Frau)*

.. miesiąc .... za .... .

2 *Ich freue mich sehr, wann ist die Hochzeit?*

...... się ......, ... jest ....?

3 *Erst in einem Monat, aber ich mache mir schon Sorgen.*

.... za ...., ale ... się ...... martwię.

LEKCJA CZTERDZIESTA PIĄTA (45)
(... tsch'terdzießta pjonta)

Sztuka i życie

1 — Bardzo piękny ten obraz. Ciekawa tylko jestem, czy to wschód czy zachód słońca? **(1)**
2 — Jestem przekonany, że to zachód słońca.
3 — To ciekawe... Po czym poznajesz? **(2)**
4 — Znam doskonale malarza. Wiem, że nie wstaje nigdy przed południem. **(3)**

WYMOWA

schtuka i jîcje **1** ... pje_nknî tenn obraß. ... fßhutt ... sahutt ßwonjza? **2** ... pschekkonnanni ... **3** ... posnajesch? **4** ... mallaja. ... fßtajje ...

ANMERKUNGEN

(1) **Wschód** ("Osten") und **zachód** ("Westen") sind Substantive, die von den Verben **wschodzić** ("aufgehen") und **zachodzić** ("untergehen") gebildet wurden. Die Logik dieser Wortschöpfungen ist nachvollziehbar, denn die Sonne geht im Osten auf und im Westen unter.

4 *Mach dir keine Sorgen, das ist nichts Schlimmes.*

Nie ..... się, .. nic ....

5 *Man kann sich an alles gewöhnen.*

.. wszystkiego ..... się ....

Diese Wörter hätten Sie einsetzen sollen:

1 Za – wychodzę – mąż. **2** Bardzo – cieszę, kiedy – ślub. **3** Dopiero – miesiąc, – już – bardzo –. **4** – martw –, to – strasznego. **5** Do – można – przyzwyczaić.

FÜNFUNDVIERZIGSTE LEKTION

Die Kunst und das Leben

1 — Wunderschön, dieses Bild. Ich bin nur neugierig [darauf, zu wissen,] ob dies ein Sonnenaufgang oder ein Sonnenuntergang ist.
2 — Ich bin überzeugt, dass dies ein Sonnenuntergang ist.
3 — Interessant ... Woran erkennst du [das]?
4 — Ich kenne den Maler sehr gut. Ich weiß, dass er niemals vor Mittag aufsteht.

ANMERKUNGEN

(2) Czym ist hier der Lokativ (und darüber hinaus der Instrumentalfall) von **co**. Wie Sie bereits wissen, heißt "kennen" – **znać** (imperfektiv) und "kennenlernen" – **poznać** (perfektiv). Oft wird auf der Grundlage eines perfektiven Verbs ein imperfektives gebildet, das allerdings eine etwas andere Bedeutung annimmt: **poznać, poznawać** ("wiedererkennen").

(3) "Aufstehen" heißt **wstać** (perfektiv) und **wstawać** (imperfektiv). Beide Verben gehören zur 1. Konjugation. Beispiel: **Wstaję** ("ich stehe auf"), **wstanę** ("ich werde aufstehen").

151 Sto pięćdziesiąt jeden

5 — Czy mogę obejrzeć tę wazę w witrynie? **(4)**
6 — Oczywiście, proszę bardzo. To prawdziwe arcydzieło. **(5)**
7 — Ma pan rację, jest wspaniała.
8 — Zapewniam panią, że to wyjątkowa okazja. **(6)**
9 — Można wiedzieć, ile kosztuje? Na pewno bardzo drogo.
10 — Bagatela... Dziesięć tysięcy. **(7)**
11 — Dlaczego tak drogo!?
12 — Prawdziwe dzieła sztuki nie mają ceny. To autentyczna waza grecka. Ma prawie trzy tysiące lat.
13 — Kpi pan sobie ze mnie!? Nie doszliśmy nawet do roku dwutysięcznego... **(8)**

WYMOWA

5 ... obbej'jeci ... wase w witrînje? 6 ... arzîdzjeŵo. 7 ... fßpanjaŵa.
8 sappewnjamm ... wîjo$_n$tkowwa ... 9 ... wjedzjeci ... koschtuje?
10 baggattella ... dzjesi$e_n$ci tîsji$e_n$zî. 12 ... dzjeŵa schtuki ...
zennî. to autentîtschna ... grezka. ... tîsj$o_n$ze ... 13 ... doschlisjmî
... dwutîsjentschneggo ...

5 — Könnte ich [mir] diese Vase in der Vitrine ansehen?
6 — Natürlich, bitte sehr. Das ist ein wahres (echtes) Meisterwerk.
7 — Sie haben recht, sie ist großartig.
8 — Ich versichere Ihnen, dass dies eine außergewöhnliche Gelegenheit ist.
9 — Darf man wissen, wie viel sie kostet? Bestimmt sehr viel (teuer).
10 — Eine Kleinigkeit ... Zehntausend.
11 — Warum so viel (teuer)?
12 — Die wahren Kunstwerke haben keinen Preis. Dies ist eine echte griechische Vase. Sie ist fast dreitausend Jahre alt.
13 — Machen Sie sich über mich lustig!? Wir haben noch nicht mal das Jahr 2000 erreicht...

ANMERKUNGEN

(4) Obejrzeć (2. Konjugation, perfektiv) bedeutet "anschauen, ansehen, aufmerksam betrachten". Die imperfektive Form lautet **oglądać** (3. Konjugation). **Waza** ("Vase") wird nur im kunsthistorischen Zusammenhang benutzt. Es ist ein Femininum. Eine Vase, in die man Schnittblumen stellt, heißt **wazon** und ist ein Maskulinum.

(5) Dzieło ("Werk"); **arcydzieło** "Meisterwerk".

(6) Vergleichen Sie das Verb **zapewniam** ("ich versichere") mit den Wörtern **pewny/pewna** ("sicher"), **na pewno** ("mit Sicherheit"). Alle haben die gleiche Wurzel **-pewn-**.

(7) Im Plural nimmt das Wort **tysiąc** ("Tausend") in den Zahlen über 5 die Form **tysięcy** (Genitiv) an, z.B.: **sześć tysięcy** ("sechstausend"). Bei 2, 3 und 4 sagt man **tysiące**. Wir haben Ihnen dieses seltsame Phänomen bereits anhand des Wortes **rok** demonstriert.

(8) Doszliśmy ("wir sind angekommen", "wir haben erreicht"). Der Infinitiv lautet **dojść**; Sie erkennen darin das Verb **iść** ("gehen"). Das **i** wechselt zu **j**. Wie Sie feststellen werden, ist die Vergangenheit hier unregelmäßig (die übrigen Formen lernen Sie später).

ĆWICZENIE

1. Zobacz, widzisz ten obraz? 2. Który, ten duży, w witrynie? 3. Tak, masz rację, jest wspaniały. 4. Ciekawa jestem, kto jest jego autorem? 5. Jak to, nie poznajesz malarza? Łatwo poznać jego styl. 6. Jestem przekonana, że się mylisz. 7. Wiem dobrze, że nie interesujesz się sztuką.

WYPEŁNIĆ BRAKUJĄCE SŁOWA

1 *Ich bin neugierig [darauf, zu wissen], wie viel dieses Bild kostet.*

Jestem . . . . , ile . . . . ten . . . .

2 *Ich bin überzeugt, dass es sehr teuer ist.*

Jestem . . . . , że . . . . bardzo . . . .

3 *Das ist wahr, Sie wissen, woran man ein Meisterwerk erkennt.*

To . . . . . . , wie . . . jak . . . . . . prawdziwe . . . .

4 *Sie haben großartige Möbel. Ich mag diesen Stil sehr.*

. . pan (oder: pani) . . . . meble. Bardzo . . . . .

ten . . . . .

5 *Interessant, mir gefallen sie nicht.*

To . . . . , mnie . . . one . . . podobają.

ÜBUNG

1. Schau [her], siehst du dieses Bild? **2.** Welches? Dieses große, in der Vitrine? **3.** Ja, du hast recht, es ist großartig. **4.** Ich bin neugierig darauf, zu wissen, wer sein Autor (= Maler) ist. **5.** Wie, du erkennst den Maler nicht? Es ist leicht, seinen Stil wiederzuerkennen. **6.** Ich bin überzeugt, dass du dich irrst. **7.** Ich weiß doch (gut), dass du dich nicht für Kunst interessierst.

Sind Sie noch immer so beharrlich und ausdauernd wie am Anfang? Oder sind Sie manchmal ein bisschen entmutigt? Denken Sie daran: Nichts ist schwierig, wenn man mit der richtigen Methode lernt ... Und Sie sind schon fast bei der Hälfte des Kurses angekommen! Schlagen Sie zum Spaß einmal die ersten Lektionen des Buches auf – finden Sie nicht, dass Sie seitdem enorme Fortschritte gemacht haben? Na also, fantastisch! Weiter so!

EIGENE NOTIZEN:

Diese Wörter hätten Sie einsetzen sollen:

1 – ciekawe – kosztuje – obraz. **2** – przekonany, – jest – drogi. **3** – prawda, – pan – poznać – arcydzieło. **4** Ma – wspaniałe -. – lubię – styl. **5** – ciekawe, – się – nie -.

LEKCJA CZTERDZIESTA SZÓSTA (46)
(... tsch'terdz¡eßta schußta)

Klient ma zawsze rację

1 — Ile płacę za pokój? **(1)**
2 — Trzysta złotych.
3 — Chciałbym panu zwrócić uwagę, że przez całą noc woda kapała z sufitu. **(2)**
4 — Tak? Więc to pokój z prysznicem. W takim razie, płaci pan trzysta pięćdziesiąt. **(3)**

5 — Jak panu smakowała kolacja? **(4)**
6 — Moje gratulacje! Przychodzę do tej restauracji od trzech lat i nigdy jeszcze nie jadłem tak dobrego befsztyka. **(5)**
7 — O, do licha! Zdaje się, że podałem panu porcję szefa!

WYMOWA

klijent ma safsche razie **2** t'schißta ... **3** ... swruc¡ic¡ uwagge ... wodda kappaŵa ß ßufitu. **4** ... ß prîschnizemm. ... takkim ... t'schißta pje_nc¡'dz¡es¡o_nt. **5** ... ßmakkowwaŵa kollazja? **6** ... grattulazje! pschîhodse ... t'schehh ... jadŵemm ... befschtîka. **7** o, do liha! sdaje s¡e, ... por'zje scheffa.

Sto pięćdziesiąt sześć **156**

SECHSUNDVIERZIGSTE LEKTION

Der Kunde hat immer recht

1 — Wie viel zahle ich für das Zimmer?
2 — Dreihundert Zloty.
3 — Ich wollte Ihnen melden (Sie darauf aufmerksam machen), dass die ganze Nacht Wasser von der Decke tropfte.
4 — Ja? Dann ist es ein Zimmer mit Dusche. In diesem Fall zahlen Sie dreihundertfünfzig.

5 — Wie hat Ihnen das Abendessen geschmeckt?
6 — (Meine) Gratulation! Ich komme seit drei Jahren in dieses Restaurant und habe noch nie [zuvor] ein so gutes Steak gegessen!
7 — Oh, Mist! Ich habe Ihnen wohl die Portion vom Chef serviert!

ANMERKUNGEN
(1) Dem imperfektiven Verb **płacić** ("bezahlen") oder dem perfektiven **zapłacić** folgt die Präposition **za** + Akkusativ.
(2) Der Ausdruck **zwrócić** (perfektiv) oder **zwracać** (imperfektiv) **uwagę** ("aufmerksam machen auf", "melden") wird von einem Substantiv im Dativ begleitet: **zwracam ci uwagę** ("ich mache dich aufmerksam auf"). Beachten Sie die Ähnlichkeit mit dem Verb **wrócić, wracać** ("zurückgehen, zurückkehren").
(3) Im Ausdruck **w takim razie** ("in diesem Fall") ist **takim** der Lokativ von **taki** ("dieser").
(4) Möchten Sie erfahren, wie jemandem ein Gericht geschmeckt hat, benutzen Sie das Verb **smakować** ("schmecken"). Wollen Sie dagegen fragen, wie jemandem eine Sache gefallen hat, wenden Sie das Verb **podobać się** an, z.B.: **Jak się panu podobała ta książka?** ("Wie fanden Sie dieses Buch?").
(5) **Jadłem** (imperfektiv) oder **zjadłem** (perfektiv) heißt "ich habe gegessen". Beide Formen sind männlich. Beachten Sie in der Vergangenheit das Auftreten des Buchstabens **d** (der Infinitiv lautet **jeść**), dies stellt eine außergewöhnliche Unregelmäßigkeit dar.

157 Sto pięćdziesiąt siedem

8 — To skandal! Prosiłem o mocną kawę! Niech pan zobaczy, co mi pan przyniósł.
9 — Jak to? Przecież podałem to, o co pan prosił. **(6)**
10 — I pan to nazywa mocną kawą? Niech pan nie opowiada bzdur, to prawdziwa lura. **(7)**
11 — Mówię panu, że ta kawa jest mocna. Najlepszy dowód, że wypił pan dopiero jeden łyk i już jest pan strasznie zdenerwowany.

WYMOWA

8 ... ßkandall! ... mozno_n ... pschîni̯uß. **10** ... oppowjadda bsdurr ... lura. **11** ... najlepschi dowwut, ... wîpiŵ ... ŵîk ...

ĆWICZENIE

1. Nie szukaj portfela, dzisiaj ja płacę za kolację. **2.** Ależ skąd, przecież to ja cię zaprosiłem. **3.** Zwracam ci uwagę, że ciągle za mnie płacisz. **4.** Kto z państwa prosił o dużą kawę? **5.** Dlaczego nie zjadłaś zupy? **6.** Nie byłam zbyt głodna.

WYPEŁNIĆ BRAKUJĄCE SŁOWA

1 *Denk daran, dass man das Telefon bezahlen muss.*

 . . . . , że . . . . . . zapłacić . . telefon.

2 *Ich mache dich darauf aufmerksam, dass ich es immer bin, der für alles bezahlt.*

 . . . . ci . . . . . ., . . to . . . . . . ja . . wszystko . . . . . .

3 *Mein Herr, ich habe ein Steak bestellt (um Steak gebeten).* (Maskulinum)

 . . . . . . pana, ... o . . . .

4 *Ich habe keinen Kaffee, sondern ein Eis bestellt.* (Femininum)

 Nie . . . . o . . . ., ... o . . . . .

8 — Das ist ein Skandal! Ich habe einen starken Kaffee bestellt (um ... gebeten)! Sehen Sie, was Sie mir gebracht haben!

9 — Wie? Ich habe Ihnen doch das gebracht, worum Sie gebeten haben.

10 — Und das nennen Sie einen starken Kaffee? Erzählen Sie mir keine Dummheiten, das ist eine richtig dünne Plempe.

11 — Ich sage Ihnen, dass dieser Kaffee stark ist. Der beste Beweis [dafür ist], dass Sie erst einen Schluck getrunken haben und schon schrecklich aufgeregt sind.

ANMERKUNGEN

(6) Vergleichen Sie: **prosiłem** ("ich habe gebeten") und **podałem** ("ich habe serviert"); **prosił** ("er hat gebeten"), **podał** ("er hat serviert"). In der Vergangenheit hat die 3. Person Singular Maskulinum keine Endung. Das Femininum endet auf **-a**: **prosiła, podała** und das Neutrum auf **-o**: **prosiło, podało**.

(7) **Bzdur** ist der Genitiv Plural von **bzdura** ("Quatsch, dummes Zeug").
Najlepszy ("der Beste"). Man bildet den Superlativ (höchste Steigerungsstufe), indem man dem Komparativ (1. Steigerungsstufe) das Präfix **naj-** voranstellt.

ÜBUNG

1. Such nicht [das/dein] Portemonnaie, heute bezahle ich das Abendessen. **2.** Aber nein, ich habe dich doch eingeladen. **3.** Ich mache dich darauf aufmerksam, dass du immer für mich bezahlst. **4.** Wer von Ihnen hat um einen großen Kaffee gebeten? **5.** Warum hast du die Suppe nicht gegessen? **6.** Ich hatte nicht so viel Hunger.

5 *Hast du (auf)gegessen (Maskulinum), was ich dir serviert habe (Femininum)?*

   . . . ., co ci . . . .?

6 *Ich habe alles aufgegessen, es war sehr gut.*

   . . . . wszystko, ... bardzo . . . .

Diese Wörter hätten Sie einsetzen sollen:

1 Pamiętaj, – trzeba – za -. **2** Zwracam – uwagę, że – zawsze – za – płacę. **3** Proszę -, prosiłem – befsztyk. **4** – prosiłam – kawę, ale – lody. **5** Zjadłeś, – - podałam. **6** Zjadłem -, było – dobre.

LEKCJA 46

LEKCJA CZTERDZIESTA SIÓDMA (47)
(... tsch'terdzjeßta sjudma)

Czas to pieniądz (1)

1 — Słyszałem, że zmieniłeś ostatnio pracę (2)
2 — Tak, miałem już dosyć pracy w zespole. To bardzo męczące. (3)
3 — A co teraz robisz? Podobno twój zakład jest wyjątkowo nowoczesny?
4 — Tak, to prawda. Wszystko jest zautomatyzowane. To prawdziwy cud techniki. (4)
5 — I wcale nie potrzeba ludzi? (5)
6 — Bardzo mało. Całą pracę wykonują maszyny.
7 — Nie mogę sobie wyobrazić, jak maszyny mogą zastąpić ludzi... (6)

WYMOWA

tschaß to pjenjonz 1 ... smjenjiwesj ... 2 ... doßîcj ... seßpolle. ... mentschonze. 3 ... sakwatt ... wijontkowwo nowwotscheßni? 4 ... s'automattîsowwanne. ... zut tehnjiki. 5 ... fzalle nje potschebba ... 6 ... wîkonnujon maschinî. 7 ... wî'obrazjicj ... saßtompicj ...

ANMERKUNGEN

(1) Da es sich bei diesem Satz um ein Sprichwort handelt, wird das Wort **pieniądz** im Singular verwendet. In der Umgangssprache heißt "Geld" – **pieniądze**.
(2) **Ostatni** ("letzter") ist ein Maskulinum; Femininum **ostatnia**; Neutrum **ostatnie**.
Ostatnio ist ein Adverb (Endung **-o**) und heißt "letztlich, zuletzt" oder auch "kürzlich".

Sto sześćdziesiąt **160**

SIEBENUNDVIERZIGSTE LEKTION

Zeit ist Geld

1 — Ich habe gehört, dass du kürzlich (letztens) die Arbeit[sstelle] gewechselt hast.
2 — Ja, ich hatte schon genug von der Teamarbeit. Das ist sehr ermüdend.
3 — Und was machst du jetzt? Stimmt es, dass dein Unternehmen sehr (besonders) modern ist?
4 — Ja, das ist wahr (die Wahrheit). Alles ist automatisiert. Das ist ein wahres Wunder der Technik.
5 — (Und) Braucht man denn überhaupt keine Menschen?
6 — Sehr wenig. Die gesamte Arbeit wird von Maschinen erledigt (führen Maschinen aus).
7 — Ich kann mir nicht vorstellen, wie Maschinen Menschen ersetzen können...

ANMERKUNGEN

(3) **W zespole** (Lokativ) kommt von **zespół** ("Team, Mannschaft"). Beachten Sie hier zwei Änderungen (**ó/o** und **ł/l**). Dieser Wechsel kommt im Polnischen oft vor. **Męczące** (Neutrum) heißt "ermüdend" und steht im logischen Zusammenhang mit dem Ihnen bekannten Adjektiv **zmęczony** ("müde"). Bei männlichen Substantiven sagt man z.B.: **męczący wieczór**, bei weiblichen: **męcząca praca**. Für "ermüden" merken Sie sich die Verben **męczyć** (imperfektiv) und **zmęczyć** (perfektiv) sowie ihre reflexive Form **(z)męczyć się** ("sich quälen"). Diese Verben gehören der 2. Konjugation an.
(4) Erinnern Sie sich noch? Bei Fremdwörtern mit der Endung **-ika** oder **-yka** wird nicht die vorletzte Silbe betont. (Vgl. Lektion 39).
(5) **Potrzeba** ist ein unpersönlicher Ausdruck, ähnlich wie **trzeba** im Sinne von "man braucht/muss". Während auf **trzeba** der Infinitiv folgen kann, wird **potrzeba** immer vom Substantiv im Genitiv begleitet. **Potrzeba** ist auch ein weibliches Substantiv, das "Notwendigkeit, Bedarf" bedeutet. Merken Sie sich in diesem Zusammenhang auch das imperfektive Verb **potrzebować** ("benötigen, brauchen").
(6) "Sich [etwas/jmd.] vorstellen" kann man sowohl perfektiv **wyobrazić sobie** als auch imperfektiv **wyobrażać sobie** ausdrücken. **Wyobrażam sobie** ("ich stelle mir vor"); **wyobraź sobie** ("stell dir vor").

LEKTION 47

8 — Nie doceniasz maszyn. Zapewniam cię, że pracują sto razy lepiej niż ludzie. (7)
9 — Być może, ale czy nie boisz się, że cały ten postęp techniczny jest niebezpieczny dla człowieka?
10 — Niebezpieczny? Co masz na myśli?
11 — To, że w końcu maszyny będą ważniejsze od ludzi. (8)
12 — Mamy i na to radę. Bardzo łatwo można pozbawić maszyny wszelkiego wpływu.
13 — W jaki sposób?
14 — To żaden problem. Wystarczy je połączyć w grupy. Stracą połowę czasu na jałowe dyskusje i zebrania.

WYMOWA

8 ... dozzen_iasch ... sappewn_iamm c_ie ... 9 ... poßte_np tehn_iitschnî ... n_iebeßpjetschnî dla tschŵowjekka? 11 ... f kon_izu ... ŵajn_iejsche ... 12 ... posbawic_i ... fschelkjeggo fpŵîwu. 14 ... poŵo_ntschîc_i ... ßtrazo_n poŵowwe ... jaŵowwe dîßkußje ...

ĆWICZENIE

1. Mam już naprawdę dosyć tego mieszkania. 2. Szukam czegoś bardziej nowoczesnego. 3. Poza tym, mieszkam zbyt daleko od pracy. 4. Tracę przez to bardzo dużo czasu. 5. Wyobrażam sobie, jakie to męczące. 6. Nie wyobrażam sobie życia bez nowoczesnej techniki. 7. Potrzeba mi jeszcze trochę czasu, żeby skończyć tę pracę.

8 — Du unterschätzt Maschinen. Ich versichere dir, dass sie hundertmal besser arbeiten als Menschen.

9 — [Es] kann sein, aber hast du keine Angst, dass all dieser Fortschritt der Technik für den Menschen gefährlich ist?

10 — Gefährlich? Was willst du sagen (was hast du im Sinn)?

11 — (Das,) dass am Ende die Maschinen wichtiger sind als die Menschen.

12 — Wir haben auch dafür ein Mittel. Man kann den Maschinen sehr einfach jeglichen Einfluss nehmen.

13 — Auf welche Weise?

14 — Das ist kein Problem. Man muss sie nur in Gruppen zusammenfassen. Sie werden die Hälfte der Zeit mit unnützen Diskussionen und Versammlungen verlieren.

ANMERKUNGEN

(7) Achtung! Der Plural von **człowiek** ("Mensch") lautet **ludzie** ("Leute, Menschen").

(8) **Będą** ist die Futurform der 3. Person Plural ("sie werden sein") des Verbs **być** ("sein"). Die übrigen Formen lauten: **będę** ("ich werde sein"), **będziesz** ("du wirst sein"), **będzie** ("er/sie/es wird sein"), **będziemy** ("wir werden sein"), **będziecie** ("ihr werdet sein"), **będą** ("sie werden sein"). Diese Formen benutzt man auch bei der Bildung des Futurs aller imperfektiven Verben. In diesem Fall werden Sie als Hilfsverb gebraucht. Dazu erfahren Sie später mehr. Vielleicht können Sie sich noch daran erinnern, dass das Präsens der perfektiven Verben das Futur zum Ausdruck bringt?

ÜBUNG

1. Ich habe wirklich schon genug von dieser Wohnung. 2. Ich suche etwas Moderneres. 3. Darüber hinaus wohne ich zu weit weg von [meiner] Arbeit. 4. Ich verliere dadurch sehr viel Zeit. 5. Ich stelle mir vor, wie ermüdend das ist. 6. Ich [kann] mir das Leben ohne die moderne Technik nicht vorstellen. 7. Ich brauche noch etwas Zeit, um diese Arbeit zu beenden.

163 Sto sześćdziesiąt trzy

WYPEŁNIĆ BRAKUJĄCE SŁOWA

1 *Wie viel Zeit benötigst du, um diese Übung zu machen?*

   . . . ci . . . . czasu, ... zrobić . . ćwiczenie?

2 *Ich habe genug von diesem Wetter, es ist zu heiß.*

   Mam . . . . . tej . . . . . . , . . . za . . . .

3 *Du hast recht, das ist sehr ermüdend.*

   . . . . rację, . . bardzo . . . .

4 *Hast du nicht genug vom Rauchen?*

   . . . masz . . . . . palenia?

LEKCJA CZTERDZIESTA ÓSMA (48)
(... tsch'terdz;eßta ußma)

Sąsiad z góry

1 — Uważam, że Nowak jest bardzo dobrym ojcem. **(1)**
2 — O kim ty mówisz?
3 — O Nowaku, naszym sąsiedzie. **(2)**
4 — Nie znam jeszcze wszystkich sąsiadów. Mówisz o tym, który mieszka pod nami? **(3)**
5 — Nie, mówię o tym z góry. **(4)**
   Nie pozwala nigdy swoim dzieciom oglądać telewizji. **(5)**

WYMOWA

ßo_nsjatt s guri **1** ... dobrîm ojzemm. **3** ... so_nsj_endz;e. **4** ... pott nammi? **5** ... ßfo'im dz;ec;omm oglo_ndac; ...

Sto sześćdziesiąt cztery **164**

5 *Du weißt gut, dass das sehr gefährlich ist.*

..... dobrze, .. to ...... niebezpieczne.

6 *Welche Musik bevorzugst du: klassische oder moderne?*

..... muzykę .....: .... czy ....?

Diese Wörter hätten Sie einsetzen sollen:
1 Ile – potrzeba-, żeby – to -. **2** – dosyć – pogody, jest – gorąco.
3 Masz -, to – męczące. **4** Nie – dosyć -. **5** Wiesz -, że – bardzo -.
6 Jaką – wolisz klasyczną – nowoczesną.

ACHTUNDVIERZIGSTE LEKTION

Der Nachbar von oben

1 — Ich meine, dass Nowak ein sehr guter Vater ist.
2 — Von wem sprichst du?
3 — Von Nowak, unserem Nachbarn.
4 — Ich kenne noch nicht alle Nachbarn. Sprichst du von dem, der unter uns wohnt?
5 — Nein, ich spreche von dem (von oben) über uns. Er erlaubt seinen Kindern nie, fernzusehen.

ANMERKUNGEN
(1) **Ojcem** ist der Instrumentalfall von **ojciec** ("Vater"). Die männlichen und sächlichen Adjektive enden im Instrumentalfall im Singular auf **-ym** oder **-im**. Beispiele: **z małym dzieckiem** ("mit einem kleinen Kind"), **przed drogim obrazem** ("vor dem teuren Bild").
(2) **Sąsiedzie** ist der Lokativ von **sąsiad** ("Nachbar"). Die männlichen und neutralen Adjektive haben im Lokativ dieselbe Endung wie im Instrumentalfall.
(3) Noch ein Lokativ: **o tym** ("darüber"). Er kommt von **ten** ("dieser") oder **to** ("dieses"). **Nami** ist der Instrumentalfall von **my** ("wir").
(4) **Z góry** ("von oben") kommt von **góra**, was auch "Berg" heißt. Merken Sie sich auch: **dziękuję z góry** ("Danke im Voraus").
(5) **Swoim dzieciom** ist der Dativ von **swoje dzieci** ("seine Kinder").

LEKTION 48

6 — Biedne dzieci! Na pewno są nieszczęśliwe. **(6)**
7 — Wcale nie. Widziałaś przecież jego syna. Przychodzi czasem bawić się z naszymi dziećmi. **(7)**
8 — A tak, rzeczywiście. Jest miły, to prawda, ale ma takie dziwne imię... Nie mogę sobie przypomnieć.
9 — Anatol.
10 — Właśnie. Co to za pomysł, żeby wybrać takie imię dla swojego dziecka! I ty mówisz, że on jest dobrym ojcem!
11 — Nowak jest może złym ojcem, ale dobrym psychologiem.
12 — Dlaczego? Nie rozumiem.
13 — On marzy o tym, żeby jego syn został bokserem. Z takim imieniem będzie miał w szkole dużo okazji, żeby potrenować. **(8)**

WYMOWA

6 bjedne ... njesch'tsche$_n$sjliwe. 7 ... dzjecjmi. 8 ... imje ... pschîpomnjecj. 10 ... wîbracj ... ßfojjeggo ... 11 ... swîm ... pßîhollogjemm. 13 ... majî ... bokßerremm. ... imjenjemm ... potrenowwacj.

ANMERKUNGEN

(6) Das Wort **bledny** bedeutet nicht nur "arm", sondern auch "jämmerlich, bemitleidenswert". **Nieszczęśliwy** ("unglücklich"), **szczęśliwy** ("glücklich"). Das Präfix **nie-** hat bei der Bildung der polnischen Adjektive die gleiche Funktion wie das deutsche "un-".
(7) **Czasem** ("manchmal"); **od czasu do czasu** ("hin und wieder, von Zeit zu Zeit"). **Bawić się** heißt "spielen" (bei Kindern) und ist ein reflexives Verb. **Nasze dzieci** ist der Nominativ, **z naszymi dziećmi** dagegen der Instrumentalfall.

ĆWICZENIE

1. Dlaczego interesujesz się naszym nowym sąsiadem? **2.** Bo Marek bawi się czasem z jego synem. **3.** Czy to ten, który przychodzi grać w karty z moim ojcem? **4.** Zdaje się, że nie mówimy o tym samym. **5.** Czyim samochodem jedziemy, moim czy twoim? **6.** Marzę o dużym i niedrogim mieszkaniu. **7.** Mam nadzieję, że nie chcesz być całe życie biednym studentem.

6 — Arme Kinder! Mit Sicherheit sind sie unglücklich.
7 — Gar nicht. Du hast doch seinen Sohn gesehen. Er kommt manchmal, um mit unseren Kindern zu spielen.
8 — Ach ja, wirklich. Er ist nett, das ist wahr, aber er hat so einen komischen Vornamen ... Ich kann mich kaum an ihn erinnern.
9 — Anatol.
10 — Genau. Was für eine Idee, so einen Vornamen für sein Kind auszuwählen! Und du, du sagst, dass er ein guter Vater ist!
11 — Nowak ist vielleicht ein schlechter Vater, aber ein guter Psychologe.
12 — Warum? Ich verstehe nicht.
13 — Er träumt davon, dass sein Sohn Boxer wird. Mit einem solchen Vornamen wird er in der Schule viel Gelegenheit zum Üben (trainieren) haben.

ANMERKUNGEN

(8) **Będzie miał** ("er wird haben"). **Mieć** ("haben") sowie **móc** ("können"), **znać** ("wissen") sind Verben, die keinen perfektiven Aspekt haben, denn sie beschreiben Zustände und keine Handlungen, die abgeschlossen werden können. Ist das Subjekt männlich, so setzt sich das Futur dieser Verben aus dem Futur des Verbs **być** (vgl. Lektion 47) und der 3. Person (Singular oder Plural) der Vergangenheit des konjugierten Verbs zusammen. **Trenować** heißt "üben, trainieren". In unserem Beispiel kennzeichnet das Präfix po- eine sich wiederholende Handlung, allerdings von geringerer Intensität. Eine solche Wortkonstruktion ist auch bei einigen anderen Verben möglich, z.B.: **pojeść** ("ein wenig essen"), **pobawić się, pograć** ("ein bisschen spielen"). Vorsicht! Das Präfix po- ist eines der kompliziertesten polnischen Präfixe. Es kann den Sinn der Aussage stark verändern.

ÜBUNG

1. Warum interessierst du dich für unseren neuen Nachbarn? 2. Weil Mark manchmal mit seinem Sohn spielt. 3. Ist das der, der zu meinem Vater zum Kartenspielen kommt? 4. Es scheint [mir], dass wir nicht von demselben sprechen. 5. [Mit] wessen Wagen fahren wir, mit meinem oder deinem? 6. Ich träume von einer großen und preiswerten Wohnung. 7. Ich hoffe, dass du nicht das ganze Leben ein armer Student sein willst.

167 Sto sześćdziesiąt siedem

WYPEŁNIĆ BRAKUJĄCE SŁOWA

1 *Sind Sie unser neuer Nachbar? Ich freue mich sehr.*

   To ... jest ...... nowym ....? ......

   się ....

2 *Ich gehe mit meinem Bruder ins Kino. Kommst du mit (uns)?*

   ... do .... z .... bratem. .... z ....?

3 *Fährst du mit dem Auto oder mit dem Bus zur Arbeit?*

   Jeździsz .. pracy .... czy ....?

4 *Ich träume manchmal von einer wunderbaren Karriere für meinen Sohn.*

   ..... czasem . wspaniałej .... dla ...... syna.

5 *Er hat noch Zeit. Im Moment ist er [noch] ein kleines Kind.*

   .. jeszcze ...., na .... jest ..... dzieckiem.

LEKCJA CZTERDZIESTA DZIEWIĄTA (49)
(... tsch'terdzießta dziewjonta)

Wiederholung und Anmerkungen

Leider kommen wir nicht umhin, bereits in den Lektionen eine Reihe grammatikalischer Ausdrücke zu benutzen. Manche sind Ihnen mittlerweile sicherlich vertraut. Selbst der in der deutschen Grammatik nicht übliche Begriff des Aspekts (perfektiv oder imperfektiv) macht Ihnen wohl keine großen Probleme mehr. Anders sieht es wahrscheinlich immer noch mit den Fällen aus, z.B. mit dem Instrumentalfall, dem Lokativ oder dem Vokativ. Dies sind in der Tat Fälle, die schwer zu assimilieren sind. Nun möchten wir Ihnen von den sieben Fällen im Polnischen diejenigen, die am häufigsten auftreten, kurz vorstellen:

Diese Wörter hätten Sie einsetzen sollen:
1 – pan – naszym – sąsiadem. Bardzo – cieszę. 2 Idę – kina – moim -. Idziesz – nami. 3 – do – samochodem – autobusem. 4 Marzę – o – karierze – mojego -. 5 Ma – czas, – razie – małym -.

NEUNUNDVIERZIGSTE LEKTION

1 Der Nominativ ist die Grundform eines Substantivs, unter der dieses auch im Wörterbuch zu finden ist. Der Nominativ "antwortet" auf die Frage "wer?" oder "was?".

2 Der Genitiv wird immer dann benutzt, wenn man die Frage "wessen?" stellen kann. Er wurde bereits in den Lektionen 14 und 42 ausführlich behandelt.

3 Der Akkusativ sollte Ihnen keine Schwierigkeiten bereiten, da er nur im Femininum Singular eine eigene Endung hat: **-ę**. Bei Sachen im Maskulinum und bei allen Neutren hat er die Form des Nominativs; bei maskulinen Personen sowie bei Tieren die des Genitivs.
Im Plural ist der Akkusativ für die weiblichen Substantive identisch mit dem Nominativ. Männliche Adjektive bei Personen und Tieren haben die Endung **-ego**, weibliche Adjektive die Endung **-ą**. Für die maskulinen Adjektive bei Sachen und für neutrale Adjektive ist der Akkusativ gleich dem Nominativ.

4 Der Instrumentalfall wird gewöhnlich bei Berufs- und Nationalitätsbezeichnungen sowie Verwandschaftsgraden, und zwar nach dem Verb "sein", benutzt: **jestem profesorem, on jest Niemcem, ona jest siostrą**. Wenn man weiß, dass Verben wie **interesować się, bawić się, jechać** u.v.a. auch den Instrumentalfall verlangen, so wird klar, warum er so häufig verwendet wird.

Seine Endungen sind: **-em** (für maskuline und neutrale Substantive) und **-ą** (für weibliche Substantive oder solche, die auf **-a** enden).

Im Plural hat der Instrumentalfall die Endung **-ami** (für alle Geschlechter). Die Adjektive enden im Singular auf **-ym** oder **-im** (Maskulinum und Neutrum) und auf **-ą** (Femininum), im Plural dagegen weisen sie die Endung **-ymi** oder **-imi** auf.

> *Leider ist das noch nicht alles zu den Fällen. In späteren Lektionen kommen wir noch einmal darauf zurück.*

Die Vergangenheit

Beachten Sie, dass die Vergangenheit eine männliche Form, eine weibliche Form und in der 3. Person Singular auch eine sächliche Form hat.

Man bildet die Vergangenheit, indem man die Infinitivendung weglässt und stattdessen die Suffixe **-ł** oder **-l** und die Endungen für die Person, das Geschlecht und den Numerus anhängt.

Nehmen wir als Beispiel das Verb **dać** ("geben"):

Singular: **dałem, dałeś, dał** (Maskulinum); **dałam, dałaś, dała** (Femininum) und **dało** (3. Pers., Neutrum). Sie sehen, dass in der 3. Person der männlichen Form keine Endung vorhanden ist.

Plural: **daliśmy, daliście, dali** (Maskulinum) und **dałyśmy, dałyście, dały** (Femininum sowie Neutrum in der 3. Person).

Beachten Sie auch bestimmte Vokaländerungen, z.B. bei:

- *Verben, deren Infinitiv auf -(i)eć endet:* **mieć, chcieć, wiedzieć**. Der Vokal **e** wechselt bei allen Singularformen zu einem **a**: **miałem, miałam, miałeś, miałaś, miało**. Ebenso im Plural bei maskulinen Sachen, beim Femininum und beim Neutrum: **miałyśmy, miałyście, miały**.

Bei maskulinen Personen bleibt der Vokal **e** im Plural bestehen: **mieliśmy, mieliście, mieli**.

- *Verben auf -ąć im Infinitiv*: **zacząć, wziąć**. Das **-ą-** wird im Femininum und Neutrum Singular durch **-ę-** ersetzt: **zaczęłam, zaczęłaś, zaczęła, zaczęło**. Dasselbe gilt für alle Pluralformen: **wzięliśmy, wzięłyśmy** usw.

Merken Sie sich noch, dass bei einigen Verben (meistens bei denen, deren Infinitiv die Endung **-(j)ść** hat) die Vergangenheit unregelmäßig gebildet wird, so z.B. bei **jeść** ("essen"). Sie finden hier die Wurzel **jadł** (= 3. Pers. Sing. Mask.) plus die Endungen des weiblichen und sächlichen Singulars und Plurals. Im Plural Maskulinum ändert sich das **-a-** in **-e-**. Somit lautet die Wurzel **jedl-** plus die Endungen des männlichen Plurals.

ZWEITE WELLE
Mit der nächsten Lektion gehen Sie zur aktiven Phase Ihres Polnischstudiums über. Das bedeutet: Sobald Sie die 50. Lektion gelernt haben, wiederholen Sie die erste Lektion des Buches, d. h. Sie hören sich den Text auf den Tonaufnahmen an, lesen ihn und versuchen dann, die deutschen Lektionssätze mündlich und schriftlich ins Polnische zu übersetzen. Die Fehler korrigieren Sie anschließend selbst. Wir hoffen, dass Sie damit gut zurechtkommen. Nach der 51. Lektion wiederholen Sie nach diesem Schema Lektion 2, nach der 52. Lektion die Lektion 3 und so weiter. Es gibt keine bessere Methode, um Ihre Kenntnisse zu festigen und Sie auf natürliche Weise zum Polnischsprechen zu animieren. Viel Spaß!

171 Sto siedemdziesiąt jeden

LEKCJA PIĘĆDZIESIĄTA (50)

To się doskonale składa (1)

1 — Odkryłem ostatnio w sobie nową pasję: wędkarstwo. Co pan o tym myśli? **(2)**
2 — To bardzo przyjemne zajęcie, ma pan rację. Ja też lubię przyrodę, ciszę, samotność... **(3)**
3 — Co pan robi w wolnych chwilach? **(4)**
4 — Bo ja wiem...? Lubię czytać i chodzić na długie spacery.
5 — A jaki rodzaj książek pan czyta?
6 — Powieści podróżnicze i astrologię.
7 — Interesuje się pan astrologią? To się świetnie składa!

MARZĘ OSTATNIO O SAMOTNOŚCI

WYMOWA

to sje doßkonalle ßkŵadda **1** otkrîŵemm ... f ßobje ... paßje: wen̩tkarßtfo ... **2** ... pschîjemne sajen̩cje, ... pschîrode, cjische, ßammotnosj'cj...· **3** .. wolnîh hfilahh? **4** ... dŵugje ... **5** ... rodsajj ... **6** powjesj'cji podrujnjitsche i aßtrollogje.

ANMERKUNGEN
(Übrigens: "Anmerkungen" heißt im Polnischen **UWAGI**)

(1) Man kann auch **to się dobrze/źle składa** ("das trifft sich gut/schlecht") sagen. **Doskonale** oder **świetnie** heißt "ausgezeichnet, wundervoll".

FÜNFZIGSTE LEKTION

Das trifft sich ausgezeichnet

1 — Ich habe kürzlich eine neue Leidenschaft bei (in) mir entdeckt: [das] Angeln. Was denken Sie darüber?
2 — Das ist eine sehr angenehme Beschäftigung, sie haben recht. Ich liebe auch die Natur, die Ruhe, die Einsamkeit ...
3 — Was tun Sie in [Ihrer] freien Zeit?
4 — Was weiß ich ... ? Ich lese gerne und mache lange Spaziergänge.
5 — Und welche Art von Büchern lesen Sie?
6 — Reiseromane und [Bücher über] Astrologie.
7 — Sie interessieren sich für Astrologie? Das trifft sich gut!

ANMERKUNGEN

(2) **Sobie** ist der Lokativ und Dativ des Reflexivpronomens **siebie**. Das Reflexivpronomen bezieht sich im Polnischen auf das Subjekt des Satzes, unabhängig davon, in welcher Person das Subjekt steht und entspricht damit also den deutschen Pronomen: "mich, dich, uns, euch, sich". **Siebie** ist der Genitiv und der Akkusativ (die Nominativform existiert nicht); **sobą** der Instrumentalfall. Hier einige Beispiele: **myślisz zawsze o sobie** ("du denkst immer [nur] an dich"), **macie przy sobie pieniądze?** (wörtlich: "Habt ihr Geld bei euch?" im Sinne von "dabei"), **wracam do siebie** ("ich kehre zu mir nach Hause zurück"), **weź mnie ze sobą** (wörtlich: "nimm mich mit dir"). Im Wort **wędkarstwo** finden Sie **wędka** ("Angel"). Vom Wort **malarz** ("Maler") wird das Wort **malarstwo** ("Malerei") abgeleitet.
(3) Beachten Sie die Ähnlichkeit zwischen **zajęcie** ("Beschäftigung") und **zajęty** ("beschäftigt").
Einige weibliche Substantive enden auf einen Konsonanten, so wie in unserem Beispiel **samotność** ("Einsamkeit") oder auch **rzecz** ("Sache"), **noc** ("Nacht"), **miłość** ("Liebe"), **część** ("Ehre"), **pamięć** ("Gedächtnis") u.a. All diese Substantive haben im Nominativ und im Akkusativ dieselbe Form, also anders als bei den vielen weiblichen Substantiven, die Sie bereits kennen, die im Akkusativ ein **-ę** haben.
(4) **W wolnych chwilach** ist der Lokativ Plural, denn die Präposition **w** ("in") verlangt diesen Fall. Merken Sie sich die Endung **-ach** für Substantive aller drei Geschlechter sowie **-ych** oder **-ich** für die Adjektive.

8 — Dlaczego?
9 — Jestem pewien, że zna pan na pamięć wszystkie horoskopy. (5)
10 — Mniej więcej. Kiedy się pan urodził? (6)
11 — To nie chodzi o mnie.
12 — A jaki znak pana interesuje?
13 — Ryby. Nic ostatnio nie złapałem. Może ten miesiąc jest dla nich wyjątkowo pomyślny?

WYMOWA

9 ... pewjenn ... na pamjeⁿci ... horroßkoppî. 10 mnjej wjeⁿzejj ... urodziiŵ? 13 rîbî. ... swappaŵemm. ... mjesioⁿz ŵijoⁿtkowwo pommîsilnî.

*In der **aktiven Phase** verzichten wir auf die Betonungshilfe bei den Übungstexten. Versuchen Sie selbst zu entscheiden, wo und wie die Wörter betont werden.*

ĆWICZENIE

1. Co myślisz o naszych nowych sąsiadach? 2. On to prawdziwy egoista, myśli tylko o sobie. 3. To prawda, ale jego żona jest bardzo miła. 4. Być może, ale ciągle mówi o swoich dzieciach, to męczące. 5. Nie lubię tego rodzaju ludzi. 6. Ja też nie, ale to się dobrze składa. 7. Marzę ostatnio o samotności.

WYPEŁNIĆ BRAKUJĄCE SŁOWA

1 *Man muss [auch] an die anderen denken, nicht nur an sich [selbst].*

   Trzeba ...... o ......, nie ..... o ......

2 *In der letzten Zeit ist das sehr wichtig.*

   . ostatnich .... to ...... ważne.

3 *Es ist schwierig, alle Telefonnummern auswendig zu kennen.*

   .... znać .. pamięć .... numery ....

Sto siedemdziesiąt cztery **174**

8 — Warum?
9 — Ich bin sicher, dass Sie alle Horoskope auswendig kennen.
10 — Mehr oder weniger (weniger mehr). Wann sind Sie geboren?
11 — Es geht nicht um mich.
12 — Welches [Stern]zeichen interessiert Sie [dann]?
13 — Fische. Ich habe in der letzten Zeit nichts gefangen. Vielleicht ist dieser Monat für sie besonders günstig?

ANMERKUNGEN

(5) **Pewien** oder **pewny** ("sicher"). Das Femininum und das Neutrum werden auf der Grundlage der zweiten Form gebildet, also: **pewna, pewne**.
(6) Der Ausdruck "mehr oder weniger" wird im Polnischen herumgedreht; man sagt **mniej wiecej** (wörtlich: "weniger [oder] mehr").
Urodzić się ("geboren werden", "zur Welt kommen") ist ein reflexives und perfektives Verb der 2. Konjugation, z.B.: **urodziłem (urodziłam) się** ("ich bin geboren"). Das imperfektive Äquivalent **rodzić** ("gebären", "zur Welt bringen") ist nicht reflexiv.

ÜBUNG

1. Was denkst du über unsere neuen Nachbarn? 2. Er ist ein richtiger (echter) Egoist, er denkt nur (über) an sich. 3. Das ist wahr, aber seine Ehefrau ist sehr nett. 4. Mag sein, aber sie spricht pausenlos über ihre Kinder, das ist anstrengend (ermüdend). 5. Ich mag diese Art Menschen (Leute) nicht. 6. Ich auch nicht, aber das trifft sich gut. 7. In der letzten Zeit (letztens) träume ich von Einsamkeit.

4 *In der letzten Zeit träume ich von langen Ferien.*

..... ostatnio . długich ....

5 *Selbst (sogar) die Einsamkeit ist manchmal angenehm.*

..... samotność .... czasem ....

Diese Wörter hätten Sie einsetzen sollen:

1 – myśleć – innych, – tylko – sobie. 2 W – czasach, – bardzo -.
3 Trudno – na – wszystkie – telefonów. 4 Marzę – o – wakacjach.
5 Nawet – jest – przyjemna.

Zweite Welle: Aktivieren Sie heute Lektion 1!

LEKTION 50

LEKCJA PIĘĆDZIESIĄTA PIERWSZA (51)

Zapewniam cię, że to urocza dziewczyna

1 — Widzę, że byłaś u fryzjera. Zastanawiam się, jak ty znajdujesz na wszystko czas? **(1)**
2 — Nie przesadzaj. Zawsze można znaleźć trochę czasu dla siebie.
3 — Naprawdę nie wiem, jak ty to robisz. Ja nie mam ani jednej wolnej chwili.
4 — Mąż ci nie może pomóc? **(2)**
5 — Pomaga mi od czasu do czasu, ale i tak jestem stale zajęta.
6 — Nie rozumiem, dlaczego się skarżysz. Zobacz ja mam małe dzieci, a mimo to daję sobie radę. **(3)**

WYMOWA

sappewnjamm ... urotscha ... **1** ... u frîsjerra. ... snajdujesch ... **2** nje pscheßadsajj ... snallesi'cj ... **4** ... pommuz? **6** ... ßkarjîisch ...

EINUNDFÜNFZIGSTE LEKTION

Ich versichere dir, dass das ein reizendes Mädchen ist

1 — Ich sehe, dass du beim Friseur gewesen bist. Ich frage mich, wie du für (all das) all [diese Dinge noch] Zeit findest?
2 — Übertreib nicht. Man kann immer ein bisschen Zeit für sich finden.
3 — Ich weiß wirklich nicht, wie du das machst. Ich habe keinen (einzigen) freien Moment.
4 — Kann [dein] Mann dir nicht helfen?
5 — Er hilft mir von Zeit zu Zeit, aber ich bin trotzdem (und so) ständig beschäftigt.
6 — Ich verstehe nicht, warum du dich beklagst. Sieh, ich habe kleine Kinder und trotzdem schaffe ich es.

ANMERKUNGEN

(1) Um zu sagen "ich gehe zu", benutzt man die Präposition **do**, die den Genitiv verlangt. Beispiele: **idę do kolegi** ("ich gehe zu [meinem] Freund"), **do fryzjera** ("zum Friseur"). In den Aussagen: "ich bin bei", "ich wohne bei", "ich arbeite bei", "ich esse bei", verwendet man die Präposition **u** und den Genitiv, z.B.: **jestem u kolegi, mieszkam u mamy, pracuję u fryzjera, jem kolację u sąsiadów**.
Das imperfektive Verb **znajdować** ("finden") gehört, ähnlich wie die perfektiven Verben **pracować, kupować** und **znaleźć**, der 1. Konjugation an: **znajdę, znajdziesz** usw.
(2) Das perfektive **pomóc** ("helfen") wird wie **móc** ("können") konjugiert. **Pomagać** dagegen ist imperfektiv und gehört der 3. Konjugation an. **Pomóż mi** heißt "hilf mir".
(3) **Rada** heißt "Rat, Ratschlag", aber der Ausdruck **dawać** oder **dać sobie radę** bedeutet "zurechtkommen, etwas schaffen". Wie jede andere Sprache kennt auch das Polnische *Idiome* (Redewendungen), deren wörtliche Übersetzung den Sinn in den meisten Fällen nicht wiedergeben kann. Achten Sie besonders darauf. Merken Sie sich auch: **nie ma rady** ("da ist nichts zu machen", "da hilft nichts"). Zu **sobie** vergleichen Sie Lektion 50, Anmerkung 2.

7 — A z kim je zostawiasz, jak wychodzisz? **(4)**
8 — Mamy opiekunkę do dzieci.
9 — A, to co innego, nie wiedziałam. I co, jesteś zadowolona? **(5)**
10 — Bardzo. To urocza dziewczyna. Ma wiele zalet, ale najważniejsze,
że uwielbia pokera. **(6)**
11 — Uważasz, że to zaleta?
12 — Tak, bo gra bardzo źle i za każdym razem przegrywa z nami połowę swojej pensji. **(7)**

WYMOWA

7 ... sośtawjasch ... wyhodzįisch? 8 ... opjekunke ... 10 ... sallett ... uwjelbja ... 12 ... sa kajdîm rasemm pschegrîwa ... powowe ßfojjejj penßji.

ĆWICZENIE

1. Jeśli chcesz, mogę ci pomóc. 2. Nie, dziękuję, dam sobie radę. 3. Nie mogę znaleźć torby, pomóż mi szukać. 4. Oczywiście, chętnie ci pomogę. 5. Gdzie się znajduje ulica Kopernika? 6. To niedaleko stąd, łatwo pan znajdzie. 7. Dyrektor jest u siebie, może pan wejść.

WYPEŁNIĆ BRAKUJĄCE SŁOWA

1 *Hilft dir jemand zu Hause?*

.... ci ...... w ....?

2 *Nein, ich (Mann) schaffe es alleine.*

Nie, ... sobie .... radę.

3 *Hilf mir, ein Geschenk für [meinen] Vater zu finden.*

..... mi .... prezent ... ojca.

4 *Ich werde dir morgen helfen, jetzt habe ich keine Zeit.*

...... ci ....., teraz ... mam ....

Sto siedemdziesiąt osiem 178

7 — Und bei (mit) wem lässt du sie, wenn du weggehst?
8 — Wir haben ein Kindermädchen.
9 — Ach, das ist etwas anderes, das wusste ich nicht. Und, bist du zufrieden?
10 — Sehr. Das ist ein reizendes Mädchen. Sie hat viele Qualitäten, aber das Wichtigste [ist], dass sie das Poker[spiel] mag.
11 — Findest du, dass das eine Qualität ist?
12 — Ja, denn sie spielt sehr schlecht und jedesmal verliert sie gegen (mit) uns die Hälfte ihres Gehalts.

ANMERKUNGEN

(4) **Kim**: Instrumentalfall und Lokativ von **kto** ("wer"), z.B. **O kim mówisz?** ("Über wen sprichst du?"); **Z kim rozmawiasz?** ("Mit wem sprichst du?").
Wychodzić (imp.) und **wyjść** (perf.) heißen "weggehen, ausgehen". Durch Ersetzen des Präfixes **wy-**, das die Fortbewegung von einem Punkt kennzeichnet, durch das Präfix **w-**, das die Bewegung in Richtung auf einen Punkt kennzeichnet, werden die Verben **wchodzić, wejść** ("hineingehen") gebildet. Bei **wejść** wird der Vokal **e** eingefügt, um die Aussprache zu erleichtern: Viele Verben werden auf diese Weise gebildet (Präfix + Verb "gehen"). Sie kennen bereits **przyjść, przychodzić** ("kommen"). Ähnlich kann man auch aus dem bekannten Verb **jechać** ("fahren") einige neue Verben bilden: **wyjechać** ("wegfahren"), **wjechać** ("hineinfahren"), **przyjechać** ("ankommen").

(5) Sie kennen den Ausdruck **coś innego** ("etwas anderes"). Verwechseln Sie ihn nicht mit **to co innego** ("das ist etwas anderes").

(6) **Zaleta** ("Qualität, Tugend"), heißt auch "gute Seite, Vorteil". **Zalety i wady** ("Vorteile und Nachteile").

(7) Wir erinnern daran, dass das Gegenteil von **przegrać/przegrywać** ("verlieren") **wygrać/wygrywać** ("gewinnen") ist. Auch hier spielen die Präfixe eine entscheidende Rolle, und Sie müssen sich an die damit einhergehenden Bedeutungsänderungen gewöhnen.

ÜBUNG

1. Wenn du willst, kann ich dir helfen. **2.** Nein, danke, ich schaffe es [schon] selbst. **3.** Ich kann [die/meine] Tasche nicht finden, hilf mir suchen. **4.** Natürlich, ich helfe dir gerne. **5.** Wo befindet sich die Kopernikusstraße? **6.** Die (Es) ist nicht weit von hier, Sie werden [sie] leicht finden. **7.** Der Direktor ist da (bei sich), Sie können hineingehen.

LEKTION 51

179 Sto siedemdziesiąt dziewięć

5 *Um wie viel Uhr wirst du bei mir sein?*

. której .... u ....?

6 *Ich werde in einer Stunde bei dir sein.*

.... u ...... za ....

LEKCJA PIĘĆDZIESIĄTA DRUGA (52)

Strach na wróble

1 — Chyba bardzo przyjemnie jest mieszkać na wsi? **(1)**
2 — Oczywiście, mamy spokój, czyste powietrze... **(2)**
3 — Od jak dawna tu jesteście?
4 — Od roku. Przedtem mieszkaliśmy w mieście. **(3)**
5 — I co, nie podobało wam się?

WYMOWA

ßtrahh na wruble **1** ... na fs_ii? **2** ... ßpokkuj, tschißte powjet'sche ... **3** ... jeßtesi'cje? **4** ... pschett'temm ... w mjesi'cje. **5** ... poddobbawo ...

Sto osiemdziesiąt **180**

Diese Wörter hätten Sie einsetzen sollen:

1 Ktoś – pomaga – domu. **2** – sam – daję -. **3** Pomóż – znaleźć – dla -. **4** Pomogę – jutro, – nie – czasu. **5** O – będziesz – mnie. **6** Będę – ciebie – godzinę.

Zweite Welle: Aktivieren Sie heute Lektion 2!

ZWEIUNDFÜNFZIGSTE LEKTION

Eine Vogelscheuche

1 — Es ist wohl sehr angenehm, auf dem Land zu wohnen?

2 — Natürlich, wir haben Ruhe, saubere Luft ...

3 — Seit wann (wie lange) seid ihr hier?

4 — Seit einem Jahr. Davor wohnten wir in der Stadt.

5 — Und, hat euch das nicht gefallen?

ANMERKUNGEN

(1) Verwechseln Sie nicht **przyjemne** (Adjektiv Neutrum) und **przyjemnie** (Adverb). Das Adjektiv begleitet immer ein Substantiv, z.B.: **przyjemne mieszkanie, przyjemny wieczór, przyjemna niespodzianka**. Das Adverb wird dagegen in unpersönlichen Ausdrücken benutzt, wie z.B.: **jak tu przyjemnie** ("wie angenehm es hier ist"). Merken Sie sich auch eine für Begrüßungen nützliche Redewendung: **bardzo mi przyjemnie** ("es freut mich sehr"). Wie Sie wissen, kennzeichnet die Präposition **do** + Genitiv eine Richtung und entspricht dem deutschen "nach" oder "in". Beispiele: **idę do kina, jadę do Polski/do Niemiec**. Die Präposition **na** wird dagegen benutzt, wenn von einer ungenauen Ortsangabe oder von einem allgemeinen Treffen gesprochen wird: **jadę na wakacje** ("ich fahre in die Ferien", also irgendwohin). Wenn der Ort des Geschehens genannt wird und man die Frage "wo?" stellen kann, benutzt man **na** + Lokativ, z.B.: **jestem na wsi/na koncercie/na wykładzie** ("ich bin" – wo? – "auf dem Lande/im Konzert/in der Vorlesung"). Wird die Frage "wohin?" gestellt, so benutzt man **na** + Akkusativ, z.B.: **jadę na wieś/na koncert/na wykład** ("ich fahre" – wohin? – "aufs Land/ins Konzert/zur Vorlesung").

(2) **Spokój** ("Ruhe, Stille") kommt von dem Wort **pokój** ("Frieden"). Mit **pokój** ("Zimmer") hat es nichts zu tun! Bitte merken Sie sich: **Daj mi spokój!** ("Lass mich in Ruhe!")

(3) **W mieście** (Lokativ) kommt von **miasto** ("Stadt").

LEKCJA 52

181 Sto osiemdziesiąt jeden

6 — Mieliśmy dosyć takiego życia: jest hałas, stale się trzeba spieszyć. **(4)**

7 — To prawda, ale jednak miasto ma wiele zalet; są rozrywki: kino, teatr, restauracje. Tutaj się chyba trochę nudzicie?

8 — Wcale nie, zawsze jest coś do roboty. **(5)**

9 — Macie piękny ogród. Kto się nim zajmuje? **(6)**

10 — Sami. Oboje lubimy pracować na świeżym powietrzu. **(7)**

11 — A ptaki? Dlaczego nie macie stracha na wróble?

12 — Po co? Zawsze albo jedno, albo drugie jest w ogrodzie. **(8)**

WYMOWA

6 ... ĵîcịa: ... haŵaß, ... ßpjeschîcị. 7 ... ros'rifki ... nudzịice? 9 ... ogrut. ... sajmuje? 10 ... obbojje ... sịfjejîm ... 12 ... drugje ...

ANMERKUNGEN

(4) Spieszyć się ("sich beeilen"). Das perfektive Äquivalent heißt **pospieszyć się**, z.B.: **Pospiesz się!** ("Beeil dich!"). **Spieszę się** oder **spieszy mi się** (unpersönliche Form) heißt "ich habe es eilig".

(5) Im Ausdruck **mieć coś do roboty** ("etwas zu tun haben") wird das Verb "tun" durch **robota** ("Arbeit") ersetzt, was diesen Ausdruck umgangssprachlicher macht.

ĆWICZENIE

Wir schlagen Ihnen hier eine einfache Übung vor. Es handelt sich um eine Unterhaltung zwischen einem Mann und einer Frau. Versuchen Sie, nachdem Sie den Dialog gelesen haben, die Rollen so zu vertauschen, dass die Frau die Fragen stellt und der Mann antwortet. Bei einigen Sätzen ändert sich nichts, aber Vorsicht bei den Vergangenheitsformen!

1. Co pani woli: wieś czy miasto? **2.** Wolę mieszkać w mieście. **3.** Nie lubi pani wsi? Dlaczego? **4.** Jak jestem na wsi, zawsze się nudzę. **5.** To dziwne, dla mnie wieś jest bardzo przyjemna. **6.** Gdzie pani mieszkała przedtem? **7.** Mieszkałam w centrum, ale nie podobało mi się. **8.** Rozumiem, je też wolę spokój.

6 — Wir hatten genug von einem solchen Leben: es ist laut, immer muss man sich beeilen.

7 — Das ist wahr, aber die Stadt hat doch viele Vorteile; es gibt Abwechslung (Unterhaltungen): Kino, Theater, Restaurants. Hier langweilt ihr euch wohl ein bisschen?

8 — Gar (überhaupt) nicht, es gibt immer etwas zu tun.

9 — Ihr habt einen wunderschönen Garten. Wer kümmert sich um ihn?

10 — [Wir] selbst. Wir lieben es beide, an der frischen Luft zu arbeiten.

11 — Und die Vögel? Warum habt ihr keine Vogelscheuche?

12 — Warum? Einer von uns beiden ist doch immer im Garten. (Immer ist der eine oder der andere [von uns beiden] im Garten).

ANMERKUNGEN

(6) Das imperfektive Verb **zajmować się** sowie das imperfektive **zająć się** ("sich [um etwas] kümmern") werden vom Instrumentalfall begleitet. Hier: **nim**, das von **on** ("er") kommt.

(7) **Sam/sama/samo** heißt "allein", wird aber auch verwendet, um das Subjekt (mit "selbst") zu unterstreichen, z.B.: **sama nie wiem** ("ich weiß es selbst nicht"), **sam to zrób** ("mach es selbst"). Im Plural sagt man: **sami** (für Männer oder für Männer und Frauen) und **same** (nur für Frauen). **Oboje** ("beide") sagt man bei Mann und Frau; **obaj** nur bei Männern und **obie** nur bei Frauen.

(8) Bei der Frage "warum?" muss unterschieden werden zwischen der Frage nach dem Grund ("Warum bist du traurig?") und der Frage nach dem Zweck ("Warum/zu welchem Zweck kommst du?"). Im Polnischen hat man zwei Möglichkeiten: **dlaczego?** (das kennen Sie schon) und **po co?**. Vergleichen Sie: **dlaczego jesteś smutny?** ("warum bist du traurig?") und **po co przychodzisz?** ("Warum bist du gekommen?").
In **jedno i drugie** handelt es sich um eine gemischte Gruppe. Wenn es nur um Männer ginge, würde man sagen: **jeden i drugi**, bei Frauen: **jedna i druga**.

Haben Sie bei der Übung diese Wörter benutzt? Dann haben Sie alles richtig gemacht!

1 – pan -: - - -. **3** – – pan -, -. **6** – pan mieszkał -. **7** Mieszkałem - -, - - - - -.

183 Sto osiemdziesiąt trzy

WYPEŁNIĆ BRAKUJĄCE SŁOWA

1 *Am Sonntag fahren wir aufs Land, kommst du mit (uns)?*

. niedzielę .... na ...., ... z ....?

2 *Das ist eine ausgezeichnete Idee, ich brauche etwas Ruhe.*

To .... pomysł, ... trochę ....

3 *Wohnst du lieber in der Stadt oder auf dem Land?*

Wolisz .... w .... czy .. wsi?

4 *Schwierig zu sagen, das ist etwas ganz anderes.*

Trudno ...., to .... co ....

5 *Das Leben auf dem Land ist angenehm, aber monoton.*

..... na ... jest ...., ... monotonne.

LEKCJA PIĘĆDZIESIĄTA TRZECIA (53)

Kto nie jest roztargniony... ?

1 — Co znaczy ten supełek na chusteczce do nosa? **(1)**
2 — Żona uważa, że jestem roztargniony. Kazała mi go zrobić, żebym nie zapomniał wysłać listu. **(2)**
3 — I co, wysłałeś?
4 — Nie, zapomniała mi go dać.

WYMOWA

... roßtargnjonî ... **1** ... snatschî ... ßupeŵekk ... hußtetsch'ze do noßa? **2** ... kasaŵa ... sapomnjaŵ wißŵaci ... **3** .. wißŵaŵesi?

6 *Wenn ich alleine bin, langweile ich mich oft.*

Jak . . . . . . sam, ... się . . . . . .

ÜBUNG

1. Was haben Sie lieber: das Land oder die Stadt? 2. Ich wohne lieber in der Stadt. 3. Mögen Sie das Land nicht? Warum? 4. Wenn ich auf dem Land bin, langweile ich mich immer. 5. Das ist komisch, für mich ist das Land sehr angenehm. 6. Wo haben Sie zuvor gewohnt? 7. Ich habe im Zentrum gewohnt, aber [das] hat mir nicht gefallen. 8. Ich verstehe, ich ziehe auch die Ruhe vor.

Diese Wörter hätten Sie einsetzen sollen:

1 W – jedziemy – wieś, jedziesz – nami. **2** – doskonały -, potrzebuję – spokoju. **3** – mieszkać – mieście – na -. **4** – powiedzieć, – zupełnie – innego. **5** Życie – wsi – przyjemne, ale -. **6** – jestem -, zawsze – nudzę.

Zweite Welle: Aktivieren Sie heute Lektion 3!

DREIUNDFÜNFZIGSTE LEKTION

Wer ist nicht zerstreut ... ?

1 — Was bedeutet dieser (kleine) Knoten in dem Taschentuch?
2 — [Meine] Ehefrau meint, dass ich zerstreut bin. Sie hat mir aufgetragen, das zu tun, damit ich nicht vergesse, den Brief abzuschicken.
3 — Und? Hast du ihn abgeschickt?
4 — Nein, sie hat vergessen, ihn mir zu geben.

ANMERKUNGEN

(1) Chusteczka ist der Diminutiv von **chusta** bzw. **chustka** ("Tuch"). **Chusteczka do nosa** heißt "Taschentuch" (wörtlich: "ein Tüchlein für die Nase").

185 Sto osiemdziesiąt pięć

5 — Podlałeś kwiaty w ogrodzie?
6 — Nie, przecież padało przez cały dzień. **(3)**
7 — To nie powód. Mogłeś wziąć parasol.

8 — O rany, zobacz, mleko wykipiało!
9 — Tak, rzeczywiście.
10 — Przecież byłeś w domu! Prosiłam cię, żebyś pilnował zegarka. **(4)**
11 — Pilnowałem. Była dokładnie za dziesięć ósma. **(5)**

WYMOWA

5 podlaŵes̨i kfjattî ... 7 ... mogŵes̨i wz̨io_nc̨i ... 8 ... rannî ... mlekko ŵikipjaŵo! 9 ... jetschîwis̨i'c̨ie. 10 ... pros̨iŵamm ... pilnowaŵ ... 11 ... dokŵadnie ...

ANMERKUNGEN *(Fortsetzung)*

(2) Die Konstruktion **kazać** + Infinitiv entspricht dem Ausdruck "machen lassen" oder "bitten, etwas zu tun". Da es in diesem Fall um die perfektive Form des Verbs geht, sind das Präsens und das Futur identisch: **każę, każesz** usw. (1. Konjugation). Beispiele: **Za dużo każesz mi jeść** ("du lässt mich zu viel **essen**"); **jutro każę wysłać paczkę** ("morgen werde ich [dich] bitten, das Päckchen abzuschicken"). Sie sehen: **kazać** wird vom Dativ begleitet.
Sie kennen bereits das Wort **żeby** ("dass") aus Lektion 48: **marzy, żeby jego syn został bokserem** sowie aus Lektion 33: **proszę, żeby pan spróbował tej zupy**. In diesen beiden Beispielen bezieht sich **żeby** auf die 3. Person. Wenn man es für andere Personen benutzen will, muss man die Endungen **-m, -ś** (Singular) und **-śmy, -ście** (Plural) anfügen. Nach allen Verben, die eine Bitte, einen Wunsch oder einen Befehl ausdrücken, setzt man **żeby** ein, das darauffolgende Verb wird jedoch in die Vergangenheit gesetzt: **chciałbym, żebyś wiedział/wiedziała** ("ich möchte, dass du weißt"), **chciałbym, żebyście wiedzieli/wiedziały** ("ich möchte, dass Sie wissen").

ĆWICZENIE

1. Marek prosił, żebym do ciebie zadzwonił. **2.** Chciałabym, żebyś wysłał tę paczkę. **3.** Ewa prosiła, żebyś do niej napisała. **4.** Chcę, żebyś wiedział, co o tym myślę. **5.** Prosiłam, żebyś posprzątał mieszkanie. **6.** Nie chcę, żebyś myślała o mnie źle.

Sto osiemdziesiąt sześć **186**

5 — Hast du die Blumen im Garten gegossen?
6 — Nein, es hat doch den ganzen Tag geregnet.
7 — Das ist kein Grund. Du könntest [doch] einen Regenschirm nehmen.

8 — Oh, Mist, schau mal, die Milch ist übergekocht!
9 — Oh ja, stimmt (wahrhaftig).
10 — Du warst doch zu Hause! Ich habe dich doch gebeten, die Uhr im Auge zu behalten (dass du auf die Uhr aufpasst).
11 — Ich habe sie im Auge behalten. [Es] war genau zehn vor acht.

ANMERKUNGEN *(Fortsetzung)*

(3) Padało (Neutrum) = **padał deszcz**. **Deszcz** ("Regen") ist ein Maskulinum.
(4) Pilnować (popilnować) heißt "überwachen", "aufpassen" oder "im Auge behalten". Danach folgt immer der Genitiv, z.B.: **Możesz mi popilnować dziecka?** ("Kannst du auf [das/mein] Kind aufpassen?")
(5) Godzina ("Stunde") ist ein Femininum. Daher die Vergangenheitsform **była** ("sie war").

ÜBUNG

1. Mark hat mich gebeten, dich anzurufen (dass ich dich anrufe). **2.** Ich möchte gerne, dass du dieses Paket abschickst. **3.** Eva hat [darum] gebeten, dass du ihr schreibst. **4.** Ich möchte, dass du weißt, was ich darüber denke. **5.** Ich habe dich gebeten, die Wohnung aufzuräumen (dass du die Wohnung aufräumst). **6.** Ich möchte nicht, dass du schlecht über mich denkst.

LEKTION 53

187 Sto osiemdziesiąt siedem

WYPEŁNIĆ BRAKUJĄCE SŁOWA

1 *[Meine] Ehefrau hat [mich] gebeten, die Blumen zu gießen (dass ich die Blumen gieße).*

.... prosiła, ... podlał ....

2 *Zum Glück hat es den ganzen Tag geregnet.*

.. szczęście ...... cały ..... .

3 *Ich habe dich doch gebeten, (dass du mitnimmst) einen Regenschirm mitzunehmen.*

.... cię ...., żebyś ..... parasol.

4 *Ich möchte nur, dass du die Wahrheit sagst.*

.........(.) tylko, ... powiedział ....

LEKCJA PIĘĆDZIESIĄTA CZWARTA (54)

Miłych wakacji!

1 — Andrzej jeszcze nie wyszedł? Co on tam robi tak długo? **(1)**

2 — Zawsze lubił dużo mówić, znasz go.

3 — Może nie warto na niego czekać? **(2)**

WYMOWA
miŵîh wakkazji **1** andjejj ... wîsched'ŵ ... **3** ... nje warto ...

5 *Die Nachbarin hat [mich] gebeten, auf [ihren] Sohn aufzupassen (dass ich aufpasse).*

Sąsiadka . . . . , żebym . . . popilnowała . . . . .

Diese Wörter hätten Sie einsetzen sollen:

1 Żona -, żebym – kwiaty. **2** Na – padało – dzień. **3** Prosiłem (oder: prosiłam) – przecież, – wziął (oder: wzięła) -. **4** Chciałbym (oder: chciałabym) -, żebyś – prawdę. **5** – prosiła, – jej – syna.

Noch ein bisschen Geduld und Sie werden die schwierigen Konjugationen, die unvorhersehbare Vokaländerungen aufweisen, und die Aspekte der Verben, die sich nicht an die Regeln halten, gut beherrschen. Nach und nach wird eine Schwierigkeit nach der anderen verschwinden – seien Sie sicher! Lassen Sie sich weiterhin führen, und blättern Sie auch ruhig ab und zu noch einmal einige Lektionen zurück.

Zweite Welle: Aktivieren Sie heute Lektion 4!

VIERUNDFÜNFZIGSTE LEKTION

Schöne (angenehme) Ferien!

1 — Ist Andreas noch nicht rausgekommen? Was macht er dort so lange?

2 — Er hat schon immer gerne viel geredet, du kennst ihn [doch].

3 — Vielleicht lohnt es sich nicht, auf ihn zu warten?

ANMERKUNGEN

(1) Das Verb **iść** und die von ihm abgeleiteten Verben **wyjść** ("herauskommen"), **wejść** ("hineingehen") und **przyjść** ("ankommen") haben unregelmäßige Vergangenheitsformen. Im Singular: **szedłem, szedłeś, szedł** (Maskulinum) und **szłam, szłaś, szła** (Femininum); im Plural: **szliśmy, szliście, szli** (Maskulinum) und **szłyśmy, szłyście, szły** (Femininum).

(2) Beachten Sie, dass **czekam na** + Genitiv so viel wie "ich warte [auf jdn. oder etwas]" heißt. **Niego = jego = go** (alles Genitive von **on**). **Niego** wird immer nach einer Präposition benutzt: **idę do niego** ("ich gehe zu ihm"), **wracam od niego** ("ich komme von ihm").

4 — Zaczekajmy jeszcze trochę. Zaraz powinien wyjść.
5 — Myślisz, że zda? **(3)**
6 — Na pewno. Siedzi tam już od godziny, to dobry znak. **(4)**
7 — Zobaczymy, w każdym razie, nie trzeba się martwić z góry.
8 — Jasne, zresztą zawsze można zdawać po wakacjach. **(5)**
A tobie jak poszło? **(6)**
9 — Piętnastego czerwca zdaję ostatni egzamin. **(7)**
10 — A potem masz trzy miesiące wakacji: lipiec, sierpień, wrzesień. Co będziesz robił? **(8)**
11 — Nie wiem jeszcze, to zależy od wyniku egzaminu. Może będę się musiał uczyć.

WYMOWA

4 satschekkajmî ... 6 ... sjedzji ... snakk. 7 ... martficj ... 8 jaßne, sreschto_n ... sdawwacj ... poschŵo? 9 ... tscherfza sdajjie ... 10 ... lipjezz, sjerpjenj, wjesjenj. ... 11 ... salleji ... wînjiku ...

ANMERKUNGEN

(3) Zdać egzamin (perfektiv) heißt "eine Prüfung bestehen". Die imperfektive Form **zdawać** bedeutet dagegen "eine Prüfung ablegen". **Kiedy zdajesz egzamin?** ("Wann legst du deine Prüfung ab?"), **kiedy zdasz go?** ("Wann wirst du sie bestehen?").

(4) Siedzieć heißt in erster Linie "sitzen", z.B.: **siedzieć w fotelu, siedzieć przy stole**. In Redewendungen erhält das Wort verschiedene Bedeutungen. Merken Sie sich: **siedzieć w więzieniu** ("im Gefängnis sein"), **siedzieć na pieniądzach** ("begütert sein, reich sein").

(5) Jasne ist ein umgangssprachlicher Ausdruck für **oczywiście** ("natürlich").

4 — Warten wir noch ein wenig. Er müsste gleich rauskommen.
5 — Denkst du, dass er bestehen wird?
6 — Sicher. Er ist (sitzt) schon seit einer Stunde dort, das ist ein gutes Zeichen.
7 — Wir werden sehen, auf jeden Fall soll man sich nicht im Voraus beunruhigen.
8 — Sicherlich (klar), außerdem kann man [die Prüfung] nach den Ferien wiederholen (ablegen). Und wie ist es bei dir gelaufen (dir wie ergangen)?
9 — Am 15. Juni lege ich meine letzte Prüfung ab.
10 — Und danach hast du drei Monate Ferien: Juli, August, September. Was wirst du machen?
11 — Ich weiß es noch nicht, das hängt vom Ergebnis der Prüfung ab. Vielleicht werde ich lernen müssen.

ANMERKUNGEN

(6) Hier eine andere Verwendungsweise des Verbs "gehen". **Jak ci idzie praca?** heißt sinngemäß "Wie kommst du mit der Arbeit zurecht?" (wörtlich: "Wie geht dir die Arbeit?"). In der Vergangenheit: **Jak ci poszła praca? Poszło** ist die neutrale Form: **dobrze ci poszło?** ("Ist es gut gelaufen?"). **Tobie** (betonte Form) = **ci** ist der Dativ von **ty** ("du").

(7) Für Datumsangaben benutzt man den Genitiv der Ordnungszahlen, der durch die Endung **-ego** erkennbar ist, z.B.: **pierwszego, drugiego** usw., und den Genitiv des Monatsnamens, der die Endung **-a** trägt, z.B.: **styczeń, stycznia**. Nur **luty** ("Februar") heißt im Genitiv **lutego**. Monatsnamen, die in der Endsilbe des Nominativs ein **-e-** oder ein **-ie-** haben, verlieren diesen Vokal in allen weiteren Fällen. Darüber hinaus gibt es folgende Vokalveränderungen: **marzec, marca; kwiecień, kwietnia; grudzień, grudnia**.

(8) Sie wissen, dass das Futur nur bei den perfektiven Verben der Präsensformen gleich ist. Bei imperfektiven Verben hat das Futur eine 'zusammengesetzte' Struktur, z.B.: **będę miał, będę wiedział, będę mógł** (vgl. Lektion 48). Im Grunde genommen können alle imperfektiven Verben neben der 'zusammengesetzten' auch die 'einfache' Futurform haben. Beispiel: **będę robił** und **zrobię**. Zwischen den beiden Formen gibt es jedoch einen leichten Bedeutungsunterschied (mehr dazu in der Wiederholungslektion).

12 — O, jest Andrzej. Dlaczego tak długo? No i jak, zdałeś?
13 — Komisja była zachwycona.
14 — To świetnie, gratulacje!
15 — Koniecznie chcą się ze mną spotkać we wrześniu! **(9)**
16 Styczeń, luty, marzec, kwiecień, maj, czerwiec, lipiec, sierpień, wrzesień, październik, listopad, grudzień.

WYMOWA

13 kommißja ... sahfîzonna. **14** ... grattulazje! **16** ßtîtschenj, lutî, majezz, kfjecjenj, majj, tscherwjezz, lipjezz, sjer'pjenj. wjesjenj, pazj'dzjernik, lißtoppatt, grudzjenj.

ĆWICZENIE

1. Jadę do Polski dwunastego lipca. **2.** A kiedy wracasz? **3.** Pierwszego września muszę być w pracy. **4.** Wiesz już, gdzie będziesz mieszkał? **5.** Nie będę się martwił z góry. **6.** Może ty będziesz wiedział, kiedy jest Dzień Matki? **7.** Jasne, że wiem: w czerwcu. **8.** Ale którego, dokładnie? **9.** W Polsce, dwudziestego szóstego, a we Francji, trzydziestego czerwca.

WYPEŁNIĆ BRAKUJĄCE SŁOWA

1 *Denk daran, dass am 8. März der [Internationale] Frauentag ist.*

   Pamiętaj, . . ósmego . . . . . jest . . . . . Kobiet.

2 *Sofort danach, am 1. April, ist Papas Geburtstag.*

   . . . . . potem, ... kwietnia . . urodziny . . . . . .

3 *Wirst du am Mittwoch, den 15. Februar, den Abend frei haben?*

   . . . . miał . . . . . wieczór . środę, ... lutego?

4 *Ich weiß es noch nicht, aber morgen werde ich es wissen.*

   . . . . nie . . . . , ale . . . . wiedział . . . . . .

12 — Oh, da ist Andreas. Warum so lange? Und? Hast du bestanden?
13 — [Die Prüfungs]kommission war begeistert.
14 — Das ist großartig, Glückwunsch!
15 — Sie möchten mich unbedingt im September wiedersehen (sich im September mit mir wieder treffen)!
16 Januar, Februar, März, April, Mai, Juni, Juli, August, September, Oktober, November, Dezember.

ANMERKUNGEN
(9) We wrześniu ("im September"). Zur Angabe eines Monats verwendet man die Präposition **w** (nur bei September: **we**), die den Lokativ (Endung **-u**) verlangt. Bei **luty** lautet der Lokativ **lutym**. Vergessen Sie die eventuellen Vokaländerungen nicht!

ÜBUNG
1. Ich fahre am 12. Juli nach Polen. **2.** Und wann kommst du zurück? **3.** Ich muss am 1. September wieder arbeiten (in der Arbeit sein). **4.** Weißt du schon, wo du wohnen wirst? **5.** Ich werde mich nicht im Voraus sorgen. **6.** Vielleicht wirst du wissen, wann Muttertag ist? **7.** Natürlich weiß ich das: im Juni. **8.** Aber an welchem [Tag] genau? **9.** In Polen am 26. und in Frankreich am 30. Juni.

5 *Was wirst du nach den Ferien machen?*

.. będziesz ..... po ....?

6 *Ich werde viel Zeit haben, um darüber nachzudenken.*

.... miał .... czasu, ... o ... myśleć.

Diese Wörter hätten Sie einsetzen sollen:

1 -, że – marca – Dzień -. **2** Zaraz -, pierwszego -, są – taty. **3** Będziesz – wolny – w -, piętnastego -. **4** Jeszcze – wiem – będę – jutro. **5** Co – robił – wakacjach. **6** Będę – dużo -, żeby – tym -.

Zweite Welle: Aktivieren Sie heute Lektion 5!

LEKTION 54

LEKCJA PIĘĆDZIESIĄTA PIĄTA (55)

Lepiej uczyć się w domu

1 — Co z twoim angielskim? Zacząłeś się uczyć?
2 — Nie, znalazłem lepsze wyjście. **(1)**
3 — Ciekawa jestem jakie?
4 — Postanowiłem pojechać do Anglii na dwa miesiące. **(2)**
    Nauczę się na miejscu. **(3)**
5 — Myślisz, że tak będzie lepiej?
6 — Oczywiście. Wszyscy mówią, że w naturalnym środowisku nauka idzie szybciej. **(4)**
7 — To zależy. Czasem lepiej uczyć się z książki.
8 — Chyba żartujesz?

WYMOWA

1 ... ß tfoim angjelßkim? ... 2 ... wîjsicie. 4 poßtannowwiwemm pojjehhaci do angli ... mjejßzu. 6 ... fschîßzî ... natturalnîm sıroddowwißku ... schîpciejj.

ANMERKUNGEN

(1) **Wyjście**, hier "Lösung", heißt auch "Ausgang, Ausweg" (denken Sie an das Verb **wyjść**). Das Gegenteil, "Eingang", heißt **wejście** und stammt von **wejść** ("hineingehen").
(2) **Pojechać** ist ein perfektives Verb; **jechać** ist das imperfektive Äquivalent.

FÜNFUNDFÜNFZIGSTE LEKTION

Man lernt besser zu Hause

1 — Was ist mit deinem Englisch? Hast du mit dem Lernen begonnen?
2 — Nein, ich habe eine bessere Lösung (Ausweg) gefunden.
3 — Ich bin neugierig, [zu erfahren,] welche?
4 — Ich habe beschlossen, für zwei Monate nach England zu fahren. Ich werde an Ort und Stelle [Englisch] lernen.
5 — Denkst du, dass es so besser sein wird?
6 — Natürlich. Alle sagen, dass das Lernen in einer natürlichen Umgebung schneller [voran]geht.
7 — Das kommt drauf an. Manchmal [ist es] besser, aus einem Buch zu lernen.
8 — Du machst wohl Witze?

ANMERKUNGEN

(3) Bei vielen Verben kennzeichnet das Präfix **na-** die Abgeschlossenheit einer Handlung. Diese Abgeschlossenheit ist ein Hinweis auf den perfektiven Aspekt. Noch mal eine kurze Erläuterung der Aspekte. Das perfektive Verb im Präsens entspricht dem Futur: **napiszę** ("ich werde schreiben"). **Piszę** ("ich schreibe") ist das Präsens des imperfektiven Verbs **pisać**. In der Vergangenheit weist das perfektive Verb darauf hin, dass das Schreiben beendet ist: **napisałem** ("ich habe geschrieben"). Bei der Vergangenheitsform des imperfektiven Verbs **pisałem** ("ich schrieb") bleibt offen, ob die Tätigkeit abgeschlossen wurde. Zur Vereinfachung könnte man sagen, dass die perfektiven Verben des Polnischen in der Vergangenheit der zusammengesetzten Vergangenheit des Deutschen und die imperfektiven Verben dem deutschen Imperfekt entsprechen. Das heißt nicht, dass es von dieser Regel nicht auch Abweichungen geben kann.

(4) **Wszyscy** ("alle") wird bei maskulinen Subjekten angewandt, **wszystkie** beim Femininum und Neutrum. Beachten Sie bitte, dass man im Singular folgende Wörter benutzt: **cały** ("ganzer"), **cała** ("ganze") und **całe** ("ganzes").
Szybko ("schnell"), **szybciej** ("schneller"). Das Gegenteil heißt **wolno/wolniej**.

195 Sto dziewięćdziesiąt pięć

9 — Wcale nie. Dam ci przykład brata: pojechał do Niemiec z takim zamiarem i wcale się niemieckiego nie nauczył. **(5)**
10 — Na pewno cały czas siedział w domu i z nikim nie rozmawiał. **(6)**
11 — Przeciwnie. Znalazł pracę w restauracji i po dwóch miesiącach dawał sobie świetnie radę.
12 — No widzisz!
13 — Tylko, że na ulicy nikt go nie rozumiał.
14 — Trudno dobrze mówić po dwóch miesiącach.
15 — Nie o to chodzi. Restauracja, w której pracował, była restauracją grecką.

WYMOWA

9 ... pojjehaw do n_iemjez ... n_ieimjezkjeggo ... **10** ... rosmawjaw.
15 ... grezko$_n$.

ĆWICZENIE

1. Rozmawiałeś z dyrektorem na temat wakacji? **2.** Będę rozmawiał jutro, dziś był zajęty. **3.** Postanowiłeś już, dokąd pojedziesz? **4.** Znalazłem doskonałe wyjście. **5.** Napisałem do Marka, żeby mi znalazł pokój w hotelu. **6.** Zastanawiam się, czy nie będzie szybciej poszukać na miejscu. **7.** Powiedz mi, gdzie się nauczyłeś polskiego. **8.** U siebie, z książki. **9.** Siedziałem w domu, czytałem i słuchałem kaset.

WYPEŁNIĆ BRAKUJĄCE SŁOWA

1 *Ich habe beschlossen, Polnisch bei mir (sich) zu lernen.*

  . . . . uczyć się . . . . u . . . .

2 *Hast du eine bessere Lösung gefunden?*

  . . . . lepsze . . . . ?

3 *Ich habe mit deiner Frau (auf) Polnisch gesprochen.*

  Z . . . . . żoną . . . . po . . . .

9 — Keineswegs. Ich gebe dir das Beispiel meines Bruders: er ist mit einem solchen Plan (Vorhaben) nach Deutschland gefahren und hat überhaupt kein Deutsch gelernt.
10 — Er ist bestimmt die ganze Zeit (saß) zu Hause geblieben und hat mit niemandem gesprochen.
11 — Im Gegenteil. Er hat in einem Restaurant Arbeit gefunden und nach zwei Monaten kam er prima zurecht.
12 — Na siehst du!
13 — Nur, auf der Straße hat ihn niemand verstanden.
14 — [Es ist] schwer, nach zwei Monaten gut zu sprechen.
15 — Darum geht es nicht. Das Restaurant, in dem er gearbeitet hat, war ein griechisches Restaurant.

ANMERKUNGEN

(5) **Niemcy** ("Deutschland" aber auch "die Deutschen"), **Jechać do Niemiec** ("nach Deutschland fahren"), aber **mieszkać w Niemczech** ("in Deutschland wohnen"). **Mówić po niemiecku** heißt "Deutsch sprechen".

(6) **Rozmawiać** ist dem Verb **mówić** ("sprechen") ähnlich, hat aber eine unbestimmtere Bedeutung: "sich unterhalten" im Sinne von "mit jemandem sprechen". Beispiele: **Z kim** (Instrumentalfall) **rozmawiasz?** ("Mit wem sprichst du?"), **rozmawiam przez telefon** ("ich spreche am Telefon"). **Nikim** ist der Instrumentalfall von **nikt** ("niemand").

ÜBUNG

1. Hast du mit dem Direktor über die Ferien gesprochen? 2. Ich werde morgen [mit ihm] sprechen, heute war er beschäftigt. 3. Hast du bereits entschieden, wohin du fahren wirst? 4. Ich habe eine hervorragende Lösung gefunden. 5. Ich habe an Mark geschrieben, damit er für mich ein Zimmer im Hotel auftut (findet). 6. Ich frage mich, ob es nicht schneller wäre, an Ort und Stelle zu suchen. 7. Sag mir, wo du Polnisch gelernt hast. 8. Bei mir (sich), mit (aus) einem Buch. 9. Ich saß zu Hause, las und hörte [mir] die Kassetten an.

4 *Hast du mit jemandem über deine Arbeit gesprochen?*

. . . . z . . . . o . . . . . . pracy?

5 *Ich hoffe, du willst nicht [dein] ganzes Leben hier bleiben.*

... nadzieję, .. nie ...... tu ...... całe ....

6 *Ich werde mit dem Auto fahren, [das] wird schneller sein.*

Pojadę ...., będzie ....

LEKCJA PIĘĆDZIESIĄTA SZÓSTA (56)

Wiederholung und Anmerkungen

(Heißt im Polnischen: **Powtórzenie i uwagi**)

1 Wir haben bereits erwähnt, dass die *Wortstellung* im Polnischen viel freier ist als im Deutschen. Sie haben dies bestimmt auch beim Lesen der übersetzten Lektionstexte bemerkt. Nehmen wir ein einfaches Beispiel: "Mark möchte Polnisch lernen" ("lernen" ist hier reflexiv). Dieser Satz kann auf Polnisch drei Varianten haben:

Marek się chce uczyć polskiego.
Marek chce się uczyć polskiego.
Marek chce uczyć się polskiego.

Sie sehen, dass der Aufbau des polnischen Satzes sehr flexibel ist (hier ändert sich nur die Stellung eines einzigen Wortes, nämlich des Pronomens **się**). Die Platzierung der einzelnen Satzelemente hängt in hohem Maße von der Absicht des Sprechers ab, d.h. davon, welches Element er unterstreichen möchte. Die Wortstellung wird also durch die beabsichtigte Betonung bestimmt. Das jeweilige Satzelement kann demnach an verschiedenen Stellen auftauchen. Wir halten diesen Hinweis für sehr wichtig, denn wir verzichten ab jetzt zunehmend – außer in den Fällen, wo neue Wörter auftauchen – auf die wörtliche Übersetzung in den runden Klammern, um Ihnen das Lesen der deutschen Übersetzung zu erleichtern (unsere Sätze werden immer länger und komplizierter).

Diese Wörter hätten Sie einsetzen sollen:

1 Postanowiłem - - polskiego . siebie. 2 Znalazłeś – wyjście. 3 – twoją – rozmawiałem – polsku. 4 Rozmawiałeś – kimś – twojej -. 5 Mam -, że – chcesz – zostać – życie. 6 – samochodem, – szybciej.

Zweite Welle: Aktivieren Sie heute Lektion 6!

SECHSUNDFÜNFZIGSTE LEKTION

2 Sprechen wir nun etwas über die Präpositionen. Sie sind in beiden Sprachen sehr zahlreich, aber ihre Verwendungsweise ist nicht immer gleich. Geben Sie also acht und merken Sie sich die Präpositionen immer je nach ihrer Verwendung in einem bestimmten Kontext.

a) **Do** und **na**:
benutzt man nach den Verben "gehen" und "fahren" (dynamische Ortsangabe), und zwar je nach Kontext auf zwei Weisen:
- **idę** oder **jadę do** + Genitiv (**domu**) -> "ich gehe/fahre nach Hause"
- **idę** bzw. **jadę na** + Akkusativ (**koncert**) -> "ich gehe/fahre ins Konzert".
Do leitet eine präzise Ortsangabe ein, im Sinne von "sich irgendwo hineinbegeben". **Na** wird für unbestimmte Ortsangaben, Versammlungen usw. benutzt. Man sagt: **idę na pocztę** ("zur Post"), **na basen** ("ins Schwimmbad") und auch **na mecz/na film/na operę** (aber: **do kina/do opery**).

b) **W** und **na**:
benutzt man bei einer statischen Ortsbestimmung, im Sinne von "sich bereits irgendwo befinden":
- **w** + Lokativ, z.B.: **jestem w szkole** ("ich bin in der Schule");
- **na** + Lokativ, z.B.: **jestem na wakacjach** ("ich bin in den Ferien");
- **na** + Akkusativ, z.B.: **pojechać na wakacje** ("in die Ferien fahren").
Sie sehen also, dass eine statische Ortsangabe zum Ausdruck kommt, wenn der Präposition **na** der Lokativ folgt, z.B.: **na stole** ("auf dem Tisch"), **na wakacjach** ("in den Ferien"). Wenn hingegen der Akkusativ im Spiel ist, wird die Zielrichtung ausgedrückt, z.B.: **na stół** ("auf den Tisch"), **na wakacje** ("in die Ferien").

3 Das *zusammengesetzte Futur* wird bei Verben angewandt, die keinen perfektiven Aspekt haben und bei denen das Futur deshalb nicht regelmäßig gebildet werden kann. In diesem Fall setzt sich das Futur aus der Futurform des Verbs "sein" (**będę, będziesz, będzie,** usw.) und aus dem entsprechenden Vollverb zusammen, wobei das Verb die Vergangenheitsform der 3. Person (Singular bzw. Plural) annimmt: **będę miał/miała** ("ich werde haben"), **będziesz mógł/mogła** ("du wirst können"). Weiterhin wird das zusammengesetzte Futur auch bei den imperfektiven Verben, die von perfektiven abgeleitet sind, gebildet. Die beiden so entstehenden Formen haben jedoch nicht ganz die gleiche Bedeutung. Nehmen wir als Beispiel das Verb "machen": imperfektiv **robić** und perfektiv **zrobić**. Das perfektive Verb erlaubt uns, die einfache Futurform zu bilden: **zrobię**, die Endungen sind wie im Präsens. Im Fall des imperfektiven Verbs muss die zusammengesetzte Futurform gebildet werden: **będę robił/robiła**. Es entsteht dabei ein leichter Bedeutungsunterschied: **zrobię** ("ich mache es und beende es auch"); **będę robiła** ("ich werde das tun, ich weiß aber noch nicht, ob ich es vollende").

Diese beiden Formen geben auch Hinweise zur Häufigkeit. Stellen Sie sich folgende Situation vor: Sie versprechen einer Person, von der Sie sich verabschieden, zu schreiben. Wenn Sie sagen **napiszę do ciebie**, versprechen Sie, einen einzigen Brief zu schreiben. Sagen Sie jedoch **będę pisał/pisała**, verpflichten Sie sich, regelmäßig zu schreiben. Wir hoffen, dass Ihnen dieses kleine "Rollenspiel" die Bedeutung der Aspekte etwas klarer gemacht hat.

4 *Der Dativ* ist der Fall des erweiterten (indirekten) Objekts, man kann sagen, er kennzeichnet den Adressaten der Handlung. Beispiel: **kupiłem mamie kwiaty** ("ich habe der Mutter Blumen gekauft"). Er antwortet auf die Fragen "wem?" oder "was?". Unter den Ihnen bekannten Verben gibt es auch einige, die ausdrücklich den Dativ verlangen. Beispiele: **dawać, dziękować, kazać, podobać się, powiedzieć, płacić**.

Hier die häufigsten Endungen des polnischen Dativs auf einen Blick:

	Maskulinum (männlich)	Femininum (weiblich)	Neutrum (sächlich)
Dativ (Wemfall)	-owi, -u	-i, -y, -(i)e	-u
Beispiele:	synowi, studentowi bratu, chłopcu	chwili, kawiarni nocy, ulicy mamie, lampie	oknu, krzesłu

Im Femininum wird die Endung **-(i)e** immer von folgenden Konsonantenänderungen begleitet:

> **-ka** wird zu **-ce: matka, matce;**
> **-ra** wird zu **-rze: siostra, siostrze;**
> **-ła** wird zu **-le: szkoła, szkole;**
> **-ta** wird zu **-cie: kobieta, kobiecie;**
> **-da** wird zu **-dzie: woda, wodzie;**
> **-ga** wird zu **-dze: noga, nodze;**
> **-cha** wird zu **-sze: mucha, musze**.

Im Plural hat der Dativ bei *allen* Geschlechtern die Endung **-om**, z.B.: **matkom, ojcom, oknom.**

Die *männlichen und neutralen Adjektive* haben im Dativ Singular die Endung **-emu: mojemu, dobremu**; die *weiblichen* die Endung **-ej: mojej, dobrej**. Im Plural enden die Adjektive *aller* Geschlechter auf **-ym** oder **-im: moim, dobrym**.

Übung

> Übersetzen Sie die folgenden Sätze ins Polnische, aber bitte nicht auf die Lösung schauen!

1 Ich danke dem Herrn Professor und all unseren Studenten. **2** Sag deiner Tochter und deinem Sohn, dass ich morgen kommen werde. **3** Ich gefalle unserer neuen Nachbarin nicht.

Lösung

1 Dziękuję panu profesorowi i wszystkim naszym studentom. **2** Powiedz twojej córce i twojemu synowi, że przyjdę jutro. **3** Nie podobam się naszej nowej sąsiadce.

Zweite Welle: Aktivieren Sie heute Lektion 7!

LEKCJA PIĘĆDZIESIĄTA SIÓDMA (57)

Dziwne zabawki

1 — Wkrótce gwiazdka. Pomyślałaś o prezentach dla dzieci? **(1)**
2 — Naprawdę nie wiem, co im kupić. Mają tyle zabawek...
3 — Ja też mam kłopot z moją siostrzenicą. **(2)** Jest w takim wieku, że trudno ją zadowolić. **(3)**
4 — Przecież ma dopiero osiem lat! Co będzie później? **(4)**
5 — Nie mam pojęcia.
6 — Nie podobały jej się poprzednie prezenty?
7 — Przeciwnie. Trzy lata temu kupiłam jej miniaturową pralkę i była nią zachwycona. **(5)**

WYMOWA

dzjiwne zabbafki **1** fkrut'ze gwjasdka ... **2** ... sabbawwekk ...
3 ... kwoppott ... sjoßt'schenjizo$_n$ ... saddowwollicj. **5** ... pojе$_n$cja.
6 ... popschednje ... **7** ... minjatturowwo$_n$ pralke ... sahfîzonna.

ANMERKUNGEN

(1) Gwiazdka heißt eigentlich "Sternchen", wird aber auch als Synonym für "Weihnachten" benutzt, denn nach polnischem Brauch beginnt das Weihnachtsmahl, nachdem der erste Stern am Himmel gesichtet wurde. Feierlicher sagt man **Boże Narodzenie** ("Gottes Geburt").

Das Präfix **po-** kann, wie bereits erwähnt, verschiedene Bedeutungen haben. Es kann z.B. eine wiederholt ausgeführte Handlung oder eine Handlung von kurzer Dauer oder geringer Intensität ausdrücken: **popracować, poczytać, posiedzieć**. Im Verb **pomyśleć** weist **po-** darauf hin, dass die Handlung abgeschlossen ist. Ähnliches gilt für die Verben **pojechać, poczekać, polubić**, die alle perfektiv sind.

(2) Der Wechsel von **r** zu **rz** ist Ihnen bereits begegnet. Wir haben im Zusammenhang mit dem Dativ darüber gesprochen (Lektion 56). Das Wort **siostrzenica** ("Nichte") kommt von **siostra** ("Schwester"). **Siostrzeniec** heißt, wie Sie sich sicher schon gedacht haben, "Neffe". Für die Kinder des Bruders benutzt man **bratanica** ("Nichte") und **bratanek** ("Neffe"), beide Wörter stammen von **brat** ("Bruder") ab.

SIEBENUNDFÜNFZIGSTE LEKTION

Eigenartiges (komisches) Spielzeug

1 — Bald [ist] Weihnachten. Hast du an Geschenke für die Kinder gedacht?
2 — Ich weiß wirklich nicht, was ich ihnen kaufen soll. Sie haben so viel Spielzeug ...
3 — Ich habe auch ein Problem (Sorge) mit meiner Nichte. Sie ist in dem Alter, in dem sie schwer zufriedenzustellen ist.
4 — Sie ist doch erst 8 Jahre alt. Was wird später sein?
5 — Ich habe keine Ahnung.
6 — Haben ihr [deine] letzten (vorherigen) Geschenke nicht gefallen?
7 — Im Gegenteil. Vor drei Jahren habe ich ihr eine Miniaturwaschmaschine gekauft und sie war begeistert.

ANMERKUNGEN

(3) **Wiek** ("Alter", aber auch "Jahrhundert, Zeitalter"), z.B.: **wiek szkolny** ("Schulalter"), **wiek dojrzały** ("die Reife") oder **dwudziesty wiek** ("20. Jahrhundert"). Das Wort **wiek** wird *nicht* dazu benutzt, jemanden nach seinem Alter zu fragen. In diesem Fall würde man sagen: **ile masz/ma pan** oder **ma pani lat?**

(4) **Dopiero** heißt "erst" oder "gerade" und bezieht sich fast immer auf Aussagen, die auf die Zeit hinweisen. Beispiele: **wracam dopiero za miesiąc** ("ich komme erst in einem Monat zurück"); **dopiero co zacząłem** ("ich habe gerade erst angefangen") oder **to dziecko ma dopiero trzy lata** ("dieses Kind ist [jetzt] erst drei Jahre alt"). Umgangssprachlich wird **dopiero** gerne als Idiom **dopiero co** ("soeben, gerade") benutzt, z.B. **dopiero co przyszedł** ("er ist soeben/gerade gekommen").

(5) **Temu** bei Zeitangaben entspricht "vor". Das vorausgehende Substantiv steht im Akkusativ. Beispiel: **godzinę temu** ("vor einer Stunde").
Das Wort **pralka** ("Waschmaschine)" kommt von **prać** ("waschen"), daher auch **pralnia** ("Wäscherei" oder "Waschküche") und **pranie** ("Wäsche, Waschen"). All diese Wörter beziehen sich nur auf Textilien u.ä. Bei Menschen sagt man **myć** ("waschen"). **Maszyna do zmywania naczyń** ("Spülmaschine") wird von **zmywać naczynia** ("das Geschirr spülen") gebildet.

LEKTION 57

8 — To kup jej kuchenkę elektryczną dla dzieci. Będzie się mogła bawić z koleżankami.
9 — Dostała ją dwa lata temu. **(6)**
10 — A w zeszłym roku, co jej kupiłaś? **(7)**
11 — Małą maszynę do zmywania naczyń i plastikowy serwis.
12 — A czy ma już lodówkę i odkurzacz?
13 — Nie, w tym roku chce, żebym jej dała pieniądze.
14 — Może sama chce sobie kupić prezent? Dzieci są coraz bardziej wymagające. **(8)**
15 — Nie, chce zapłacić koleżance, żeby sprzątała dwa razy w tygodniu w jej pokoju. **(9)**

WYMOWA

8 ... kuhenke ellektrîtschno$_n$ ... 10 ... seschŵîm ... 11 ... maschîne do smîwan$_j$a natschîn$_j$ i plaßtikowŵî ßerwiß. 12 ... loddufke i otku$_j$atsch? 14 ... zorraß bardz$_j$ej ŵîmaggaj$_j$o$_n$ze. 15 ... sapŵac$_j$ic$_j$ ...

ĆWICZENIE

1. Gratulacje, mówi pan coraz lepiej po polsku! 2. Ostatnio coraz więcej pracuję, ale lubię to zajęcie. 3. Dwa dni temu dostałam list od siostrzenicy. 4. Pisze, że wkrótce do nas przyjedzie. 5. Co dostałaś na gwiazdkę w zeszłym roku? 6. Dostałam dużo prezentów, ale najbardziej podobał mi się odkurzacz. 7. Od dawna masz tę pralkę? 8. Nie, kupiłam ją dopiero tydzień temu.

8 — Dann schenk (kauf) ihr doch einen (kleinen) elektrischen Kinderherd. Sie wird dann mit [ihren] Freundinnen spielen können.
9 — Sie hat vor zwei Jahren einen bekommen.
10 — Und letztes Jahr, was hast du ihr [da] gekauft?
11 — Eine kleine Spülmaschine und ein Plastikservice.
12 — Und hat sie schon einen Kühlschrank und einen Staubsauger?
13 — Nein, dieses Jahr möchte sie, dass ich ihr Geld gebe.
14 — Vielleicht möchte sie [ihr] Geschenk selbst kaufen? Die Kinder werden immer anspruchsvoller.
15 — Nein, sie will ihre Freundin dafür bezahlen, dass sie zweimal in der Woche ihr Zimmer putzt.

ANMERKUNGEN *(Fortsetzung)*

(6) **Dostać** (perfektiv) und **dostawać** (imperfektiv), beides heißt "erhalten, bekommen", z.B. **co dostałaś na imieniny?, gdzie dostałeś tę książkę?** Merken Sie sich auch: **dostać kataru** ("einen Schnupfen bekommen").

(7) **W zeszłym roku** ("vergangenes Jahr"). Man kann auch sagen: **w ubiegłym roku/miesiącu/tygodniu**. Der erste Ausdruck ist etwas umgangssprachlicher.

(8) Bestimmte Adjektive und Adverbien bilden den Komparativ durch Voranstellen des Wortes **bardziej** ("mehr"), z.B. **bardziej wymagające** ("anspruchsvoller"; wörtlich "mehr anspruchsvoll"). **Coraz** + Komparativ beschreibt eine allmähliche Steigerung. Beispiele: **dużo - coraz więcej** ("viel - immer mehr"), **dobrze - coraz lepiej** ("gut - immer besser"), **źle - coraz gorzej** ("schlecht - immer schlechter"), **mało - coraz mniej** ("wenig - immer weniger").

(9) Sie kennen bereits das Verb **sprzątać**, z.B.: **sprzątać swoje rzeczy/swoje książki** ("seine Sachen/Bücher aufräumen"). Allgemein heißt **sprzątać** auch "putzen". Die perfektive Form lautet **sprzątnąć**.

ÜBUNG

1. Glückwunsch, Sie sprechen immer besser Polnisch! **2.** In der letzten Zeit arbeite ich immer mehr, aber ich mag diese Beschäftigung. **3.** Vor zwei Tagen habe ich einen Brief von [meiner] Nichte erhalten. **4.** Sie schreibt, dass sie bald zu uns kommen wird. **5.** Was hast du letztes Jahr zu Weihnachten bekommen? **6.** Ich habe viele Geschenke bekommen, aber am meisten gefiel mir der Staubsauger. **7.** Hast du diese Waschmaschine [schon] lange? **8.** Nein, ich habe sie erst vor einer Woche gekauft.

205 Dwieście pięć

WYPEŁNIĆ BRAKUJĄCE SŁOWA

1 *Vor einem Monat habe ich dir ein Päckchen geschickt, hast du es erhalten?*

Miesiąc .... wysłałem (oder: wysłałam) ..

paczkę, ... ją?

2 *Ich habe es erst letzte Woche bekommen.*

.... ją .... w ...... tygodniu.

3 *Wir haben diesen Kühlschrank vor 5 Jahren gekauft, aber er ist wie neu.*

.... tę ...... pięć lat ...., ale .... jak .....

LEKCJA PIĘĆDZIESIĄTA ÓSMA (58)

To niemożliwe

1 — Byłeś na premierze mojej nowej sztuki? **(1)**
2 — Tak, byłem.
3 — I co o niej myślisz? Ja uważam, że to wielki sukces. **(2)**
4 — Nie przesadzasz trochę?

WYMOWA
to njemmojliwe **1** ... premjeje ... **3** ... wjelki ßukzeß.
4 pscheßadsasch ...

4 *Meine Tochter ist erst sechs Jahre alt, aber [es wird] immer schwieriger, sie zufriedenzustellen.*

Moja . . . . . ma . . . . sześć . . . , ale . . . . .

trudniej . . zadowolić.

5 *In diesem Alter brauchen die Kinder immer mehr Spielzeug.*

W . . . wieku . . . . . potrzebują . . . . więcej . . . .

Diese Wörter hätten Sie einsetzen sollen:

1 – temu – ci -, dostałeś (oder: dostałaś) -. **2** Dostałem (oder: dostałam) – dopiero – zeszłym -. **3** Kupiliśmy – lodówkę - - temu, – jest – nowa. **4** – córka – dopiero – lat, – coraz – ją -. **5** – tym – dzieci – coraz – zabawek.

Zweite Welle: Aktivieren Sie heute Lektion 8!

ACHTUNDFÜNFZIGSTE LEKTION

Das ist unmöglich

1 — Bist du in der Premiere meines neuen Stücks gewesen?

2 — Ja, ich bin [dort] gewesen.

3 — Und was denkst du (über sie) darüber? Ich finde, es ist ein Riesenerfolg.

4 — Übertreibst du nicht ein bisschen?

ANMERKUNGEN

(1) Premierze ist der Lokativ von **premiera** ("Theater-Premiere"). Diese Veränderung des Wortes sollte Sie nicht mehr verwirren.

(2) In dem Satz **Co o niej myślisz?** ist **niej** der Lokativ von **ona** ("sie"). Im Genitiv und im Dativ gibt es neben **jej** auch diese Form, die jedoch nur nach Präpositionen angewandt wird (wir haben schon im Zusammenhang mit Vornamen darauf hingewiesen), z.B.: **idę do niej, rozmawiam o niej.**

5 — Wcale nie. Zobacz, nikt nie gwizdał. To znaczy, że się podobała. (3)
6 — Nie można jednocześnie ziewać i gwizdać.

Trudno!

7 — Wczoraj rano robiłam tu zakupy. Pamięta pani?
8 — Myśli pani, że pamiętam wszystkich klientów?
9 — Brałam trzy kilo ziemniaków, chleb i masło. (4)
10 — O co pani chodzi, nie rozumiem? (5)
11 — Pomyliła się pani o pięć złotych, wydając mi resztę. (6)
12 — A, to trzeba było powiedzieć od razu. Żałuję, ale teraz jest za późno. (7)
13 — Trudno, w takim razie zatrzymam je dla siebie.

WYMOWA

5 ... gwisdaŵ. ... 6 ... jednotschesi̯nie zi̯ewaci̯ i gwisdaci̯. trudno!
7 ... sakkuppî. pamjenta ... 8 ... klijentuf? 9 ... zi̯emjakuf, hlepp i maßŵo. 11 pomiliŵa ... ŵidajonz ... reschte. 12 ... ĵaŵuje, ... puzi̯no. 13 ... sat'schîmamm ...

ANMERKUNGEN

(3) Die Benutzung der perfektiven Verben in der Vergangenheit ist viel eingeschränkter als im Deutschen. Deswegen werden oft imperfektive Verben angewandt, auch dann, wenn die Handlung bereits beendet ist. Dadurch wird die Dauer bzw. Häufigkeit der Handlung betont, z.B.: **nikt nie gwizdał** ("niemand hat gepfiffen", und zwar während der Vorstellung), **sztuka się podobała** ("das Stück hat gefallen", und zwar während der ganzen Zeit). Die perfektiven Verben sind für kurze, einmalige Handlungen 'reserviert', d.h.: sagen wir **ktoś zagwizdał**, dann meinen wir: "jemand hat *einmal* gepfiffen" oder **sztuka się spodobała** ("das Stück hat *sofort* gefallen").
(4) Auf der Grundlage des zuvor Gesagten verstehen Sie die Verwendung der imperfektiven Verben in den Ausdrücken: **robiłam zakupy** und **brałam trzy kilo ziemniaków**, obwohl man im Deutschen "ich habe Einkäufe gemacht" und "ich habe drei Kilo Kartoffeln genommen" sagen würde.

5 — Keineswegs. Sieh, niemand hat gepfiffen. Das bedeutet, dass es gefallen hat.
6 — Man kann nicht gleichzeitig gähnen und pfeifen.

Schade!

7 — Gestern früh habe ich hier eingekauft. Erinnern Sie sich daran?
8 — Denken Sie, dass ich mich an alle Kunden erinnere?
9 — Ich habe drei Kilo Kartoffeln, Brot und Butter (genommen) gekauft.
10 — Worum geht es Ihnen? Ich verstehe [Sie] nicht.
11 — Sie haben sich um fünf Zloty vertan, als Sie mir (den Rest) das Wechselgeld gegeben haben.
12 — Ah, das hätten Sie sofort sagen sollen. Ich bedaure, aber jetzt ist es zu spät.
13 — Schade, (in diesem Fall) dann behalte ich [es] für mich.

ANMERKUNGEN *(Fortsetzung)*

(5) O co chodzi? ("worum handelt es sich?") ist eine unpersönliche und neutrale Formulierung; **o co pani chodzi?** dagegen heißt "worum geht es Ihnen?". Wird in dieser Frage **o co?** besonders betont und dabei Verwunderung signalisiert, bedeutet es "was wollen Sie?". Wie Sie sehen, steht die Person im Dativ: **pani, panu, mi, ci, jemu, jej** usw.

(6) Wydając ist das 'unveränderliche' Partizip Präsens (Mittelwort der Gegenwart) von **wydać**, hier "[Geld] zurückgeben". Es drückt aus, dass eine Handlung gleichzeitig mit der im anderen Verb des Satzes ausgedrückten Handlung ausgeführt wird: **czekając, palił papierosa** ("während er wartete, rauchte er eine Zigarette"). Man bildet diese Form dadurch, dass der 3. Person Plural Präsens eines imperfektiven Verbs die Endung **-c** hinzugefügt wird, z.B.: **idąc, robiąc, kupując**.

(7) Trzeba, warto, można sind Beispiele der polnischen Impersonalia (unpersönliche Verben). Ihre Vergangenheit bildet man durch Hinzufügen von **było** ("es war"), z.B.: **warto było** ("es war die Mühe wert" oder auch "es war nötig"). Beim Futur fügt man **będzie** hinzu: **trzeba będzie** ("man sollte"); **można będzie** ("man könnte").

209 Dwieście dziewięć

ĆWICZENIE

1. Co robiłaś przez cały dzień? **2.** Rano robiłam zakupy, a wieczorem byłam w teatrze. **3.** Trzeba było zadzwonić, miałem wolny wieczór. **4.** Pomyliłam się mówiąc, że Nowak jest złym ojcem. **5.** Nie warto się było spieszyć, Marka jeszcze nie ma. **6.** Żałuję, ale nie mogę jednocześnie słuchać radia i uczyć się. **7.** Kup mi chleb i paczkę masła, pieniądze są w torbie.

WYPEŁNIĆ BRAKUJĄCE SŁOWA

1 *Als ich ins Büro ging, habe ich diesen Schirm gefunden. Gefällt er dir?*

. . . . do . . . . . znalazłem (oder: znalazłam) . . .

parasol, ... ci . . .?

2 *Wann bist du zum letzten Mal im Theater gewesen?*

. . . . . byłeś (oder: byłaś) . . raz . . . . w . . . .?

3 *Ich erinnere mich nicht [mehr] genau, wahrscheinlich (wohl) letztes Jahr.*

Nie . . . . dokładnie, ... w . . . . roku.

4 *Du übertreibst, wenn du sagst, dass das Leben in der Stadt anstrengend ist.*

. . . . mówiąc, . . życie . mieście . . . . męczące.

5 *Du siehst, es war nicht nötig, sich im Voraus zu beunruhigen.*

Widzisz, . . . trzeba się . . . . martwić . góry.

ÜBUNG

1. Was hast du den ganzen Tag gemacht? **2.** Morgens habe ich Einkäufe gemacht und abends war ich im Theater. **3.** Du hättest mich anrufen sollen, ich hatte einen freien Abend. **4.** Ich habe mich (vertan) geirrt, als ich sagte, dass Nowak ein schlechter Vater ist. **5.** Es war nicht nötig, sich zu beeilen, Mark ist noch nicht da. **6.** Ich bedaure, aber ich kann nicht gleichzeitig Radio hören und lernen. **7.** Kauf mir Brot und ein Stück Butter, das Geld ist in der Tasche.

Diese Wörter hätten Sie einsetzen sollen:

1 Idąc – biura – ten -, podoba – się. **2** Kiedy – po – ostatni – teatrze. **3** – pamiętam -, chyba – zeszłym -. **4** Przesadzasz -, że – w – jest -. **5** – nie – – było – z -.

Zweite Welle: Aktivieren Sie heute Lektion 9!

LEKCJA PIĘĆDZIESIĄTA DZIEWIĄTA (59)

Co mówią karty?

1 — Ma pan przed sobą wspaniałą przyszłość. W życiu osobistym czekają pana same sukcesy. **(1)**
2 — A moja kariera zawodowa?
3 — Nic nie stoi na przeszkodzie. Nie widzę, żadnej choroby w pana życiu. **(2)**
4 — I pani to nazywa przyszłością?! Dla mnie, lekarza...?

5 — I co pani widzi w kartach?
6 — Ktoś bardzo panu bliski przeżyje wkrótce wielkie rozczarowanie. **(3)**
7 — Nie pomyliła się pani. Właśnie zapomniałem portfela.

WYMOWA

zo muwjo_n kartî 1 ... fßpan¡aŵo_n pschîschŵos¡'c¡ ... oßobbißtîm ... ßukzeßî. 2 ... karjerra sawwoddowwa? 3 ... ßto'i na pscheschkodz¡e. ... horrobî ... 4 ... lekkaĵa... ? 6 ... pschejîje fkrutze ... roß'tscharrowwan¡e. 7 ... sapom'njaŵemm ...

NEUNUNDFÜNFZIGSTE LEKTION

Was sagen die Karten?

1 — Sie haben eine wunderbare Zukunft vor sich. Im Privatleben erwarten Sie nur Erfolge.
2 — Und meine berufliche Karriere?
3 — Es steht [ihr] nichts im Wege. Ich sehe in Ihrem Leben keine Krankheit.
4 — Und das nennen Sie eine Zukunft? Für mich, [als] Arzt ... ?

5 — Also, was sehen Sie in den Karten?
6 — Jemand, [der] Ihnen sehr nah [ist], wird bald eine große Enttäuschung erleben.
7 — Sie haben sich nicht geirrt. Ich habe nämlich [mein] Portemonnaie vergessen.

ANMERKUNGEN

(1) Durch das Wort **sam** wird in diesem Fall betont, dass der Gegenstand der Aussage ohne Begleitumstände auftritt. **Same sukcesy** bedeutet also "nur Erfolge, nichts als Erfolge"; **opowiada same bzdury** ("er erzählt nur Unsinn"). **Osobisty** ("persönlich", aber auch "privat") kommt von **osoba** ("Person"). Beispiele: **sprawa osobista** ("persönliche Angelegenheit"), **dowód osobisty** ("Personalausweis"), **osobiście** ("persönlich, selbst").

(2) **Stać na przeszkodzie** entspricht der deutschen idiomatischen Redewendung "im Weg stehen". **Przeszkoda** heißt "Hindernis". In den Präsensformen des Verbs **stać** (perfektiv, 2. Konjugation) erscheint der Vokal **o** (im Imperativ **ó**): **stoję, stoisz, stój!** usw. Die Grundbedeutung von **stać** ist "stehen", z.B.: **Stój prosto!** ("Steh gerade!") oder **książki stoją na półce** ("die Bücher stehen im Regal"). Merken Sie sich auch: **stać na czele** ("an der Spitze stehen"), **zegarek stanął** ("die Uhr blieb stehen").

(3) Das Verb **przeżyć** (imperfektiv: **przeżywać**) bedeutet hier "erleben", daher auch **przeżycie** ("Erlebnis"). Die Grundbedeutung des Verbs ist "überleben", z.B. **przeżyć swoje dzieci** ("die eigenen Kinder überleben"), **przeżyć wojnę** ("den Krieg überleben"). Das Präfix **prze-** bedeutet "über, durch". Mit seiner Hilfe können viele Verben gebildet werden, z.B.: **przejechać** ("durchfahren" mit einem Auto), **przejść, przechodzić** ("durchqueren" zu Fuß), **przemyśleć** ("nachdenken"). Bei einigen Verben markiert das Präfix den perfektiven Aspekt: **przeczytać** ("durchlesen"), **przebudzić** ("aufwecken"). **Rozczarowanie** heißt "Enttäuschung", **rozczarowany** ("enttäuscht"). Beides stammt von **rozczarować** ("enttäuschen").

213 Dwieście trzynaście

8 — Otworzyłem niedawno mały interes i chciałbym poznać jego przyszłość. **(4)**
9 — Jak pan wie, sytuacja ekonomiczna jest ostatnio bardzo trudna. Przez najbliższych pięć lat będzie panu dość ciężko. **(5)**
10 — Rozumiem, ale potem wszystko się zmieni?
11 — Tak, oczywiście. Z czasem się pan przyzwyczai.

WYMOWA

8 otfojîwemm ... interreß ... 9 ... ßitu'azja ekkonnommitschna ... najblisch'schîh ... c$_{j e_n}$schko. 11 ... pschîswîtscha'i.

ANMERKUNGEN

(4) Interes hat verschiedene Bedeutungen. Die wichtigsten sind: 1. "Geschäft", z.B.: **człowiek interesu** ("Geschäftsmann"), **prowadzić interes** ("ein Geschäft führen"). Daher kommt der Ausdruck **to nie twój interes** ("das ist nicht deine Sache", "es geht dich nichts an"). 2. "Interesse", z.B.: **to w twoim interesie** ("das ist in deinem eigenen Interesse"). Merken Sie sich auch das Verb **interesować się** ("sich für etwas interessieren") und das Adjektiv **interesujący** ("interessant").

ĆWICZENIE

1. Życie robi mi ostatnio same niespodzianki. 2. Zastanawiam się, co nas czeka w najbliższej przyszłości. 3. Na pewno sytuacja się wkrótce zmieni. 4. Co myślisz o karierze zawodowej syna? 5. Jestem pewien, że ma przed sobą wspaniałą przyszłość. 6. Nie jest pan trochę rozczarowany życiem na wsi? 7. Praca jest dość ciężka, ale nie skarżę się. 8. Do wszystkiego można się przyzwyczaić.

WYPEŁNIĆ BRAKUJĄCE SŁOWA

1 *Wo befindet sich der nächste Taxistand?*

   Gdzie ... znajduje .... postój ....?

2 *In der letzten Zeit treffe ich im Leben [auf] nichts als Hindernisse.*

   .... spotkam . życiu .... przeszkody.

8 — Ich habe vor Kurzem ein kleines Geschäft eröffnet und möchte gerne seine Zukunft kennen.

9 — Wie Sie wissen, ist die wirtschaftliche Situation in der letzten Zeit sehr schwierig. In den nächsten fünf Jahren werden Sie es ziemlich schwer haben.

10 — Ich verstehe, aber danach wird sich alles ändern?

11 — Ja, natürlich. Mit der Zeit werden Sie sich [daran] gewöhnen.

ANMERKUNGEN

(5) Bliski ("nah") bildet die Steigerungsformen unregelmäßig. Der Komparativ (1. Steigerungsstufe) heißt **bliższy** und der Superlativ (höchste Steigerungsstufe) **najbliższy**.
Przez (+ Akkusativ) heißt sowohl "während, in", z.B.: **przez pięć lat** ("während der fünf Jahre"); **przez całą noc** ("die ganze Nacht") als auch "durch", z.B.: **przez okno** ("durch das Fenster"); **mówić przez zęby** ("durch die Zähne sprechen"). Außerdem heißt es noch "wegen", z.B.: **to przez ciebie** ("das ist deinetwegen").
Ciężko (Adverb) kommt von **ciężki** ("schwer, schwerwiegend, hart, mühsam"). Die Redewendung **jest mi ciężko** bedeutet "ich hab es schwer [im Leben]". Im Futur sagt man: **będzie mi ciężko**, die Vergangenheitsform lautet **było mi ciężko**.

ÜBUNG

1. Das Leben beschert (macht) mir letztens nur Überraschungen. **2.** Ich frage mich, was uns in der näheren Zukunft erwartet. **3.** Die Situation wird sich sicher bald ändern. **4.** Was denkst du über die berufliche Karriere [deines] Sohnes? **5.** Ich bin sicher, dass er eine wunderbare Zukunft vor sich hat. **6.** Sind Sie nicht ein bisschen enttäuscht über das Leben auf dem Land? **7.** Die Arbeit ist ziemlich hart, aber ich beklage mich nicht. **8.** Man kann sich an alles gewöhnen.

3 *Komm schnell, es erwartet dich eine angenehme (nette) Überraschung.*

. . . . . szybko, ... cię . . . . niespodzianka.

215 Dwieście piętnaście

4 *Mach dir keine Sorgen über die Zukunft, [es ist besser,] man ist optimistisch.*

... martw ... o ...., lepiej ... optymistą.

5 *Ich bin immer enttäuschter über das Wetter in diesem Monat.*

Jestem ..... bardziej .... pogodą .

tym ....

LEKCJA SZEŚĆDZIESIĄTA (60)

Muzyczny przepis

1 — Siadajcie do stołu. Zaraz podaję kolację. **(1)**
2 — Świetnie, jestem strasznie głodna! Poczekaj, pomogę ci.
3 — Nie, nie trzeba, wszystko jest gotowe. Już przynoszę.
4 — O, wygląda apetycznie. Co to jest?
5 — Spróbujcie, ciekawa jestem, czy będzie wam smakowało.

WYMOWA

musîtschnî pscheppiß **1** sjaddajcje ... **2** ... ßtraschnje ... **3** ... pschînosche. **4** ... appettîtschnje. ...

6 *Ich bin überzeugt, es wird sich bald ändern.*

Jestem . . . ., że . . . . się . . . .

Diese Wörter hätten Sie einsetzen sollen:

1 – się – najbliższy – taksówek. 2 Ostatnio – w – same –. 3 Chodź –, czeka – miła –. 4 Nie – się – przyszłość, – być –. 5 – coraz – rozczarowany – w – miesiącu. 6 – przekonany, – wkrótce – zmieni.

Zweite Welle: Aktivieren Sie heute Lektion 10!

SECHZIGSTE LEKTION

Ein musikalisches Rezept

1 — Setzt euch an den Tisch. Ich serviere gleich das Abendessen.
2 — Hervorragend, ich habe schrecklichen Hunger! Warte, ich werde dir helfen.
3 — Nein, das ist nicht nötig, alles ist fertig. Ich bringe es sofort.
4 — O ja, [das] sieht appetitlich aus. Was ist es?
5 — Probiert, ich bin neugierig, ob euch das schmecken wird.

ANMERKUNGEN

(1) Sie wissen, dass auf **zaraz** ("gleich" oder auch "sofort") generell das Futur folgt. In der Umgangssprache kann auch das Präsens verwendet werden, wenn eine unmittelbar bevorstehende Handlung zum Ausdruck kommen soll. Nur das Präsens folgt dem Wort **już** ("schon"), z.B.: **już idę**. **Zaraz** + Präsens und **już** + Präsens sind dann äquivalent.

217 Dwieście siedemnaście

6 — Naprawdę wyśmienite. A mówiłaś, że nie lubisz gotować. Jak to się nazywa? **(2)**
7 — Pasztet á la Fryderyk Szopen. **(3)**
8 — Musisz koniecznie dać mi przepis. To trudne? **(4)**
9 — Bardzo łatwe. Wiesz przecież, że nie mam specjalnych zdolności w tej dziedzinie. **(5)**
10 — Czy to było ulubione danie Szopena?
11 — Nie, skąd, sama wymyśliłam tę nazwę. Jak wiecie, bardzo lubię muzykę... **(6)**
12 — Zgoda, ale co to ma wspólnego z pasztetem?
13 — Zaraz wam opowiem: Poszłam któregoś dnia na koncert. W programie były moje ulubione utwory Szopena, ale niestety nie mogłam słuchać spokojnie. Siedziałam koło dwóch kobiet, które bez przerwy rozmawiały. Zgadnijcie, o czym? **(7)**
14 — O kuchni.
15 — Oczywiście. Wymieniały przepisy, więc żeby nie stracić wszystkiego z koncertu, zapisałam niektóre z nich.

WYMOWA

6 ... wîsimjenįite. ... gottowwacį ... 7 ... frîderrîk schoppenn. 9 ... ßpezjalnîh sdolnosį'cįi ... dzįedzįinįe. 10 ... ulubjonne danįe ... 11 wîmîsi'liwamm ... 12 sgodda ... fspulneggo ... 13 ... ßpokkojnįe. ... sgadnįij'cįe ... 15 ... wîmjenįawî ... ßtracįicį ... sappißawamm ...

ANMERKUNGEN

(2) Gotować (1. Konjugation wie auch **kupować**) heißt allgemein "Essen zubereiten", z.B.: **gotować obiad/kolację**. Im engeren Sinne bedeutet es "kochen", z.B.: **gotować zupę/ ziemniaki** u.ä.
(3) Der Ausdruck "... la" ("auf ... Art") stammt aus dem Französischen und wird vor allem in den Bereichen Kochen und Mode angewandt.
Fryderyk Szopen (1810-1849), bedeutender polnischer Komponist von Walzern, Sonaten und Nocturnen und Pianist. Angeregt von der polnischen Folklore komponierte er außerdem zahlreiche Polonaisen und Mazurken. Die Schreibweise 'Chopin' ist im Polnischen auch zulässig.

6 — Wirklich köstlich. Und du hast gesagt, dass du nicht gerne kochst. Wie heißt das?
7 — Pastete ... à la Frédéric Chopin.
8 — Du musst mir unbedingt das Rezept geben. Ist es schwierig?
9 — Ganz (sehr) einfach. Du weißt doch, dass ich auf diesem Gebiet keine speziellen Talente habe.
10 — War das ein Lieblingsgericht von Chopin?
11 — Nein, keineswegs. Ich habe [mir] diesen Namen selbst ausgedacht. Wie ihr wisst, mag ich Musik sehr gerne ...
12 — Gut (einverstanden), aber was hat das mit der Pastete zu tun?
13 — Das werde ich euch gleich erzählen: Eines Tages bin ich zu einem Konzert gegangen. Auf dem Programm standen meine Lieblingswerke von Chopin, aber leider konnte ich nicht in Ruhe zuhören. Ich saß neben zwei Frauen, die ununterbrochen redeten. Ratet mal, worüber?
14 — Über [das] Kochen (die Küche).
15 — Natürlich. Sie tauschten Rezepte aus. Um also wenigstens etwas von dem Konzert zu haben (um nicht alles von dem Konzert zu verlieren), habe ich mir einige (von denen) aufgeschrieben.

ANMERKUNGEN

(4) **Przepis** ("Vorschrift, Bestimmung, Verordnung") kommt vom perfektiven **przepisać** oder imperfektiven **przepisywać** ("abschreiben, vorschreiben, verschreiben"). Merken Sie sich den Ausdruck **recepta** ("Arztrezept"), der auch für ein "Kochrezept" angewandt werden kann.

(5) **Zdolność** ist ein Femininum und heißt im Singular "Fähigkeit, Eignung". Im Plural sagt man **zdolności** ("Talent, Begabung"). Merken Sie sich auch: **zdolny** ("fähig, begabt").

(6) **Wymyślić** (imperfektiv **wymyślać**) heißt "sich etwas ausdenken" oder "erfinden". Dieses Wort stammt von **myśleć** ("denken").

(7) **Opowiedzieć** ("erzählen"), ist perfektiv und wird wie **wiedzieć** konjugiert (4. Konjugation). **Opowiadać** ist das imperfektive Äquivalent und gehört der 3. Konjugation an.

ĆWICZENIE

1. Sama zrobiłaś ten pasztet? Jest naprawdę wyśmienity. 2. Zapewniam cię, że to nic trudnego. 3. A skąd miałaś przepis, sama wymyśliłaś? 4. Nie, znalazłam go w książce, którą dostałam na gwiazdkę. 5. Uważam, że coraz lepiej gotujesz. 6. Ty też robisz duże postępy w tej dziedzinie. 7. Te dwie rzeczy nie mają z sobą nic wspólnego.

WYPEŁNIĆ BRAKUJĄCE SŁOWA

1 *Wo hast du dieses Rezept gefunden? Ich habe es selbst ausgedacht.*

Gdzie . . . . ten . . . . ? . . . . go . . . .

2 *Was ist dein Lieblingsgericht? Ich bin auf diesem Gebiet nicht sehr anspruchsvoll.*

. . . . . jest . . . . . ulubione . . . . .? . . . jestem . . . . wymagający

. tej . . . .

3 *Ich koche nicht gerne, aber leider muss es [ja irgend]jemand machen.*

. . . lubię . . . ., ale . . . . ktoś . . . . to . . . . . .

LEKCJA SZEŚĆDZIESIĄTA PIERWSZA (61)

W muzeum

1 — Widzisz ten ogromny szkielet? Co to może być?
2 — To szkielet dinozaura. Nie uczyłaś się w szkole? **(1)**

WYMOWA

w muse'um 1 ... ogrom'nî schkjelett? ... 2 ... dinosa'ura. ...

ÜBUNG

1. Hast du diese Pastete selbst gemacht? Sie ist wirklich köstlich.
2. Ich versichere dir, dass das nicht schwierig ist. 3. Und woher hattest du das Rezept? Hast du es dir selbst ausgedacht? 4. Nein, ich habe es in dem Buch gefunden, das ich zu Weihnachten bekommen habe. 5. Ich finde, dass du immer besser kochst. 6. Du machst auch große Fortschritte auf diesem Gebiet. 7. Diese beiden Dinge haben nichts miteinander zu tun (gemeinsam).

4 *Schade, ich finde, du hast eine große Begabung.*

Szkoda, ..., że . . . . duże . . . .

5 *Das hat nichts mit meiner Arbeit zu tun.*

. . nie . . nic . . . . z . . . . pracą.

Diese Wörter hätten Sie einsetzen sollen:

1 – znalazłaś – przepis. Sama – wymyśliłam. 2 Jakie – twoje – danie. Nie – zbyt – w – dziedzinie. 3 Nie – gotować, niestety – musi – robić. 4 -, uważam, – masz – zdolności. 5 To – ma – wspólnego – moją -.

Zweite Welle: Aktivieren Sie heute Lektion 11!

EINUNDSECHZIGSTE LEKTION

Im Museum

1 — Siehst du dieses riesige Skelett? Was kann das sein?
2 — Das ist ein Dinosaurierskelett. Hast du das nicht in der Schule gelernt?

ANMERKUNGEN

(1) Noch einmal: Im Gegensatz zum Deutschen, das in diesem Fall die zusammengesetzte Vergangenheitsform benutzt (abgeschlossene Handlung), verwendet das Polnische das imperfektive Verb: **uczyć się** ("lernen"), das die Kontinuität der Handlung unterstreicht!

221 Dwieście dwadzieścia jeden

3 — Wiem, to takie zwierzę, które żyło bardzo dawno temu na naszej planecie. Nie pamiętam dokładnie kiedy, a ty? (2)
4 — Ja też nie. Wiesz co, zapytajmy tego pana. Pracuje tu, więc na pewno będzie wiedział. (3)
5 — Przepraszamy pana, czy wie pan może, ile lat ma ten dinozaur?
6 — Oczywiście, że wiem. Sto osiemdziesiąt milionów dwadzieścia trzy lata.
7 — To niesłychane! Skąd pan zna jego wiek z taką dokładnością? (4)
8 — To bardzo proste. Dwadzieścia trzy lata temu, jak zacząłem tu pracować, miał sto osiemdziesiąt milionów lat. Wystarczy dodać. (5)

W bibliotece (6)

9 — Czy ma pani jakieś książki o podróżach w kosmos?
10 — Mamy wielki dział poświęcony zdobyciu przestrzeni. Co pana interesuje?
11 — Wszystko. Marzę, żeby zostać astronautą.

WYMOWA

3 ... swjeję ... jîwo ... plannecje. ... 4 ... sappîtaj'mî ... 7 ... njeßŵîhanne! ... dokŵadnosi'cjon? 8 ... satscho_nŵemm ... doddacj.

ANMERKUNGEN

(2) **Zwierzę** ("Tier") ist ein Neutrum und heißt im Plural **zwierzęta**. In **planecie**, das von **planeta** ("der Planet") kommt, können Sie den Wechsel von **t** zu **c** beobachten, der bei weiblichen Substantiven im Dativ häufig ist.

(3) **Pytać** (perfektiv **zapytać** oder **spytać**) heißt "fragen" im Sinne von "jemandem eine Frage stellen". Das Substantiv erscheint im Akkusativ, z.B.: **zapytam ojca** ("ich werde meinen Vater fragen"). Wollen Sie sich nach etwas erkundigen (Uhrzeit, Weg usw.), benutzen Sie **pytać/zapytać/spytać o** + Akkusativ, z.B.: **zapytam o cenę** ("ich werde nach dem Preis fragen"). Merken Sie sich in diesem Zusammenhang das Wort **pytanie** ("Frage").

3 — Ich weiß, das ist ein (solches) Tier, das vor sehr langer Zeit auf unserem Planeten lebte. Ich erinnere mich nicht mehr genau, wann. (Und) du?

4 — Ich auch nicht. Weißt du was, fragen wir [doch] diesen Herrn. Er arbeitet hier, also wird er [es] bestimmt wissen.

5 — Entschuldigen Sie, wissen Sie vielleicht, wie alt dieser Dinosaurier ist?

6 — Sicher weiß ich das. Hundertachtzig Millionen dreiundzwanzig Jahre.

7 — Das ist außerordentlich! Woher (kennen) wissen Sie sein Alter so genau (mit solcher Genauigkeit)?

8 — Das ist ganz einfach. Vor dreiundzwanzig Jahren, als ich begonnen habe, hier zu arbeiten, war er hundertachtzig Millionen Jahre alt. Man muss nur [die Jahre] addieren.

In der Bibliothek

9 — Haben Sie Bücher über Reisen ins Weltall?

10 — Wir haben eine große Abteilung [mit Büchern] über die Eroberung des Weltalls. Was interessiert Sie?

11 — Alles. Ich träume davon, ein Astronaut zu werden.

ANMERKUNGEN

(4) **Dokładność** ("Genauigkeit") ist wie jedes Substantiv mit der Endung **-ość** ein Femininum. Es gehört, ähnlich wie das Adverb **dokładnie** und das Adjektiv **dokładny** ("genau, präzise"), derselben Wortfamilie an.

(5) **Zacząłem** ("ich habe begonnen") ist ein perfektives Verb im Maskulinum. Eine Frau würde sagen **zaczęłam** (vgl. Lektion 49).

(6) Substantive, die auf **-ka** enden, nehmen im Lokativ und im Dativ die Endung **-ce** an, z.B.: **biblioteka/w bibliotece; półka/na półce; książka/o książce**.

223 Dwieście dwadzieścia trzy

12 — Proszę sobie wybrać. Ma pan mnóstwo książek na górnej półce. **(7)**
13 — O, nie, nie mogę! Od dzieciństwa mam zawroty głowy. **(8)**

ĆWICZENIE

1. Czy mogę pana o coś zapytać? **2.** Oczywiście, co pana interesuje? **3.** O czym pan marzył, będąc dzieckiem? **4.** Od dzieciństwa marzyłem o dalekich podróżach. **5.** W jakim wieku zaczął pan grać w tenisa? **6.** Zacząłem bardzo dawno temu, jak miałem dziesięć lat.

WYPEŁNIĆ BRAKUJĄCE SŁOWA

1 *Wann haben Sie begonnen* (Maskulinum und Femininum), *Polnisch [zu] lernen?*

Kiedy . . . . . . pan (. . . . . . . pani) . . . . . się . . . . ?

2 *Ich habe erst vor zwei Monaten begonnen.* (Maskulinum und Femininum)

. . . . dopiero . . . miesiące . . . . . .

12 — Wählen Sie bitte selbst. Sie haben eine Menge Bücher im oberen Regal.
13 — Oh nein, das kann ich nicht! Seit [meiner] Kindheit bekomme ich [bei so etwas] Schwindelanfälle.

ANMERKUNGEN

(7) **Górna półka** ("das obere Regal"). Das Adjektiv **górny** (hier im Femininum) kommt vom Wort **góra** ("oben" aber auch "Berg"). Das Gegenteil ist **dół** ("unten" auch "Graben").
Mnóstwo = bardzo dużo. Umgangssprachlich sagt man auch **pełno** ("voll").

(8) Der Ausdruck **zawroty głowy** ("Schwindelanfälle") darf nicht verwechselt werden mit **zawracać komuś głowę** (idiomatische Redewendung, die der deutschen Redewendung "jemandem in den Ohren liegen" entspricht; wörtlich: "jemandem den Kopf verdrehen"). **Nie zawracaj mi głowy** heißt "Lass mich in Ruhe".

ÜBUNG

1. Könnte ich Sie (Herr) etwas fragen? 2. Natürlich, was interessiert Sie? 3. Wovon haben Sie als Kind geträumt? 4. Seit [meiner] Kindheit habe ich von langen Reisen geträumt. 5. In welchem Alter haben Sie (Herr) begonnen, Tennis zu spielen? 6. Ich habe vor sehr langer Zeit [damit] begonnen, als ich zehn Jahre alt war.

3 *Ich habe immer davon geträumt, auf dem Lande zu wohnen.*

Zawsze ...., żeby .... na ....

4 *Seit meiner Kindheit wollte ich Schauspieler werden.*

Od .... chciałem ...... aktorem.

5 *Ich weiß nicht (habe keine Ahnung), wie man zum Stadtzentrum fährt.*

... mam .... jak ...... do .... miasta.

LEKTION 61

225 Dwieście dwadzieścia pięć

6 *Das ist ganz einfach,* **man** *muss nur fragen.*

. . bardzo . . . . . ., wystarczy . . . .

LEKCJA SZEŚĆDZIESIĄTA DRUGA (62)

Najważniejsze jest zdrowie

1 — No i jak, lepiej się pan czuje?
2 — Nie bardzo. W dalszym ciągu jestem nerwowy. **(1)**
3 — Wziął pan proszki uspokajające, które panu przepisałem? **(2)**
4 — Tak, ale już nigdy tego nie zrobię!
5 — Dlaczego, nie pomogły panu?
6 — Owszem, na początku byłem spokojny, ale potem przeżyłem prawdziwy koszmar. **(3)**
7 — Dlaczego?

WYMOWA

najwajniejsche jeßt sdrowje 2 ... w dalschîm ciongu .. 3 ... proschkiußpokajjajonze ... pscheppißawemm? 5 ... pommogwî ... 6 ofschemm ... ßpokkojnî ... pschejîwemm ... koschmarr.

Diese Wörter hätten Sie einsetzen sollen:

1 – zaczął (oder: zaczęła) – uczyć – polskiego. **2** Zacząłem (oder: zaczęłam) – dwa – temu. **3** – marzyłem, -mieszkać – wsi. **4** – dzieciństwa – zostać -. **5** Nie – pojęcia – jechać – centrum -. **6** To – proste, -zapytać.

Zweite Welle: Aktivieren Sie heute Lektion 12!

ZWEIUNDSECHZIGSTE LEKTION

Das Wichtigste ist die Gesundheit

1 — Na und? Fühlen Sie sich besser?
2 — Nicht so sehr. Ich bin immer noch nervös.
3 — Haben Sie die Beruhigungstabletten genommen, die ich Ihnen verschrieben habe?
4 — Ja, aber das mache ich nie wieder!
5 — Warum? Haben sie Ihnen nicht geholfen?
6 — Doch, am Anfang war ich ruhig, aber danach habe ich einen wahren (echten) Alptraum erlebt.
7 — Warum?

ANMERKUNGEN
(1) **W dalszym ciągu** ("immer noch, weiterhin") ist ein anderer Ausdruck für **ciągle** ("ständig, ununterbrochen, immer"). Dieser letzte Ausdruck wird sehr häufig benutzt und wir haben ihn schon wiederholt angewendet. Merken Sie sich auch **w ciągu** + Genitiv ("während, im Laufe"), z.B.: **w ciągu roku, w ciągu rozmowy** sowie **ciąg dalszy** ("Fortsetzung").
(2) Wir erinnern daran, dass **wziąć** (wie alle Verben, die im Infinitiv auf **-ąć** enden) bei der Vergangenheitsform im Maskulinum Singular das **-ą** (**wziąłem, wziąłeś, wziął**) behält, während es in allen anderen Formen nach **-ę** (**wzięłam, wzięłaś, wzięło**) wechselt.
Proszek heißt eigentlich "Pulver", bei Medikamenten dagegen "Tablette". Merken Sie sich: **proszek do prania** ("Waschpulver"). Vergleichen Sie die folgenden Wörter, die mit **spokój** ("Ruhe, Stille") verwandt sind: **spokojny** ("ruhig, still, friedlich"), z.B.: **Ocean Spokojny** ("der Stille Ozean"); als Adverb **spokojnie** ("ruhig"); **uspokajać** oder **uspokoić** ("beruhigen"), z.B.: **uspokój się!** ("Beruhige dich!") und **środek uspokajający** ("Beruhigungsmittel").
(3) **Owszem** ist die bejahende Antwort ähnlich wie **tak** und **oczywiście**. Sie drückt allerdings eine bestimmte Zurückhaltung aus, z.B.: **lubisz lody? owszem, bardzo**.

8 — Ciągle myślałem o tym, co się stanie, jak przestaną działać. **(4)**

9 — Panie doktorze, bardzo źle sypiam. To okropne! Czy jest na to jakaś rada? **(5)**
10 — Czy jada pan kolacje?
11 — Oczywiście.
12 — To właśnie dlatego nie może pan spać. Wieczorem nie należy zbyt dużo jadać. Prawdę mówiąc, najlepiej wcale nie jeść kolacji. **(6)**
13 — Jak to? Byłem u pana trzy miesiące temu i mówił pan wtedy, że źle jest chodzić spać z pustym żołądkiem!
14 — Sam pan widzi jakich postępów dokonała medycyna w ciągu trzech miesięcy.

WYMOWA

8 ... pscheßtano$_n$ dzjaŵacj. 12 ... nallejî ... 13 ... ß pußtîm joŵo$_n$tkjemm! 14 ... poßte$_n$puff ... f cio$_n$gu ...

ANMERKUNGEN

(4) Przestać (imperfektiv **przestawać**) heißt "aufhören, beenden", z.B.: **przestań się denerwować** ("hör auf, dich aufzuregen"); **przestało padać** ("es hat aufgehört zu regnen").
Działać ("handeln" oder "wirken, funktionieren"). Sie kennen bereits den Ausdruck **co się stało?** ("Was ist passiert?"). Die Futurform lautet **co się stanie?**

ĆWICZENIE

1. Ostatnio coraz później chodzę spać. 2. Chyba dlatego jestem ciągle zmęczony. 3. Często jadasz w tej restauracji? 4. Prawie codziennie i prawdę mówiąc, mam jej dosyć. 5. Wziąłeś ze sobą coś do czytania? 6. Możesz być spokojna, wziąłem mnóstwo książek. 7. Co się stanie, jeśli nie zdam egzaminu? 8. Uspokój się, na pewno zdasz.

8 — Ich dachte ununterbrochen daran, was passieren würde (wird), wenn sie aufhören zu wirken.

9 — Herr Doktor, ich schlafe sehr schlecht. Es ist schrecklich! Gibt es ein Mittel (Rat) dagegen?
10 — Essen Sie zu Abend (Abendessen)?
11 — (Natürlich) Selbstverständlich.
12 — Genau deswegen können Sie nicht schlafen. Abends sollte man nicht zu viel essen. Um es ehrlich zu sagen, [ist es] am besten, überhaupt nichts zu Abend zu essen.
13 — Wie das? Ich bin vor drei Monaten bei Ihnen gewesen und damals haben Sie gesagt, dass es schlecht sei, mit leerem Magen schlafen zu gehen.
14 — Da sehen Sie selbst, welche Fortschritte die Medizin innerhalb von drei Monaten gemacht hat.

ANMERKUNGEN *(Fortsetzung)*

(5) Zu Beginn dieses Kurses haben Sie die Verben **chodzić** und **jeździć** (neben **iść, pójść** und **jechać, pojechać**) kennengelernt. Sie gehören zu einer Kategorie von Verben, die wir noch nicht erwähnt haben. Es handelt sich hier um die sogenannten *iterativen Verben*. Sie drücken eine stete Wiederholung von Vorgängen aus. Für bestimmte Verben (nicht allzu viele) gibt es dafür eine spezielle Form. Hier einige Beispiele: **sypiać (spać), jadać (jeść), pisywać (pisać), grywać (grać)**. Um die Herkunft dieser Formen zu verdeutlichen, haben wir in Klammern die perfektiven Entsprechungen angegeben.
(6) **Jeść kolację** heißt "zu Abend essen"; **jeść śniadanie** ("frühstücken") und **jeść obiad** ("zu Mittag essen").
Należy ("es ist nötig, man muss, man soll") ist eine unpersönliche Form, die vom Verb **należeć** ("gehören zu") stammt. **Należy** wird gerne in der Behördensprache benutzt; umgangssprachlich sagt man **trzeba**.

ÜBUNG

1. In der letzten Zeit gehe ich immer später schlafen. 2. Deswegen bin ich wohl ständig müde. 3. Isst du oft in diesem Restaurant? 4. Fast jeden Tag, und ehrlich gesagt, ich habe genug [davon]. 5. Hast du etwas zu lesen mitgenommen (Maskulinum)? 6. Du kannst beruhigt sein, ich habe eine Menge Bücher mitgenommen (Maskulinum). 7. Was wird passieren, wenn ich die Prüfung nicht bestehe? 8. Reg dich nicht auf (beruhige dich), du wirst bestimmt bestehen.

WYPEŁNIĆ BRAKUJĄCE SŁOWA

1 *In der letzten Zeit schlafe* (iterativ) *ich immer schlechter.*

Ostatnio . . . . . gorzej . . . .

2 *Du solltest etwas weniger essen* (iterativ) *und mit dem Rauchen aufhören.*

Powinieneś (oder: powinnaś) . . . . . trochę . . . . .

i . . . . palić.

3 *Deine Ratschläge haben mir noch nie geholfen.*

. . . . . rady . . . . mi . . . . . nie . . . .

LEKCJA SZEŚĆDZIESIĄTA TRZECIA (63)

Wiederholung und Anmerkungen

1. Die Präpositionen *(Fortsetzung)*

Wie Sie wissen, spielen die Präpositionen in der Sprache eine bedeutende Rolle, und es ist sehr wichtig, dass Sie ihre Bedeutungen und Anwendungsweisen genau kennen. Da sie die Beziehungen zwischen den verschiedenen Satzteilen ausdrücken, können sie mit allen Fällen (außer Nominativ und Vokativ) auftreten. Einige Präpositionen treten mit zwei oder sogar drei verschiedenen Fällen auf.

Hier die Präpositionen, die Sie am häufigsten brauchen:

- mit dem Genitiv:
bez ("ohne"): **nie wychodź bez parasola** ("gehe nicht ohne Regenschirm hinaus");
dla ("für"): **ta książka jest dla mojego brata** ("dieses Buch ist für meinen Bruder");
do ("nach, zu, bis, in, auf, an"): **idę do domu** ("ich gehe nach Hause");
od ("von, seit, als"): **list od siostry** ("ein Brief von der Schwester");

4 *Sieh nach, ob du nicht etwas vergessen hast.* (Maskulinum und Femininum)

Zobacz, ... nie .... czegoś.

5 *Du kannst ruhig schlafen, ich habe alles Nötige mitgenommen.* (Maskulinum und Femininum)

Możesz .... spokojnie, ... co ....

Diese Wörter hätten Sie einsetzen sollen:
1 – coraz – sypiam. **2** – jadać – mniej – przestać –. **3** Twoje – jeszcze – nigdy – pomogły. **4** –, czy – zapomniałeś (oder: zapomniałaś) –. **5** – spać –, wziąłem (oder: wzięłam) – trzeba.

Zweite Welle: Aktivieren Sie heute Lektion 13!

DREIUNDSECHZIGSTE LEKTION

u ("bei, an"): **byłem u fryzjera** ("ich war beim Friseur");
z(ze) ("von, aus"): wracam **z teatru/ze szkoły** ("ich komme vom Theater/von der Schule zurück").

- mit dem Akkusativ:
przez ("über, durch"): **padało przez cały dzień** ("es hat den ganzen Tag über geregnet"); **przejdź przez ogród** ("geh durch den Garten");
na ("auf, zu"): **wejdź na stołek** ("steig auf den Hocker"), **idę na koncert** ("ich gehe zum Konzert");
o ("nach, über"): **pytać o cenę** ("nach dem Preis fragen"), **kłócić się o pieniądze** ("sich über Geld streiten");
w/we ("in, nach, an"), wird oft ohne Präposition übersetzt: **wracam w środę/we wtorek** ("ich komme am Mittwoch/Dienstag zurück"), **gram w tenisa** ("ich spiele Tennis");
za ("hinter, für, in, an, nach, um"): **zapłacę za ciebie** ("ich werde für dich bezahlen").

231 Dwieście trzydzieści jeden

- *mit dem Instrumentalfall:*
przed ("vor" – zeitlich und örtlich): **spotkajmy się przed koncertem** ("wir sollten uns vor dem Konzert treffen"), **czekam przed kasą** ("ich warte vor der Kasse");
za ("hinter"): **poczta jest za tym domem** ("die Post ist hinter diesem Haus");
z/ze ("mit"): **lubię kawę z mlekiem** ("ich mag Kaffee mit Milch").

- *mit dem Lokativ:*
na ("auf, in, zu, nach"): **książka jest na stole** ("das Buch ist auf dem Tisch"), **byłem na koncercie** ("ich war im Konzert");
po ("nach" – zeitlich): **zadzwonię po lekcjach** ("ich werde nach dem Unterricht anrufen");
o ("von, um, an"): **rozmawiamy o muzyce** ("wir sprechen von der Musik"), **wrócę o piątej** ("ich werde um fünf Uhr zurückkommen");
w ("in, an"), wird auch mit anderen Präpositionen oder ohne Präposition übersetzt: **pracować w biurze** ("im Büro arbeiten"), **będę w domu** ("ich werde zu Hause sein").

Von den oben beschriebenen Präpositionen regieren die folgenden jeweils zwei Fälle:

na	- Akkusativ: **idę na koncert** und Lokativ: **jestem na koncercie**;
z/ze	- Genitiv: **wracam z ogrodu** und Instrumentalfall: **dom z ogrodem**;
o	- Akkusativ: **proszę o pieniądze** und Lokativ: **rozmawiam o pieniądzach**;
za	- Akkusativ: **zapłacę za ciebie** und Instrumentalfall: **będę za tobą**;
w	- Akkusativ: **gram w karty** und Lokativ: **co widzisz w kartach?**;
przed	- Akkusativ: **wyjdź przed dom** und Lokativ: **czekam przed domem**.

2. Der Lokativ
Wir wollen uns noch etwas länger mit den Fällen beschäftigen. Heute sprechen wir über den *Lokativ*, der, wie Sie bereits wissen, mit den Präpositionen **na, przy, w, po** und **o** verwendet wird. Da Sie auch bereits den Dativ kennen, werden Sie keine Schwierigkeiten haben, sich die Endungen des Lokativs zu merken. Denn alle *weiblichen Substantive* haben im Dativ und im Lokativ die gleichen Endungen **-e, -y, -i** oder **-ie**. Vergleichen Sie dazu Lektion 56.

Die *männlichen Substantive* haben entweder die Endung **-u**, z. B.: **w miesiącu styczniu, w domu, o synu, przy panu** oder die Endung **-e**, z.B.: **w samochodzie, na stole, po koncercie, w teatrze**. Ähnlich wie bei den weiblichen Substantiven muss vor der Endung **-e** ein Konsonantenwechsel vollzogen werden, und zwar von **d** nach **dzi**, von **ł** nach **l**, von **t** nach **ci** und von **r** nach **rz**.
Sächliche Substantive enden im Lokativ auf **-e**, z.B.: **na oknie, w mieście** oder auf **-u**, z.B.: **przy dziecku, w życiu, o ćwiczeniu**.

In der folgenden Tabelle sind alle Formen des Lokativ Singular jeweils nach dem letzten Buchstaben des Wortstamms zusammengefasst. So ergeben sich fünf Gruppen, von denen die beiden ersten dieselbe Endung für alle drei Geschlechter haben.

Endkonsonant des Wortstamms	Endungen des Lokativs			
	Maskulinum	Femininum		Neutrum
I. b, f, m, n, p, s, w, z		ie		
II. d, ł, r, t	(dzi)e	(l)e	(rz)e	(ci)e
III. g, ch, k		(dz)e (c)e	(sz)e	
IV. c, cz, dz, sz, rz, ż	u	y		u
V. ć, dź, j, l, ń, ś, ź		i		

Im *Plural* haben alle Substantive die Endung **-ach**, z.B.: **po lekcjach, w gazetach, na ulicach, po wakacjach**.

Die *männlichen Adjektive* enden im *Singular* auf **-ym** oder **-im**, z.B.: **w tym roku, o nowym sąsiedzie, przy moim synu** und die weiblichen auf **-ej**, z.B.: **o dobrej szkole, na jednej nodze**. Im *Plural* enden alle Adjektive auf **-ych** oder **-ich**: **o nowych sąsiadach, przy moich synach, w dobrych szkołach**.

Zweite Welle: Aktivieren Sie heute Lektion 14!

233 Dwieście trzydzieści trzy

LEKCJA SZEŚĆDZIESIĄTA CZWARTA (64)

Idealne małżeństwo

1 — Jak się mają pani dzieci? Słyszałam, że pani córka wyszła za mąż. **(1)**
2 — O, tak i jestem z tego bardzo zadowolona. Zięć to wspaniały człowiek.
3 — Musi być bardzo szczęśliwa?
4 — Oczywiście. Codziennie rano mąż przynosi jej śniadanie do łóżka. **(2)**
5 — Naprawdę? To wyjątkowy człowiek.
6 — To jeszcze nie wszystko. Kupuje jej mnóstwo prezentów i przynajmniej dwa razy w roku zabiera ją na wakacje. **(3)**
7 — To nadzwyczajne. Pani córka miała wyjątkowe szczęście. **(4)**
A syn? Podobno też się ożenił? **(1)**

WYMOWA
idealne mawjeni ßtfo 1 ... wischwa sa mo_nsch. 2 ... z_ie_nc_i ...
3 ... sch'tsche_ns_iliwa? 4 ... pschînos_ii ... s_in_iadan_ie ... ŵuschka.
5 ... wîjo_ntkowwî ... 6 ... pschînajmn_iej ... 7 .. nad'switschajne ..
sch'tsche_ns_i'c_ie. ... oîeniiŵ?

ANMERKUNGEN

(1) Jak się masz? heißt "Wie geht es dir?"; **Jak się pan/pani ma?** oder **Jak się państwo mają?** ("Wie geht es Ihnen?"). Beachten Sie, dass man in diesem Ausdruck das Verb **mieć** ("haben") in seiner reflexiven Form benutzt. Bei dem Verb "heiraten" unterscheidet man im Polnischen zwischen Mann und Frau. Bei einem Mann wird das Verb **(o)żenić się** und bei einer Frau **wyjść (wychodzić) za mąż** angewandt.

VIERUNDSECHZIGSTE LEKTION

Ein ideales Ehepaar

1 — Wie geht es Ihren Kindern? Ich habe gehört, dass Ihre Tochter geheiratet hat.
2 — Oh ja, und ich bin sehr zufrieden damit. Der Schwiegersohn ist ein wunderbarer Mensch.
3 — Sie muss [wohl] sehr glücklich sein?
4 — Natürlich. Jeden Morgen bringt [ihr] Mann ihr das Frühstück ans (ins) Bett.
5 — Wirklich? Das ist ein außergewöhnlicher Mensch.
6 — Das ist noch nicht alles. Er kauft ihr eine Menge Geschenke und mindestens zweimal im Jahr nimmt er sie in die Ferien mit.
7 — Das ist ja außergewöhnlich. Ihre Tochter hat unglaubliches Glück gehabt.
Und [Ihr] Sohn? Man hört, dass er auch geheiratet hat?

ANMERKUNGEN

(2) **Codziennie** (wörtlich: "alltäglich") benutzt man im Sinne von "jeden Tag". Merken Sie sich auch: **codziennie rano** ("jeden Morgen"), **codziennie wieczorem** ("jeden Abend").
Das imperfektive Verb **przynosić** sowie das perfektive **przynieść** ("mitbringen, bringen") setzt sich aus dem Präfix **przy-** und **nosić/nieść** ("tragen") zusammen.

(3) In **przynajmniej** ("wenigstens") steckt der Superlativ von **mało** ("wenig"): **najmniej** ("am wenigsten"). Man kann auch **co najmniej** sagen. **Zabierać** oder perfektiv **zabrać**, heißt in Bezug auf Personen "mitnehmen", z.B.: **zabierz mnie ze sobą** ("nimm mich mit"). In Bezug auf Sachen bedeutet es "wegnehmen" oder "mitnehmen", z.B.: **zabierz stąd swoje rzeczy** ("nimm deine Sachen hier weg"). Die reflexive Form **zabrać się** heißt "anfangen, beginnen", z.B.: **zabierz się do pracy** ("fang mit der Arbeit an"). Das Verb gehört der 3. Konjugation an und wird im Präsens regelmäßig gebildet: **zabieram, zabierasz** usw. Bei den Futurformen des perfektiven Verbs **zabrać** findet der Wechsel von **o** zu **e** und von **r** zu **rz** statt, also: **zabiorę, zabierzesz, zabierze, zabierzemy, zabierzecie, zabiorą**. Ähnlich geht man beim Präsens des Verbs **brać** ("nehmen") vor.

(4) **Mieć szczęście** heißt "Glück haben". Das Adjektiv von **szczęście** ("Glück") heißt **szczęśliwy/szczęśliwa/szczęśliwe** ("glücklich").

LEKTION 64

8 — Tak, niestety. Zrobił ten błąd.
9 — Czyżby jego małżeństwo było mniej udane? **(5)**
10 — Szkoda mówić! Im więcej myślę, tym bardziej się o niego martwię. **(6)**
11 — Dlaczego?
12 — Niech sobie pani wyobrazi, że codziennie rano musi przynosić żonie śniadanie do łóżka.
13 — Coś podobnego!
14 — To nie wszystko. Musi jej kupować prezenty i zabierać na wakacje...
15 — Przynajmniej dwa razy w roku?

WYMOWA

8 ... bŵo_nt. 9 tschîschbî ... udanne? 10 schkodda ... martfje. 12 ... wî'obraz_ii ... 13 zos_i poddobneggo!

ĆWICZENIE

1. Nasz sąsiad to wspaniały człowiek, codziennie zabiera moje dzieci na spacer. 2. Jak się ma pani córka? 3. Jest bardzo szczęśliwa, w zeszłym miesiącu wyszła za mąż. 4. To nadzwyczajne, mój syn też się ożenił miesiąc temu. 5. Jadę samochodem, mogę panią zabrać. 6. Nie, dziękuję, zięć powiedział, że mnie ze sobą zabierze.

WYPEŁNIĆ BRAKUJĄCE SŁOWA

1 *Wie geht es dir? Angeblich hast du geheiratet?*

   . . . się . . . .? Podobno . . . . za . . .?

2 *Ja, letzte Woche. Die Ehe ist etwas Wunderbares!*

   . . ., w . . . . . . tygodniu. . . . . to . . . . rzecz!

3 *Mark wird immer eleganter, vielleicht hat er im Lotto gewonnen?*

   . . . . . jest . . . . . elegantszy, ... wygrał . totolotka?

4 *Nein, stell dir vor: er hat geheiratet.*

   Nie, ... sobie, . . się . . . .

8 — Ja, leider. Er hat diesen Fehler gemacht.
9 — Sollte seine Ehe weniger gelungen sein?
10 — Es ist nicht der Rede wert! Je mehr ich daran denke, desto mehr Sorgen mache ich mir um ihn.
11 — Warum?
12 — Stellen Sie sich vor: er muss jeden Morgen [seiner] Frau das Frühstück ans Bett bringen.
13 — Na so was!
14 — Das ist nicht alles. Er muss ihr Geschenke kaufen und sie in die Ferien mitnehmen ...
15 — Mindestens zweimal im Jahr?

ANMERKUNGEN

(5) Sie kennen das Verb **chciałbym** bzw. im Femininum **chciałabym** ("ich würde/möchte gerne"). Vergleichen Sie es mit **chciałem** bzw. **chciałam** ("ich wollte"). Die Silbe **-by-** in der ersten Form dient der Kennzeichnung eines hypothetischen Vorgangs, der mit einer Bedingung verknüpft ist. Es handelt sich dabei um den Konjunktiv, über den Sie in der nächsten Lektion mehr erfahren werden. Das **-by-** kann auch einer Konjunktion oder, wie hier, einer Partikel angehängt werden. Denken Sie daran, dass die Fragepartikel **czy** zur Formulierung einer Frage dient und **czyż** bei Fragen angewandt wird, in denen ein Zweifel geäußert wird. **Czyżby** drückt also eine Vermutung aus, die Anlass zu Zweifel gibt.

(6) Die Konstruktion **im ... tym ...** entspricht dem deutschen "je ... desto ...". Den beiden Wörtern folgt der Komparativ eines Adjektivs, z.B.: **im wcześniej, tym lepiej** ("je früher, desto besser").

ÜBUNG

1. Unser Nachbar ist ein wunderbarer Mensch, er nimmt meine Kinder jeden Tag auf einen Spaziergang mit. 2. Wie geht es Ihrer Tochter? 3. Sie ist sehr glücklich, letzten Monat hat sie geheiratet. 4. Das ist ja außergewöhnlich, mein Sohn hat auch vor einem Monat geheiratet. 5. Ich fahre mit dem Auto, ich kann Sie mitnehmen. 6. Nein, danke, [mein] Schwiegersohn hat gesagt, dass er mich mitnehmen würde.

5 *Ich habe außergewöhnliches Glück gehabt, mein Schwiegersohn nimmt mich in die Ferien mit.*

...... wyjątkowe ...., zięć ......

mnie .. wakacje.

6 *Kannst du deine Sachen aus dem Regal nehmen, ich brauche Platz für [meine] Bücher.*

Możesz ...... swoje ...... z ......,

miejsca .. książki.

LEKCJA SZEŚĆDZIESIĄTA PIĄTA (65)

Przed sądem

1 — Jechał pan z prędkością stu kilometrów na godzinę nie zatrzymując się na żadnym świetle. Co pan ma na swoją obronę? **(1)**
2 — Chciałem jak najszybciej wrócić do domu. **(2)**
3 — To nie żaden powód. Mógł pan spowodować wypadek.
4 — Przeciwnie, chciałem uniknąć wypadku. Właśnie zauważyłem, że nie działają hamulce.

WYMOWA
pschett so$_n$dem **1** jehaŵ ... pre$_n$tkosj'c$_j$o$_n$ ... sat'schîmujo$_n$z ... s$_i$fjetle. ... obronne? **2** ... najschîp'c$_j$ejj wruc$_j$ic$_j$ ... **3** ... powwut ... ßpowoddowwac$_j$ wîpaddekk. **4** ... uniknonc$_j$ ... sauwajîŵemm ... dz$_j$aŵajo$_n$ hammulze.

ANMERKUNGEN

(1) Światło ("Licht") ist hier ein Synonym (sinnverwandtes Wort) für "Ampel". **Świetle** ist der Lokativ. Merken Sie sich auch: **światło dzienne** ("Tageslicht"), **światło elektryczne** ("elektrisches Licht") sowie **zapalić/zgasić światło** ("Licht einschalten/ausschalten"). **Zatrzymać się** heißt "anhalten" (imperfektiv: **zatrzymywać się**). **Stu** oder **czterdziestu** sind die Genitivformen von **sto** und **czterdzieści**. Im Polnischen werden auch die Zahlen dekliniert (gebeugt).

Diese Wörter hätten Sie einsetzen sollen:

1 Jak – masz. – wyszłaś – mąż. 2 Tak, – zeszłym –. Małżeństwo – wspaniała –. 3 Marek – coraz -, może – w –. 4 -, wyobraź –, że – ożenił. 5 Miałam – szczęście, – zabiera – na –. 6 – zabrać – rzeczy – półki, potrzebuję – na –.

Zweite Welle: Aktivieren Sie heute Lektion 15!

FÜNFUNDSECHZIGSTE LEKTION

Vor Gericht

1 — Sie fuhren mit einer Geschwindigkeit von 100 km/h, ohne an einer Ampel angehalten zu haben. Was haben Sie zu Ihrer Verteidigung zu sagen?
2 — Ich wollte so schnell wie möglich zu Hause sein (nach Hause zurückkehren).
3 — Das ist kein Grund. Sie hätten einen Unfall verursachen können.
4 — Im Gegenteil, ich wollte einen Unfall vermeiden. Ich hatte nämlich bemerkt, dass (nicht funktionieren) die Bremsen nicht funktionierten.

ANMERKUNGEN

(2) **Najszybciej** ist der Superlativ von **szybko** ("schnell"). Jak + Superlativ entspricht dem deutschen Ausdruck "so ... wie möglich", z.B.: **wróć jak najszybciej** ("komm so schnell wie möglich zurück"), **pracuj jak najwięcej** ("arbeite so viel wie möglich"). Achtung! Für diese Konstruktion gibt es auch andere Übersetzungsvarianten, z.B.: **chciałem jak najlepiej** ("ich wollte mein Bestes [geben]").

239 Dwieście trzydzieści dziewięć

Prawo jazdy

5 — Nigdy pana nie widziałem za kierownicą. Nie ma pan prawa jazdy? **(3)**
6 — Owszem, mam, ale wolę nie ryzykować.
7 — Czego się pan boi?
8 — Miałem tyle trudności, żeby je zdobyć... Jak pomyślę, że mógłbym je stracić przy pierwszej okazji... **(4)**

To chyba pomyłka

9 — Nie widział pan, że w tym miejscu szybkość jest ograniczona do czterdziestu kilometrów na godzinę? **(5)**
10 — Widziałem, a dlaczego?
11 — Jechał pan osiemdziesiąt kilometrów na godzinę.
12 — To chyba pomyłka. **(6)**

WYMOWA

prawwo jasdî 5 ... kjerownizo$_n$. ... 6 ... rîsîkowwac j. ... pommîŵka 9 ... schîpkos j'c j ... ogrann j itschonna ...

ANMERKUNGEN

(3) **Prawo** heißt eigentlich "Recht", z.B.: **prawo cywilne** ("Zivilrecht") oder "Gesetz", z.B.: **prawo grawitacji** ("Gravitationsgesetz"). Merken Sie sich: **Jakim prawem?** ("mit welchem Recht?"). Achtung! **Prawo** ("rechts") und **lewo** ("links").
Mittlerweile wissen Sie schon, dass die Vergangenheitsformen der Verben bei Männern und Frauen unterschiedlich sind. Hier geben wir die männlichen Formen an: **zobaczyłem** (perfektiv) und **widziałem** (imperfektiv). Die erste Form drückt eine vorübergehende Handlung aus, die entweder durch den Kontext oder durch die Hinzufügung der folgenden Adverbien erkennbar wird: **nagle** ("plötzlich"), **po chwili** ("nach einer Weile"), **wtedy** ("damals, dann"), **wreszcie** ("schließlich"). Die imperfektive Form ist die häufigste.
Kierownica ("Lenkrad, Steuer") kommt vom Verb **kierować** ("lenken"), von dem auch andere Wörter abgeleitet werden, z.B.: **kierownik** ("der Leiter"), **kierunek** ("Richtung").

Der Führerschein

5 — Ich habe Sie nie am (hinter dem) Steuer gesehen. Haben Sie keinen Führerschein?
6 — Doch, ich habe [einen], aber ich möchte lieber nichts riskieren.
7 — Wovor haben Sie Angst?
8 — Ich habe so viele Schwierigkeiten gehabt, um ihn zu bekommen ... Wenn ich daran denke, dass ich ihn bei der ersten Gelegenheit verlieren könnte ...

Das ist wohl ein Irrtum

9 — Haben Sie nicht gesehen, dass die Geschwindigkeit an dieser Stelle auf 40 km/h begrenzt ist?
10 — Ich habe es gesehen, (und) warum?
11 — Sie sind 80 km/h gefahren.
12 — Das ist wohl ein Irrtum.

ANMERKUNGEN *(Fortsetzung)*

(4) In der vorhergehenden Lektion haben wir über das **-by-** gesprochen, mit dem der Konjunktiv gebildet wird. Hier haben Sie ein maskulines Beispiel dafür: **mógłbym** ("ich könnte"). Wie Sie sehen, setzt sich der Konjunktiv aus der Vergangenheitsform des Verbs in der 3. Person und dem zwischen Wortstamm und Personalendung eingeschobenen **-by-** zusammen, also im Singular: männlich **kupił-by-m**, weiblich **kupiła-by-m** ("ich würde kaufen"); **kupił-by-ś/kupiła-by-ś** ("du würdest kaufen") usw.; im Plural **kupili-by-śmy/kupiły-by-śmy** ("wir würden kaufen") usw.
(5) Für das deutsche Wort "Geschwindigkeit" gibt es im Polnischen zwei Wörter: **szybkość**, von **szybko/szybciej** ("schnell/schneller") und **prędkość** von **prędko/prędzej** (ebenfalls "schnell"). Falls Sie bald nach Polen reisen, sollten Sie wissen, dass die zulässige Höchstgeschwindigkeit in geschlossenen Ortschaften 60 km/h, außerhalb geschlossener Ortschaften 90 km/h und auf den (wenigen!) Autobahnen 110 km/h beträgt.
(6) Das Wort **pomyłka** ("Irrtum") stammt von **(po)mylić się** ("sich irren"). Sinnverwandt ist das Wort **błąd** ("Fehler"). Vgl. Sie Lektion 64. Man sagt also auch: **zrobić błąd** ("sich irren" oder "einen Fehler begehen").

13 — Nie, proszę pana, mamy na to dowody.
14 — To niemożliwe. Nie mogłem jechać osiemdziesiąt kilometrów na godzinę. Wyjechałem z domu dopiero dwadzieścia minut temu.

ĆWICZENIE

1. Mógłbyś jechać trochę szybciej, bardzo mi się spieszy. 2. Nie chciałbym spowodować wypadku. 3. Czego się boisz, przecież nie ma tu ograniczenia szybkości? 4. Wiesz, że mam prawo jazdy dopiero od miesiąca. 5. Teraz rozumiem, dlaczego miałeś tyle trudności, żeby je zdobyć.

WYPEŁNIĆ BRAKUJĄCE SŁOWA

1 *Sie haben einen Platz frei. Könnten Sie mich mitnehmen?*

Ma ... wolne ...., czy ...... pan .... zabrać?

2 *Warum haben Sie nicht angehalten? Haben Sie die Ampel nicht gesehen?*

.... się ... nie ....? Nie ....

pan ....?

3 *Doch, ich habe sie gesehen, aber ich habe ein Problem mit meinen Bremsen.*

Owszem, ..., ale ... problem ....

4 *Sie sollten sich so schnell wie möglich darum kümmern.*

Powinien ... jak .... się ... zająć.

13 — Nein, mein Herr, wir haben Beweise dafür.
14 — Das ist unmöglich. Ich konnte nicht 80 km/h fahren. Ich bin erst vor 20 Minuten von zu Hause losgefahren.

ÜBUNG

1. Könntest du etwas schneller fahren? Ich habe es sehr eilig. **2.** Ich möchte keinen Unfall verursachen. **3.** Wovor hast du Angst? Es gibt hier doch keine Geschwindigkeitsbegrenzung. **4.** Du weißt, dass ich [meinen] Führerschein erst seit einem Monat habe. **5.** Jetzt verstehe ich, warum du so viele Schwierigkeiten hattest, ihn zu bekommen.

5 *Seit wann haben Sie Ihren Führerschein?*

. . jak . . . . . ma . . . prawo . . . . . ?

6 *Ich habe ihn seit 15 Jahren, aber ich habe noch nie einen Unfall gehabt.*

Mam . . od . . . . lat, . . . jeszcze . . . . .

nie . . . . . . wypadku.

Diese Wörter hätten Sie einsetzen sollen:

1 – pan – miejsce – mógłby – mnie -. **2** Dlaczego – pan – zatrzymał, – widział – światła. **3** -, widziałem, – mam – z hamulcami. **4** – pan – najszybciej – tym -. **5** Od – dawna – pan – jazdy. **6** – je – piętnastu -, ale – nigdy – miałem -.

Zweite Welle: Aktivieren Sie heute Lektion 16!

LEKCJA SZEŚĆDZIESIĄTA SZÓSTA (66)

Kandydat na męża

1 — Dlaczego wracasz tak późno?
2 — Musiałem zostać dłużej w pracy. Dzwonił ktoś? **(1)**
3 — Tak, Kasia. Prosiłam, żeby przyszła na kolację. **(2)**
4 — Świetnie, dawno u nas nie była.
5 — Zdaje się, że jest bardzo zajęta, zresztą opowie ci sama. Ma przyjść ze swoim nowym przyjacielem. **(3)**
6 — Tak? A kto to jest?
7 — Nie wiem, ale mam wrażenie, że to coś poważnego. Chyba mają zamiar się pobrać. **(4)**
8 — Dopiero teraz mi o tym mówisz?! Poczekaj, pomogę ci nakryć do stołu. O, ktoś dzwoni. To pewnie ona, pójdę otworzyć.

IM DŁUŻEJ SIĘ ZASTANAWIAM, TYM MNIEJ ROZUMIEM

WYMOWA

kandîdatt ... 2 musjaẁemm ... dẁujejj ... 3 ... pschîschẁa ... 5 ... pschîjsj'cj ... pschîjacjellemm. 7 ... wrajenje ... powwajneggo. pobracj. 8 ... potschekajj, ... nakrîcj ... pujde otfojîcj.

SECHSUNDSECHZIGSTE LEKTION

Ein Heiratskandidat (Ehemannkandidat)

1 — Warum kommst du so spät [nach Hause]?
2 — Ich musste länger auf der Arbeit bleiben. Hat jemand angerufen?
3 — Ja, Katja. Ich habe sie gebeten, zum Abendessen zu kommen.
4 — Hervorragend, sie war lange nicht mehr bei uns.
5 — Es scheint, dass sie sehr beschäftigt ist, aber das wird sie dir selbst erzählen. Sie wird [wohl] mit ihrem neuen Freund kommen.
6 — Ach ja? Und wer ist das?
7 — Ich weiß es nicht, aber ich habe den Eindruck, dass es etwas Ernstes ist. Sie haben wohl die Absicht zu heiraten.
8 — Und das erzählst du mir erst jetzt?! Warte, ich werde dir helfen, den Tisch zu decken. Oh, es (jemand) klingelt. Das ist sie wohl, ich gehe öffnen.

ANMERKUNGEN

(1) **Dłużej** ("länger") ist der Komparativ von **długo** ("lang"). Erinnern Sie sich noch an den Ausdruck **jak długo?** ("wie lange?")?

(2) Beachten Sie, dass man nach Verben, die einen Wunsch, einen Befehl oder eine Aufforderung ausdrücken, z.B.: **prosić** ("bitten"), **chcieć** ("möchten, wollen"), **kazać** ("befehlen"), die Konjunktion **żeby** + die Vergangenheitsform des Verbs benutzt. Diese Konstruktion wird in der 3. Person Singular benutzt. In der 1. Person Singular fügt man **żeby** die Endung **-m** hinzu, im Plural dagegen **-śmy**. In der 2. Person Singular wird die Endung **-ś**, im Plural **-ście** angehängt. Beispiele: Eine Frau würde sagen: **prosiłam, żeby przyszła** ("ich habe sie gebeten zu kommen") bzw. **prosiłam, żeby przyszedł** ("ich habe ihn gebeten zu kommen"). Ein Mann sagt: **prosiłem....**
Kasia ("Katja") ist der Diminutiv von **Katarzyna** ("Katharina").

(3) **Przyjaciel** ("Freund") und **przyjaciółka** ("Freundin") bezeichnen eine Person, die jemandem näher steht als ein **kolega** bzw. eine **koleżanka**.

(4) **Pobrać się** = **wziąć ślub** heißt "heiraten".

9 — Dzień dobry, tato. Dlaczego jesteś taki zdenerwowany? **(5)**
10 — Ja, zdenerwowany? Skądże. Jesteś sama? Miałaś przyjść z...
11 — Tomek był zajęty dziś wieczorem, przyjdzie innym razem. **(6)**
12 — Szkoda, miałem ochotę go poznać. Usiądź i opowiedz coś o nim.
13 — Co mam opowiadać?
14 — ... No... co robi? Gdzie pracuje? Ile zarabia?
15 — Wiesz, to ciekawe. Jak się poznaliśmy, zadał mi te same pytania na twój temat.

WYMOWA

9 ... sdennerwowwannî? 10 ... ßko$_n$dje. ... 11 ... pschîjdz$_i$e ...
12 ... usio$_n$c$_i$ i oppowjez ... 14 ... sarrabja? 15 ... sadaw ... pîtan$_i$a ...

ANMERKUNGEN

(5) Tato ist der Vokativ (Anredefall) von **tata** ("Papa"). Diesen Fall benutzt man, wenn man jemanden anspricht. Für männliche Substantive im Singular ist der Vokativ identisch mit dem Lokativ. Ausnahmen: **panie** ("Herr"), **ojcze** ("Vater"). Weibliche Substantive oder die, die eine weibliche Endung aufweisen, enden im Vokativ mit einem **-o**, z.B.: **mamo, tato**. Eine Ausnahme bilden Diminutive der weiblichen Vornamen, sie enden auf **-u**, z.B.: **Kasiu, Aniu, Basiu**. Auch die Diminutive männlicher Vornamen, deren Nominativ am Ende einen 'weichen' Konsonanten aufweist, enden im Vokativ auf **-u**, z.B.: **Jasiu, Kaziu**. Im Plural ist der Vokativ identisch mit dem Nominativ.

ĆWICZENIE

1. Jak długo będzie pan w Krakowie? 2. Chyba nie dłużej niż dziesięć dni. 3. Mama prosiła, żebyś przyszedł na obiad. 4. Czy mógłbym przyjść z przyjaciółką? Chciałbym, żebyście ją poznali. 5. Oczywiście, a kiedy macie zamiar się pobrać? 6. Spróbujemy to zrobić jak najszybciej. 7. Im dłużej się zastanawiam, tym mniej rozumiem. 8. Twój przyjaciel jest jak ty: chciałby jak najwięcej zarabiać, a jak najmniej pracować.

9 — Guten Tag, Papa. Warum bist du so aufgeregt?
10 — Ich, aufgeregt? Ach wo. Bist du alleine? Du solltest doch mit...
11 — Thomas war heute Abend beschäftigt, er kommt ein anderes Mal.
12 — Schade, ich hatte Lust, ihn kennenzulernen. Setz dich und erzähl etwas von ihm.
13 — Was soll ich erzählen?
14 — ... Naja ... was er so macht? Wo er arbeitet? Wie viel er verdient?
15 — Weißt du, das ist interessant. Als wir uns kennengelernt haben, hat er mir dieselben Fragen über dich (zu deinem Thema) gestellt.

ANMERKUNGEN *(Fortsetzung)*

(6) Hier noch einmal die Formen des Verbs **przyjść** ("kommen, ankommen"). Da es sich hier um ein perfektives Verb handelt, drücken die Präsensformen das Futur aus, also: **przyjdę, przyjdziesz, przyjdzie, przyjdziemy, przyjdziecie, przyjdą** ("ich komme" usw.) Die maskulinen Vergangenheitsfomen lauten im Singular: **przyszedłem, przyszedłeś, przyszedł** ("ich bin gekommen" usw.); die femininen: **przyszłam, przyszłaś, przyszła** und im Plural: **przyszliśmy, przyszliście, przyszli** (Maskulinum); **przyszłyśmy, przyszłyście, przyszły** (Femininum).

ÜBUNG

1. Wie lange werden Sie in Krakau sein? **2.** Wohl nicht länger als zehn Tage. **3.** Mama hat darum gebeten, dass du zu Mittag kommst. **4.** Könnte ich mit [meiner] Freundin kommen? Ich möchte, dass ihr sie kennenlernt. **5.** Natürlich, wann habt ihr denn vor zu heiraten? **6.** Wir werden versuchen, es so schnell wie möglich zu tun. **7.** Je mehr ich [darüber] nachdenke, desto weniger verstehe ich [es]. **8.** Dein Freund ist wie du: er möchte so viel wie möglich verdienen und so wenig wie möglich arbeiten.

WYPEŁNIĆ BRAKUJĄCE SŁOWA

1 *Ich habe bemerkt, dass ich umso schwerer aufstehe, je länger ich schlafe.*

   Zauważyłem, .. im ...... śpię, ... trudniej .. wstać.

2 *Ich bin sicher, dass du mehr verdienen würdest, wenn du besser arbeiten würdest.*

   Jestem ....., że ...... pracując, ... zarobisz.

3 *Papa, Mama hat darum gebeten, dass du zum Abendessen kommst.*

   ...., mama ...., żebyś .... na ....

4 *Ich möchte, dass du meinen Freund kennenlernst.*

   ...., żebyś ...... mojego ....

LEKCJA SZEŚĆDZIESIĄTA SIÓDMA (67)

Jaki ojciec, taki syn

1 — Dzień dobry. Co słychać?
2 — Nie najlepiej. Mam kłopot z synem. Nie chce iść do pracy, mimo że ma prawie trzydzieści lat. **(1)**

5 *Man hört, dass ihr die Absicht habt zu heiraten.*

. . . . macie . . . . . . się . . . .

6 *Wir wollten euch gerade [darum] bitten, (dass ihr kommt) zu unserer Hochzeit zu kommen.*

. . . . chcieliśmy . . . prosić, ... przyszli . .

nasz . . . . .

Diese Wörter hätten Sie einsetzen sollen:
1 -, że – dłużej -, tym – mi -. **2** – pewna, – lepiej -, więcej -. **3** Tato, – prosiła, – przyszedł – kolację. **4** Chciałbym, – poznał – przyjaciela. **5** Podobno – zamiar – pobrać. **6** Właśnie – was -, żebyście – na – ślub.

Zweite Welle: Aktivieren Sie heute Lektion 17!

SIEBENUNDSECHZIGSTE LEKTION

Wie der Vater, so der Sohn

1 — Guten Tag. Wie geht's?
2 — Nicht (bestens) so gut. Ich habe Sorgen mit meinem Sohn. Er will nicht arbeiten (zur Arbeit) gehen, obwohl er schon 30 Jahre alt ist.

ANMERKUNGEN

(1) Mimo ("obwohl, trotz") drückt einen gewissen Widerspruch aus. Es wird meistens, wie auch hier, an den Anfang eines Nebensatzes gestellt. Der Konstruktion **mimo że** folgt immer ein Verb, z.B.: **mimo że ma 30 lat** ("obwohl er 30 Jahre alt ist"). Wendet man nur **mimo** an, so folgt das Substantiv im Genitiv, z.B.: **mimo trzydziestu lat** ("trotz [seiner] 30 Jahre"). Merken Sie sich auch: **mimo to** ("trotzdem") oder **mimo wszystko** ("trotz allem").

3 — Ach, ci młodzi... Dla niektórych praca nie ma żadnej wartości. My byliśmy inni. (2)
4 — Hm, to zależy... Zresztą, czy praca jest najważniejsza? A jak się ma twój syn?
5 — Właśnie kończy studia medyczne. (3)
6 — Musisz być z niego bardzo dumny? Nie było mu zbyt ciężko? Słyszałem, że to trudne studia.
7 — Nie dla mojego syna. Jest bardzo zdolny i wyjątkowo pracowity.
8 — To ma już chyba zapewnioną przyszłość? Pewnie twoja żona jest bardzo zadowolona?
9 — Tak. Musieliśmy co prawda trochę więcej pracować przez te sześć lat, ale uważam, że warto było się poświęcić. (4)
10 — A jaką specjalizację wybrał? (5)

WYMOWA

5 ... kon$_i$'tschî ßtudja medîtschne. 6 ... dumnî? ... 7 ... prazzowwitî. 8 ... sapewn$_i$ono$_n$ ... 9 ... pos$_i$fje$_n$c$_i$ic$_i$. 10 ... ßpezjalisazje wîbraw̃?

ANMERKUNGEN *(Fortsetzung)*

(2) Die Adjektive haben im Plural zwei Geschlechter (im Singular drei): das *personale Geschlecht*, das männliche Personen oder allgemeine Personengruppen kennzeichnet, und das *nichtpersonale Geschlecht*, das weibliche und sächliche Personen sowie Tiere und Sachen aller drei Geschlechter bezeichnet. Die Adjektive der ersten Form enden auf **-i** oder **-y** (häufig begleitet von einem Konsonantenwechsel); Adjektive der zweiten Form auf **-e**. Beispiele: 1. Form **nowi kandydaci, młodzi rodzice, drodzy przyjaciele, dobrzy ludzie**; 2. Form **nowe kandydatki, drogie przyjaciółki, młode matki, ciekawe książki**. Bei den Possessivpronomen **mój** ("mein"), **twój** ("dein"), **nasz** ("unser") und **wasz** ("euer") haben wir es mit demselben Phänomen zu tun. Sie lauten in der 1. Form: **moi, twoi, nasi, wasi** und in der 2. Form: **moje, twoje, nasze, wasze**. Die Wörter **niektórzy** ("einige, manche") und ihr weibliches Äquivalent **niektóre** werden nur im Plural angewendet, z.B.: **niektórzy mężczyźni, niektóre kobiety**. **Byliśmy** ist die Vergangenheitsform von **być** ("sein") für Männer. Bei Frauen heißt sie **byłyśmy**.

3 — Ah, diese jungen [Leute] ... Für einige hat die Arbeit keinerlei Wert. Wir waren da anders.

4 — Hm, das kommt drauf an ... Außerdem, ist Arbeit das Wichtigste? Und wie geht es deinem Sohn?

5 — Er beendet gerade sein Medizinstudium.

6 — Du musst [bestimmt] sehr stolz auf ihn sein? War es ihm nicht zu schwer? Ich habe gehört, dass es ein schwieriges Studium ist.

7 — Nicht für meinen Sohn. Er ist sehr begabt und außerordentlich fleißig.

8 — Dann ist [seine] Zukunft bestimmt gesichert? Deine Frau ist wohl sehr zufrieden?

9 — Ja. Wir mussten zwar während dieser sechs Jahre ein bisschen mehr arbeiten, aber ich finde, dass es wert war, sich aufzuopfern.

10 — Und welches Spezialfach hat er gewählt?

ANMERKUNGEN

(3) Das Adjektiv **medyczny** ("medizinisch") kommt vom Wort **medycyna** ("Medizin"). Merken Sie sich im Zusammenhang mit **studia** ("Studium") auch **studiować** ("studieren"), z.B.: **studiować medycynę**; **student** ("Student"); **studentka** ("Studentin") und **studencki** ("studentisch").
Die perfektive Form von **kończyć** ("beenden") lautet **skończyć**.

(4) Das maskuline **musieliśmy** und das feminine **musiałyśmy** bedeuten "wir mussten" oder "wir haben gemusst".

(5) **Wybrać** ist perfektiv und wird im Präsens wie **brać** konjugiert. Achten Sie auf die Wechsel von **o** zu **e** und von **r** zu **rz**. **Wybierać** ("auswählen") dagegen ist imperfektiv und gehört der 3. Konjugation an. Wir betonen immer die Konjugationen im Präsens bzw. Futur, da sie schwieriger sind als die Konjugation der Vergangenheit.

(6) Hier einige Wendungen mit dem Wort **koniec** ("Ende, Schluss"): **w końcu** ("schließlich, endlich"); **na końcu** ("am Schluss, am Ende" und zwar örtlich gemeint); **bez końca** ("ohne Ende, endlos"); **do końca** ("bis zum Ende/Schluss").

251 Dwieście pięćdziesiąt jeden

11 — Długo się zastanawiał, **ale w końcu zdecydował się na medycynę pracy. (6)**
12 — Tak? No proszę, mój syn miał rację.
13 — Dlaczego?
14 — Zawsze powtarzał, że praca to choroba.

WYMOWA

14 ... poftajaŵ ... horrobba.

ĆWICZENIE

Wir schlagen Ihnen hier eine Wiederholungsübung vor, um die Pluralformen der Nomen, Adjektive und Pronomen zu üben. Wenn Sie unsicher sind, können Sie vorher noch einmal die Anmerkung 2 der heutigen Lektion und die Anmerkungen 4, 5 und 6 der Wiederholungslektion (Nr. 70) lesen. Alle folgenden Sätze beziehen sich auf Männer. Wandeln Sie sie so ab, dass sie sich auf Frauen beziehen.

1. Czy wasi sąsiedzi są sympatyczni? **2.** Niektórzy są mili, ale nie wszyscy. **3.** Moi nowi przyjaciele są zupełnie inni. **4.** Wszyscy mężczyźni, których znałem, byli zdolni i pracowici. **5.** Jesteśmy dumni z wyników naszej pracy. **6.** Jutro wieczorem będziemy zajęci. **7.** Ci chłopcy to nasi koledzy.

WYPEŁNIĆ BRAKUJĄCE SŁOWA

1 *Alle Studentinnen aus meiner Gruppe sind sehr fleißig.*

.... studentki . mojej ..... są ...... pracowite.

2 *Deine Freunde sind außergewöhnliche Leute.*

Twoi .... to .... ludzie

3 *Meine Eltern sind noch sehr jung.*

Moi .... są .... bardzo ....

11 — Er hat lange nachgedacht, aber schließlich hat er sich für Arbeitsmedizin entschieden.
12 — Ach ja? Na bitte, mein Sohn hatte recht.
13 — Warum?
14 — Er hat immer wieder gesagt (wiederholt), dass die Arbeit eine Krankheit [ist].

ÜBUNG

1. Sind eure Nachbarn sympathisch? **2.** Einige sind nett, aber nicht alle. **3.** Meine neuen Freunde sind völlig anders. **4.** Alle Männer, die ich kannte, waren begabt und fleißig. **5.** Wir sind stolz auf die Ergebnisse unserer Arbeit. **6.** Morgen Abend werden wir beschäftigt sein. **7.** Diese Jungen [sind] unsere Freunde.

Lösungen zur Übersetzungsübung
(Formen für das Femininum):

1 – wasze sąsiadki – sympatyczne? 2 Niektóre – miłe, – – wszystkie. 3 Moje nowe przyjaciółki – inne. 4 Wszystkie kobiety, które –, były zdolne – pracowite. 5 – dumne – – – –. 6 – – – zajęte. 7 Te dziewczyny – nasze koleżanki.

4 *Die neuen Studien(kandidaten)bewerber sind wirklich begabt.*

. . . . kandydaci . . studia . . naprawdę . . . .

5 *Unsere Nachbarn von oben sind stolz auf [ihren] Sohn.*

Nasi . . . . z . . . . są . . . . . z . . . . .

Diese Wörter hätten Sie einsetzen sollen:

1 Wszystkie – z – grupy – bardzo –. 2 – przyjaciele – wyjątkowi –. 3 – rodzice – jeszcze – młodzi. 4 Nowi – na – są – zdolni. 5 – sąsiedzi – góry – dumni – syna.

Zweite Welle: Aktivieren Sie heute Lektion 18!

LEKCJA SZEŚĆDZIESIĄTA ÓSMA (68)

Wakacje u babci

1 — No i jak? Podobało ci się u babci? (1)
2 — Jasne, było bardzo fajnie. (2)
3 — A co robiłeś? Nie nudziło ci się? (3)
4 — Nie, bawiłem się z kolegami.
5 — Chodziliście do lasu na grzyby? (4)
6 — Nie, bo babcia nie miała czasu.
7 — A sami nie mogliście?
8 — Babcia mówiła, że moglibyśmy się zgubić.
9 — A nad rzekę pozwalała wam chodzić? (5)
10 — Też nie. Zresztą było zimno i padał deszcz. (6)

WYMOWA

... bapcįi 1 ... poddobbaŵo ... 2 ... fajnįe. 3 ... nudziŵo 4 ... bawiŵemm ... 5 hodzįilisį'cįe ... laßu ... gĵibî? 8 ... sgubicį. 9 ... jekke poswallaŵa ... 10 ... zįimno ...

ANMERKUNGEN

(1) **Babcia** ("Großmutter"), **dziadek** ("Großvater"); **wnuk** ("Enkel"), **wnuczka** ("Enkelin").
(2) Das Adverb **fajnie** kommt von dem Adjektiv **fajny** und bedeutet "nett, hübsch, toll, angenehm". Alle Konstruktionen mit diesem Wort sind eher familiär, z.B.: **Fajnie to robisz** ("du machst es nett"), **masz fajne buty** ("du hast tolle Schuhe").
(3) "Ich langweile mich" kann man auf zwei Arten ausdrücken: **nudzę się** (das Sie bereits kennen) oder **nudzi mi się**. Der zweite Ausdruck wird vom Dativ des Personalpronomens: **mi, ci, mu, jej**, oder des Nomens: **mamie, babci, dziadkowi**, begleitet. Sie haben bereits einige Ausdrücke kennengelernt, die auf dieselbe Weise gebildet werden, z.B.: **nie chce mi się = nie mam ochoty** ("ich habe keine Lust"), **spieszy mi się = spieszę się** ("ich habe es eilig").

Dwieście pięćdziesiąt cztery **254**

ACHTUNDSECHZIGSTE LEKTION

Ferien bei der Großmutter

1 — Na und? Hat [es] dir bei [deiner] Großmutter gefallen?
2 — Klar, es war sehr nett.
3 — Und was hast du gemacht? Hast du dich nicht gelangweilt?
4 — Nein, ich habe mit [meinen] Freunden gespielt.
5 — Seid ihr in den Wald gegangen, um Pilze [zu sammeln]?
6 — Nein, weil Großmutter keine Zeit hatte.
7 — Und alleine konntet ihr das nicht?
8 — Großmutter sagte, dass wir uns verlaufen (verlieren) könnten.
9 — Und hat sie euch erlaubt, an den Fluss zu gehen?
10 — Auch nicht. Außerdem war es kalt und es hat geregnet.

ANMERKUNGEN *(Fortsetzung)*

(4) Wir erinnern daran, dass der Präposition **na** ("auf"), wenn Sie auf ein Ziel, eine Richtung oder einen Ort hinweist, der Akkusativ folgt, z.B.: **iść na koncert/na bal/na spacer/na grzyby**. Alle Verben, die im Plural der Vergangenheitsformen auf **-liśmy, -liście, -li** enden, beziehen sich auf Männer. Die Endungen für Frauen lauten **-łyśmy, -łyście, -ły**. Sie wissen, dass die Betonung im Polnischen generell auf der vorletzten Silbe liegt. Jedoch wird bei Verben in der Vergangenheitsform für die ersten beiden Personen des Plurals die drittletzte Silbe betont: **chodziliśmy, mogliśmy**.

(5) **Nad** ("über"), z.B.: **lampa wisi nad stołem** ("die Lampe hängt über dem Tisch"). In den Wendungen: **nad rzeką, nad morzem, nad jeziorem** heißt diese Präposition auch "am" (hier: am Fluss/Meer/See). Bei solchen Ortsbestimmungen folgt ihr der Instrumentalfall. Wenn jedoch ein Ziel gemeint ist, folgt der Akkusativ, z.B.: **jechać nad morze, chodzić nad rzekę**. Außerdem wird **nad** in dem Ausdruck: **nad ranem** ("frühmorgens") oder mit bestimmten Verben benutzt, z.B.: **czuwać nad kimś** ("über jemanden wachen"), **pracować nad czymś** ("an etw. arbeiten").

(6) **Zimno** ("kalt") ist ein Adverb und wird in folgenden Ausdrücken angewandt: **jest zimno** ("es ist kalt"); **zimno mi** ("ich friere, mir ist kalt"); **na zimno** ("kalt", was die Zubereitung von Speisen beschreibt). Merken Sie sich auch: **zima** ("Winter"). Das Gegenteil lautet **ciepło** ("warm") und **gorąco** ("heiß").

255 Dwieście pięćdziesiąt pięć

11 — To co robiliście? Siedzieliście cały czas w domu? **(7)**

12 — Bawiliśmy się w chowanego. Wiesz, ja się raz schowałem na strychu. Tam jest pełno fajnych rzeczy.

13 — Jakich rzeczy? Pewnie jakieś stare rupiecie.

14 — Wcale nie. Znalazłem adapter, do którego wcale nie trzeba prądu. Wystarczy kręcić korbką! **(8)**

WYMOWA

11 ... s$_i$edz$_i$elis$_i$'c$_i$e ... 12 bawilis$_i$'mî ... howwanneggo ... ßhowwawemm ... ßtrîhu. ... 13 ... rupjec$_i$e. 14 ... addap'terr ... pro$_n$du. ... kre$_n$c$_i$ic$_i$ korpko$_n$!

ĆWICZENIE

1. Gdzie byliście na wakacjach w zeszłym roku? **2.** Byliśmy nad morzem, ale nie podobało nam się. **3.** Było strasznie zimno i cały czas siedzieliśmy przed telewizorem. **4.** W tym roku jedziemy do babci, na wieś. **5.** Co będziecie robić, nie będzie się wam nudziło? **6.** Będziemy chodzić na grzyby i nad rzekę.

WYPEŁNIĆ BRAKUJĄCE SŁOWA

1 *Langweilst du dich nicht auf dem Land?*

Nie ..... ci ... na ...?

2 *Nein, ich gehe gerne an den Fluss oder in den Wald.*

..., lubię .... nad ..... i .. lasu.

3 *Auch ich gehe oft Pilze suchen.*

Ja ... często ...... na ....

4 *Letztes Jahr bin ich ans Meer gefahren.*

. zeszłym .... pojechałem ... morze.

11 — Was habt ihr dann gemacht? Habt ihr die ganze Zeit zu Hause gesessen?

12 — Wir haben Verstecken gespielt. Weißt du, einmal habe ich mich auf dem Speicher versteckt. Dort gibt es lauter (voll) tolle Sachen.

13 — Was für Sachen? Sicher irgendwelchen alten Trödel.

14 — Ganz und gar nicht. Ich habe einen Plattenspieler gefunden, für den man überhaupt keinen Strom braucht. Man muss nur die Handkurbel drehen!

ANMERKUNGEN

(7) **Siedzieć** ("sitzen") wird in der Vergangenheit wie **wiedzieć, mieć, woleć** konjugiert, obwohl die Verben unterschiedlichen Konjugationen angehören. Denken Sie bitte an den Wechsel von **e** zu **a**, z.B.: für das Maskulinum **siedzieliśmy** und für das Femininum **siedziałyśmy** ("wir haben gesessen"). Merken Sie sich auch: **siedzieć nad książką/lekcją/projektem**. (Vgl. Lektion 54, Anm. 4).

(8) **Adapter = gramofon** ("Plattenspieler"). **Płyta** heißt "Platte". **Prąd** bedeutet "Strom" ("Elektrizität") aber auch "Strömung" (z.B. des Flusses). Idiomatische Redewendungen mit **prąd** sind: **iść z prądem** ("mit dem Strom schwimmen"); **iść pod prąd** ("gegen den Strom schwimmen").

ÜBUNG

1. Wo wart ihr letztes Jahr in den Ferien? 2. Wir waren am Meer, aber es hat uns nicht gefallen. 3. Es war schrecklich kalt und wir saßen die ganze Zeit vor dem Fernseher. 4. Dieses Jahr fahren wir zur Großmutter aufs Land. 5. Was werdet ihr machen? Werdet ihr euch nicht langweilen? 6. Wir werden Pilze sammeln (suchen) und an den Fluss gehen.

5 *Das hat mir sehr gefallen, obwohl es kalt war.*

Bardzo .. się ...., mimo .. było ....

Diese Wörter hätten Sie einsetzen sollen:

1 – nudzi – się – wsi. 2 Nie, – chodzić – rzekę – do –. 3 – też – chodzę – grzyby. 4 W – roku – nad –. 5 – mi – podobało, – że – zimno.

Zweite Welle: Aktivieren Sie heute Lektion 19!

LEKCJA SZEŚĆDZIESIĄTA DZIEWIĄTA (69)

Dobrzy sąsiedzi (1)

1 — Jak się macie? Dawno się nie widzieliśmy.
2 — To prawda, byliśmy za granicą. (2)
3 — Czego się napijecie: kawy czy herbaty? (3)
4 — Chętnie się napiję herbaty. – Ja też.
5 — Cieszę się, że wpadliście nas odwiedzić. Nie byliście jeszcze u nas? (4)
6 — W tym mieszkaniu nie. Jest większe od poprzedniego? (5)
7 — Nie jest większe, ale wystarczy dla dwóch osób.
8 — Jak to? Córka już z wami nie mieszka?
9 — Nie. Pojechała do Krakowa na dwa lata. (6)
10 — Szkoda. Myslałem, że nam coś zaśpiewa. Pamiętam, że jak była mała, bardzo lubiła śpiewać. (7)

WYMOWA

dobjî ßo$_n$sjedz$_j$i **1** ... widz$_j$elis$_j$mî. **2** ... grannîzo$_n$. **3** ... nappijec$_j$e: ... herbattî? **5** ... fpadlis$_j$'c$_j$e ... odwjedz$_j$ic$_j$. **6** ... wje$_n$ksche popschedn$_j$eggo? **7** ... wîßtar'tschî ... **9** ... pojehaẃa ... **10** ... sas$_j$ipjewwa. pamje$_n$tamm ... s$_j$ipjewwac$_j$.

ANMERKUNGEN

(1) **Dobrzy** bezieht sich hier auf eine aus Männern und Frauen zusammengesetzte Gruppe (vgl. Lektion 67, Anm. 2, das personale Geschlecht der Adjektive im Plural). Bei Frauen, Dingen, Tieren usw. verwendet man **dobre**. Ähnliche Beispiele: **chorzy, chore** ("krank"); **mądrzy, mądre** ("schlau").

(2) **Granica** heißt "Grenze". Merken Sie sich: **za granicą** ("im Ausland"); **zagranica** ("das Ausland"); **zagraniczny** ("Außen..."), z.B.: **handel zagraniczny** ("Außenhandel").

(3) Das reflexive und perfektive Verb **napić się** tritt in Verbindung mit dem Genitiv auf, z.B.: **napić się kawy/herbaty** ("Kaffee/Tee trinken"). Es kommt vom imperfektiven **pić**, das mit dem Akkusativ benutzt wird, z.B.: **pić kawę/herbatę**. Das perfektive Äquivalent heißt **wypić** ("austrinken") und verlangt auch nach einem Akkusativ.

NEUNUNDSECHZIGSTE LEKTION

Gute Nachbarn

1 — Wie geht es euch? Wir haben uns lange nicht gesehen.
2 — Das ist wahr, wir waren im Ausland.
3 — Was trinkt ihr: Kaffee oder Tee?
4 — Ich trinke gerne [einen] Tee. – Ich auch.
5 — Ich freue mich, dass ihr vorbeigekommen seid. Ihr seid noch nicht bei uns gewesen?
6 — In dieser Wohnung nicht. Ist sie größer als die vorherige?
7 — Sie ist nicht größer, aber für zwei Personen reicht sie.
8 — Wieso? Wohnt die Tochter nicht mehr bei euch?
9 — Nein. Sie ist für zwei Jahre nach Krakau gegangen (gefahren).
10 — Schade. Ich dachte, sie würde uns etwas vorsingen. Ich erinnere mich, dass sie, als sie klein war, gerne gesungen hat.

ANMERKUNGEN

(4) **Wpaść** (wörtlich: "hereinfallen") **do kogoś** ("bei jdm. vorbeikommen"). Der Imperfektiv lautet: **wpadać**. **Odwiedzić** (perfektiv) und **odwiedzać** (imperfektiv) heißt "besuchen".

(5) **Większe od poprzedniego = większe niż poprzednie**. Für Vergleiche verwendet man die Konjunktion **niż** + Nominativ, z.B.: **Francja jest większa niż Polska** oder die Präposition **od** + Genitiv, z.B.: **Francja jest większa od Polski** ("Frankreich ist größer als Polen").

(6) *Kraków* ("Krakau") ist eine Stadt im Süden Polens. Sie zählt über 750.000 Einwohner. Wegen der zahlreichen Sehenswürdigkeiten wurde sie 1978 als erste europäische Stadt auf die UNESCO-Liste des Weltkulturerbes gesetzt.

(7) Im Polnischen gibt es keine Zeitenfolge wie im Deutschen. Wenn das Verb des Hauptsatzes in der Vergangenheit steht, wie hier **myślałem** ("ich dachte"), verwendet man im Nebensatz das Futur, also **zaśpiewa** ("sie wird singen"). Im Deutschen nehmen wir in einem solchen Fall den Konjunktiv ("sie würde singen").

259 Dwieście pięćdziesiąt dziewięć

11 — To prawda. Zresztą właśnie pojechała dokończyć studia w konserwatorium.
12 — Musiało was to bardzo drogo kosztować? **(8)**
13 — Skądże. Wszyscy sąsiedzi dołożyli się do jej wyjazdu! **(9)**

WYMOWA

11 ... dokkon¡'tschîc¡ ... konßerwattorjum. **13** ... dowôjîli ... wîjasdu!

ĆWICZENIE

Ändern Sie die folgenden Sätze, indem Sie die Formen des Femininums anwenden.

1. Co robiliście w niedzielę, poszliście na spacer? **2.** Nie, czytaliśmy trochę i oglądaliśmy telewizję. **3.** Widzieliście coś ciekawego? Tak, widzieliśmy świetny film. **4.** Od bardzo dawna nie byliśmy w kinie. **5.** Napisaliście wreszcie list do babci? **6.** Zaczęliśmy pisać, ale jeszcze nie skończyliśmy. **7.** Widzę, że kupiliście nowy samochód, skąd wzięliście pieniądze? **8.** Pracowaliśmy trochę więcej przez parę ostatnich lat.

WYPEŁNIĆ BRAKUJĄCE SŁOWA

1 *Seit wann wohnen Sie im Ausland?*

.. jak ..... mieszkacie ....?

2 *Wir sind vor 20 Jahren aus Polen weggegangen (weggefahren).*

.... z ...... dwadzieścia ... .

3 *Es ist sehr kalt hier, trinkt ihr einen Tee?*

...... tu ....., ... się ....?

4 *Mögt ihr vielleicht lieber Kaffee als Tee?*

.... wolicie .... od ....?

11 — Das ist wahr. Sie ist übrigens gerade [dort] hingefahren, um ihr Studium am Konservatorium zu beenden.

12 — Das hat euch wohl sehr viel gekostet? (Das muss euch sehr teuer gekostet haben?)

13 — Ach wo. Alle Nachbarn haben für ihre Reise gespendet (dazugelegt)!

ANMERKUNGEN

(8) Bei dem nur imperfektiven Verb **musieć** ("sollen, müssen") gibt es leider einige Unregelmäßigkeiten. Im Präsens findet der Wechsel von **s** zu **sz** statt, also: **muszę, musisz, musi, musimy, musicie, muszą**. In der Vergangenheit wird in allen Formen, außer im Plural des persönlichen Maskulinum (wo auch der Buchstabe **l** anstelle des **ł** erscheint), der Vokal **e** durch den Vokal **a** ersetzt, also: **musieliśmy** (für Männer), **musiałyśmy** (für Frauen). Nach derselben Regel werden in der Vergangenheit alle Verben konjugiert, deren Infinitiv auf **-eć** endet (vgl. Wiederholungslektion 49).

(9) Dołożyć (perfektiv), **dokładać** (imperfektiv) heißt "hinzufügen, dazulegen". **Dołożyć się** bedeutet "beitragen, etwas dazutun" oder "spenden".

ÜBUNG

1. Was habt ihr am Sonntag gemacht? Seid ihr spazieren gegangen?
2. Nein, wir haben ein bisschen gelesen und ferngesehen.
3. Habt ihr etwas Interessantes gesehen? Ja, wir haben einen ausgezeichneten Film gesehen.
4. Wir waren lange nicht [mehr] im Kino.
5. Habt ihr endlich den Brief an Großmutter geschrieben?
6. Wir haben angefangen (zu schreiben), aber wir sind noch nicht fertig (haben noch nicht beendet).
7. Ich sehe, dass ihr ein neues Auto gekauft habt, woher habt ihr das Geld gehabt (genommen)?
8. Wir haben während der letzten Jahre ein bisschen mehr gearbeitet.

Lösungen zur Übersetzungsübung (Formen des Femininums)

1 - robiłyście – –, poszłyście – –? **2** –, czytałyśmy – – oglądałyśmy –. **3** Widziałyście – –? –, widziałyśmy – –. **4** – – – – byłyśmy – –. **5** Napisałyście – – – –? **6** Zaczęłyśmy –, – – – skończyłyśmy. **7** –, kupiłyście – –, – wzięłyście –? **8** Pracowałyśmy – – – – –.

5 *Könnt ihr heute Abend bei uns vorbeikommen? Es werden einige (ein paar) Leute da sein.*

Możecie ..... do ... dziś .... ? Będzie .... osób.

LEKCJA SIEDEMDZIESIĄTA (70)

Wiederholung und Anmerkungen

1 Der Komparativ (1. Steigerungsstufe)

Im Gespräch kommt es oft vor, dass Dinge miteinander verglichen oder zueinander in Beziehung gesetzt werden. Sie haben in den letzten Lektionen einige Ausdrücke kennengelernt, in denen der Komparativ und der Superlativ (höchste Steigerungsstufe) vorkommen. Wir wollen noch einmal darüber sprechen, wie diese Formen gebildet werden.

Die *meisten Adjektive* bilden den Komparativ mit Hilfe der Endungen: **-szy, -sza, -sze**, die an den Wortstamm (anstelle des Endvokals **-y(i), -a, -e**) angehängt werden. Beispiele:
ciekawy ("interessant"), **ciekawszy** ("interessanter");
nowy ("neu"), **nowszy** ("neuer");
młody ("jung"), **młodszy** ("jünger");
stary ("alt"), **starszy** ("älter").

Bei einigen Adjektiven ändert sich der Endkonsonant des Wortstamms (Konsonantenwechsel):
długi ("lang"), **dłuższy** ("länger");
drogi ("teuer"), **droższy** ("teurer");
miły ("nett"), **milszy** ("netter").

Die Adjektive, die auf **-eki, -oki** enden, verlieren diese Endung:
daleki ("fern"), **dalszy** ("ferner");
wysoki ("hoch, groß"), **wyższy** ("höher, größer").

Diese Wörter hätten Sie einsetzen sollen:

1 Od – dawna – za granicą. 2 Wyjechaliśmy – Polski – late temu.
3 Bardzo – zimno, napijecie – herbaty. 4 Może – kawę – herbaty.
5 – wpaść – nas – wieczorem. – parę –.

Zweite Welle: Aktivieren Sie heute Lektion 20!

SIEBZIGSTE LEKTION

Endet der Wortstamm mit mehreren Konsonanten, wird oft vor der Endung **-szy/-sza/-sze** ein **-ej** eingefügt, um die Aussprache zu erleichtern (Achtung! Der Vokal **y** ändert sich in **i**):
  trudny ("schwierig"), **trudniejszy** ("schwieriger");
  łatwy ("leicht" im Sinne von "einfach"),
    łatwiejszy ("leichter");
  dziwny ("komisch"), **dziwniejszy** ("komischer").

Bei einigen Adjektiven wird der Komparativ unregelmäßig gebildet. Beispiele:
  dobry ("gut"), **lepszy** ("besser");
  zły ("schlecht"), **gorszy** ("schlechter");
  duży ("groß"), **większy** ("größer");
  mały ("klein"), **mniejszy** ("kleiner").

Es gibt auch andere Adjektive, die keine eigene Komparativform haben. In diesen Fällen werden die Adverbien **bardziej** ("mehr") oder **mniej** ("weniger") zu Hilfe genommen, z.B.:
  bardziej/mniej roztargniony
    ("zerstreuter/weniger zerstreut");
  bardziej/mniej wymagający
    ("anspruchsvoller/weniger anspruchsvoll").

Den Komparativ der *Adverbien* (Endungen **-o** und **-e**), die von Adjektiven abgeleitet sind, bildet man durch Anfügen der Endung **-(i)ej**, z.B.:
  przyjemnie ("angenehm"),
    przyjemniej ("angenehmer");
  zimno ("kalt"), **zimniej** ("kälter").

Wie bei den Adjektiven vollzieht sich auch bei den Adverbien oft ein Konsonantenwechsel, z.B.:
   szybko ("schnell"), **szybciej** ("schneller") – von **k** nach **ci**;
   prędko ("schnell"), **prędzej** ("schneller") – von **k** nach **z**;
   ciepło ("warm"), **cieplej** ("wärmer") – von **ł** nach **l**;
   drogo ("teuer"), **drożej** ("teurer") – von **g** nach **ż**;
   często ("oft"), **częściej** ("öfter") – von **s** nach **ś** und von **t** nach **ci**.

Auch bei den Adverbien gibt es einige unregelmäßige Komparativformen, z.B.:
   mało ("wenig"), **mniej** ("weniger");
   dużo ("viel"), **więcej** ("mehr");
   źle ("schlecht"), **gorzej** ("schlechter");
   dobrze ("gut"), **lepiej** ("besser").

2 Die Anwendung des Komparativs

Es gibt zwei Möglichkeiten, Dinge miteinander zu vergleichen:

1) Komparativ + **niż** + Nominativ, z.B.: **jest wyższy niż ojciec** ("er ist größer als der Vater"); **pracuje więcej niż inni** ("er arbeitet mehr als die anderen"); **ma więcej szczęścia niż rozumu** ("er hat mehr Glück als Verstand").

Merken Sie sich auch das Sprichwort: **Lepiej późno, niż wcale** ("Besser spät als nie").

2) Komparativ + **od** + Genitiv, z.B.: **jest wyższy od ojca, pracuje więcej od nich, wolę herbatę od kawy** ("ich trinke lieber Tee als Kaffee").

Um die Intensivierung eines Zustandes auszudrücken, verwendet man **coraz** ("mehr", im Sinne von "immer mehr") + Komparativ, z.B.:
   jest coraz zimniej ("es wird immer kälter");
   czuję się coraz lepiej ("ich fühle mich immer besser").

Vergessen Sie auch nicht die Konstruktion **im ... tym ...** ("je ... desto ..."), z.B.:
   im wcześniej, tym lepiej ("je früher, desto besser");
   im więcej, tym lepiej ("je mehr, desto besser").

Merken Sie sich das Sprichwort: **Im dalej w las, tym więcej drzew** (wörtlich: "Je weiter man in den Wald hineingeht, desto mehr Bäume gibt es"). Es bedeutet sinngemäß: Je tiefer man in ein Problem eintaucht, desto komplexer wird es.

3 Der Superlativ (Höchste Steigerungsstufe)

Der *Superlativ* wird gebildet, indem man dem Komparativ das Präfix **naj-** voranstellt, z.B.:
  ciekawszy ("interessanter"),
       najciekawszy ("am interessantesten");
  młodszy ("jünger"), **najmłodszy** ("am jüngsten");
  lepiej ("besser"), **najlepiej** ("am besten");
  bardziej wymagający ("anspruchsvoller"),
       najbardziej wymagający ("am anspruchsvollsten").

Wird dem Superlativ **jak** vorangestellt, so bezeichnet dies die höchste denkbare Stufe, den sogenannten *Elativ* (absoluter Superlativ), z.B.:
  jak najlepiej ("so gut wie nur möglich");
  wróć jak najprędzej ("komm so schnell wie möglich zurück").

Will man auf eine Frage eine positive und kategorische Antwort geben, so kann man den Ausdruck **Jak najbardziej!** (sinngemäß: "Aber ja, besonders gern!") anwenden.

4 Der Plural der personalen männlichen Substantive

Wir sprechen oft den unvermeidbaren Vokal- bzw. Konsonantenwechsel bei der Konjugation von Verben und der Deklination von Substantiven, Adjektiven und Pronomen an. Bevor wir Ihnen eine vollständige Liste dieser Wechsel geben, wollen wir erst einige Beispiele nennen. An ihnen sehen Sie, was passiert, wenn bestimmte personale männliche Substantive in den Plural gesetzt werden. Beispiele:
  t nach ci: **kandydat, kandydaci; student, studenci;**
  k nach c: **fizyk, fizycy; pracownik, pracownicy;**
  r nach rz: **fryzjer, fryzjerzy; dyrektor, dyrektorzy;**
  d nach dzi: **sąsiad, sąsiedzi.**

Im letzten Beispiel findet außerdem ein Wechsel von **a** zu **e** statt.

5 Der Plural der Adjektive

Dasselbe Phänomen tritt beim Plural der Adjektive auf, die ein personales männliches Substantiv begleiten. Darüber hinaus haben diese Adjektive die Endung **-i** oder **-y** (alle anderen Adjektive haben im Plural die Endung **-e**). Beispiele:

wielki fizyk ("ein großer Physiker"), **wielcy fizycy** ("große Physiker");

dobry fryzjer ("ein guter Friseur"), **dobrzy fryzjerzy** ("gute Friseure");

stary sąsiad ("ein alter Nachbar"), **starzy sąsiedzi** ("alte Nachbarn");

młody kadydat ("ein junger Kandidat"), **młodzi kandydaci** ("junge Kandidaten");

drogi kolega ("ein lieber Kollege"), **drodzy koledzy** ("liebe Kollegen").

Im Plural der weiblichen, neutralen und nichtpersonalen männlichen Adjektive treten diese Buchstabenwechsel nicht auf, wodurch sich die folgenden Formen ergeben: **wielkie, dobre, stare, młode** und **drogie**.

LEKCJA SIEDEMDZIESIĄTA PIERWSZA (71)

To nic nie da

1 — Cieszę się, że wpadłaś. Kupiłam świetne ciastka, może spróbujesz?

2 — Nie, dziękuję. Jestem na diecie.

3 — Naprawdę? Nie wiedziałam. Od jak dawna?

4 — Od półtora miesiąca. **(1)**

5 — I co? Udało ci się schudnąć? **(2)**

WYMOWA

1 ... cjaßtka ... 2 .. djecje. 4 ... puw'torra ... 5 ... udawo ... ßhudno$_n$cj?

ANMERKUNGEN

(1) **Pół** ("halb"); **półtora** (Maskulinum), **półtorej** (Femininum) heißt "eineinhalb, anderthalb", z.B.: **półtora tygodnia** ("anderthalb Wochen"); **półtorej godziny** ("anderthalb Stunden").

6 Der Plural der Pronomen

Auch bei den Pronomen gibt es *zwei Pluralformen*: die personale Maskulinumsform und die nichtpersonale Form. Wir haben sie hier aufgelistet (in Klammern finden Sie die personalen Pronomen, die sich auf Männer beziehen):

- Das Personalpronomen – "sie": **one (oni)**;
- Die Possessivpronomen – "meine": **moje (moi)**; – "deine": **twoje (twoi)**; – "unsere": **nasze (nasi)**; – "eure": **wasze (wasi)**;
- Die Relativpronomen – "die": **które (którzy), jakie (jacy)**;
- Die Demonstrativpronomen – "die, diese": **te (ci)**; – "jene": **tamte (tamci)**;
- Das Determinativpronomen – "alle": **wszystkie (wszyscy)**.

Zweite Welle: Aktivieren Sie heute Lektion 21!

EINUNDSIEBZIGSTE LEKTION

Das bringt nichts

1 — Ich freue mich, dass du vorbeigekommen bist. Ich habe hervorragende Teilchen, probier mal (vielleicht kostest du sie)?

2 — Nein, danke. Ich bin auf Diät.

3 — Wirklich? Das wusste ich nicht. Seit wann?

4 — Seit anderthalb Monaten.

5 — Na und? Hast du es geschafft, abzunehmen?

ANMERKUNGEN

(2) Udać się (imperfektiv: udawać się) heißt "gelingen". Beispiele: **projekt się udał** ("das Projekt ist gelungen"); **wakacje się udały** ("die Ferien sind gelungen"). Man benutzt es oft als unpersönliches Verb, das vom Dativ begleitet wird, und es entspricht sinngemäß dem deutschen: "jemand schafft, etwas zu tun", z.B.: **Udało mi się zrobić to ćwiczenie** ("Ich habe es geschafft, diese Übung zu machen"); **Udało ci się skończyć tę pracę?** ("Hast du es geschafft, die Arbeit zu beenden?"). Das folgende Verb ist immer perfektiv und steht wie im Deutschen im Infinitiv.
Schudnąć ("abnehmen") ist perfektiv, das imperfektive Verb dazu lautet **chudnąć**. **Chudy** ("mager").

6 — Skąd! Utyłam pół kilo w ciągu tygodnia. To okropne! **(3)**

7 — Powinnaś może uprawiać jakiś sport, czy ja wiem, chodzić na basen, gimnastykować się. **(4)**

8 — Myślisz, że mam czas na uprawianie sportu! **(5)** Zresztą to nic nie da. Najważniejsze, żeby uważać na to, co się je. **(6)**

9 — Przecież widzę, że nie jesz ciastek, więc chyba przestrzegasz diety. Może powinnaś iść do lekarza, żeby ci coś przepisał.

10 — Właśnie byłam niedawno.

11 — I co ci powiedział? Pewnie kazał ci jeść mniej chleba?

WYMOWA

6 ... uttîwamm ... **7** ... uprawjac͵ ... baßenn, gimnaßtîkowac͵ ...
9 ... pschest'scheggasch ... pschepîßaŵ. **11** ... hlebba?

ANMERKUNGEN

(3) Das imperfektive Verb **tyć** und das perfektive **utyć** heißen "an Gewicht zunehmen". Die Präsensformen lauten **tyję, tyjesz, tyje** usw. Nach demselben Muster, d.h. mit dem Wechsel von ć zu j, werden auch andere Verben, die im Infinitiv die Endung -yć haben, konjugiert, z.B.: **myć** ("waschen"), **szyć** ("nähen"), **żyć** ("leben").

(4) Powinnaś ("du solltest") ist ein Femininum, das im Maskulinum **powinieneś** lautet. Hierbei handelt es sich um ein 'unvollständiges' Verb (Defektivum), da es keinen Infinitiv aufweist und keine selbstständigen Zeitformen bildet. Hier die weiteren Formen des Verbs; beachten Sie bitte, dass die erste Form jeweils ein Maskulinum und die zweite jeweils ein Femininum ist: **powinienem/powinnam** ("ich sollte"), **powinien/powinna/powinno** ("er/sie/es sollte"), **powinniśmy/powinnyśmy** ("wir sollten"), **powinniście/powinnyście** ("ihr solltet"), **powinni/powinny** ("sie sollten"). Die Vergangenheit dieses Verbs bildet man, indem man die Vergangenheitsform des Verbs **być** in der 3. Person Singular bzw. Plural an die oben genannten Formen anhängt, z.B.: **powinienem był/powinnam była** ("ich hätte sollen").

6 — Ach wo! Ich habe in einer Woche ein halbes Kilo zugenommen. Es ist schrecklich!

7 — Du solltest vielleicht irgendeine Sport[art] treiben; was weiß ich, ins Schwimmbad gehen, Gymnastik machen.

8 — Denkst du, dass ich Zeit zum Sporttreiben habe? Im Übrigen bringt das nichts. Das Wichtigste [ist], dass man darauf achtet, was man isst.

9 — Ich sehe doch, dass du keine Teilchen isst, also hältst du wohl Diät. Vielleicht solltest du zum Arzt gehen, damit er dir etwas verschreibt.

10 — Ich bin ja vor Kurzem [bei einem Arzt] gewesen.

11 — Und, was hat er dir gesagt? Er hat (dir) sicher angeordnet, weniger Brot zu essen?

ANMERKUNGEN *(Fortsetzung)*

(5) Das Substantiv **uprawianie** kommt von **uprawiać**. Im Hinblick auf Sport heißt es: "ausüben, treiben". Es kann auch "bewirtschaften" (Land) oder "anbauen" (Pflanzen) heißen. Wie Sie wissen, kann man von fast allen Verben Substantive herleiten, die die Handlung oder einen Zustand beschreiben. Zu diesem Zweck werden die Endungen **-anie, -enie, -cie** an den Stamm des Infinitivs angehängt. All diese Substantive sind Neutren und können, wie auch die Verben, von denen sie abstammen, den perfektiven oder imperfektiven Aspekt ausdrücken, z.B.: **pisanie** ("das Schreiben"), **napisanie** ("das Aufschreiben").

(6) Sie kennen bereits den Ausdruck **uważać, że** ("finden dass; denken, dass"). Hier eine weitere Bedeutung des Verbs **uważać**: "aufpassen, achten". Es wird nur in der imperfektiven Form gebraucht. Beispiele: **uważać na drogę** ("auf die Straße achten"), **uważać, żeby nie utyć** ("darauf achten, nicht zuzunehmen"). **Uwaga!** heißt "Achtung!".

Das Reflexivpronomen **się** in Verbindung mit Formen der 3. Person Singular im Präsens dient zur Bildung unpersönlicher Aussagen. Beispiele: **Jak się robi bigos?** ("Wie macht man Bigos?"); **mówi się, że...** ("man sagt, dass ..."); **robi się późno** ("es wird spät"). Es entspricht in etwa dem deutschen unpersönlichen "man". Hier noch einmal die Konjugation des Verbs **jeść**, oder perfektiv **zjeść**, ("essen"). *Präsens*: **jem, jesz, je, jemy, jecie, jedzą**. *Vergangenheit*: **jadłem, jadłeś, jadł** (Maskulinum Singular) und **jadłam, jadłaś, jadła** (Femininum Singular); **jedliśmy, jedliście, jedli** (Maskulinum Plural) und **jadłyśmy, jadłyście, jadły** (Femininum Plural). Dies sind die Formen des imperfektiven Verbs. Beim perfektiven Verb wird nur das **z-** vorangestellt, also im *Präsens*: **zjem**, usw. und in der Vergangenheit **zjadłem**, usw.

LEKTION 71

269 Dwieście sześćdziesiąt dziewięć

12 — Nie, polecił mi taki specjalny gatunek chleba dietetycznego. Mam go jeść codziennie. Myślisz, że to coś da?
13 — Na pewno, nie trzeba się zniechęcać.
14 — Tak uważasz? Na razie skutek jest raczej odwrotny.
15 — Widocznie jesz go za mało.

WYMOWA

12 ... ßpezjalnî gattunekk ... djettettîtschneggo ... 13 ... sn_iehe_nzac_j. 14 ... ßkutekk ... ratschejj otwrotnî. 15 widotschn_ie ...

ĆWICZENIE

1. Gram w totolotka od półtora roku, ale jeszcze mi się nie udało wygrać. 2. Widocznie nie masz szczęścia, może powinieneś spróbować czegoś innego. 3. Najważniejsze, to wiedzieć, czego się chce. 4. Lekarz kazał mi uprawiać sport, ale to chyba nic nie da. 5. W moim wieku trzeba bardzo uważać, żeby nie utyć. 6. Jak się je tyle chleba, to nic dziwnego, że się tyje.

WYPEŁNIĆ BRAKUJĄCE SŁOWA

1 *Ich sehe, dass es Ihnen gelungen ist, diese Arbeit sehr schnell zu beenden.*

. . . . . , że . . . . . się . . . . skończyć . . pracę . . . . . szybko.

2 *In der Tat, ich habe sie schneller gemacht, als ich dachte, in anderthalb Monaten.*

Rzeczywiście, ... to . . . . niż . . . .,

w . . . . miesiąca.

3 *Wie hast du es geschafft, mit dem Rauchen aufzuhören? Du hast doch pro Tag anderthalb Päckchen geraucht.*

Jak . . się . . . . . rzucić . . . . ? . . . .

paliłeś . . . . paczki . . . .

Dwieście siedemdziesiąt **270**

12 — Nein, er hat mir ein spezielles Diätbrot empfohlen. Ich soll es jeden Tag essen. Denkst du, das bringt was?
13 — Mit Sicherheit, man darf nicht verzweifeln.
14 — Findest du (so)? Im Moment ist das Ergebnis eher das Gegenteil (umgekehrt).
15 — Anscheinend isst du zu wenig davon.

ÜBUNG:

1. Ich spiele seit anderthalb Jahren Lotto, aber ich habe es noch nicht geschafft zu gewinnen. **2.** Anscheinend hast du kein Glück, du solltest vielleicht etwas anderes versuchen. **3.** Das Wichtigste ist, zu wissen, was man will. **4.** Der Arzt hat mir verordnet, Sport zu treiben, aber das wird wohl nichts bringen. **5.** In meinem Alter muss man sehr darauf achten, dass man nicht zunimmt. **6.** Wenn man so viel Brot isst, ist es nicht (nichts) verwunderlich, dass man zunimmt.

4 *Wenn man will, ist alles möglich, du solltest (Maskulinum) [es] versuchen.*

. . . się . . . ., wszystko . . . . możliwe,

. . . . spróbować.

5 *In diesem Fall werde ich auch versuchen, Diät zu halten.*

W . . . . . razie . . . . też . . . . diety.

LEKTION 71

271 Dwieście siedemdziesiąt jeden

6 *Das bringt nichts, wenn du, anstatt zu rauchen, Teilchen essen wirst.*

To . . . nie . . , jeżeli . . . . palić . . . .

jadł . . . .

Diese Wörter hätten Sie einsetzen sollen:

1 Widzę, – udało – panu (oder: pani) – tę – bardzo -. **2** -, zrobiłem (oder: zrobiłam) – szybciej – myślałem (oder: myślałam), – półtora -. **3** – ci – udało – palenie. Przecież – półtorej – dziennie. **4** Jak – chce, – jest -, powinieneś -. **5** – takim – spróbuję – przestrzegać -. **6** – nic – da, – zamiast – będziesz – ciastka.

LEKCJA SIEDEMDZIESIĄTA DRUGA (72)

Samochód w doskonałym stanie

1 — To twój nowy samochód? Wygląda nieźle.
2 — Tak. W dodatku zapłaciłem niedrogo, znacznie poniżej normalnej ceny. **(1)**
3 — A co, to była okazja?
4 — Sprzedał mi go znajomy mechanik. **(2)**

WYMOWA

2 ... snatschnie ponijejj ... **4** ß'pscheddaŵ ... snajjommî mehanjik.

Sie haben jetzt bereits eine ganze Menge an idiomatischen Ausdrücken assimiliert. Das heißt jedoch nicht, dass Sie die Grammatik vernachlässigen sollten! Machen Sie weiterhin gewissenhaft die Übungen und lassen Sie sich vor allem nicht entmutigen. Wir geben immer kompliziertere Formen an und wenn Sie diese im Laufe der "Zweiten Welle" wieder antreffen, werden Sie sehen, dass Ihnen vieles schon klarer geworden ist.

Zweite Welle: Aktivieren Sie heute Lektion 22!

ZWEIUNDSIEBZIGSTE LEKTION

Ein Auto in exzellentem Zustand

1 — Ist das dein neues Auto? Es sieht nicht schlecht aus.
2 — Ja. Außerdem habe ich nicht viel [dafür] bezahlt, weit unter dem normalen Preis.
3 — Und warum (was)? War das ein Sonderangebot?
4 — Ein (mir bekannter) Mechaniker, den ich kenne, hat es mir verkauft.

ANMERKUNGEN

(1) Die Komparativform des Adverbs **drogo** ("teuer") heißt **drożej**. **Poniżej** ("unter, unterhalb") besteht aus der Präposition **po-** + **niżej**, also dem Komparativ von **nisko** ("niedrig, tief"). Das Gegenteil dazu heißt **powyżej**: **po-** + **wyżej** (von **wysoko**). **Nisko** und **wysoko** sind Adverbien, die von den Adjektiven **niski** ("niedrig, tief") und **wysoki** ("hoch, groß") abgeleitet sind.

(2) **Znajomy** ("Bekannter") kann auch als Adjektiv verwendet werden. Hier: **znajomy mechanik** ("ein [mir] bekannter Mechaniker"); **znajoma aktorka** ("eine [mir] bekannte Schauspielerin"), aber **znany aktor/znana aktorka** ("ein bekannter Schauspieler/eine bekannte Schauspielerin", im Sinne von "gefeiert, berühmt"). Die Pluralformen des Substantivs **znajomy** heißt bei Männern **znajomi** und bei Frauen **znajome**.
Sprzedać (perfektiv) und **sprzedawać** (imperfektiv) heißt "verkaufen". Die Präsensformen (1. Konjugation) lauten: **sprzedaję, sprzedajesz**, usw. Merken Sie sich auch: **sprzedany** ("verkauft"), **sprzedawca/sprzedawczyni** ("Verkäufer/Verkäuferin").

5 — A, to możesz być pewien, że to doskonały interes. Mechanicy zawsze bardzo dbają o własne samochody. Ile ma na liczniku? **(3)**
6 — Pięćdziesiąt tysięcy, ale jest po przeglądzie. Poza tym, zobacz, opony są w doskonałym stanie. Nareszcie nie będę miał kłopotów z milicją.
7 — A hamulce? Słyszałem, że w tych samochodach nigdy nie są najlepsze.
8 — Są wymienione. Zresztą zrobiłem już dwa tysiące kilometrów i nie miałem problemu. **(4)**
9 — A, to już jeździłeś?
10 — Oczywiście. Byłem nawet w górach. Sam wiesz, jak się jeździ po górskich drogach zimą. **(5)**
11 — Pojechałeś nim w góry? Ale chyba nie było śniegu? **(6)**
12 — Jak to nie! Było nawet bardzo ślisko. **(7)**

WYMOWA

5 ... dbajjo$_n$ ... w'ŵaßne ... litschn$_j$iku? 6 ... tîsie$_n$zî ... pschegło$_n$dzie ... k'ŵoppotuf ... 8 ... ŵîmjen$_j$onne ... 10 ... gurahh ... gurßkih ... 11 ... s$_j$n$_j$eggu? 12 ... s$_j$lißko.

ANMERKUNGEN

(3) **Dbać o** ("sich kümmern" oder "pflegen") ist imperfektiv und gehört der 3. Konjugation an. Beispiele: **Dbać o dzieci/o dom** ("sich um die Kinder/ums Haus kümmern"), **dbać o siebie** ("sich pflegen").

(4) Der Satz **hamulce są wymienione** ist ein Beispiel für eine passive Form (das Subjekt "erleidet" die durch das Verb ausgedrückte Handlung). Das polnische Passiv wird gebildet durch die Verbindung der jeweiligen Konjugationsform des Verbs **być** ("sein") oder **zostać** ("werden") mit dem adjektivischen Partizip Passiv. Dieses wird nur von transitiven Verben gebildet, indem man die Infinitivendungen durch bestimmte Endungen ersetzt. Bei Verben, die im Infinitiv auf **-ać** bzw. **-eć** enden, wird diese Endung durch **-any/-ana/-ane** im Singular und durch **-ani/-ane** im Plural ersetzt, z.B.: **pisany** ("geschrieben"), **lubiany** ("gemocht"). Bei Verben, deren Infinitiv auf **-ić, -yć, -ść, -źć** endet, ersetzt man diese durch **-ony/-ona** usw., z.B.: **zrobiony** ("gemacht"), **kupiony** ("gekauft"). Bei Verben auf **-ić, -yć, -uć** und **-ąć** im Infinitiv ersetzt man diese Endungen durch **-ty/-ta** usw., z.B.: **wypity** ("ausgetrunken"), **zajęty** ("beschäftigt").

5 — Ach so, dann kannst du sicher sein, dass es ein hervorragendes Geschäft ist. Die Mechaniker kümmern sich immer sehr um die eigenen Autos. Wie viel hat es auf dem Tacho?

6 — 50.000, aber es kommt gerade aus der (ist nach der) Inspektion. Und darüber hinaus, schau mal, die Reifen sind in ausgezeichnetem Zustand. Endlich werde ich keinen Ärger [mehr] mit der Polizei haben.

7 — Und die Bremsen? Ich habe gehört, dass sie bei (in) diesen Autos nie sehr gut (nicht die besten) sind.

8 — Sie wurden (sind) ausgewechselt. Außerdem bin ich schon 2.000 km gefahren und habe kein Problem gehabt.

9 — So, du bist schon gefahren?

10 — Sicher. Ich bin sogar in den Bergen gewesen. Du weißt selbst, wie es sich im Winter auf den Gebirgsstraßen fährt.

11 — Du bist mit ihm in die Berge gefahren? Aber da war wohl [noch] kein Schnee?

12 — Und ob (wieso nicht)! Es war sogar sehr glatt!

ANMERKUNGEN *(Fortsetzung)*

(5) **Zima** ("Winter"), **jesień** ("Herbst") und **wiosna** ("Frühling") sind jeweils ein Femininum und **lato** ("Sommer") ist ein Neutrum. Deshalb heißt der Instrumentalfall: **zimą** ("im Winter"), **jesienią** ("im Herbst"), **wiosną** ("im Frühjahr") aber **latem** ("im Sommer").

(6) **Śnieg** ("Schnee"). Merken Sie sich auch: **pada śnieg** ("es schneit"; wörtlich: "der Schnee fällt").

(7) **Ślisko** ist ein Adverb und heißt "glatt", **śliski** ("glatt, gleitend") dagegen ist ein Adjektiv. Beide kommen vom Verb **ślizgać się** ("rutschen, gleiten"). Merken Sie sich auch: **ślizgawka** ("Eisbahn"), **ślizgawica** = **gołoledź** ("Glatteis").

275 Dwieście siedemdziesiąt pięć

13 — I nie miałeś wypadku?
14 — Nie. Raz tylko na zakręcie, tuż nad przepaścią, zgubiłem koło.
15 — Nie żartuj! Przecież to bardzo niebezpieczne. I nic ci się nie stało?
16 — Nie denerwuj się. To było koło zapasowe.

WYMOWA

13 ... wîpatku? 14 ... sakre$_n$cje ... pscheppasi'c$_j$o$_n$, sgubiŵemm ... 16 ... sappaßowe.

ĆWICZENIE

1. Mam zamiar sprzedać stół i cztery krzesła w doskonałym stanie.
2. Może ktoś z twoich znajomych chciałby je kupić? 3. Czy drogo pan zapłacił za samochód? 4. Zapłaciłem znacznie drożej niż myślałem.
5. Dlaczego nic mi pan nie powiedział, mam znajomego mechanika.
6. Ewa i Marek to moi starzy znajomi, koniecznie musisz ich poznać.
7. Jak się jeździ zimą, trzeba bardzo uważać na drogę, szczególnie w górach. 8. W tym roku nie było śniegu i nie miałem kłopotów z oponami.

WYPEŁNIĆ BRAKUJĄCE SŁOWA

1 *Dieser Sessel ist in einem ausgezeichneten Zustand, du kannst ihn viel teurer verkaufen.*

. . . fotel . . . . w . . . . stanie, ...

go . . . . znacznie . . . .

2 *Das wird ein hervorragendes Geschäft sein, vor zwei Jahren habe ich für ihn [noch] sehr wenig gezahlt.*

. . będzie . . . . interes, . . . lata . . . .

zapłaciłem . . niego . . . . . . mało.

3 *Ruf diesen Arzt an, er ist ein alter Bekannter von mir.*

Zadzwoń . . tego . . . . , to . . . stary . . . .

13 — Und du hattest keinen Unfall?
14 — Nein. Nur einmal, in einer Kurve kurz vor einem Abgrund, habe ich ein Rad verloren.
15 — Mach keine Witze! Das ist doch sehr gefährlich. Und es ist dir nichts passiert?
16 — Reg dich nicht auf. Es war das Ersatzrad.

ÜBUNG:

1. Ich habe vor, einen Tisch und vier Stühle in ausgezeichnetem Zustand zu verkaufen. 2. Vielleicht würde einer deiner Bekannten sie gerne kaufen? 3. Haben Sie (teuer) viel Geld für das Auto bezahlt? 4. Ich habe viel mehr bezahlt als ich dachte. 5. Warum haben Sie mir nichts gesagt? Ich kenne einen Mechaniker. 6. Eva und Mark [sind] alte Bekannte von mir, du musst sie unbedingt kennenlernen. 7. Wenn man im Winter Auto fährt, muss man sehr auf die Straße achten, besonders in den Bergen. 8. Dieses Jahr gab es keinen Schnee und ich habe keinen Ärger mit den Reifen gehabt.

4 *Ich hoffe, dass du im Winter in den Bergen keinen Ärger mit den Bremsen haben wirst.*

Mam . . . . , że . . . . w . . . . . . nie . . . .

miał . . . . z . . . .

5 *Das hängt davon ab, ob es Schnee geben wird und in welchem Zustand die Straßen sein werden.*

. . zależy . . . będzie . . . . . i . jakim . . . . . . będą

. . . . . .

Diese Wörter hätten Sie einsetzen sollen:

1 Ten – jest – doskonałym -, możesz – sprzedać – drożej. 2 To – doskonały -, dwa – temu – za – bardzo -. 3 – do – lekarza, – mój – znajomy. 4 – nadzieję, – zimą – górach – będziesz – kłopotów – hamulcami. 5 To – czy – śnieg – w – stanie – drogi.

Zweite Welle: Aktivieren Sie heute Lektion 23!

LEKCJA SIEDEMDZIESIĄTA TRZECIA (73)

Chcę sobie kupić sweter

1 — Cześć. Właśnie miałam do ciebie dzwonić.
2 — Wpadłam tylko na chwilę. Wybieram się do sklepu, nie poszłabyś ze mną? **(1)**
3 — Mam mnóstwo pracy...
4 — Chodź, proszę cię. Nie chce mi się iść samej.
5 — Zobacz, jaka okropna pogoda. Może innym razem. **(2)**
6 — Nie mogę dłużej czekać. Jest coraz zimniej, a ja nie mam co na siebie włożyć. **(3)**
7 — Przecież kupiłaś sobie niedawno spodnie i sukienkę.

WYMOWA

ßfetterr **2** ... wîbjerramm ... poschŵabbîsj ... **6** ... wŵojîcj. **7** ... ßpodnje ... ßukjenke.

DREIUNDSIEBZIGSTE LEKTION

Ich will mir einen Pullover kaufen

1 — Hallo. Ich wollte dich gerade anrufen.
2 — Ich komme nur für eine Weile vorbei. Ich habe vor, einkaufen zu gehen. Würdest du mit mir kommen?
3 — Ich habe eine Menge Arbeit ...
4 — Komm, bitte (dich). Ich habe keine Lust, allein zu gehen.
5 — Schau doch, das Wetter ist so schrecklich. Vielleicht ein anderes Mal.
6 — Ich kann nicht länger warten. Es wird (ist) immer kälter und ich habe nichts (was) anzuziehen.
7 — Du hast dir doch vor Kurzem eine Hose und ein Kleid gekauft.

ANMERKUNGEN

(1) **Wybierać się**, perfektiv **wybrać się** ("vorhaben zu gehen"), z.B.: **wybierać się w podróż** ("vorhaben, auf Reisen zu gehen").
Hier alle Vergangenheitsformen des perfektiven Verbs **pójść** ("gehen"). Im Singular: **szedłem, szedłeś, szedł** (Maskulinum) und **szłam, szłaś, szła** (Femininum) sowie **szło** (Neutrum); im Plural: **szliśmy, szliście, szli** (Maskulinum) und **szłyśmy, szłyście, szły** (Femininum) sowie **szły** (Neutrum). **Poszłabyś** ist die Konjunktivform im Femininum Singular, im Maskulinum Singular lautet sie **poszedłbyś**.

(2) **Innym razem** ("ein anderes Mal"). Hier einige andere Ausdrücke mit dem Wort **raz** ("Mal"): **tym razem** ("dieses Mal"), **po raz pierwszy** ("zum ersten Mal"), **za pierwszym razem** ("beim ersten Mal"), **raz na zawsze** ("ein für allemal"), **na razie** ("im Moment", im Sinne von "vorübergehend"), **w każdym razie** ("auf jeden Fall"), **za każdym razem** ("jedesmal").

(3) **Włożyć** (perfektiv) und **wkładać** (imperfektiv) heißt "hineinlegen, hineintun, einstecken". Beispiele: **Włożyć coś do kieszeni** ("etwas in eine Tasche stecken", gemeint ist eine Tasche an einem Kleidungsstück); **włożyć ubranie** ("ein Kleidungsstück anziehen").

8 — Tak, ale nie mam ciepłego swetra. Widziałam bardzo ładny pulower dwa kroki stąd. Wiem, że masz dobry gust, mogłabyś mi doradzić. **(4)**
9 — No dobrze, chodźmy. Poczekaj, wezmę parasol.
10 — Dzień dobry. Czy mogłaby pani nam pokazać ten sweter z wystawy?
11 — Proszę, chce pani przymierzyć? **(5)**
12 — Tak, ale chciałabym najpierw zobaczyć z czego on jest. Szukam czegoś ciepłego.
13 — Zdaje się, że z wełny, ale niech pani sprawdzi, tu jest etykietka.
14 — Pięćdziesiąt pięć procent wełny i czterdzieści procent anilany. To ciekawe, a gdzie jest pozostałych pięć procent?
15 — Może to jest to, co znika po pierwszym praniu...? **(6)**

WYMOWA

8 ... pulowwerr ... gußt ... dorradzjicj. 10 ... wißtawwî?
11 ... pschîmjejîcj? 13 ... wewnî ... ßprafdzji ... ettîkjetka. 14 ... prozzent anjilannî. ... 15 ... pranju...?

ĆWICZENIE

1. Dokąd się wybierasz na wakacje w tym roku? **2.** Wybieram się za granicę: do Anglii albo do Niemiec. **3.** Wychodzisz? Włóż coś ciepłego, jest zimno i pada śnieg. **4.** Chętnie poszłabym z tobą, ale muszę czekać na telefon. **5.** Zobacz, co się stało z moim swetrem po praniu! **6.** Mogłabym przymierzyć? Może będzie na mnie dobry?

8 — Ja, aber ich habe keinen warmen Pullover. Ich habe hier ganz in der Nähe (zwei Schritte von hier) einen sehr schönen Pullover gesehen. Ich weiß, dass du einen guten Geschmack hast, du könntest mich beraten.

9 — Na gut, gehen wir. Warte, ich nehme einen Schirm mit.

10 — Guten Tag. Könnten Sie uns den Pullover aus dem Schaufenster zeigen?

11 — Bitte sehr, möchten Sie [ihn] anprobieren?

12 — Ja, aber ich würde gerne zuerst sehen, woraus er ist. Ich suche etwas Warmes.

13 — Er scheint aus Wolle zu sein, aber sehen Sie nach, hier ist das Etikett.

14 — 55% Wolle und 40% Acryl. Das ist interessant, wo sind (ist) die restlichen 5 %?

15 — Vielleicht ist das [der Teil], der nach dem ersten Waschen verschwindet ... ?

ANMERKUNGEN

(4) Doradzić (imperfektiv: **doradzać**) oder **poradzić/radzić** heißt "beraten, etwas raten" oder "jemandem einen Rat geben". Sie erinnern sich an das Wort **rada** ("der Rat"). Man kann auch sagen: **dać (dawać) radę**, aber: **dać sobie radę** ("zurechtkommen, etwas schaffen").
Mogłabyś heißt im Femininum "du könntest", im Maskulinum dagegen: **mógłbyś**. Sie sind jetzt schon recht gut mit den Konjunktivformen vertraut, aber wir erinnern Sie von Zeit zu Zeit an die schwierigsten Formen, da es bei einigen Verben Unregelmäßigkeiten gibt, z.B. bei **móc**. Die 3. Person Singular in der Vergangenheit lautet: **mógł** (Maskulinum) und **mogła** (Femininum); im Plural **mogli** und **mogły**. Dies sind die Formen, die man für den Konjunktiv braucht. Der eingeschobenen Silbe -by- hängt man dabei die Personalendungen **-m, -ś, -śmy, -ście** an.

(5) Przymierzyć (perfektiv) oder **przymierzać** (imperfektiv) heißt "anprobieren".

(6) Znikać (imperfektiv) und **zniknąć** (perfektiv) heißt "verschwinden".

ÜBUNG:

1. Wohin hast du vor, dieses Jahr in die Ferien zu fahren? **2.** Ich habe vor, ins Ausland zu fahren: nach England oder nach Deutschland. **3.** Gehst du aus? Zieh [dir] etwas Warmes an. Es ist kalt und es schneit. **4.** Ich würde gerne mit dir gehen, aber ich muss auf einen Anruf warten. **5.** Sieh, was nach der Wäsche mit meinem Pullover passiert ist! **6.** Könnte ich [ihn] anprobieren? Vielleicht ist er richtig (gut) für mich?

LEKTION 73

WYPEŁNIĆ BRAKUJĄCE SŁOWA

1 *Wo hast du vor, so spät noch hinzugehen? Sieh, wie spät [es ist].*

..... się .... tak .....? ...... która ....

2 *Ich muss bei einem Bekannten vorbeigehen, ich komme sofort zurück.*

Muszę ..... do ...., zaraz ....

3 *Ich weiß nicht, was ich anziehen soll: die Hose oder das Kleid?*

Nie ...., co ......: ..... czy ....?

4 *Es schneit. Zieh [deinen] neuen Pullover an, er ist sehr warm.*

Pada .... nowy ......, jest ..... ciepły.

LEKCJA SIEDEMDZIESIĄTA CZWARTA (74)

Uczciwy klient

1 — Czy mógłbym prosić o kartę? Co mi pan dziś poleca? **(1)**

2 — Może pan weźmie zupę pomidorową, jest znakomita. **(2)**

WYMOWA

utsch'siiwî klijent

ANMERKUNGEN

(1) Denken Sie daran, dass man das Verb **prosić o** + Akkusativ (die Präposition **o** ist fakultativ) benutzt, wenn man um etwas bittet oder im Lokal etwas bestellt, z.B.: **proszę (o) kartę/(o) papierosy/(o) rachunek**. Man kann die Bitte als Frage formulieren: **czy mogę prosić (o)?** (im Sinne von "Könnte ich ... haben?"). Wenn man sehr höflich sein will, sagt man: **czy mógłbym prosić (o)?** (im Sinne von "Dürfte ich ... haben?").
Polecać (perfektiv: **polecić**) heißt "raten, empfehlen". Merken Sie sich: **list polecony** ("Einschreibebrief"), aber **list polecający** ("Empfehlungsschreiben").

Dwieście osiemdziesiąt dwa **282**

5 *Würdest du mit mir ins Geschäft (nicht) gehen? Du könntest mir helfen.*

Nie . . . . (.) ze . . . do . . . . . . , ... (.) mi . . . . ?

Diese Wörter hätten Sie einsetzen sollen:

1 Gdzie – wybierasz – późno. Zobacz – godzina. **2** – wpaść – znajomego, – wracam. **3** – wiem – włożyć, spodnie – sukienkę. **4** – śnieg. Włóż – sweter, – bardzo -. **5** – poszedłbyś (oder: poszłabyś) – mną – sklepu, mógłbyś (oder: mogłabyś) – pomóc.

Zweite Welle: Aktivieren Sie heute Lektion 24!

VIERUNDSIEBZIGSTE LEKTION

Ein ehrlicher Kunde

1 — Dürfte ich bitte die Karte haben? Was empfehlen Sie mir heute?
2 — Vielleicht nehmen Sie eine Tomatensuppe, sie ist hervorragend.

ANMERKUNGEN *(Fortsetzung)*

(2) Wziąć ("nehmen") ist ein perfektives Verb der 1. Konjugation. Folgende Formen: **wezmę, weźmiesz, weźmie, weźmiemy, weźmiecie, wezmą** (beachten Sie den Konsonantenwechsel von **z** zu **ź**) sind natürlich Futurformen. Um das Präsens zu bilden, muss man das imperfektive Äquivalent **brać** benutzen, das ebenfalls der 1. Konjugation angehört. Die Formen lauten: **biorę, bierzesz, bierze** usw. (Vgl. Lektion 64, Anmerkung 3). Die Vergangenheitsformen haben wir schon besprochen und Sie wissen bereits, dass sie regelmäßig gebildet werden. Vergessen Sie bei **wziąć** nicht den Wechsel von **ą** zu **ę**.
Das Suffix **-owy/-owa/-owe** dient der Umwandlung der Substantive in Adjektive. **Pomidor** ("Tomate") und **pomidorowy**. Erinnern Sie sich noch an **sok pomarańczowy** ("Orangensaft")? Das Adjektiv kommt von **pomarańcza** ("Orange, Apfelsine").

LEKTION 74

3 — Nie, **wolałbym** coś innego... Może śledzia w oleju? **(3)**
4 — Jak to? Sam pan mówił, że jest pan na diecie. Miał pan unikać tłustych potraw, ograniczyć sól, **ostre** przyprawy...
5 — Ma pan świetną pamięć! Nie powinien pan mieć kłopotu z jadłospisem, jeżeli wszyscy klienci są tacy, jak ja.
6 — Niestety, stałych klientów mamy bardzo mało. Jest pan jednym z nielicznych, którzy przychodzą tu codziennie.
7 — Teraz rozumiem, dlaczego tak się pan o mnie troszczy. No dobrze, w takim razie wezmę tę zupę, a na drugie danie... może zraz cielęcy z kluskami?
8 — Doskonale. A do picia? Podać panu butelkę wody mineralnej? – Dobrze. **(4)**
9 — Proszę, **oto** rachunek. No i jak smakowało panu? Mam nadzieję, że nie ma mi pan za złe tego, co powiedziałem. **(5)**
10 — Przeciwnie, to bardzo miłe z pana strony. Miał pan rację, **ale** zdaje mi się, że pan się pomylił w rachunku. Policzył mi pan o dwadzieścia złotych za dużo.

WYMOWA

3 ... s[i]edz[i]a w ollejju? 4 ... un[i]ikac[i] tŵußtîh potraff, ogran[i]itschîc[i] ßul, oßtre pschîprawwî ... 5 ... pamje[n]c[i]! ... jadwoßpißemm ... klijencj[i] ... 6 ... ßtawîh ... n[i]elitschnîh ... 7 ... trosch'tschî. ... sraß c[i]elle[n]zî ß klußkammi? 8 ... pic[i]a? ... 9 ... rahunekk. ... 10 ... pommîlîŵ ... pollitschîŵ ...

ANMERKUNGEN

(3) Maskulinum **wolałbym**/Femininum **wolałabym** heißt "ich hätte lieber". Hier alle Vergangenheitsformen des Verbs **woleć** ("lieber haben"). Singular: **wolałem/wolałam, wolałeś/wolałaś, wolał/wolała** und Neutrum **wolało.** Plural: **woleliśmy/wolałyśmy, woleliście/wolałyście/woleli** sowie Femininum und Neutrum **wolały.** Durch Einfügen der Silbe **-by-** können Sie den Konjunktiv bilden (vgl. Lektion 73, Anmerkung 4).

3 — Nein, ich hätte lieber etwas anderes ... Vielleicht einen Hering in Öl?
4 — Wie das? Sie sagten selbst, dass Sie auf Diät sind. Sie sollten fette Gerichte meiden, Salz und scharfe Gewürze einschränken ...
5 — Sie haben ein ausgezeichnetes Gedächtnis! Sie sollten kein[e] Problem[e] mit der Speisekarte haben, wenn alle Gäste (Kunden) so sind wie ich.
6 — Leider haben wir kaum (sehr wenig) Stammgäste. Sie sind einer der wenigen, die jeden Tag hierher kommen.
7 — Jetzt verstehe ich, warum Sie sich so um mich sorgen. Na gut, in diesem Fall nehme ich diese Suppe und als (zweites) [Haupt]gericht ... vielleicht eine Kalbsroulade mit Klößen.
8 — Ausgezeichnet. Und zu trinken? Soll ich Ihnen eine Flasche Mineralwasser bringen (reichen)? – Gut.
9 — Bitte, hier [Ihre] Rechnung. Und? Hat es Ihnen geschmeckt? Ich hoffe, dass Sie mir nicht böse sind wegen dem, was ich gesagt habe.
10 — Im Gegenteil, das [war] sehr nett von Ihnen. Sie hatten recht, aber es scheint mir, dass Sie sich in der Rechnung vertan haben. Sie haben mir 20 Zloty zu viel berechnet.

ANMERKUNGEN

(4) **Picie** (sowohl "das Trinken" als auch "etwas zu trinken") ist ein Substantiv, das von dem imperfektiven Verb **pić** ("trinken") abgeleitet wird. Die perfektive Form lautet **wypić** ("austrinken"). Sie kennen bereits das perfektive **napić się** + Genitiv. Bei allen Verben auf **-ić** oder **-yć** im Infinitiv (1. Konjugation) und allen Verben auf **-uć** haben die von ihnen abgeleiteten Substantive die Endung **-cie**: **(u)myć, (u)mycie; (u)szyć; (u)szycie**.

(5) **Mieć za złe** (wörtlich: "für schlecht haben") heißt "jemandem böse sein". Wie bei den meisten idiomatischen Ausdrücken dieser Art verwendet man auch hier den Dativ: **nie masz mi za złe?** ("Bist du mir nicht böse?"), **nie mam ci za złe** ("ich bin dir nicht böse").

11 — A, tak, rzeczywiście. Ale to ciekawe, wczoraj nic mi pan nie powiedział, jak wydałem panu dziesięć złotych więcej.

12 — Pierwszy raz nie chciałem nic mówić, ale dwie pomyłki pod rząd, to przesada!

ĆWICZENIE

1. Co pan bierze na drugie danie? 2. Wezmę tylko zupę, nie jestem zbyt głodny. 3. Czy mógłby pan sprawdzić rachunek, zdaje się, że pan się pomylił? 4. Tak, ma pan rację, jestem dziś strasznie roztargniony. 5. Czy mogłabyś mi polecić jakąś książkę na wakacje? 6. Jeżeli lubisz poezję, weź te wiersze, są znakomite. 7. Prawdę mówiąc, wolałabym jakąś powieść.

WYPEŁNIĆ BRAKUJĄCE SŁOWA

1 *Was nehmen wir zu trinken? Vielleicht Tomatensaft?*

Co . . . . do . . . . . , może . . . . ?

2 *Nimm [das] für dich. Ich hätte lieber etwas anderes.*

. . . dla . . . . , ja . . . .(.) coś . . . .

3 *Könnten Sie mir das Salz reichen? – Sie sollten Gewürze meiden, das ist gefährlich.*

. . . . . .(.) mi . . .(.) podać . . . ? . . . . (.) pani (pan)

. . . . . . przypraw, . . niebezpieczne.

4 *Was könnten Sie mir als Geschenk für einen Bekannten empfehlen?*

Co . . . . . .(.) mi . . .(.) polecić . . prezent . . . znajomego?

5 *Nehmen Sie diesen Pullover, er ist warm und nicht teuer.*

. . . . . pan(i) . . . . . . ten . . . . . . , jest . . . . . . i . . . .

11 — Oh, ja, tatsächlich. Das ist aber interessant, gestern haben Sie nichts gesagt, als ich Ihnen 10 Zloty mehr zurückgegeben habe.

12 — Beim ersten Mal wollte ich nichts sagen, aber zwei Fehler hintereinander, das ist übertrieben (Übertreibung)!

ÜBUNG:

1. Was nehmen Sie als Hauptgericht (zweites Gericht)? **2.** Ich werde nur die Suppe nehmen, ich habe keinen großen Hunger. **3.** Könnten Sie die Rechung überprüfen? Es scheint [mir], dass Sie sich vertan haben. **4.** Ja, Sie haben recht, ich bin heute sehr zerstreut. **5.** Könntest du mir ein Buch für die Ferien empfehlen? **6.** Wenn du Poesie magst, nimm diese Gedichte, sie sind hervorragend. **7.** Um ehrlich zu sein, ich hätte lieber einen Roman.

6 *Wo würdest du dieses Jahr lieber in Ferien hinfahren: in die Berge oder ans Meer?*

Dokąd . . . .(.) pojechać . . wakacje . tym . . . . :

w . . . . czy . . . .?

Diese Wörter hätten Sie einsetzen sollen:

1 – bierzemy – picia, – sok pomidorowy. **2** Weź – siebie, – wołałbym (oder: wołałabym) – innego. **3** Mógłby (mogłaby) – pan (pani) – sól. Powinna (oder: powinien) – unikać -, to -. **4** – mógłby (mogłaby) – pan (pani) – na – dla -. **5** Niech – weźmie – sweter, – ciepły – niedrogi. **6** – wołałbyś (oder: wołałabyś) – na – w – roku, – góry – nad morze.

Zweite Welle: Aktivieren Sie heute Lektion 25!

LEKTION 74

LEKCJA SIEDEMDZIESIĄTA PIĄTA (75)

Jak pani to robi?

1 — Widzę, że co wieczór przychodzi pan po dziecko. Żona jest o tej porze zajęta? **(1)**
2 — Tak, pracuje całe popołudnie. Zaczyna o wpół do trzeciej, a kończy dopiero o dziesiątej. **(2)**
3 — A, to pan sam zajmuje się dzieckiem. Przepraszam, to dziewczynka czy chłopiec? **(3)**
4 — Chłopiec. Nie wiem, czy pani wie, ale z chłopcami jest zawsze mnóstwo pracy. Szczególnie z moim synem.
5 — W tym wieku, wszystkie dzieci wymagają dużo pracy. Wiem coś o tym. Sam go pan przewija?
6 — Tak, nauczyłem się tego dość szybko, to nic trudnego. Najgorsza jest kąpiel i karmienie. **(4)**

WYMOWA

1 ... wjetschur ... poje ... 2 ... poppowudnje ... 3 ... sajmuje ... dzjeftschinka ... hwoppjezz? 4 ... sch'tscheggulnje ... 5 ... wîmaggajjo$_n$ ... pschewija? 6 ... ko$_n$pjell ... karmjenje.

ANMERKUNGEN

(1) **Co** + Substantiv im Singular weist auf eine häufige Wiederholung hin, z.B.: **co miesiąc** ("jeden Monat"), **co rok** ("jedes Jahr"), **co godzinę** ("jede Stunde"), **co dzień** ("jeden Tag"). Achtung! **Codziennie** heißt ebenfalls "jeden Tag" (**co** + Adverb schreibt man zusammen). **Po** + Akkusativ weist auf ein Ziel oder einen Zweck hin, z.B.: **Idź po chleb** ("geh Brot holen"). **Pora** ("Zeit"). Merken Sie sich: **w samą porę** ("im richtigen Moment"), **pora roku** ("Jahreszeit"), **do tej pory** ("bis jetzt").
(2) Vergleichen Sie: **pracuje po południu/przed południem** und **pracuje całe popołudnie** (zusammengeschrieben).

FÜNFUNDSIEBZIGSTE LEKTION

Wie machen Sie das?

1 — Ich sehe, dass Sie jeden Abend kommen, um Ihr Kind abzuholen (nach dem Kind kommen). Ist [Ihre] Frau zu dieser Zeit beschäftigt?
2 — Ja, sie arbeitet den ganzen Nachmittag. Sie beginnt um halb drei und hört erst nach zehn [Uhr] auf.
3 — Ach, dann kümmern Sie sich selbst um das Kind. Entschuldigung, ist es ein Mädchen oder ein Junge?
4 — Ein Junge. Ich weiß nicht, ob Sie es wissen, aber mit den Jungen gibt es immer unheimlich viel Arbeit. Insbesondere mit meinem Sohn.
5 — In diesem Alter machen (fordern) alle Kinder viel Arbeit. Ich weiß einiges darüber. Wickeln Sie ihn selbst?
6 — Ja, ich habe es ziemlich schnell gelernt, das ist nicht (nichts) schwierig. Das Schlimmste ist das Baden und das Füttern.

ANMERKUNGEN

(3) **Zajmować się** (imperfektiv) und **zająć się** (perfektiv) heißt "sich um etwas/jemanden kümmern". Im Präsens wird das Verb wie **kupować** konjugiert (1. Konjugation). Die Futurformen lauten: **zajmę, zajmiesz, zajmie, zajmiemy, zajmiecie, zajmą** + jeweils **się**. Die Vergangenheitsformen des imperfektiven Verbs werden regelmäßig gebildet, also: **zajmowałem się, zajmowałeś się** usw. Beim perfektiven Verb findet jedoch, wie bei allen Verben auf -**ąć**, der Wechsel von **ą** zu **ę** statt, z.B.: **wziąć, zacząć** (vgl. Lektion 62, Anmerkung 2).

(4) **Kąpiel** ("Bad") ist ein Femininum und kommt von **kąpać** ("baden"), ähnlich wie das Adjektiv bei **kostium kąpielowy** ("Badeanzug"), **ręcznik kąpielowy** ("Badetuch"). **Karmienie, jedzenie** sind Substantive, die von Verben abgeleitet wurden: **karmić** ("füttern") und **jeść** ("essen"). Sie entsprechen dem deutschen Infinitiv: **coś do jedzenia/ do picia** ("etwas zu essen/zu trinken") oder Nomen: **dobre jedzenie** ("gutes Essen").

289 Dwieście osiemdziesiąt dziewięć

7 — Kąpiel, tak to bardzo męczące, ale karmienie? Przecież jest teraz tyle nowoczesnych aparatów.

8 — Ale trzeba o wszystkim pamiętać, pilnować godziny... A poza tym, on wcale nie chce jeść! **(5)**

9 — Ależ nie trzeba go zmuszać. Ja też to robiłam z pierwszym dzieckiem, ale potem zrozumiałam, że to nie ma sensu. Znalazłam lepsze wyjście. **(6)**

10 — Tak? Jakie? Chętnie się dowiem, bo mam już naprawdę dosyć. **(7)**

11 — Trzeba dziecko przygotować do jedzenia. Najlepiej samemu coś zjeść przed karmieniem.

12 — Ależ w ten sposób można strasznie utyć!

13 — Nie. Ja mam czworo dzieci, a widzi pan, że jestem szczupła. **(8)**

14 — Czworo dzieci?! Jak pani sobie daje radę? Ja mam jedno i nie mam ani minuty wolnej.

15 — Jak miałam jedno dziecko, też zabierało mi prawie cały wolny czas.

16 — A troje pozostałych?

17 — Ileż więcej czasu mogą mi zabrać...?

CZYM SIĘ PAN ZAJMUJE W WOLNYCH CHWILACH?

WYMOWA
9 ... smuschacj. ... 13 ... tschforro ... sch'tschupŵa.

7 — Das Baden, ja, das ist sehr anstrengend, aber das Füttern? Wo es doch heute so viele moderne Apparate gibt.

8 — Aber man muss an alles denken, auf die Uhrzeit achten ... Und außerdem will er überhaupt nicht essen!

9 — Aber man sollte ihn nicht zwingen. Ich habe das auch mit meinem ersten Kind gemacht, aber dann habe ich verstanden, dass das keinen Sinn hat. Ich habe eine bessere Lösung gefunden.

10 — Ja? Welche? Ich würde sie gerne erfahren, denn mir reicht es wirklich (ich habe satt).

11 — Man muss das Kind auf das Essen vorbereiten. Das Beste ist, wenn man vor dem Füttern selbst etwas isst.

12 — Aber auf diese Weise kann man schrecklich zunehmen!

13 — Nein. Ich [selbst] habe vier Kinder und Sie sehen, dass ich schlank bin.

14 — Vier Kinder?! Wie schaffen Sie das? Ich habe nur eins, und ich habe keine freie Minute.

15 — Als ich ein Kind hatte, hat es mir auch fast [meine] ganze freie Zeit genommen.

16 — Und die drei anderen (verbleibenden)?

17 — Wie viel mehr Zeit können die mir noch nehmen ... ?

ANMERKUNGEN

(5) Verwechseln Sie nicht **pamiętać** + Akkusativ, z.B.: **pamiętam moje dzieciństwo** ("sich an etwas erinnern") und **pamiętać o** + Lokativ, z.B.: **pamiętaj o parasolu = pamiętaj wziąć parasol** ("denke daran ... im Sinne von "etw. nicht vergessen") (3. Konjugation).

(6) **Zmuszać** (imperfektiv) und **zmusić** (perfektiv) heißt "zwingen, verpflichten". **Zmuszony** ist ein Adjektiv und heißt "gezwungen".

(7) **Dowiedzieć się** ("sich erkundigen, erfahren") ist perfektiv und wird wie **wiedzieć** konjugiert (4. Konjugation). Die imperfektive Form lautet **dowiadywać się** und gehört der 1. Konjugation an, also: **dowiaduję się, dowiadujesz się** usw.

(8) Hier haben wir es zum ersten Mal mit den Kollektiva (Sammelzahlwörtern) zu tun. Sie werden u.a. bei Gruppen von Personen beiderlei Geschlechts angewandt. Beispiele: **dwoje, troje, czworo, pięcioro** usw.

ĆWICZENIE

1. Idę po papierosy, potrzebujesz czegoś? 2. Trzeba kupić coś do jedzenia. 3. O tej porze wszystkie sklepy są zamknięte. 4. Czym się pan zajmuje w wolnych chwilach? 5. Mam dwoje dzieci i wcale nie mam czasu dla siebie. 6. To ciekawe, ja mam troje, a mimo to daję sobie radę. 7. Kiedy wreszcie zajmiesz się samochodem? 8. Właśnie miałem zamiar zadzwonić do znajomego mechanika. 9. Czy są jeszcze wolne miejsca? 10. Nie wiem, ale zaraz się dowiem.

WYPEŁNIĆ BRAKUJĄCE SŁOWA

1 *Könntest du (für) Brot [holen] gehen, ich habe völlig vergessen, [welches] zu kaufen.*

   . . . .(.) iść . . chleb, ... zapomniałam . . . . . .

2 *Was machst du hier zu dieser Zeit? – Ich warte auf einen Bekannten.*

   Co . . robisz . tej . . . . .? – . . . . . . na . . . .

3 *Ich würde mich gerne nach den Ergebnissen der Prüfung erkundigen.*

   . . . .(.) się . . . . o . . . . . . egzaminu.

LEKCJA SIEDEMDZIESIĄTA SZÓSTA (76)

Nie znoszę hałasu

1 — Czy zdecydował się pan na mieszkanie, które oglądaliśmy w zeszłym tygodniu? **(1)**

WYMOWA

... snosche ... 1 ... oglo$_n$dallisımî ...

ÜBUNG

1. Ich gehe (nach) Zigaretten [holen], brauchst du etwas? **2.** Man muss etwas zu essen kaufen. **3.** Um diese Zeit sind alle Geschäfte geschlossen. **4.** Womit beschäftigen Sie sich in [Ihrer] freien Zeit? **5.** Ich habe zwei Kinder und ich habe absolut keine Zeit für mich. **6.** Das ist interessant. Ich habe drei [Kinder] und ich schaffe es trotzdem. **7.** Wann wirst du dich endlich um das Auto kümmern? **8.** Ich hatte gerade vor, einen [mir] bekannten Mechaniker anzurufen. **9.** Gibt es noch freie Plätze? **10.** Ich weiß es nicht, aber ich werde mich gleich erkundigen.

4 *Wer von euch kümmert sich um das Haus? Du oder [deine] Frau?*

   Kto . was . . . . się . . . . . : . . czy . . . . ?

5 *Ich kümmere mich um das Essen und meine Frau um die Wäsche und um den Haushalt (Putzen/Aufräumen).*

   . . się . . . . jedzeniem, . żona . . . .

   i . . . .

Diese Wörter hätten Sie einsetzen sollen:

1 Mógłbyś (oder: mogłabyś) – po -, zupełnie – kupić. **2** – tu – o – porze. Czekam – znajomego. **3** Chciałbym (oder: chciałabym) – dowiedzieć – wyniki -. **4** – u – zajmuje – domem, ty – żona. **5** Ja – zajmuję -, a – praniem – sprzątaniem.

Zweite Welle: Aktivieren Sie heute Lektion 26!

SECHSUNDSIEBZIGSTE LEKTION

Ich ertrage keinen Lärm

1 — Haben Sie sich für die Wohnung entschieden, die wir letzte Woche besichtigt (gesehen) haben?

ANMERKUNGEN

(1) **(Z)decydować się na** + Akkusativ ("sich für etw. entscheiden"). Es ist ein perfektives Verb, deswegen ist Präsens = Futur, also: **(z)decyduję się, (z)decydujesz się** usw. Wir erinnern daran, dass alle Verben auf **-ować** im Infinitiv vor der Personalendung die Silbe **-uj-** haben. **Oglądać** (3. Konjugation) ist die imperfektive Form von **obejrzeć** ("betrachten, ansehen; besichtigen"). Vergessen Sie bei den Vergangenheitsformen nicht den Wechsel von **e** zu **a**.

293 Dwieście dziewięćdziesiąt trzy

2 — Prawdę mówiąc, jeszcze się trochę waham. Chciałbym się dowiedzieć kilku rzeczy, zanim je wynajmę. **(2)**
3 — Oczywiście, po to tu jestem. Proszę pytać, chętnie panu odpowiem.
4 — Zauważyłem, że w łazience, kurki z ciepłą wodą są zepsute.
5 — O, to żaden problem. Jutro zadzwonię do hydraulika, żeby je naprawił. **(3)**
6 — Poza tym, pokoje wydają mi się zbyt małe. Czy dałoby się zlikwidować ścianę między jadalnią a pokojem dla dzieci? **(4)**
7 — Przykro mi, ale to niemożliwe. Lokatorzy nie mają prawa robić takich zmian. Mogę natomiast załatwić panu pozwolenie na usunięcie przegrody dzielącej pokój dla dzieci od sypialni. **(5)**

WYMOWA

2 ... . wahhamm. ... san¡im ... wînajme. 4 ... ŵaz¡enze, kurki ... sepßute. 5 ... hîdraulika ... naprawwiŵ. 6 ... slikfidowwac¡ s¡'c¡anne ... jaddalnjo̦n ... 7 ... lokkatto̦jî ... smjann ... poswollen¡e ... pschegroddî ... ßîpjaln¡i.

2 — Um ehrlich zu sein, ich zögere noch ein wenig. Ich würde gerne einige Dinge wissen (erfahren), bevor ich sie miete.

3 — Selbstverständlich, dafür bin ich da. Fragen Sie mich, ich werde Ihnen gerne antworten.

4 — Ich habe bemerkt, dass im Badezimmer die Warmwasserhähne kaputt sind.

5 — Oh, das ist kein Problem. Ich werde morgen den Installateur anrufen, damit er sie repariert.

6 — Außerdem scheinen mir die Zimmer zu klein zu sein. Wäre es möglich, die Wand zwischen dem Esszimmer und dem Kinderzimmer zu entfernen?

7 — Ich bedaure, aber das ist unmöglich. Die Mieter sind nicht berechtigt (haben kein Recht), solche Änderungen durchzuführen. Ich kann Ihnen jedoch eine Erlaubnis zum Entfernen der Trennwand zwischen dem Kinderzimmer und dem Schlafzimmer besorgen.

ANMERKUNGEN

(2) Wahać się (imperfektiv) sowie **zawahać się** (perfektiv) heißt "zögern" (wörtlich: "wackeln") und ist ein reflexives Verb. Es wird regelmäßig konjugiert, also Präsens: **waham się, wahasz się** usw. (3. Konjugation); Vergangenheit: **wahałem się, wahałeś się** usw. **Zanim** + Futur ("bevor, vor"). **Wynająć** ("mieten") ist perfektiv und gehört der (1. Konjugation an: **wynajmę, wynajmiesz, wynajmie** usw. Das imperfektive **wynajmować** wird wie **kupować** konjugiert, also: **wynajmuję, wynajmujesz** usw.

(3) Naprawić (perfektiv) und **naprawiać** (imperfektiv) heißt "reparieren". Das Adjektiv davon lautet **naprawiony** ("repariert") und das Substantiv **naprawa** ("Reparatur").

(4) Czy da się? ist die umgangssprachliche Entsprechung des deutschen Ausdrucks "ist es möglich, etwas zu tun?". Die Vergangenheitsform heißt: **dało się** und der Konjunktiv lautet: **dałoby się**. Da es sich um einen unpersönlichen Ausdruck handelt, gibt es nur diese drei Formen.

(5) Przykro mi = **żałuję** ("ich bedaure es, es tut mir leid"). **Załatwić** (perfektiv) und **załatwiać** (imperfektiv) heißt "besorgen, einrichten, erlangen". **Usunięcie** ist ein von dem Verb **usunąć** = **zlikwidować** ("entfernen, beseitigen, wegmachen") abgeleitetes Substantiv.

8 — A, to świetnie. A jak jest z dojazdem do miasta?
9 — Ma pan tramwaj i dwa autobusy: zwykły i pospieszny. Przystanek jest niedaleko. **(6)**
10 — Czynsz płaci się co miesiąc?
11 — Nie, co kwartał.
12 — To chyba wszystko... Aha, jeszcze jedno. Czy sąsiedzi nie są zbyt hałaśliwi?
13 — Nie, piętro wyżej mieszka starsze małżeństwo, bezdzietne, a mieszkanie pod panem jeszcze nie jest wynajęte.
14 — To dla mnie bardzo ważne, nie znoszę hałasu.
15 — Jest tylko jedna rzecz, o której chciałbym panu powiedzieć. W pobliżu domu jest tor kolejowy. Na początku to trochę krępujące, ale potem można się przyzwyczaić.
16 — To nie problem. Na pierwszych kilka nocy pójdę spać do mamy.

WYMOWA

9 ... poßpjeschnî. ... 10 tschînsch ... 11 ... kfartaŵ. 12 ... haŵas$_i$liwi? 13 ... beß'dz$_i$etne ... ŵinajje$_n$te. 15 ... kollejjowwî. ... kre$_n$pujo$_n$ze ... pschîswîtscha'ic$_i$.

ĆWICZENIE

1. Chciałbym obejrzeć film, który jest dziś w telewizji. Podobno jest bardzo ciekawy. 2. Oglądał pan ostatnio jakąś wystawę malarstwa? 3. Właśnie się wybieram jutro do Muzeum Sztuki Nowoczesnej. 4. Zastanów się dobrze, zanim się zdecydujesz na to mieszkanie. 5. Mam nadzieję, że da się naprawić kurki z ciepłą wodą. 6. Nie zauważyłem nawet, że są zepsute.

8 — Ah, das ist wunderbar. Und wie ist es mit der Anfahrt zur Stadt?

9 — Sie haben eine Straßenbahn und zwei Busse: den normalen und den Eilbus. Die Haltestelle ist nicht weit.

10 — Die Miete zahlt man monatlich?

11 — Nein, quartalsweise.

12 — Ich glaube, das ist alles ... Ach, noch eine [Sache]. Sind die Nachbarn nicht zu laut?

13 — Nein, eine Etage höher wohnt ein älteres Ehepaar, kinderlos, und die Wohnung unter Ihnen ist noch nicht vermietet.

14 — Das ist sehr wichtig für mich. Ich vertrage keinen Lärm.

15 — Es gibt nur eine Sache, die ich Ihnen gerne sagen möchte. In der Nähe des Hauses gibt es eine Eisenbahnlinie. Am Anfang ist das ein bisschen störend, aber danach kann man sich [daran] gewöhnen.

16 — Das ist kein Problem. Für die ersten Nächte werde ich zu [meiner] Mutter schlafen gehen.

ANMERKUNGEN

(6) Das Adjektiv **pospieszny** ("Eil-") kommt von **pośpiech** ("Eile"). Zwischen den polnischen Großstädten gibt es normale und Eilverbindungen. **Autobusy pospieszne** ("Eilbusse") halten, im Gegensatz zu den normalen, nicht an allen Haltestellen. Merken Sie sich auch: **pociąg pospieszny** ("Eilzug").

ÜBUNG:

1. Ich möchte [mir] den Film ansehen, der heute im Fernsehen läuft (ist). Er soll wohl sehr interessant sein. **2.** Haben Sie in der letzten Zeit irgendeine Gemäldeausstellung (Ausstellung der Malerei) gesehen? **3.** Ich habe gerade vor, morgen ins Museum für moderne Kunst zu gehen. **4.** Überleg' [es dir] gut, bevor du dich für diese Wohnung entscheidest. **5.** Ich hoffe (ich habe die Hoffnung), dass es möglich sein wird, die Warmwasserhähne zu reparieren. **6.** Ich habe noch nicht einmal bemerkt, dass sie kaputt waren (sind).

297 Dwieście dziewięćdziesiąt siedem

WYPEŁNIĆ BRAKUJĄCE SŁOWA

1 *Wollen Sie nicht mit mir kommen, um eine Kunstausstellung anzusehen (perfektiv)?*

Nie . . . . pani . . mną . . . . wystawę . . . . . ?

2 *Ich würde gerne mit Ihnen gehen, aber in der letzten Zeit bin ich sehr beschäftigt.*

Chętnie . . . . z . . . . . , ale . . . .

jestem . . . . . zajęta.

3 *Ich habe [mir] gestern die Wohnung angesehen, von der Sie sprachen.*

. . . . wczoraj . . . . , o . . . . . pan . . . . . .

LEKCJA SIEDEMDZIESIĄTA SIÓDMA (77)

Wiederholung und Anmerkungen

1 Die Kardinalzahlen (Grundzahlen)

Wie Sie wissen, werden die Kardinalzahlen je nach Genus und Kasus des nachfolgenden Substantivs dekliniert.
- Die Zahl "eins" für das Maskulinum heißt: **jeden stół, jeden mężczyzna**; für das Femininum: **jedna lampa, jedna kobieta**; für das Neutrum: **jedno okno, jedno dziecko**.
- Die Zahl "zwei" hat die Formen **dwaj** (Nominativ) und **dwóch** (Genitiv, Akkusativ und Lokativ) für männliche Personen, z.B.: **dwaj studenci, dwóch studentów**; die Form **dwie** für weibliche Substantive, z.B.: **dwie kobiety, dwie lampy** und die Form **dwa** für nichtpersonale männliche sowie für sächliche Substantive: **dwa stoły, dwa okna**.

Außerdem gibt es auch noch die Formen **obaj, oba, obie** ("alle beide"), z.B.: **obaj mężczyźni** (personales Maskulinum), **oba stoły** (nichtpersonales Maskulinum), **obie kobiety** (Femininum).

4 *Ist es möglich, die Warmwasserhähne in der Küche zu reparieren?*

Czy .. się .... kurki . ciepłą .... w ......?

5 *Bevor du das Auto nimmst, solltest du* (Maskulinum) *die Bremsen überprüfen.*

Zanim .... samochód, ... sprawdzić ....

Diese Wörter hätten Sie einsetzen sollen:

1 – poszłaby – ze – obejrzeć – sztuki. **2** – poszłabym – panem, – ostatnio – bardzo -. **3** Oglądałem – mieszkanie, – którym – mówił. **4** – da – naprawić – z – wodą – kuchni. **5** – weźmiesz -, powinieneś – hamulce.

Zweite Welle: Aktivieren Sie heute Lektion 27!

SIEBENUNDSIEBZIGSTE LEKTION

- Die Zahlen "drei" und "vier" haben die Formen **trzej, trzech** und **czterej, czterech** für männliche Personen und **trzy, cztery** für alle anderen Substantive (das nichtpersonale Geschlecht).
- Alle anderen Zahlen haben zwei Formen. Eine für das Maskulinum: **pięciu, sześciu** usw. und eine für alle anderen Substantive: **pięć, sześć** usw.

2 Die Kollektiva (Sammelzahlwörter)

Kollektiva wendet man anstelle der Kardinalia in folgenden Fällen an:

- Bei Gruppen von Personen beiderlei Geschlechts, z.B.: **dwoje studentów** (d.h. **student i studentka**), **oboje rodzice** (d.h. **ojciec i matka**);
- Bei Kindern und jungen Tieren, z.B.: **troje dzieci, czworo piskląt** ("vier Küken");
- Bei Substantiven, die nur im Plural auftreten, z.B.: **dwoje drzwi** (siehe unten);
- Bei Substantiven, die paarweise vorkommende Gegenstände bezeichnen, z.B.: **dwoje oczu** ("zwei Augen").

LEKTION 77

Bei den Kollektivzahlen wird, wie Sie gesehen haben, die Silbe **-oj-** für "zwei" und "drei" eingefügt: **dwoje, troje**; die Silbe **-or** für die anderen Zahlen: **czworo, pięcioro, sześcioro** usw.

3 Substantive, die nur im Plural auftreten
(Pluraliatantum)

Im Polnischen gibt es, wie im Deutschen auch, Substantive, die nur im Plural existieren. Hier einige Beispiele (von denen natürlich nicht alle für beide Sprachen gelten):

rodzice ("Eltern"), **wakacje** ("Ferien"), **drzwi** ("Tür"), **schody** ("Treppe"), **spodnie** ("Hose"), **urodziny** ("Geburtstag"), **imieniny** ("Namenstag"), **okulary** ("Brille"), **nożyczki** bzw. **nożyce** ("Schere"), **rajstopy** ("Strümpfe"), **usta** ("Mund"), **plecy** ("Rücken") usw.

Einige dieser Substantive beschreiben Gegenstände, die aus zwei zusammengehörigen Teilen bestehen (Hose, Brille, Schere). Bei diesen wird im Plural das Wort **para** ("Paar") hinzugefügt, z.B.: **dwie pary spodni, trzy pary rajstop**.

4 Die Konsonanten- bzw. Vokalwechsel

Sie wissen, dass bei zahlreichen Wortformen bestimmte Buchstaben durch andere ersetzt werden. Dieses Phänomen ist im Polnischen leider extrem häufig. Im Laufe unserer Lektionen sind Sie bei verschiedenen Gelegenheiten auf diese Wechsel gestoßen, von denen Ihnen einige mittlerweile schon vertraut sind. Im Folgenden finden Sie eine Zusammenstellung der häufigsten Vokal- und Konsonantenwechsel. Beachten Sie bitte, dass ein Vokalwechsel oft mit einem Konsonantenwechsel einhergeht und umgekehrt, und dass innerhalb eines Wortes beide Arten von Wechsel auftreten können. Angesichts der Komplexität dieses Phänomens (das auf phonetische Gesetze zurückgeht, die zu umfangreich sind, um sie hier zu erläutern) raten wir Ihnen davon ab, selbstständig Formen zu bilden. Beschränken Sie sich einstweilen darauf, die im Folgenden aufgeführten Formen im Gedächtnis zu behalten.

Die Vokalwechsel

a/e	**obiad** ("Mittagessen") – Lokativ und Vokativ Singular **obiedzie**;
a/o	imperfektiv **skakać** ("springen") – perfektiv **skoczyć**;
o/e	**biorę** ("ich nehme") – **bierze** ("er/sie/es nimmt");
ó/o	**pokój** ("Zimmer")- Genitiv und Lokativ Singular **pokoju**;
ó/e	**kościoł** ("Kirche") – Lokativ Singular **kościele**;
ą/ę	**mąż** ("Ehemann") – Genitiv Singular **męża**;
ę/ą	**ręka** ("Hand") – Genitiv Plural **rąk**;
e/-	**pies** ("Hund") – Genitiv Singular **psa**;
-/e	**matka** ("Mutter") – Genitiv Plural **matek**.

Die Konsonantenwechsel

c/cz	**chłopiec** ("Junge") – Vokativ Singular **chłopcze**;
ch/sz	**mucha** ("Fliege") – Dativ und Lokativ Singular **musze**;
ch/si	**głuchy** ("taub") – Nominativ Plural **głusi**;
d/dź (dzi)	**będę** ("ich werde sein") – **bądź!** ("sei!");
g/ż	**mogę** ("ich kann") – **może** ("er/sie/es kann");
g/dz	**noga** ("Bein") – Dativ und Lokativ Singular **nodze**;
ł/l	**byłem** ("ich war") – **byliśmy** ("wir waren");
r/rz	**kolor** ("Farbe") – Lokativ Singular **kolorze**;
sz/si	**proszę** ("ich bitte") – **prosi** ("er/sie/es bittet");
t/ci	**gazeta** ("Tageszeitung") – Dativ und Lokativ Singular **gazecie**;
k/c	**Polak** ("Pole") – Nominativ Plural **Polacy**.

Um diese Beispiele zu vervollständigen, müsste man alle Wechsel von harten Konsonanten zu weichen Konsonanten hinzufügen, z.B.: **p/pi** bei **zupa/zupie** ("Suppe") usw. oder **f/fi** bei **szafa/szafie** ("Schrank") usw.

Zweite Welle: Aktivieren Sie heute Lektion 28!

LEKCJA SIEDEMDZIESIĄTA ÓSMA (78)

Fatalne pół godziny

1 — Nie wiem co mi jest. Budzę się codziennie z okropnym bólem głowy. **(1)**
2 — Tak? A o której wstajesz?
3 — To zależy. Między wpół do ósmej a ósmą. **(2)**
4 — Może za mało śpisz?
5 — Skąd! Próbowałem spać więcej, ale to niczego nie zmienia. **(3)**
Zresztą w niedzielę wstaję później, a mimo to, źle się czuję. **(4)**
6 — A co ci właściwie jest? **(5)**
7 — Przecież ci mówię: jak tylko otwieram oczy, zaczyna mnie boleć głowa. **(6)**

WYMOWA

1 ... budse s$_i$e ... bulemm ... 2 ... fßtajjesch? 3 ... salejî. mje$_n$dsî ... 5 ... n$_i$itscheggo ... 6 ... wŵas$_i$'c$_i$iwje ... 7 ... ott'fjerramm otschî, satschîna ...

ANMERKUNGEN

(1) Will man jemanden nach seinem Leiden befragen, so fragt man **co ci/pani/panu** usw. **jest?** ("Was fehlt dir/Ihnen?"). Beachten Sie, dass man in diesem Ausdruck das Verb **być** ("sein") und den Dativ des Nomens bzw. des Pronomens der betreffenden Person benutzt, z.B.: **nic mi nie jest** ("Mir fehlt nichts"). **Ból** ("Schmerz") ist verwandt mit dem Verb **boleć** ("wehtun"), z.B.: **boli** (Singular) oder **bolą** (Plural) **mnie** ("mir tut/tun weh", "ich habe Schmerzen"); **co cię boli?** ("Was tut dir weh?").

Trzysta dwa **302**

ACHTUNDSIEBZIGSTE LEKTION

Eine verhängnisvolle halbe Stunde

1 — Ich weiß nicht, was mir fehlt (mir ist). Ich wache jeden Tag mit schrecklichen Kopfschmerzen auf.
2 — Ach ja? Und wann (um wie viel [Uhr]) stehst du auf?
3 — Unterschiedlich. Zwischen halb acht und acht.
4 — Vielleicht schläfst du zu wenig?
5 — Ach wo! Ich habe versucht, mehr zu schlafen, aber das ändert nichts. Außerdem stehe ich am Sonntag später auf und fühle mich trotzdem schlecht.
6 — Und was hast du eigentlich?
7 — Naja, ich sage [es] dir doch: kaum öffne ich die Augen, beginnt mir der Kopf wehzutun.

ANMERKUNGEN

(2) **Między** ("zwischen, unter"); danach folgt der Instrumentalfall, z.B.: **między stołem a kanapą** ("zwischen dem Tisch und dem Sofa"); **między domami** ("zwischen den Häusern"). Es kann auch der Akkusativ folgen, z.B.: **włożyć coś między kartki książki** ("etwas zwischen die Seiten eines Buches legen"). Merken Sie sich auch: **między innymi** ("unter anderem"), **między nami** ("unter uns"), **między sobą** ("untereinander" oder "unter sich"). **Między** ist auch Bestandteil zusammengesetzter Wörter wie **międzynarodowy** ("international"), **międzymiastowy** ("Fern-"), **międzyplanetarny** ("interplanetar") usw.

(3) **Zmienić** ("ändern") ist ein perfektives Verb der 2. Konjugation, also: **zmienię, zmienisz** usw. **Zmieniać** dagegen ist imperfektiv und gehört der 3. Konjugation an. **Zmiana** heißt "Änderung"; das Adjektiv **zmienny** heißt "instabil, variabel". **Niczego** ist der Genitiv von **nic** ("nichts"). Wir erinnern daran, dass man den Genitiv benutzt, wenn das Verb verneint wird, beispielsweise: **biorę parasol** ("ich nehme einen Schirm"), **nie biorę parasola** ("ich nehme keinen Schirm").

(4) Das Gegenteil von **później** ("später") heißt **wcześniej** ("früher").

(5) **Właściwie** ist ein Adverb und heißt "richtig, eigentlich"; das Adjektiv **właściwy** heißt "geeignet, richtig". Das Adverb **właśnie** ("eben, gerade") kennen Sie bereits.

(6) **Otwierać** (imperfektiv, 3. Konjugation) sowie **otworzyć** (perfektiv, 2. Konjugation: **otworzę, otworzysz** usw.) heißt "öffnen". Imperativ: **otwórz!** ("Öffne!"). Adjektiv: **otwarty** ("offen, geöffnet"). **Oczy** ist der Plural von **oko** ("Auge").

LEKTION 78

303 Trzysta trzy

8 — Ależ to nic groźnego. Ja też to kiedyś miałem, to zwykłe przemęczenie. **(7)**
9 — Być może, ale to bardzo nieprzyjemne. Czuję się wyczerpany i nie mam na nic ochoty.
10 — Spróbuj może jeść porządne śniadanie. **(8)**
11 — Prawdę mówiąc, nawet nie mam siły, żeby sobie zrobić coś do jedzenia.
12 — I jak długo to trwa? Chyba nie cały dzień?
13 — Nie, mniej więcej pół godziny. Potem mi przechodzi.
14 — To nie rozumiem, dlaczego nie wstajesz pół godziny później.

WYMOWA

8 ... pscheme$_n$'tschen$_i$e. 9 ... wîtscherpannî ... 10 ... pojo$_n$'dne ...
13 .. pschehhodz$_i$i.

ĆWICZENIE

1. Budzę się co noc między drugą a trzecią, nie wiem co mi jest. **2.** To przemęczenie, powinieneś iść do lekarza. **3.** Myślę, że będzie lepiej, jeżeli po prostu zmienię pracę. **4.** O co właściwie chodzi w tej sprawie? **5.** Chodzi, między innymi, o twoją przyszłość. **6.** Jest jeszcze trochę miejsca między fotelem a lampą. **7.** Nie mam dzisiaj czasu, muszę zrobić porządne pranie.

WYPEŁNIĆ BRAKUJĄCE SŁOWA

1 *Ich sorge mich um [meinen] Sohn, ich weiß nicht, was er hat.*

. . . . się . syna, . . . wiem, . . mu . . . . .

2 *Er sagt ständig, dass er Kopfschmerzen hat und dass er übermüdet ist.*

. . . . ciągle, . . go . . . . głowa . że . . . .

8 — Aber das ist nichts Böses. Ich hatte das auch mal, das ist einfach Übermüdung.

9 — Kann sein, aber das ist sehr unangenehm. Ich fühle mich erschöpft und ich habe zu nichts Lust.

10 — Versuch vielleicht, ein ordentliches Frühstück zu essen.

11 — Um ehrlich zu sein, ich habe noch nicht einmal die Kraft, mir etwas zu essen zu machen.

12 — Und wie lange dauert das? Wohl nicht den ganzen Tag?

13 — Nein, ungefähr eine halbe Stunde. Danach geht es vorbei.

14 — Dann verstehe ich nicht, warum du nicht [einfach] eine halbe Stunde später aufstehst.

ANMERKUNGEN

(7) **Przemęczenie** ("Übermüdung") und **zmęczenie** ("Ermüdung, Müdigkeit"). Der Unterschied zwischen den Substantiven liegt also im Grad der Müdigkeit. Ähnlich verhält es sich bei den Adjektiven: **przemęczony** ("übermüdet"), **wyczerpany** ("erschöpft") und **zmęczony** ("müde"). Die Unterschiede werden durch die Präfixe **prze-, wy-** und **z-** verdeutlicht.

(8) **Porządny** ("ordentlich, gepflegt") ist verwandt mit **porządek** ("Ordnung"), z.B.: **porządne mieszkanie, porządne ubranie**. In anderen Zusammenhängen kann es auch "anständig, ehrlich" bedeuten, z.B.: **porządny człowiek, porządna dziewczyna** oder auch "stark, hart, solide", z.B.: **porządny mróz** ("große Kälte"), **porządna ulewa** ("starker Regen").

ÜBUNG

1. Ich wache jede Nacht zwischen zwei und drei [Uhr] auf; ich weiß nicht, was ich habe. **2.** Das ist die Übermüdung. Du solltest zum Arzt gehen. **3.** Ich denke, dass es besser wäre, wenn ich ganz einfach die Arbeit[sstelle] wechsle. **4.** Worum geht es eigentlich in dieser Sache? **5.** Es geht unter anderem um deine Zukunft. **6.** Es ist noch etwas Platz zwischen dem Sessel und der Lampe. **7.** Heute habe ich keine Zeit, ich muss große Wäsche machen.

3 *Man braucht sich nicht zu beunruhigen; das ändert nichts.*

Nie . . . . się . . . . , to . . . . nie . . . .

305 Trzysta pięć

4 *Eigentlich verstehe ich nicht, worum es geht.*

.... to ... rozumiem, . co ....

5 *Komm zwischen 3 und 4 [Uhr] bei mir vorbei. Ich werde etwas Zeit haben.*

.... do .... między .... a ....,

będę ....(.) trochę ....

6 *Ich habe beschlossen, jeden Tag ein bisschen früher aufzustehen und ein ordentliches Frühstück zu essen.*

.... wstawać .... trochę ....

i .... porządne ....

LEKCJA SIEDEMDZIESIĄTA DZIEWIĄTA (79)

Światła miasta

1 — Zobacz, jaki wspaniały widok!
2 — Tak, ale jest bardzo zimno. Wolałbym być w domu, przed telewizorem. **(1)**
3 — Czyżbyś nie był wrażliwy na piękno? Popatrz na niebo, jaki cudowny zachód słońca! **(2)**

WYMOWA
3 tschîj'biș ... wrajîliwî ... pj e̦nkno? ... n̦ebbo ...

Diese Wörter hätten Sie einsetzen sollen:

1 Martwię – o -, nie -, co – jest. 2 Mówi -, że – boli – i – jest przemęczony. 3 – trzeba – martwić, – niczego – zmieni. 4 Właściwie – nie -, o – chodzi. 5 Wpadnij – mnie – trzecią – czwartą, – miał (oder: miała) – czasu. 6 Postanowiłem (oder: postanowiłam) – codziennie – wcześniej – jeść – śniadanie.

> *Vielleicht haben Sie den Eindruck, dass Ihnen die verschiedenen Grammatikregeln entgleiten und dass es Ihnen nicht gelingt, all Ihre Kenntnisse übersichtlich zu ordnen. Das ist ganz normal, denn Sie befinden sich in dem Stadium, in dem die Dinge anfangen, sich ihren Platz zu suchen und das braucht Zeit ... Wenn Sie es für nötig halten, Ihre Kenntnisse etwas zu sortieren, können Sie den grammatikalischen Anhang am Ende des Buches aufschlagen. Er wird Ihnen dabei helfen.*

Zweite Welle: Aktivieren Sie heute Lektion 29!

NEUNUNDSIEBZIGSTE LEKTION

Die Lichter der Stadt

1 — Sieh, was für ein wunderbarer Blick!
2 — Ja, aber es ist sehr kalt. Ich möchte viel lieber zu Hause vor dem Fernseher sein.
3 — Bist du [wirklich] nicht empfänglich für Schönheit? Schau dir den Himmel an, was für ein wunderbarer Sonnenuntergang!

ANMERKUNGEN

(1) **Wolałbym** oder **wolałabym** ("ich möchte viel lieber") entspricht auch den deutschen Ausdrücken: "ich hätte vorgezogen" und "ich würde vorziehen".

(2) Wie Sie wissen, wird **czyżby** in Fragen benutzt, bei denen ein leichter Zweifel mitschwingt und in denen das Subjekt in der 3. Person (Singular oder Plural) steht, z.B.: **czyżby pan(i) zapomniał(a)?** oder **państwo zapomnieli?** ("Sollten Sie es vergessen haben?" oder "Haben Sie es wirklich vergessen?"). Steht das Subjekt in der 1. oder 2. Person, fügt man an **czyżby** die Personalendungen **-m, -ś** im Singular und **-śmy, -ście** im Plural an. Neben der Form **zobacz** ("sieh"), die von dem perfektiven Verb **zobaczyć** abstammt (imperfektives Äquivalent **widzieć** ("sehen")), finden Sie auch **popatrz**, von **(po)patrzeć** ("sehen"). Dem Verb **popatrz** folgt die Präposition **na** + Akkusativ, z.B.: **popatrz na niebo**. Im Fall von **zobacz** sagt man **zobacz, jakie niebo**.

Trzysta siedem

4 — Nie przesadzaj. Słońce zachodzi codziennie. Naprawdę zachwycasz się byle czym. (3)
5 — Nie chcesz mi chyba zepsuć wieczoru? Tak mi zawsze trudno wyciągnąć cię na spacer. (4)
6 — Spacer przy takiej pogodzie to żadna przyjemność.
7 — Posłuchaj, czy te dzwony nie przypominają ci rodzinnej wioski? (5)
8 — No wiesz! W mojej rodzinnej wiosce można przynajmniej oddychać świeżym powietrzem. Jak możesz porównywać miasto z wsią? To zupełnie co innego.
9 — Oczywiście, ale czy nie uważasz, że miasto jest piękne? Popatrz na te ulice, parki, place, pomniki...
10 — Zapominasz o dymie, korkach, pośpiechu i zmęczeniu. (6)

WYMOWA

4 ... sah'fîzasch ... 5 ... sep'ßuc̣į ... wîcįo_ngno_nc̣į ... 7 poßŵuhajj ... dswonnî ... rodzįin'nejj ... 8 ... od'dîhac̣į ... 9 ... ulize ... plazze, pomm'niki... 10 ... dîmje, korkahh, posį'pjehhu ...

ANMERKUNGEN

(3) **Zachodzić** (perfektiv: **zajść**) bedeutet "untergehen" (Sonne). Das Gegenteil heißt **wschodzić** (perfektiv: **wzejść**). **Zachód** heißt "Westen", z.B.: **jechać na Zachód** aber auch "Untergang", z.B.: **zachód słońca** ("Sonnenuntergang"). **Wschód** dagegen heißt "Osten" und "Aufgang", z.B.: **wschód słońca** ("Sonnenaufgang"). **Południe** ist die Bezeichnung für "Süden" und "12 Uhr mittags" und **północ** für "Norden" und "12 Uhr nachts, Mitternacht". **Zachwycać się** (perfektiv: **zachwycić się**) + Instrumentalfall entspricht dem deutschen "sich begeistern für". **Byle co** ("alles, egal was").

(4) **Zepsuć** = **popsuć** (imperfektiv: **psuć**) heißt hier "verderben", kann aber auch "kaputtmachen, abnutzen" bedeuten. Das Verb **wyciągnąć** ("herausziehen") setzt sich aus dem Präfix **wy-** und dem Verb **ciągnąć** ("ziehen, bewegen") zusammen. Es hat mehrere Bedeutungen, die Wichtigsten darunter sind: **wyciągnąć** (oder: **wyjąć**) **portfel z kieszeni** ("das Portemonnaie aus der Tasche ziehen"); **wyciągnąć nogi/rękę** ("die Beine/die Hand ausstrecken"). In der Umgangssprache bedeutet es auch "jemanden dazu bewegen, auszugehen". Die imperfektive Form lautet **wyciągać**.

4 — Übertreib nicht. Die Sonne geht jeden Tag unter. Wirklich, du begeisterst dich [aber auch] für alles.

5 — Du willst mir doch wohl nicht meinen Abend verderben? Es ist immer so schwer für mich, dich dazu zu bringen, einen Spaziergang [zu machen].

6 — Ein Spaziergang bei solch einem Wetter, das ist kein Vergnügen.

7 — Hör mal, diese Glocken, erinnern sie dich nicht an [dein] Heimatdorf?

8 — Na sag mal! In meinem Heimatdorf kann man wenigstens saubere Luft atmen. Wie kannst du Stadt und (mit) Land vergleichen? Das ist doch etwas ganz anderes.

9 — Natürlich, aber findest du nicht, dass die Stadt wunderschön ist? Sieh dir diese Straßen an, [diese] Parks, [diese] Plätze, [diese] Denkmäler ...

10 — Du vergisst den Qualm, die Staus, die Hetze und die Müdigkeit.

ANMERKUNGEN *(Fortsetzung)*

(5) Das Verb **przypominać** ("erinnern") muss kurz erläutert werden, insbesondere seine reflexive Form. Bei **przypominać sobie** (perfektiv: **przypomnieć sobie**) bezieht sich die Handlung des "sich Erinnerns" auf eine Person, im Sinne von: "ins Gedächtnis zurückrufen". Bei **pamiętać** ("sich erinnern, nicht vergessen") ist die Handlung allgemein ausgedrückt. Neben der persönlichen Form **przypominam sobie, przypominasz sobie** usw. finden Sie auch die besondere Form, bei der das Verb in der 3. Person vom Dativ begleitet wird, z.B.: **przypomina mi się moje dzieciństwo, przypominają mi się nasze wakacje**. Das Adjektiv **rodzinny** gehört zur selben Wortfamilie wie **rodzina** ("Familie"), **rodzice** ("Eltern"), **rodzeństwo** ("Geschwister"). All diese Wörter stammen von dem Verb **(u)rodzić się** ("geboren werden") ab. Die Wendungen **wioska rodzinna, miasto rodzinne** oder **rodzinne strony** entsprechen den deutschen Konstruktionen mit "Heimat-".

(6) **Zapominać** ("vergessen") ist ein imperfektives Verb der 3. Konjugation, **zapomnieć** das perfektive Äquivalent, das der 2. Konjugation angehört, also: **zapomnę, zapomnisz** usw. Ihm kann der Genitiv folgen, z.B.: **zapomnieć parasola/książki** oder die Präposition **o** + Lokativ, z.B.: **zapomnieć o imieninach**.

309 Trzysta dziewięć

11 — Widzisz wszystko na czarno. A te tysiące świateł wokół nas, czyż to nie piękne?
12 — Co ty w tym widzisz pięknego?
13 — To tysiące ludzi, którzy rodzą się i umierają, kochają i nienawidzą, kłócą się i godzą, nudzą się i bawią...
14 — No proszę! A ja zawsze myślałem, że to zwykłe żarówki.

WYMOWA

11 ... tscharno. ... 13 ... umjerrajjo$_n$ ... njenawwidso$_n$, kŵuzo$_n$ ... nudso$_n$ ...

ĆWICZENIE

1. Popatrz na ten obraz. Podoba ci się? 2. Bardzo, ten zachód słońca przypomina mi moje dzieciństwo. 3. Popatrzcie, jakie tu piękne widoki! 4. No widzisz, a nie chciałeś iść na spacer. 5. Zawsze cię trzeba wyciągać siłą. 6. Posłuchaj tej płyty, jest wspaniała. 7. Nie wiedziałem, że tak się zachwycasz muzyką klasyczną. 8. Uważaj, żeby nie zepsuć adapteru, nie jest mój. 9. Czy nie uważasz, że ta rozmowa była bardzo nieprzyjemna? 10. To prawda, zepsuła mi humor na cały dzień.

WYPEŁNIĆ BRAKUJĄCE SŁOWA

1 *Sieh dir diesen Herrn an, er erinnert mich an einen Bekannten.*

.... na .... pana, ... mi ..... znajomego.

2 *Hört, was diese Leute sagen, das ist sehr interessant.*

.... co ..... ci ......, to ...... ciekawe.

3 *Versuch, Mark zu diesem Konzert zu bewegen, es lohnt sich wirklich, es anzuhören.*

Spróbuj .... Marka .. ten ...., naprawdę

..... posłuchać.

11 — Du siehst alles schwarz. Und diese tausend Lichter um uns herum, ist das nicht wunderschön?
12 — Was siehst du daran Wunderschönes?
13 — Das sind Tausende von Menschen, die geboren werden und die sterben, [die] lieben und hassen, [die] sich streiten und sich versöhnen, [die] sich langweilen und sich vergnügen ...
14 — Na bitte! Und ich hatte immer gedacht, das [seien] einfache Glühbirnen.

ÜBUNG
1. Schau dir dieses Bild an. Gefällt es dir? **2.** Sehr. Dieser Sonnenuntergang erinnert mich an meine Kindheit. **3.** Schaut mal, welch schöne Aussicht(en)! **4.** Na siehst du, und du wolltest nicht spazieren gehen. **5.** Man muss dich immer mit Zwang (Kraft) zu etwas bewegen. **6.** Hör dir diese Platte an, sie ist ausgezeichnet. **7.** Ich wusste nicht, dass du dich so für klassische Musik begeisterst. **8.** Pass auf, dass du den Plattenspieler nicht kaputt machst. Er gehört mir nicht. **9.** Findest du nicht, dass dieses Gespräch sehr unangenehm gewesen ist? **10.** Das ist wahr, es hat mir für den ganzen Tag die [gute] Laune verdorben.

4 *Bei so einem Wetter wird er keine Lust haben, aus dem Haus zu gehen.*

Przy . . . . . pogodzie . . . będzie . . . . ochoty . . . . .

z . . . . .

5 *Wer hat den Fernseher kaputt gemacht? Ich habe euch gesagt, dass ihr aufpassen sollt.*

Kto . . . . . telewizor? Mówiłem . . . , żebyście . . . .

Diese Wörter hätten Sie einsetzen sollen:
1 Popatrz – tego – przypomina – kogoś -. **2** Posłuchajcie – mówią – ludzie – bardzo -. **3** – wyciągnąć – na – koncert – warto -. **4** – takiej – nie – miał – wyjść – domu. **5** – zepsuł -. – wam – uważali.

Zweite Welle: Aktivieren Sie heute Lektion 30!

LEKCJA OSIEMDZIESIĄTA (80)

Trudny wybór

1 — Dzień dobry. Nie przychodziła pani ostatnio po ciastka. Była pani na urlopie? **(1)**
2 — Nie, chorowałam trochę. **(2)**
3 — Nic groźnego, mam nadzieję.
4 — Nie, ale przez dwa tygodnie musiałam leżeć w łóżku. **(3)**
5 — Dwa tygodnie?! A kto się zajmował domem?
6 — Synowie robili zakupy, a mąż gotował i sprzątał. **(4)**
7 — Ma pani szczęście. Gdyby wszyscy mężowie byli tacy... Słucham, co pani dać? **(5)**

TRUDNY WYBÓR

WYMOWA

1 ... urlopje? 2 ... horrowwaŵamm ... 3 ... grozi̯neggo ... 4 ... lejêci̯ w ŵuschku.

ACHTZIGSTE LEKTION

Eine schwierige Wahl

1 — Guten Tag. Sie (kamen) sind in der letzten Zeit nicht gekommen, (für) um Teilchen [zu holen]. Waren Sie im Urlaub?
2 — Nein, ich war ein bisschen krank.
3 — Nichts Böses, hoffe ich.
4 — Nein, aber ich musste zwei Wochen lang im Bett (liegen) bleiben.
5 — Zwei Wochen?! Und wer hat sich um das Haus gekümmert?
6 — Die Söhne haben die Einkäufe gemacht und [mein] Mann hat gekocht und geputzt.
7 — Sie haben Glück. Wenn alle Ehemänner so wären ... Bitte (ich höre), was soll ich [Ihnen] geben?

ANMERKUNGEN

(1) Das Wort **urlop** ("Urlaub") bezeichnet die freien Tage für Berufstätige, z.B.: **urlop płatny/ bezpłatny** ("bezahlter/unbezahlter Urlaub"), während **wakacje** eher die Schul- bzw. Semesterferien bezeichnet. **Wakacje** bezieht sich auf die "großen Sommerferien". Bei Oster- oder Weihnachtsferien sagt man **ferie** (nur Plural).
(2) **Jestem chory/chora** oder **choruję** ("ich bin krank"). Der Infinitiv des imperfektiven Verbs lautet **chorować** ("krank sein") und des perfektiven **zachorować** ("krank werden").
(3) **Leżeć** heißt zunächst "liegen", z.B.: **leżeć w łóżku** ("im Bett liegen")/**w szpitalu** ("im Krankenhaus"). Es heißt aber auch "sich befinden, sein", z.B.: **Polska leży w Europie, książka leży na stole**. Schließlich heißt es auch, im Zusammenhang mit Kleidung, "stehen, passen", z.B.: **ta sukienka dobrze na pani leży** ("dieses Kleid steht Ihnen gut").
(4) Sie kennen bereits das Wort **panowie**, das der Plural von **pan** ("Herr") ist. Tatsächlich nehmen einige männliche Substantive, die Personen bezeichnen, im Plural die Endung **-owie** an. Beispiele: **synowie, ojcowie, mężowie, profesorowie, generałowie, oficerowie, inżynierowie**. Aber Vorsicht! Bei **brat** ("Bruder") heißt der Plural **bracia**.
(5) Will man in Form einer Frage etwas vorschlagen, so benutzt man den Infinitiv, z.B.: **mam iść z tobą?** ("Soll ich mit dir gehen?"), **mam kupić coś?** ("Soll ich etwas kaufen?"). Ebenso benutzt man bei Fragen in der 1. Person den Infinitiv, z.B.: **co/ile pani podać?** ("Was/wie viel soll ich Ihnen geben?"), **co mam kupić?** ("Was soll ich kaufen?") usw.

8 — Chciałabym parę ciastek. Są świeże? **(6)**
9 — Oczywiście. Ile?
10 — Właśnie się zastanawiam... Może dwanaście.
11 — Ma pani apetyt! Pierwszy raz kupuje pani tyle ciastek.
12 — To nie dla mnie samej, mam gości.
13 — Robi pani prawdziwe przyjęcie! Jakie ciastka podać?
14 — Niech mi pani da trzy ptysie, ...dwa serniki, ...dwa tortowe, ... dwa z jagodami... i trzy francuskie. **(7)**
15 — Proszę bardzo. Coś jeszcze?
16 — Tak, chciałabym też lody. Jakie pani ma?
17 — Waniliowe i truskawkowe.
18 — Tylko takie? Nie ma innych?
19 — Wystarczy. Gdyby pani wiedziała, ile czasu dzieci się zastanawiają, które wybrać... **(8)**

WYMOWA

13 ... pschîjenc̦je! ... 14 ... ptîsje ... ßernjiki ... jaggoddammi ... franzußkje. 17 ... trußkafkowwe.

ĆWICZENIE

1. Mam w domu gości z zagranicy. 2. Na jak długo przyjechali? 3. Na dwa tygodnie, są na urlopie. 4. A ty kiedy jedziesz na urlop? 5. W tym roku jadę dopiero w październiku. 6. Miałam ostatnio dużo pracy, a poza tym synowie trochę chorowali. 7. Przez tydzień leżeli w łóżku i musiałam się nimi zajmować. 8. W przyszłym roku mam zamiar wyjechać nad morze z całą rodziną.

8 — Ich hätte gerne einige Teilchen. Sind sie frisch?
9 — Natürlich. Wie viele?
10 — Ich überlege gerade ... Vielleicht zwölf.
11 — Sie haben Appetit! [Das ist] das erste Mal, [dass] Sie so viele Teilchen kaufen.
12 — Das ist nicht für mich allein, ich habe Gäste.
13 — Sie geben einen richtigen Empfang! Was für Kuchen soll ich [Ihnen] geben?
14 — Geben Sie mir drei Windbeutel, ... zwei Käsekuchen, ... zwei Tortenstücke, ... zwei Blaubeer[törtchen] ... und drei Blätterteigkuchen.
15 — Bitte schön. Noch etwas?
16 — Ja, ich möchte auch Eis. Welches haben Sie?
17 — Vanille und Erdbeere.
18 — Nur solches? Gibt es keine anderen [Sorten]?
19 — Das reicht. Wenn Sie wüssten, wie lange Kinder überlegen, was sie nehmen (welche auswählen) sollen ...

ANMERKUNGEN

(6) Verwechseln Sie nicht **parę** und **kilka** sowie männlich **paru** und **kilku**, was "einige" heißt, mit dem Akkusativ von **para**, also **parę** ("Paar"). Beispiele: **widzę parę osób** ("ich sehe einige Personen") und **widzę młodą parę** ("ich sehe ein junges Paar").

(7) **Sernik** ("Käsekuchen") kommt von **ser** ("Käse"). **Ciastko** ist ein Diminutiv von **ciasto** ("Kuchen"). Es bedeutet entweder "ein Stück Kuchen" oder "Teilchen", aber auch "Keks". **Ciastko tortowe** ("Stück einer Torte" oder "Sahnebiskuit"), **ciastko francuskie** heißt wörtlich "französischer Kuchen" und ist eine Art Blätterteigteilchen. Damit genug, sonst laufen wir Gefahr, dass unser Sprachkurs an dieser Stelle zum Kochbuch wird.

(8) Um eine Bedingung auszudrücken, wird die Partikel -by- + Personalendungen an eine Konjunktion der Bedingung (**gdy, jeśli, jeżeli**) angehängt, z.B.: **gdybym wiedział(a), gdybyś wiedział(a), gdyby pan(i) wiedział(a)**, usw.

ÜBUNG

1. Ich habe Gäste zu Hause, die aus dem Ausland kommen. 2. Für wie lange sind sie gekommen? 3. Für zwei Wochen, sie sind [hier] im Urlaub. 4. Und du, wann fährst du in Urlaub? 5. Dieses Jahr fahre ich erst im Oktober [in Urlaub]. 6. Ich habe in der letzten Zeit viel zu tun (Arbeit) gehabt und außerdem waren [meine] Söhne ein bisschen krank. 7. Sie lagen eine Woche lang im Bett und ich musste mich um sie kümmern. 8. Nächstes Jahr habe ich vor, mit der ganzen Familie ans Meer zu fahren.

WYPEŁNIĆ BRAKUJĄCE SŁOWA

1 *Wohin fährst du nächstes Jahr in Urlaub?*

Dokąd .... na ..... w .... roku?

2 *Ich muss darüber nachdenken und mit [meiner] Frau darüber sprechen.*

..... się ... tym .... i .... o ...

z ..... .

3 *Die Auswahl eines Geschenks ist immer eine schwierige (Angelegenheit) Sache.*

..... prezentu .. zawsze ...... sprawa.

4 *Was nehmen Sie (Herren) zu trinken? – Eine Flasche Mineralwasser.*

Co .... biorą ....? .... wody ....

LEKCJA OSIEMDZIESIĄTA PIERWSZA (81)

Ze zdrowiem nie ma żartów

1 — Co się stało? Nie wyglądasz najlepiej. Jesteś chora? **(1)**

2 — Wyobraź sobie, że spadłam przedwczoraj ze schodów. **(2)**

3 — Nie żartuj! Gdzie?

WYMOWA
... jartuf **2** ... pschett'ftschorrajj ... ßhodduf.

ANMERKUNGEN

(1) Nie wyglądasz najlepiej = nie wyglądasz dobrze. Der Superlativ und der Komparativ können die Positivform ersetzen und so den Sinn abschwächen, z.B.: **starszy człowiek** ("älterer Mensch") anstatt **stary człowiek** ("alter Mensch"); **uczę się polskiego od dłuższego/długiego czasu** ("ich lerne Polnisch seit längerer/langer Zeit").

5 *Warum bist du in der letzten Zeit nicht zu uns gekommen? Warst du krank?*

.... nie .... do ... ostatnio?

..........?

6 *Ja, der Arzt hat mir verordnet (befohlen), dass ich mindestens eine Woche im Bett bleiben sollte.*

Tak, ... kazał .... w ..... przynajmniej

....

Diese Wörter hätten Sie einsetzen sollen:

1 – jedziesz – urlop – przyszłym -. 2 Muszę – nad – zastanowić – porozmawiać – tym – żoną. 3 Wybór – t⸱ – trudna -. 4 – panowie – do picia. Butelkę – mineralnej. 5 Dlaczego – przychodziłeś (oder: przychodziłaś) – nas -. Chorowałeś (oder: chorowałaś). 6 -, lekarz – mi leżeć – łóżku – tydzień.

Zweite Welle: Aktivieren Sie heute Lektion 31!

EINUNDACHTZIGSTE LEKTION

Über die Gesundheit scherzt man nicht

1 — Was ist passiert? Du siehst nicht so gut aus. Bist du krank?
2 — Stell dir vor, vorgestern bin ich die Treppe runtergefallen.
3 — Mach keine Witze? Wo?

ANMERKUNGEN

(2) Denken Sie daran, dass die Präfixe für die Bedeutung der Verben eine große Rolle spielen. Als Beispiel dazu einige Formen des Verbs "fallen": **wpaść** ("in die Arme/ins Wasser fallen"), **spaść** ("von einem Stuhl/aus allen Wolken fallen"), **upaść** ("auf die Erde fallen"), **opaść** ("die Blätter fallen vom Baum"), **wypaść** ("aus der Tasche/aus der Schublade fallen") usw. In unserem Beispiel bedeutet **spaść** "stürzen, purzeln, herunterfallen". Das imperfektive Äquivalent heißt **spadać**. Die Präsensformen lauten: **spadam, spadasz** usw. (3. Konjugation); die Futurformen: **spadnę, spadniesz** (1. Konjugation), die Vergangenheitsformen: **spadłem, spadłeś** (perfektiv) und **spadałem, spadałeś** usw. (imperfektiv).

317 Trzysta siedemnaście

4 — Wychodząc z domu. Spieszyło mi się i nie zauważyłam ostatniego stopnia. **(3)**

5 — No proszę, to nic dziwnego, jak się nosi buty na wysokim obcasie. Zawsze ci mówię, żebyś uważała. **(4)**

6 — Przecież to nie moja wina! Było strasznie ciemno w klatce schodowej. **(5)**

7 — No, na szczęście to nic groźnego. Nic sobie nie złamałaś. **(6)**

8 — Tak, ale zobacz moją rękę...

9 — Rzeczywiście, jest trochę czerwona.

10 — Trochę!? Jest cała spuchnięta! **(7)**

11 — Powinnaś iść do lekarza. Może trzeba zrobić prześwietlenie.

12 — Oczywiście, że byłam. Ze zdrowiem nie ma żartów.

13 — No i co? To chyba nic poważnego? Co ci powiedział?

WYMOWA

4 wîhodso_nz ... ßpjeschîwo ... ßtopnia. 5 ... nosii ... wißokkim opp'zasie. ... 6 ... ciem'no f klatt'ze ... 7 ... sŵammaŵwasi. 9 ... tscherwonna. 10 ... ßpuhnienta! 11 ... pschesi'fjetlenie.

ANMERKUNGEN

(3) **Spieszyło mi się** ("ich hatte es eilig") = spieszyłem/spieszyłam się ("ich beeilte mich"). Denken Sie daran, dass die 1. Form eine unpersönliche Konstruktion ist, d.h. dass das Verb in der 3. Person angewandt wird und die persönliche Komponente durch den Dativ des Nomens ausgedrückt wird. Hier ist mi der Dativ des Pronomens ja ("ich").

4 — Als ich das Haus verließ. Ich hatte es eilig und habe die letzte Stufe nicht bemerkt.
5 — Naja, das ist nicht verwunderlich, wenn man Schuhe mit hohen Absätzen trägt. Ich sage dir immer, dass du aufpassen sollst.
6 — Das ist doch nicht meine Schuld! Es war schrecklich dunkel im Treppenhaus.
7 — Na gut, zum Glück ist es nichts Böses. Du hast dir nichts gebrochen.
8 — Ja, aber sieh dir meine Hand an ...
9 — Sie ist tatsächlich ein bisschen rot.
10 — Ein bisschen?! Sie ist total geschwollen!
11 — Du solltest zum Arzt gehen. Vielleicht muss man sie röntgen.
12 — Natürlich, ich bin [beim Arzt] gewesen. Mit der Gesundheit soll man nicht scherzen.
13 — Und? Es ist wohl nichts Ernstes? Was hat er gesagt?

ANMERKUNGEN

(4) **Nosi się** ist kein reflexives Verb, sondern ein unpersönlicher Ausdruck, der in Bezug auf Kleidung "man trägt" oder "wird getragen" bedeutet. Beispiele: **Co się nosi w tym roku?** ("Was trägt man dieses Jahr?"), **już się tego nie nosi** ("das trägt man nicht mehr" = "das ist nicht mehr modern").

(5) **Ciemny** ("dunkel"). Das Gegenteil heiß **jasny** ("hell"), z.B.: **ciemny kolor, ciemne piwo** ("dunkles Bier"). Im übertragenen Sinne: **ciemny człowiek** ("unwissender Mensch"). Achtung! Dieser Ausdruck kann als Beleidigung aufgefasst werden. Auch **ciemna sprawa** ("eine unklare/verdächtige Sache"). Das Adverb **ciemno** heißt "es ist dunkel". Beispiele: **robi się ciemno** ("es wird dunkel"). Das Gegenteil hierzu lautet **widno**.

(6) **(Z)łamać** ("zerbrechen, brechen"). Die Konjugationsformen im Präsens und Futur lauten **(z)łamię, (z)łamiesz, (z)łamie** usw. (1. Konjugation). Wir erinnern noch einmal daran, dass die perfektive Form (hier mit dem Präfix **z-**) dem Futur entspricht und die imperfektive Form (ohne Präfix) dem Präsens. Die reflexive Form lautet **(z)łamać się**, z.B.: **ząb się złamał** ("der Zahn ist gebrochen") oder **złamać sobie** (rückbezüglich): **złamać sobie rękę/nogę** ("sich den Arm/das Bein brechen").

(7) **Spuchnięta** (Partizip Perfekt, vgl. Lektion 72, Anmerkung 4) kommt von **(s)puchnąć** "anschwellen". Das Verb gehört der 1. Konjugation an: **(s)puchnę, (s)puchniesz** usw.

LEKTION 81

319 Trzysta dziewiętnaście

14 — Że nie ma powodu do obaw.
15 — No widzisz, to czym się przejmujesz?
16 — Nie przejmowałabym się, gdyby mnie nie bolała.
17 — Ależ to normalne, przejdzie ci. Naprawdę, wcale bym się nie martwił.
18 — Ja też bym się nie martwiła, gdyby to twoja ręka była spuchnięta! **(8)**

WYMOWA

14 ... obbaff. 15 ... pschejmujesch?

ĆWICZENIE

1. Nie wiem, co mi jest, nie czuję się najlepiej. 2. Ależ to normalne, pracujesz od trzech lat bez urlopu. 3. Nie uważasz, że nowy dyrektor jest trochę dziwny? 4. Rzeczywiście, wygląda zawsze, jakby spadł z księżyca. 5. Nie mam co na siebie włożyć, wszystko co mam jest już niemodne. 6. A ta sukienka? Przecież teraz się takie nosi. 7. Nie lubię ciemnych kolorów, wolę jasne.

WYPEŁNIĆ BRAKUJĄCE SŁOWA

1 *Was hast du? Fühlst du dich schlecht?*

. . ci . . . .? . . . się . . . .?

2 *Ich sorge mich um [meinen] Sohn; er ist von einem Hocker gefallen.*

. . . . się . syna, ... ze . . . .

3 *Na und? Zum Glück hat er sich nichts gebrochen.*

I . .? Na . . . . nic . . . . . nie . . . .

4 *An deiner Stelle würde ich mich überhaupt nicht beunruhigen.*

. . twoim . . . . wcale . . . się . . . martwił(a).

14 — Dass es keinen Grund (für) zur Besorgnis gibt.
15 — Na siehst du, weswegen bist du dann beunruhigt?
16 — Ich würde mich nicht beunruhigen, wenn sie mir nicht wehtäte.
17 — Aber das ist normal, das wird (dir) vorbeigehen. Wirklich, ich würde mir keine Sorgen machen.
18 — Ich würde mir auch keine Sorgen machen, wenn (es) deine Hand geschwollen wäre!

ANMERKUNGEN

(8) In Konditionalsätzen (Bedingungssätzen) ist die Silbe -by- mit ihren Personalendungen, die normalerweise an das Verb angehängt wird, mobil, d.h., dass sie an eine Konjunktion oder eine Partikel angehängt werden kann. Sie kann jedoch auch am Satzanfang stehen, hinter dem ersten betonten Wort. Vergleichen Sie: **nie martwiłbym się, wcale bym się nie martwił, ja też bym się nie martwił.**

ÜBUNG

1. Ich weiß nicht, was ich habe, ich fühle mich nicht gut. **2.** Aber das ist normal, du arbeitest seit drei Jahren ohne Urlaub. **3.** Findest du nicht, dass der neue Direktor ein bisschen komisch ist? **4.** In der Tat, er sieht immer so aus, als wäre [er] aus allen Wolken gefallen (vom Mond gefallen). **5.** Ich habe nichts (was) zum Anziehen, alles was ich habe, ist nicht [mehr] modern. **6.** Und dieses Kleid? Solche [Kleider] trägt man doch jetzt. **7.** Ich mag keine dunklen Farben, ich bevorzuge helle.

5 *Weißt du vielleicht, was man diesen Winter trägt?*

..... może .. się .... tej ....?

6 *Es gibt viele dunkle Farben und Schuhe mit hohen Absätzen.*

.... dużo .... kolorów . butów .. wysokim

....

Diese Wörter hätten Sie einsetzen sollen:

1 Co – jest. Źle – czujesz. **2** Martwię – o -, spadł – stołka. **3** – co. – szczęście – sobie – złamał. **4** Na – miejscu – bym – nie -. **5** Wiesz – co – nosi – zimy. **6** Jest – ciemnych – i – na – obcasie.

Zweite Welle: Aktivieren Sie heute Lektion 32!

321 Trzysta dwadzieścia jeden

LEKCJA OSIEMDZIESIĄTA DRUGA (82)

To bardzo proste

1 — Już wróciłaś? No i jak było w szkole?
2 — Tak sobie, jak zwykle.
3 — Dlaczego masz taką smutną minę? Czy coś się stało?
4 — Nie, a co się miało stać?
5 — Nie wiem, może się wydarzyło coś przykrego? **(1)**
6 — Ojej, dlaczego mnie tak wypytujesz? **(2)**
7 — Bo widzę, że coś jest nie w porządku. **(3)**
8 — Kiedy będzie obiad?
9 — Za chwilę... No dobrze, idź umyć ręce. A! Czy pani wam oddała klasówki z matematyki? – Tak. **(4)**
10 — I co dostałaś? Pokaż zeszyt.
11 — Pokażę ci później. Mieliśmy zjeść obiad.

WYMOWA

5 ... wîdajîwo ... pschîk'reggo? **6** ojjejj ... wîpîtujesch? **7** ... pojo̩ntku. **9** ... klaßufki ... **10** ... seschît.

ZWEIUNDACHTZIGSTE LEKTION

Das ist ganz einfach

1 — Du bist schon zurück? Und, wie war es in der Schule?
2 — So lala, wie immer (üblich).
3 — Warum machst (hast) du so ein trauriges Gesicht? Ist etwas passiert?
4 — Nein, was sollte passiert sein?
5 — Ich weiß nicht. Vielleicht ist etwas Unangenehmes geschehen?
6 — Oje! Warum stellst du mir solche Fragen?
7 — Weil ich sehe, dass etwas nicht in Ordnung ist.
8 — Wann (wird sein) gibt es Mittagessen?
9 — Gleich ... Gut, geh [dir] die Hände waschen. Ach! Hat euch die Lehrerin (Frau) die Mathematikklausuren zurückgegeben? – Ja.
10 — Und was hast du bekommen? Zeig [dein] Heft.
11 — Ich zeige es dir später. Wir sollten [doch] essen.

ANMERKUNGEN

(1) **Wydarzyć się** ("stattfinden, geschehen, passieren") ist ein perfektives Verb, das nur in der 3. Person benutzt wird. **Wydarzyło się = stało się**. **Wydarzenie** heißt "Ereignis" und **przykry** "unangenehm". Beispiele: **przykra rozmowa/sytuacja, przykry sen/charakter**. Das Adverb **przykro** wird vor allem im Ausdruck **przykro mi** ("es tut mir leid") angewandt. Merken Sie sich auch: **przykrość** ("Kummer, Unannehmlichkeit, Ärger"), z.B.: **zrobić przykrość** ("Kummer bereiten"), **mieć przykrości** ("Ärger/Kummer haben"), **z przykrością** ("leider").
(2) **Wypytywać** und perfektiv **wypytać** ("fragen, befragen"). Das Suffix **-ywać** wird in den Personalformen des Präsens durch **-uj-** ersetzt, also: **wypytuję, wypytujesz** usw.
(3) Der Ausdruck **w porządku** kommt von **porządek** ("Ordnung") und bedeutet "in Ordnung", z.B.: **wszystko jest w porządku** ("es ist alles in Ordnung").
(4) **Oddać** (perfektiv) sowie **oddawać** (imperfektiv) heißt "abgeben, zurückgeben".

323 Trzysta dwadzieścia trzy

12 — Jeszcze nie jest gotowy. Pewnie znowu dostałaś dwójkę... No proszę, nie mówiłam! Przecież to takie proste, tłumaczyłam ci tyle razy... **(5)**

13 — Dla ciebie wszystko jest proste!

14 — Posłuchaj jeszcze raz. Wyobraź sobie, że jesteś sprzedawczynią, a ja klientką...

15 — Ale po co? Nigdy nie będę pracować w sklepie. **(6)**

16 — Nie szkodzi. Chcę tylko, żebyś zrozumiała. No więc, kupuję 2 kilo jabłek po 25 złotych, półtora kilo gruszek po 30 złotych i sałatę, która kosztuje, powiedzmy, 10 złotych. Ile ci płacę? **(7)**

17 — Wiesz, możesz mi zapłacić jutro. Nie spieszy mi się.

WYMOWA

12 ... dwujke ... **14** .. ßpschedaf'tschînio$_n$ ... kli'jentko$_n$... **16** ... jab'ŵekk ... gruschekk ...

ĆWICZENIE

1. Miałeś wrócić wcześniej, kolacja była gotowa o siódmej. **2.** Spóźniłem się, bo były korki, jak zwykle o tej porze. **3.** Widzę po twojej minie, że masz jakieś przykrości. **4.** To przykra sytuacja, ale chyba nic się nie da zrobić. **5.** Czy coś się stało? Mam nadzieję, że wszystko jest w porządku. **6.** Byłem w szkole dowiedzieć się o stopniu Tomka. **7.** Ma prawie same dwójki i chyba nie zda do następnej klasy.

ANMERKUNGEN

(5) Das Notensystem in Polen umfasst mittlerweile wie im Deutschen sechs Noten, allerdings in umgekehrter Reihenfolge: **szóstka** ("6") oder **celujący** ("mit Auszeichnung"), **piątka** ("5") oder **bardzo dobry** ("sehr gut"), **czwórka** ("4") oder **dobry** ("gut"), **trójka** ("3") oder **dostateczny** ("befriedigend"), **dwójka** ("2") oder **mierny** ("mangelhaft") und **jedynka** ("1") oder **niedostateczny** ("ungenügend"). Früher gab es nur vier Noten, wovon "2" die schlechteste und "5" die beste war. Merken Sie sich auch: **stopień** ("Note, Zensur" aber auch "Grad, Stufe einer Treppe").

12 — [Das Mittagessen] ist noch nicht fertig. Du hast bestimmt schon wieder eine sechs bekommen ... Na bitte, ich hab es [doch] (nicht) gesagt? Dabei ist es doch so einfach, ich habe es dir so oft erklärt.

13 — Für dich ist alles einfach!

14 — Hör [mir] noch einmal zu. Stell dir vor, du bist die Verkäuferin und ich die Kundin.

15 — Aber wozu? Ich werde niemals in einem Geschäft arbeiten.

16 — Das macht nichts. Ich will nur, dass du [es] verstehst. Also, ich kaufe 2 kg Äpfel zu 25 Zloty, anderthalb kg Birnen zu 30 Zloty und einen Salat, der – sagen wir – 10 Zloty kostet. Wie viel zahle ich dir?

17 — Weißt du, du kannst morgen bezahlen. Ich habe es nicht eilig.

ANMERKUNGEN

(6) Będę pracować = będę pracował(-a). Sie können das zusammengesetzte Futur, das auf der Grundlage der imperfektiven Verben gebildet wird, auf zwei Weisen bilden. Sie können an die Futurform des Verbs **być** ("sein") die Ihnen bereits bekannte 3. Person Singular oder Plural anhängen, z.B.: **będę miał(-a), będę robił(-a)**, oder Sie hängen den Infinitiv an, z.B.: **będę mieć, będę robić**.

(7) Die Präposition **po** hat viele Bedeutungen. Sie kennen bereits **mówię po polsku, idę po chleb, przyjdę po koncercie**. Hier einige weitere Bedeutungen: "zu, ...", z.B.: **po 10 złotych, po 3 godziny dziennie**; "an, nach, anhand von", z.B.: **poznać po głosie** ("an der Stimme erkennen"), **widzieć po minie** ("am Gesichtsausdruck erkennen"); "auf, über, in", z.B.: **chodzić po ulicach/po pokoju/po schodach** ("auf den Straßen/im Zimmer/auf der Treppe laufen").

ÜBUNG

1. Du solltest früher zurückkommen, das Essen war um sieben fertig. 2. Ich hab mich verspätet, weil es wie gewöhnlich zu dieser Stunde Staus gab. 3. Ich sehe deinem Gesicht an, dass du Ärger hast. 4. Das ist eine unangenehme Situation, aber man wird wahrscheinlich nichts machen können. 5. Ist etwas passiert? Ich hoffe, dass alles in Ordnung ist. 6. Ich war in der Schule [und habe mich] nach den Noten von Thomas erkundigt. 7. Er hat fast nur Sechser (Zweier) und er wird wohl nicht in die nächste Klasse versetzt werden.

325 Trzysta dwadzieścia pięć

WYPEŁNIĆ BRAKUJĄCE SŁOWA

1 *Wie viel kosten die Äpfel? Diese hier kosten 15 Zloty und diese da 20.*

Ile . . . . te . . . . . .? . . są . . piętnaście . . . . . .

a . . . . dwadzieścia.

2 *Wann wirst du mir mein Buch zurückgeben? Ich brauche es für die nächste Woche.*

. . . . . mi . . . . . książkę? . . . . ją . . przyszły

. . . .

3 *Ist etwas nicht in Ordnung? Du bist trauriger als gewöhnlich.*

. . . jest . . . w . . . .? . . . . . . smutniejsza . . . zwykle.

LEKCJA OSIEMDZIESIĄTA TRZECIA (83)

Reguły gry

1 — Tato, nudzi mi się. Możesz się ze mną pobawić? **(1)**
2 — Teraz nie mam czasu, oglądam telewizję. Później się pobawimy.
3 — Nigdy nie masz czasu. Kiedy przyjdzie mama?
4 — Za pół godziny. Chodź, usiądź tu, koło mnie, ale mi nie przeszkadzaj. **(2)**

WYMOWA
regguwî ... 1 .. pobbawwic$_i$? 4 ... us$_i$o$_n$c$_i$ ...

Trzysta dwadzieścia sześć **326**

4 *Zeig mir, was du als Geschenk bekommen hast.*

. . . . . mi, . . dostałaś . . prezent.

5 *Gewöhnlich wache ich um 7 Uhr auf, aber heute bin ich früher aufgestanden.*

Zwykle . . . . . się . siódmej, . . . dziś . . . . wcześniej.

Diese Wörter hätten Sie einsetzen sollen:

1 – kosztują – jabłka. Te – po – złotych – tamte po –. **2** Kiedy – oddasz –. Potrzebuję – na – tydzień. **3** Coś – nie – porządku. Jesteś – niż –.
4 Pokaż – co – na –. **5** – budzę – o –, ale – wstałem –.

Zweite Welle: Aktivieren Sie heute Lektion 33!

DREIUNDACHTZIGSTE LEKTION

Die Spielregeln

1 — Papa, ich langweile mich (mir langweilt's). Kannst du mit mir spielen?
2 — Ich habe jetzt keine Zeit, ich sehe fern. Später [können] wir spielen.
3 — Du hast nie Zeit. Wann kommt Mama?
4 — In einer halben Stunde. Komm, setz dich hier hin, neben mich, aber störe mich nicht.

ANMERKUNGEN
(1) In **pobawić się** kennzeichnet das Präfix **po-** nicht die perfektive Form des Verbs **bawić się**, sondern es bringt die kurze Dauer und die geringe Intensität der Handlung zum Ausdruck. Deswegen heißt **pobawić się** eigentlich "ein bisschen spielen". Wir kommen später noch einmal auf die unterschiedlichen Bedeutungen dieses Präfixes zurück.
(2) **usiąść** (perfektiv) und **siadać** (imperfektiv) heißt "sich hinsetzen". Die Futurformen lauten: **usiądę, usiądziesz** usw. (1. Konjugation); die Vergangenheitsformen: **usiadłem, usiadłeś** usw. Beachten Sie, dass in beiden Formen der Buchstabe **-d-** vorkommt. Verben, die im Infinitiv auf zwei Konsonanten oder auf **-c** enden, weisen in der Vergangenheit vor den Personalendungen den gleichen Konsonanten wie in der (1. Person Präsens bzw. Futur auf, z.B.: **wpaść, wpadnę, wpadłem; biec, biegnę, biegłem** usw.

LEKTION 83

5 — A co jest w telewizji? Dlaczego oni tak biegają? **(3)**
6 — Grają w piłkę nożną. **(4)**
7 — A jak to się gra, wiesz?
8 — Oczywiście. Jak piłka wpadnie do bramki, jedna z drużyn zdobywa punkt. **(5)**
9 — Dlaczego?
10 — To taka gra. Posłuchaj, to bardzo proste. Są dwie ekipy graczy i każda ma swoją bramkę. Jedni atakują, a drudzy bronią. Widzisz, teraz drużyna w jasnych koszulkach i ciemnych spodenkach ma piłkę... O, psiakość! **(6)**
11 — A ten pan w ciemnej koszulce i ciemnych spodenkach?
12 — To jest sędzia. Miałeś mi nie przeszkadzać. **(7)**
13 — A co on robi, też gra?
14 — Nie, pilnuje gry, patrzy, czy ktoś nie dotknął piłki ręką... **(8)**
15 — Dlaczego?

WYMOWA

5 ... bjeggajjo$_n$? **6** ... piŵ'ke nojno$_n$. **8** ... drujîn sdobbîwa ... **10** ... ekkipî gratschî ... bramke. ... attakkujo$_n$ ... bronjo$_n$ ... koschulkahh ... ps$_i$akkos$_i$'c$_i$! **12** ... se$_n$dz$_i$a ... pscheschkadsac$_i$.

ANMERKUNGEN

(3) Das Verb **biegać** ("laufen, rennen") hat zwei Formen, wobei das Laufen in verschiedene Richtungen gemeint ist, z.B.: **dzieci biegają po podwórzu** ("die Kinder laufen im Hof umher"). Bei **biec** oder **biegnąć** ist das Laufen in eine bestimmte Richtung gemeint.

(4) Das Wort **nożny**, das von **noga** ("Fuß") kommt, wird nur in einigen Ausdrücken benutzt, z.B.: **hamulec nożny** ("Bremspedal"), das Gegenteil heißt **hamulec ręczny** ("Handbremse"), **piłka nożna** ("Fußball"). Wenn Sie sich im Fußball etwas auskennen, dann werden Sie wissen, dass Polen eine starke Fußballtradition hat. Zu den renommiertesten polnischen Fußballklubs gehören: **Legia Warszawa**, **Górnik Zabrze** und **Widzew Łódź**.

5 — Und was ist im Fernsehen? Warum laufen die so?
6 — Sie spielen Fußball.
7 — Und wie spielt man das, weißt du es?
8 — Natürlich. Wenn der Ball im Tor landet, gewinnt eine der Mannschaften einen Punkt.
9 — Warum?
10 — Das ist so ein Spiel. Hör zu, das ist ganz einfach. Es gibt zwei (Spieler-)Mannschaften und jede hat ihr Tor. Die einen greifen an und die anderen verteidigen. Siehst du, jetzt hat die Mannschaft in den hellen Trikots und den dunklen Hosen den Ball ... Oh! Mist!
11 — Und dieser Herr im dunklen Trikot und in der dunklen Hose?
12 — Das ist der Schiedsrichter. Du solltest mich nicht stören.
13 — Und was macht er? Spielt er auch?
14 — Nein, er überwacht das Spiel, er schaut, ob nicht einer den Ball mit der Hand berührt ...
15 — Warum?

ANMERKUNGEN

(5) Sie haben das Verb **wpadać** (perfektiv: **wpaść**) im übertragenen Sinne bereits kennengelernt. Es hieß "bei jdm. vorbeigehen". Im eigentlichen Sinne bedeutet es "hineinfallen, hineingeraten", z.B.: **wpaść do wody, wpaść w ręce**. Die Präsensformen lauten: **wpadam, wpadasz** usw. (3. Konjugation); die Futurformen: **wpadnę, wpadniesz** usw. (1. Konjugation); die Vergangenheitsformen des imperfektiven Verbs **wpadać**: **wpadałem, wpadałeś** usw. und des perfektiven Verbs **wpaść**: **wpadłem, wpadłeś** usw. (vgl. Anmerkung 2). Das imperfektive Verb **zdobywać** und das perfektive **zdobyć** heißen "erwerben, gewinnen".

(6) **Jedni, drudzy** ist der Plural von **jeden, drugi**, der sich auf Männer bezieht. Im unpersönlichen Maskulinum, im Femininum und Neutrum heißt der Plural: **jedne, drugie**.

(7) **Sędzia** heißt "Schiedsrichter", aber auch "Richter".

(8) Auf **dotknąć** (imperfektiv: **dotykać**), was "berühren" heißt, folgt der Instrumentalfall, z.B.: **dotknąć ręką/palcem** ("mit der Hand/dem Finger berühren").

16 — Ponieważ to jest zabronione. Tylko bramkarze mogą łapać piłkę rękami. Wiesz, lepiej będzie, jak pójdziesz się pobawić w swoim pokoju. **(9)**

17 — Ojej! Dlaczego oni tak głośno krzyczą. **(10)**

18 — To są kibice. Krzyczą, bo się cieszą, że ich drużyna zdobyła gola.

19 — A jak ja krzyczę, to każesz mi być cicho. Dlaczego?

WYMOWA

16 ... sabron$_i$onne. ... bramkaje ... ŵappac$_i$ ... 17 ... k'schîtscho$_n$. 18 ... kibize. ... 19 ... c$_i$iho ...

ĆWICZENIE

1. Jestem strasznie zmęczona, cały dzień biegałam po sklepach. 2. Usiądź w fotelu, będzie ci wygodniej. 3. Wpadłam tylko na parę minut, mam nadzieję, że ci nie przeszkadzam. 4. Skąd pan wie, że palenie jest zabronione? Nie widzę nigdzie tabliczki. 5. Z czego jast ta koszula, mogę dotknąć? 6. Proszę nie dotykać rzeczy, które są na wystawie. 7. Ojciec źle słyszy, musisz mówić trochę głośniej. 8. Nie krzycz tak. Myślisz, że nie słyszę?

WYPEŁNIĆ BRAKUJĄCE SŁOWA

1 *Die Kinder sollten nicht alleine auf der Straße herumlaufen.*

Dzieci ... powinny ...... same .. ulicy.

2 *Renn nicht auf der Treppe; du wirst dir ein Bein brechen.*

Nie ...... po ...., ... sobie ..... .

3 *Setz dich an den Tisch; das Mittagessen wird in einigen Minuten fertig sein.*

...... do ....., ... będzie ...... za .... minut.

4 *Man darf die Bilder nicht berühren. Du siehst doch, dass das verboten ist.*

... wolno .... obrazów, ... przecież, ..

to ....

16 — Weil das verboten ist. Nur die Torhüter können den Ball mit den Händen fangen. Weißt du, es wäre besser, wenn du in dein Zimmer gehst [und da] ein bisschen spielst.

17 — Oje! Warum schreien die so laut?

18 — Das sind die Fans. Sie schreien, weil sie sich [darüber] freuen, dass ihre Mannschaft ein Tor geschossen (erhalten) hat.

19 — Und wenn ich schreie, dann sagst du mir, ich solle ruhig sein. Warum?

ANMERKUNGEN

(9) Das Wort **bramkarz** ("Torhüter") kommt von **bramka** ("Tor"). Das Suffix **-arz** dient zur Bildung von Personenbezeichnungen, die von Substantiven abgeleitet werden, z.B.: **piłkarz** ("Ballspieler") von **piłka** ("Ball"). Auf diese Art entstehen manche Berufsnamen und Fachbezeichnungen. Dieses Suffix dient auch, allerdings seltener, zur Bildung von Personenbezeichnungen, die von Verben abgeleitetet werden, z.B.: **malarz** ("Maler") von **malować** ("malen"), d.h., dass diese Person die Tätigkeit ausführt.

(10) **Głośno** ("laut"), z.B.: **mówię głośno** ("ich spreche laut"). Der Komparativ lautet **głośniej** ("lauter"). Das Gegenteil heißt **cicho** ("leise") und **ciszej** ("leiser"). **Krzyczeć** ("schreien") ist ein imperfektives Verb der 2. Konjugation, also: **krzyczę, krzyczysz** usw. Das perfektive Äquivalent heißt **krzyknąć** und gehört der 1. Konjugation an, also: **krzyknę, krzykniesz** usw.

ÜBUNG

1. Ich bin schrecklich müde, ich bin den ganzen Tag durch die Geschäfte gelaufen. **2.** Setz dich in den Sessel, das wird (dir) bequemer sein. **3.** Ich bin nur für einige Minuten vorbeigekommen. Ich hoffe, ich störe dich nicht. **4.** Woher wissen Sie, dass es verboten ist, zu rauchen? Ich sehe nirgendwo ein Schild. **5.** Woraus ist dieses Hemd? Kann ich es anfassen? **6.** Bitte berühren Sie nicht die Sachen, die im Schaufenster sind. **7.** Der Vater hört schlecht. Du musst etwas lauter sprechen. **8.** Schrei nicht so. Denkst du, ich höre nicht [gut]?

5 *Warum schreist du so? Ich höre dich doch gut.*

. . . . tak . . . . ? Przecież . . . . . . cię . . . .

331 Trzysta trzydzieści jeden

6 *Ich schreie nicht, ich spreche lauter als gewöhnlich.*

   Nie . . . . , mówię . . . . niż . . . .

LEKCJA OSIEMDZIESIĄTA CZWARTA (84)

Wiederholung und Anmerkungen

1 Die perfektiven und imperfektiven Verben

Sie wissen bereits, dass sich die polnischen Verben in perfektive und imperfektive Verben aufteilen. Die imperfektiven Verben drücken eine Handlung aus, die nicht abgeschlossen ist, deren Dauer unbeschränkt ist oder die wiederholt stattfindet. Sie treten in drei Zeiten auf:

- im Präsens (gewohnheitsmäßige oder sich wiederholende Handlung): **czytam** ("ich lese");
- in der Vergangenheit (abgeschlossene Handlung): **czytałem** ("ich las");
- im zusammengesetzten Futur: **będę czytał** oder **będę czytać** ("ich werde lesen").

Die perfektiven Verben beschreiben dagegen eine Handlung, die in der Vergangenheit abgeschlossen wurde oder in der Zukunft abgeschlossen wird. Diese Verben haben daher keine Präsensform. Sie treten also nur in zwei Zeiten auf:

- in der Vergangenheit: **przeczytałem** (im Sinne von "ich habe zu Ende gelesen");
- im einfachen Futur: **przeczytam** ("ich werde lesen").

Die perfektiven und imperfektiven Verben unterscheiden sich durch Präfixe, Suffixe oder durch die Wechsel des Wortstamms. Außerdem gibt es bei einigen bestimmten Verben zwei ganz unterschiedliche Varianten.

1) Liste der Präfixe

Im Folgenden finden Sie eine Liste der Präfixe, mit deren Hilfe Sie die perfektive Variante eines Verbs bilden können. Das Präfix wird zu diesem Zweck an die imperfektive Verbform angehängt. Achtung! So gebildete perfektive Verben verändern ihre Bedeutung nicht. Es gibt jedoch Fälle, in denen die Präfixe die Bedeutung des Verbs leicht abwandeln können. Zwischen diesen beiden Varianten müssen Sie sorgfältig unterscheiden.

Diese Wörter hätten Sie einsetzen sollen:

1 – nie – biegać – po -. 2 – biegaj – schodach, złamiesz – nogę.
3 Usiądź – stołu, obiad – gotowy – parę -. 4 Nie – dotykać -, widzisz -
, że – zabronione. 5 Dlaczego – krzyczysz. – słyszę – dobrze.
6 – krzyczę, – głośniej – zwykle.

Zweite Welle: Aktivieren Sie heute Lektion 34!

VIERUNDACHTZIGSTE LEKTION

PRÄFIX	IMPERFEKTIVES VERB	PERFEKTIVES VERB
po-	słuchać	posłuchać ("hören")
	patrzeć	popatrzeć ("sehen")
	czekać	poczekać ("warten")
	jechać	pojechać ("fahren")
	iść	pójść ("gehen")
	prosić	poprosić ("bitten")
na-	pisać	napisać ("schreiben")
	pić	napić się ("trinken")
	uczyć się	nauczyć się ("lernen")
u-	gotować	ugotować ("kochen")
	myć	umyć ("waschen")
z-	jeść	zjeść ("essen")
	robić	zrobić ("machen")
s-	pytać	spytać ("fragen")
	próbować	spróbować ("versuchen, probieren")
	kończyć	skończyć ("beenden, abschließen")
za-	dzwonić	zadzwonić ("anrufen, telefonieren")
	płacić	zapłacić ("bezahlen")
		zagrać ("spielen")
prze-	grać	
	czytać	przeczytać ("lesen")
wy-	pić	wypić ("trinken")

333 Trzysta trzydzieści trzy

2) Wechsel des Wortstamms oder des Suffixes

Einige imperfektive Verben werden durch den Wechsel des Wortstamms oder des Suffixes gebildet. Hier einige Beispiele dafür:

IMPERFEKTIVES VERB	PERFEKTIVES VERB
zapraszać	**zaprosić** ("einladen")
dawać	**dać** ("geben")
otwierać	**otworzyć** ("öffnen")
zamykać	**zamnkąć** ("schließen")
przyjeżdżać	**przyjechać** ("kommen, ankommen")
wracać	**wrócić** ("zurückkehren")
kupować	**kupić** ("kaufen")
krzyczeć	**krzyknąć** ("schreien")

3) Aspektpaare

Schließlich können zwei verschiedene Verben ein sogenanntes "Aspektpaar" bilden:

IMPERFEKTIVES VERB	PERFEKTIVES VERB
brać	**wziąć** ("nehmen")
kłaść	**położyć** ("legen, stellen, setzen")
mówić	**powiedzieć** ("sagen")
widzieć	**zobaczyć** ("sehen")

2 Der Gebrauch der perfektiven und imperfektiven Verben

1) Die perfektiven Verben werden mit den folgenden Wörtern oder Ausdrücken verwendet:

- **po tygodniu/miesiącu**: **wróciłem po miesiącu** ("ich bin nach einem Monat zurückgekehrt");
- **w ciągu**: **zrobiłem to w ciągu tygodnia** ("ich habe es in einer Woche gemacht");
- **nagle**: **nagle zadzwonił telefon** ("plötzlich hat das Telefon geklingelt");
- **natychmiast**: **zadzwoń natychmiast do domu** ("ruf sofort zu Hause an");

- **nareszcie**: **nareszcie zadzwoniłeś** ("endlich hast du angerufen");
- **wkrótce**: **wkrótce do ciebie zadzwonię** ("ich rufe dich bald an").

2) Die imperfektiven Verben begleiten Ausdrücke, bei denen es um eine Dauer oder eine Häufigkeit geht, z. B.:

- **długo** oder **krótko**: **długo czytałeś tę książkę** ("du hast dieses Buch lange gelesen");
- **zawsze**: **zawsze myślałem, że jesteś zdolny** ("ich habe immer gedacht, dass du begabt bist");
- **ciągle**: **ciągle graliśmy w karty** ("wir spielten andauernd/die ganze Zeit Karten");
- **czasem**: **czasem kupowałem tu lody** ("von Zeit zu Zeit kaufte ich hier Eis");
- **często**: **często dzwoniłem do domu** ("ich rief oft zu Hause an");
- **co dzień/tydzień** usw.: **kupowałem co miesiąc nowe buty** ("jeden Monat kaufte ich neue Schuhe");
- **nieraz**: **nieraz chodziłem do kina** ("manchmal ging ich ins Kino");
- **zwykle**: **zwykle brałem lody waniliowe** ("gewöhnlich nahm ich Vanilleeis").

3) Nach den Verben **przestać** ("aufhören"), **skończyć** ("beenden") und **zacząć** ("beginnen") benutzt man immer ein imperfektives Verb, z.B.: **zacznij wreszcie uczyć się angielskiego; kiedy skończysz czytać tę książkę? mógłbyś przestać krzyczeć?**

4) Bei *bejahten Imperativen* verwendet man die perfektiven Verben, z.B.: **napisz list, przeczytaj gazetę, zamknij/otwórz okno**, bei *verneinten Imperativen* verwendet man die imperfektiven Verben, z.B.: **nie pisz listu, nie czytaj gazety, nie zamykaj/otwieraj okna.**

Zweite Welle: Aktivieren Sie heute Lektion 35!

LEKCJA OSIEMDZIESIĄTA PIĄTA (85)

Wieczny malkontent

1 — O, tam jest jakaś restauracja. Może byśmy weszli? **(1)**
2 — Poczekaj, nie wiadomo, co to jest?
3 — Nie chce mi się dłużej szukać. Zobacz, nie ma dużo ludzi...
4 — To zły znak. Na pewno jedzenie jest niesmaczne. **(2)**
5 — Zawsze szukasz dziury w całym!
6 — No dobrze, zobaczymy... Gdzie usiądziemy?
7 — Może tam, w rogu? Będziemy mogli spokojnie rozmawiać.
8 — Mam nadzieję, że kelner nas zauważy.
9 — Ciągle narzekasz! Dawno nie widziałam takiego malkontenta! **(3)**
10 — Ciekaw jestem, kto będzie miał rację.

WYMOWA

wjetschnî malkontent 1 ... weschli? 4 ... nießmatsch'ne. 5 ... dziurî ... 9 ... najekkasch! ...

FÜNFUNDACHTZIGSTE LEKTION

Ein ewig Unzufriedener

1 — Oh, da ist ein Restaurant. Vielleicht gehen wir hinein?
2 — Warte, man weiß nicht, was das ist.
3 — Ich habe keine Lust, [noch] länger zu suchen. Schau, es sind nicht viele Leute [drin] ...
4 — Das ist ein schlechtes Zeichen. Das Essen ist sicher mies (nicht schmackhaft).
5 — Du suchst immer das Haar in der Suppe (ein Loch im Ganzen)!
6 — Naja, wir werden ja sehen ... Wo setzen wir uns hin?
7 — Vielleicht da, in die Ecke? Da werden wir in Ruhe reden können.
8 — Ich hoffe, dass der Kellner uns bemerkt.
9 — Du nörgelst ja ständig! Lange [schon] habe ich keinen so unzufriedenen [Menschen] mehr gesehen!
10 — Ich bin neugierig, wer recht hat.

ANMERKUNGEN

(1) Um einen Vorschlag oder eine Aufforderung im Sinne von "Gehen wir ins Restaurant?" oder "Wie wär's, wenn du etwas isst?" auszudrücken, benutzt man **może** + Konjunktiv. Da der Satz nicht mit einem Verb beginnt, wird die Partikel **by** mit den Personalendungen abgetrennt und hinter **może** gestellt, z.B.: **może byśmy poszli do restauracji? może byś coś zjadł(a)?**. Das perfektive Verb **wejść** sowie das imperfektive **wchodzić** heißen "hineingehen". Wir erinnern daran, dass die Vergangenheit der perfektiven Verben unregelmäßig gebildet wird, z.B.: **wszedłem/weszłam, wszedłeś/weszłaś** usw. Beachten Sie, dass der Buchstabe e des Präfixes **we-** in den Formen des Maskulinums Singular nicht auftaucht.

(2) **Niesmaczny** ist das Gegenteil von **smaczny** ("lecker, schmackhaft, köstlich"). Erinnern Sie sich in diesem Zusammenhang an das Verb **smakować** ("schmecken") und an das Wort **smak** ("Geschmack")? **Dobry smak** heißt im übertragenen Sinne "guter Geschmack".

(3) Auf das imperfektive Verb der 3. Konjugation **narzekać** ("sich beklagen, nörgeln") folgen die Präposition **na** und der Akkusativ, z.B.: **narzekać na wszystko** ("sich über alles beschweren"). Dieser Ausdruck ist etwas familiärer als **skarżyć się**, dessen Bedeutung ähnlich ist.

337 Trzysta trzydzieści siedem

11 — Czy to takie ważne? Nie masz chyba zamiaru spędzić wieczoru na kłótni? **(4)**
12 — Oczywiście, że nie. Mówię po prostu, co myślę. A ty się zawsze na wszystko zgadzasz. **(5)**
13 — Znowu zaczynasz!... Poproś lepiej o kartę. **(6)**
14 — A gdzie jest kelner? Jeszcze nie podszedł!? Mówiłem ci, że będziemy musieli długo czekać. **(7)**
15 — Przecież dopiero co przyszliśmy.
16 — Czekamy już pół godziny. Widzisz, miałem rację: obsługa jest skandaliczna!
17 — Jak możesz mówić, że obsługa jest zła? Przecież nic nam jeszcze nie podano. **(8)**

WYMOWA

11 ... ßpe̱ndzjicj ... kẘut'nji? 12 ... sgadsasch. 14 ... pott'schet!?
16 ... opp'ßẘuga ... ßkandallitschna!

ANMERKUNGEN

(4) Spędzić sowie das imperfektive Verb **spędzać** heißen "verbringen" (eine Zeit). Beispiele: **Jak spędziłeś wieczór?** ("Wie hast du den Abend verbracht?"), **spędzać całe noce na czytaniu** ("die ganze Nacht mit Lesen verbringen").

(5) Auf das imperfektive Verb der 3. Konjugation **zgadzać się** und das perfektive Verb der 2. Konjugation **zgodzić się** ("einverstanden sein, zustimmen, etw. akzeptieren") können die Präposition **na** + Akkusativ folgen, z.B.: **zgadzam się na twoją propozycję** ("ich bin mit deinem Vorschlag einverstanden") oder die Präposition **z** + Instrumentalfall, z.B.: **zgadzam się z tobą** ("ich bin mit dir einig"), **zgadzam się z twoim zdaniem** ("ich bin mit deiner Ansicht einverstanden"). Merken Sie sich auch: **zgoda** ("Einverständnis"); **zgoda!** ("Einverstanden!"); **zgodny** ("übereinstimmend, identisch"), z.B.: **zgodny z oryginałem** ("identisch mit dem Original"); **zgodnie** ("in Übereinstimmung, gemäß").

ĆWICZENIE

1. Może byśmy coś zjedli? Jestem bardzo głodny. 2. Spróbuj tych ciastek, są bardzo smaczne. 3. Gdzie masz zamiar spędzić urlop w tym roku? 4. Wybieram się nad morze, dawno tam nie byłem. 5. Czy zgadzasz się na moją propozycję? 6. Nie mogę się zgodzić na tak duże zmiany. 7. Znowu zaczyna padać. Czy nigdy nie będziemy mieli ładnej pogody? 8. Nie wymieniono jeszcze żarówki w klatce schodowej? 9. A mówiłeś, że to taki porządny dom! 10. Ty zawsze na wszystko narzekasz.

11 — Ist das so wichtig? Du hast doch wohl nicht vor, den Abend im Streit zu verbringen?

12 — Natürlich nicht. Ich sage einfach, was ich denke. Und du, du bist immer mit allem einverstanden.

13 — Du fängst ja schon wieder an! ... Verlang lieber die [Speise]karte.

14 — Und wo ist der Kellner? Ist er noch nicht gekommen!? Ich habe dir ja gesagt, dass wir lange würden warten müssen.

15 — Aber wir sind doch gerade erst gekommen.

16 — Wir warten schon eine halbe Stunde. Du siehst, ich hatte recht. Die Bedienung ist skandalös!

17 — Wie kannst du sagen, dass die Bedienung schlecht ist? Man hat uns doch noch gar nichts serviert.

ANMERKUNGEN *(Fortsetzung)*

(6) **Znowu** = **znów** ("noch einmal, wieder").

(7) **Podejść** und das imperfektive Verb **podchodzić** heißen "sich nähern, kommen", z.B.: **podejść do drzwi/do telefonu/do kogoś**. Wie bei allen Verben, die aus einem Präfix und dem Verb **iść** zusammensetzt sind, sollten Sie auch hier nicht vergessen, dass die Vergangenheitsformen unregelmäßig gebildet werden.

(8) Sie haben bereits einige unpersönliche Formen kennengelernt. **Podano** ("man hat gebracht/serviert") ist ebenfalls eine solche, die allerdings nur in der Vergangenheit benutzt wird. Sie entspricht dem Partizip Perfekt und wird gebildet, indem man dessen Endung durch -o ersetzt, z.B.: Partizip Perfekt: **zrobiony** ("gemacht"), unpersönliche Form: **zrobiono** ("man hat gemacht").

ÜBUNG

1. Vielleicht essen wir etwas? Ich habe großen Hunger. 2. Probier diese Teilchen, sie sind sehr lecker. 3. Wo hast du vor, dieses Jahr [deinen] Urlaub zu verbringen? 4. Ich habe vor, ans Meer zu fahren, ich war lange nicht mehr dort. 5. Bist du mit meinem Vorschlag einverstanden? 6. Ich kann mich mit so großen Veränderungen nicht einverstanden erklären. 7. Es fängt wieder an zu regnen. Werden wir niemals schönes Wetter haben? 8. Hat man die Glühbirne im Treppenhaus noch nicht ausgewechselt? 9. Und du hast gesagt, dies sei so ein anständiges Haus! 10. Du beklagst dich ständig über alles.

339 Trzysta trzydzieści dziewięć

WYPEŁNIĆ BRAKUJĄCE SŁOWA

1 *Sieh, was für ein schönes Wetter. Vielleicht sollten wir [einen] Spaziergang machen?*

. . . . . ., jaka . . . . . pogoda. . . . . byśmy . . . . . .

na . . . . . .?

2 *Es ist lange her, dass wir einen so angenehmen Abend verbracht haben.*

. . . . . nie . . . . tak . . . . . . wieczoru.

3 *Ich verstehe nicht, wie du dich über die Bedienung in diesem Restaurant beschweren kannst.*

. . . rozumiem, . . . możesz . . . . na . . . .

w . . . restauracji.

LEKCJA OSIEMDZIESIĄTA SZÓSTA (86)

Kłopoty mieszkaniowe

1 — Jak się ma Krystyna? Dawno jej nie widziałem.
2 — Mieliśmy ostatnio sporo spraw do załatwienia. Nie wiem, czy już wiesz, że postanowiliśmy się pobrać. **(1)**
3 — Tak? Nie wiedziałem. To bardzo miła wiadomość.
4 — Wesele jest za dwa miesiące, w sobotę dziewiętnastego stycznia.

WYMOWA

... mjeschkan;owwe **2** ... saŵatfjen;a. ... **4** weßelle ...

4 *Der Kellner ist sympathisch, aber das Essen ist schlecht (nicht lecker).*

..... jest ...., ale .... jest ....

5 *Ich stimme nicht mit dir überein. Mir schmeckt es sehr gut.*

Nie .... się . tobą. Mnie ... bardzo ....

6 *Hat man schon etwas in der Angelegenheit der Studentenwohnungen unternommen?*

Czy .... już ... w .... mieszkań ... studentów.

Diese Wörter hätten Sie einsetzen sollen:

1 Zobacz, – ładna -. Może – poszli – spacer. **2** Dawno – spędziliśmy – miłego -. **3** Nie -, jak – narzekać – obsługę – tej -. **4** Kelner – sympatyczny, – jedzenie – niesmaczne. **5** – zgadzam – z -. – ono – smakuje. **6** – zrobiono – coś – sprawie – dla -.

Zweite Welle: Aktivieren Sie heute Lektion 36!

SECHSUNDACHTZIGSTE LEKTION

Das Wohnungsproblem

1 — Wie geht es Christine? Ich habe sie lange nicht mehr gesehen.
2 — Wir hatten in der letzten Zeit viele Angelegenheiten zu regeln. Ich weiß nicht, ob du schon weißt, dass wir beschlossen haben, zu heiraten.
3 — Ach ja? Ich wusste es nicht. Das ist eine sehr erfreuliche (nette) Nachricht.
4 — Die Hochzeit ist in zwei Monaten, am Samstag, den 19. Januar.

ANMERKUNGEN

(1) **Załatwienie** kommt vom Verb **załatwić** ("erledigen, arrangieren, regeln"). Sein imperfektives Äquivalent heißt **załatwiać**, z.B.: **załatwiać formalności** ("Formalitäten erledigen"). Merken Sie sich auch: **załatwiony** ("geregelt, arrangiert").

341 Trzysta czterdzieści jeden

5 — A gdzie je robicie? Będzie dużo ludzi?
6 — Chcemy wynająć salę w restauracji na prawie sto osób. Niedługo dostaniecie zaproszenie. Mam nadzieję, że będziecie mogli przyjść. **(2)**
7 — Dziękuję bardzo. Chętnie byśmy przyszli, ale nie wiemy, co zrobić z dziećmi. Nie możemy ich zostawić samych. **(3)**
8 — Możecie je zabrać, przecież są już duże. Zresztą dzieci będą miały osobny stół i nie będą nam przeszkadzać. **(4)**
9 — A wieczorem co z nimi zrobimy?
10 — Pójdą spać do naszych rodziców.
11 — A, to świetnie. A propos, a wy gdzie będziecie mieszkać? Macie już mieszkanie?
12 — No właśnie, mamy z tym problem. Złożyliśmy podanie, ale sam wiesz, jakie są teraz terminy. **(5)**

WYMOWA

6 ... wînajjo$_n$cį ... saproschenįe. ... 8 ... oßobnî ... 10 ... rodzįizuf.
12 ... swôjîlisįmî poddanįe, ...

ANMERKUNGEN

(2) Niedługo = wkrótce ("bald, in Kürze"). **Zaproszenie** ("Einladung") kommt vom perfektiven Verb **zaprosić** oder vom imperfektiven **zapraszać** ("einladen"). Wie Sie wissen, gibt es zwei Arten des zusammengesetzten Futurs, und zwar die Zusammensetzung der Futurform von **być** + 3. Person der Vergangenheit, z.B.: **będę czytał(-a)** sowie der Futurform von **być** + Infinitiv, z.B.: **będę czytać**. Zwischen diesen beiden Formen bestehen keinerlei Bedeutungsunterschiede. Die erste ist jedoch in der Umgangssprache häufiger und obligatorisch, wenn dem Verb im Futur ein weiteres Verb im Infinitiv folgt, z.B.: **będę mógł przyjść** ("ich werde kommen können").

5 — Und wo macht ihr sie? Werden viele Leute kommen (da sein)?

6 — Wir wollen einen Saal für fast 100 Personen in einem Restaurant mieten. Ihr werdet bald die Einladung erhalten. Ich hoffe, dass ihr kommen könnt.

7 — Vielen Dank. Wir würden gerne kommen, aber wir wissen nicht, was wir mit den Kindern machen sollen. Wir können sie nicht alleine lassen.

8 — Ihr könnt sie mitnehmen, denn sie sind ja schon groß. Außerdem werden die Kinder einen Extratisch haben und uns nicht stören.

9 — Und was machen wir abends mit ihnen?

10 — Sie werden bei unseren Eltern schlafen.

11 — Ah, das ist großartig. Übrigens, wo werdet ihr denn wohnen? Habt ihr schon eine Wohnung?

12 — Naja, damit haben wir ein Problem. Wir haben einen Antrag gestellt, aber du weißt ja selbst, wie (jetzt) die Fristen sind.

ANMERKUNGEN

(3) **Chętnie byśmy przyszli = przyszlibyśmy chętnie.** In der ersten Form liegt der Akzent auf **chętnie** ("gerne"), dadurch erfolgt die Umstellung der Partikel **byśmy**.

(4) Im Plural haben die Personalpronomen **on** ("er"), **ona** ("sie") und **ono** ("es") zwei Formen, und zwar: für Männer **oni** und für die restlichen Kategorien **one**. Mit Ausnahme des Akkusativs, bei dem die Formen **ich (nich)** für Männer und **je (nie)** für die weiteren Kategorien lauten, sind alle anderen Fälle identisch. Der Genitiv **ich (nich)**, der Dativ **im (nim)**, der Instrumentalfall **nimi** und der Lokativ **nich**.

(5) Das Verb **złożyć** (imperfektiv: **składać**) hat mehrere Bedeutungen. Im Ausdruck **złożyć podanie** heißt es "einen Antrag stellen". Weitere Bedeutungen sind: **złożyć gratulacje** ("Glückwünsche aussprechen, gratulieren"), **kondolencje** ("Beileid ausdrücken"), **życzenia** ("Wünsche aussprechen"), **kartkę** ("Blatt falten"), **parasol** ("Schirm zusammenlegen"), **egzamin** ("Examen ablegen"), **aparat** ("Gerät montieren"), **kwiaty/wieniec** ("Blumen/Kranz niederlegen"). Man sagt auch: **złożyć wizytę** ("einen Besuch abstatten").

LEKTION 86

13 — Wiem, oczywiście. Dostalibyście szybciej, gdybyście mieli dzieci. **(6)**
14 — Tak, ale na razie nie chcemy. Sam już nie wiem, co robić.
15 — Dlaczego nie zamieszkasz tymczasowo u teścia?
16 — To niemożliwe. Sam mieszka «tymczasowo» u teściowej.

WYMOWA

15 ... tîmtschaßowwo ... tesi'cia? 16 ... tesi'ciowwejj.

ĆWICZENIE

1. Mam nadzieję, że będzie pan mógł skończyć tę pracę w terminie.
2. Będziemy musieli załatwić sporo spraw, zanim się pobierzemy.
3. Czy będziecie mieli dużo gości na weselu? 4. Zaprosiliśmy tylko najbliższą rodzinę i kilku przyjaciół. 5. Złożyliście już podanie o zamianę mieszkania? 6. Już dawno i niedługo powinniśmy dostać odpowiedź. 7. Mam kłopot: muszę wyjść i nie wiem, co zrobić z dziećmi. 8. Nie mogę ich zabrać z sobą, a boję się zostawić je same w domu. 9. Jeśli chcesz, mogę się nimi zająć. 10. Jestem pewien, że nie będą mi przeszkadzać.

WYPEŁNIĆ BRAKUJĄCE SŁOWA

1 *Wir haben eine Einladung zur Hochzeit unserer Kollegin aus dem Büro erhalten.*

Dostaliśmy .... na ...... naszej ....

z ....

2 *Morgen werde ich den ganzen Tag beschäftigt sein, ich habe viele Sachen zu regeln.*

Jutro .... zajęty .... dzień, ... sporo .....

do ....

13 — Ich weiß, sicher. Ihr würdet [sie] schneller bekommen, hättet ihr Kinder.
14 — Ja, aber im Moment wollen wir keine. Ich weiß (selbst) nicht mehr, was ich machen soll.
15 — Warum wohnst du nicht vorübergehend bei [deinem] Schwiegervater?
16 — Das ist unmöglich. Er selbst wohnt "vorübergehend" bei [der] Schwiegermutter.

ANMERKUNGEN

(6) Wie Sie wissen, verwendet man in Konditionalsätzen (Umstandsätze der Bedingung) eine der folgenden Konjunktionen: **jeśli, jeżeli, gdy, jak**. Sie entsprechen alle dem deutschen "wenn, falls". Es gibt zwei Arten von Konditionalsätzen. Solche, die sich auf die Gegenwart beziehen oder eine sichere Tatsache ausdrücken, z.B.: **jeśli chcesz, możesz przyjść** ("wenn du willst, kannst du kommen"), **jeśli będę wolny przyjdę** ("falls ich frei habe, werde ich kommen"). Aber Achtung! Im Polnischen benutzt man nach "falls" das Futur. Die zweite Art sind Konditionalsätze, die eine Hypothese oder eine Bedingung ausdrücken, die in der Vergangenheit nicht verwirklicht wurde, z.B.: **gdybym miał pieniądze, pojechałbym w podróż dookoła świata** ("wenn ich Geld hätte, würde ich auf eine Weltreise gehen"). In beiden Teilen benutzt man den Konjunktiv. Steht aber **gdy** oder **jeśli** zu Beginn, ist die Endung freigestellt.

ÜBUNG

1. Ich hoffe, dass Sie diese Arbeit in der [vorgesehenen] Frist beenden können. **2.** Wir werden viele Angelegenheiten regeln müssen, bevor wir heiraten. **3.** Werdet ihr viele Gäste bei der Hochzeit haben? **4.** Wir haben nur die engste Familie und einige Freunde eingeladen. **5.** Habt ihr schon den Antrag auf Wohnungswechsel gestellt? **6.** Schon seit langem, und wir sollten die Antwort bald erhalten. **7.** Ich habe ein Problem: Ich muss weggehen und weiß nicht, was ich mit den Kindern machen soll. **8.** Ich kann sie nicht mitnehmen, habe aber Angst, sie alleine zu Hause zu lassen. **9.** Wenn du willst, kann ich mich um sie kümmern. **10.** Ich bin sicher, dass sie mich nicht stören werden.

3 *Ich weiß nicht, ob wir zu deinem Geburtstag kommen können.*

. . . wiem, . . . będziemy . . . przyjść . . twoje . . . .

345 Trzysta czterdzieści pięć

4 *Ihr werdet wohl vorübergehend bei deinen Eltern wohnen müssen.*

. . . . . będziecie . . . . . . zamieszkać . . . .

u . . . . . . rodziców.

5 *Ich würde Ihnen gerne [meine besten] Wünsche zu [Ihrer] (aus Anlass) Hochzeit aussprechen.*

Chciałbym . . . . . . panu . . . . z . . . . . . ślubu.

LEKCJA OSIEMDZIESIĄTA SIÓDMA (87)

Urlop na Mazurach

1 — Dokąd wyjeżdżasz na urlop w tym roku? **(1)**
2 — Jeszcze nie wiem. A wy macie już jakieś plany?
3 — Wybieramy się na Mazury na dwa tygodnie, a potem chyba pojedziemy na Węgry. **(2)**
4 — Macie szczęście! Mnie niestety nie stać na urlop za granicą. **(3)**

WYMOWA

... masurahh **1** ... wijej'dschasch ... **3** ... we_n'grî.

ANMERKUNGEN

(1) Wyjechać ("wegfahren", z.B. in die Ferien, ins Ausland) ist ein perfektives Verb der 1. Konjugation, also **wyjadę, wyjedziesz** usw. **Wyjeżdżać** ist das imperfektive Äquivalent, das der 3. Konjugation angehört, also **wyjeżdżam, wyjeżdżasz** usw. Beiden Verbkategorien können die Präpositionen **do, od** oder **z** + Genitiv folgen, z.B.: **wyjechać do/od znajomych** ("zu Bekannten fahren/von Bekannten abfahren"), **wyjechać z miasta** ("aus der Stadt wegfahren"). Es kann auch mit den Präpositionen **na** und **po**, die ein Ziel bezeichnen, verwendet werden, z.B.: **wyjechać na wakacje** ("in die Ferien fahren"), **wyjechać po zakupy** ("Einkäufe machen, einkaufen fahren"). **Wyjazd** heißt "Abfahrt".

6 *Ich habe beschlossen, ein Auto zu mieten und die ganze Familie ans Meer mitzunehmen.*

.... wynająć .... i ...... całą ....

nad ....

Diese Wörter hätten Sie einsetzen sollen:

1 – zaproszenie – wesele – koleżanki – biura. **2** – będę – cały -, mam – spraw – załatwienia. **3** Nie -, czy – mogli – na – urodziny. **4** Chyba – musieli – tymczasowo – twoich -. **5** – złożyć – życzenia – okazji -. **6** Postanowiłem – samochód – zabrać – rodzinę – morze.

Zweite Welle: Aktivieren Sie heute Lektion 37!

SIEBENUNDACHTZIGSTE LEKTION

Urlaub in Masuren

1 — Wohin fährst du dieses Jahr in Urlaub?
2 — Ich weiß noch nicht. Und ihr, habt ihr schon (irgendwelche) Pläne?
3 — Wir haben vor, für zwei Wochen nach Masuren zu fahren und danach vielleicht (werden wir fahren) nach Ungarn.
4 — Ihr habt Glück! Ich kann mir Ferien im Ausland leider nicht leisten.

ANMERKUNGEN

(2) Mieć zamiar + Infinitiv oder **zamierzać** + Infinitiv heißt "etwas tun wollen, etwas vorhaben". Wenn man ausdrücken möchte, dass man irgendwohin gehen möchte, kann man auch den Ausdruck **wybierać się do/na** usw. benutzen.
Mazury ("Masuren") ist eine Landschaft im Nordosten Polens. Die urwüchsigen Waldgebiete mit über 2.000 Seen sind die beliebteste Urlaubsregion des Landes.

(3) Stać mnie na + Akkusativ heißt sinngemäß "ich kann mir etwas leisten". In dieser Redewendung tritt das Verb **stać** (eigentlich: "stehen") immer im Infinitiv auf, während dem Subjekt des deutschen Satzes der Akkusativ des Nomens oder des Pronomens entspricht, z.B.: **mnie, ciebie** oder **cię, jego** oder **go** usw. Auch nach der Präposition **na** wird der Akkusativ gesetzt.

5 — Jak to? Przecież byłaś na Węgrzech 3 lata temu. (4)
6 — Miałam wtedy więcej pieniędzy. W tym roku mam spore kłopoty finansowe.
7 — Naprawdę? Nic nam nie mówiłaś.
8 — Wiecie przecież, że dostałam mieszkanie dwa miesiące temu.
9 — Tak, rzeczywiście, to dużo kosztuje. Pamiętam, że jak my się urządzaliśmy, też nam było ciężko. (5)
10 — Poza tym, miałam dużo innych wydatków... Chyba nie będę miała pieniędzy na wyjazd.
11 — Nie chcesz chyba spędzić urlopu w domu? Urządzanie mieszkania jest przyjemne, ale do czasu. (6)
12 — Chętnie bym wyjechała, ale dokąd? Wszystko jest takie drogie...
13 — Jedź z nami na Mazury. Zobaczysz, że naprawdę warto. Odpoczniesz sobie, popływasz i wcale nie zapłacisz drogo. (7)

WYMOWA

5 ... we$_n$g'jehh ... 6 ... kŵoppottî finanßowwe. 9 ... ujo$_n$dsallis$_i$mî ... 10 ... ŵîjaßt. 12 ... ŵîjehhaŵa ... 13 ... ott'potschn$_i$esch ... popŵîwasch ...

ANMERKUNGEN

(4) Einige Ländernamen werden im Polnischen immer nur im Plural verwendet, z.B.: **Włochy** ("Italien"), **Węgry** ("Ungarn"), **Stany Zjednoczone** ("die Vereinigten Staaten"), **Chiny** ("China") u.a. Die beiden ersten haben im Lokativ eine spezielle Form: **mieszkam we Włoszech/na Węgrzech**.

(5) Das reflexive Verb **urządzać się** und sein perfektives Äquivalent **urządzić się** heißt "sich einrichten", z.B.: **urządzać mieszkanie** ("die Wohnung einrichten"). **Urządzać imieniny** dagegen heißt "einen Namenstag organisieren".

(6) **Urządzenie** ist ein Verbalsubstantiv und bedeutet "Gerät, Anlage, Installation", z.B.: **nowoczesne urządzenie** ("ein modernes Gerät") oder auch "Einrichtung", z.B.: **urządzenia socjalne** ("soziale Einrichtungen"). **Urządzenie/urządzanie** + Genitiv heißt "Einrichten oder Organisieren", z.B.: **urządzenie mieszkania/wesela**. Beachten Sie, dass man bei der zweiten Bedeutung auch die perfektive Form (die mit **-enie** endet) oder die imperfektive Form (auf **-anie**) verwenden kann.

5 — Wieso? Du bist doch vor drei Jahren in Ungarn gewesen.
6 — Damals hatte ich mehr Geld. Dieses Jahr habe ich ziemlich große finanzielle Probleme.
7 — Wirklich? Du hast uns nichts gesagt.
8 — Ihr wisst [das] doch, dass ich vor zwei Monaten eine Wohnung bekommen habe.
9 — Ja, in der Tat, das ist teuer (kostet viel). Ich erinnere mich, dass wir es auch schwer hatten, als wir uns eingerichtet haben.
10 — Darüber hinaus habe ich viele andere Ausgaben ... Ich werde wahrscheinlich kein Geld haben, um wegzufahren (Abfahrt).
11 — Aber du wirst [hoffentlich] die Ferien nicht zu Hause verbringen wollen? Das Einrichten einer Wohnung ist [zwar] etwas Angenehmes, aber nur bis zu einem gewissen Punkt (Zeit).
12 — Ich würde gerne wegfahren, aber wohin? Alles ist so teuer ...
13 — Fahr mit uns nach Masuren. Du wirst sehen, dass es sich wirklich lohnt. Du wirst dich ausruhen, wirst ein bisschen schwimmen gehen und wirst nicht viel bezahlen [müssen].

ANMERKUNGEN

(7) Odpocząć ("sich ausruhen") ist ein perfektives Verb der 1. Konjugation, also: **odpocznę, odpoczniesz** usw. Das imperfektive Äquivalent lautet **odpoczywać** und gehört der 3. Konjugation an, also: **odpoczywam, odpoczywasz** usw. Das Wort **sobie** verleiht dem Satz einen umgangssprachlicheren oder familiäreren Charakter. Beispiele: **idź sobie** ("geh, geh weg"); **róbcie sobie, co chcecie** ("macht, was ihr wollt"); **tak sobie** ("so lala"); **taki sobie** ("mittelmäßig"); **niczego sobie** ("nicht schlecht"). **Pływać** heißt "schwimmen" und ist ein imperfektives Verb. Wie alle Verben, die im Infinitiv die Endung **-ywać** haben, gehört es der 3. Konjugation an, also: **pływam, pływasz** usw. **Płynąć** dagegen ist perfektiv und gehört der 1. Konjugation an, also: **płynę, płyniesz** usw. **Popływać** ("ein bisschen schwimmen").

349 Trzysta czterdzieści dziewięć

14 — A gdzie będziecie mieszkać, pod namiotem?
15 — Nie, w domku campingowym, ale możesz zabrać namiot, jeżeli lubisz obcować z naturą.
16 — Może macie rację. Nie byłam jeszcze na Mazurach, to podobno wspaniały region: z dala od miast, od dymu, od samochodów.
17 — I od pralki, lodówki, odkurzacza...

WYMOWA

14 ... namjottemm? 15 ... kempingowwîm ... opp'zowwac$_i$ s natturo$_n$. 16 ... regjonn ...

ĆWICZENIE

1. Postanowiłem wyjechać w podróż, żeby trochę odpocząć. **2.** Nie wiesz, dlaczego Andrzej tak nagle wyjechał? **3.** Zdaje się, że dostał telegram od żony i musiał wrócić do domu. **4.** Dokąd państwo wyjeżdżają na urlop w tym roku? **5.** Nie wyjeżdżamy nigdzie, musimy urządzić mieszkanie. **6.** Nie stać mnie na urządzenie wesela dla tylu osób. **7.** Gdzie zamierzacie mieszkać: w hotelu czy pod namiotem? **8.** Ja lubię obcować z naturą, ale mąż woli wygody.

WYPEŁNIĆ BRAKUJĄCE SŁOWA

1 *Fahren Sie oft ins Ausland? Ich fahre mindestens zweimal pro Jahr.*

...... pan .... za ....? .... przynajmniej

... razy . roku.

2 *Wann fahren Sie mit der ganzen Familie in die Ferien?*

..... pan .... na .... z .... rodziną?

3 *Nächstes Jahr habe ich vor, mit [meiner] Frau und den Kindern in die Berge zu fahren.*

W .... roku .... się ..... z ....

i ....

14 — Und wo werdet ihr wohnen? Im (unterm) Zelt?
15 — Nein, in einem Campinghaus, aber du kannst ein Zelt mitnehmen, wenn du gerne in der Natur bist.
16 — Ihr habt vielleicht recht. Ich bin noch nicht in Masuren gewesen. Es soll eine wundervolle Gegend sein: fern von den Städten, vom Qualm, von den Autos.
17 — Und von der Waschmaschine, dem Kühlschrank, dem Staubsauger ...

ÜBUNG

1. Ich habe beschlossen, auf eine Reise zu gehen, um mich ein bisschen auszuruhen. **2.** Weißt du nicht, warum Andreas so übereilt abgereist ist? **3.** Ich glaube, dass er ein Telegramm von [seiner] Frau erhalten hat und nach Hause zurückkehren musste. **4.** Wohin fahren Sie dieses Jahr in die Ferien? **5.** Wir fahren nirgendwohin, wir müssen [unsere] Wohnung einrichten. **6.** Ich kann mir nicht leisten, eine Hochzeit für so viele Personen auszurichten. **7.** Wo habt ihr vor zu wohnen: im Hotel oder im Zelt? **8.** Ich bin gerne in der Natur, aber [mein] Mann hat den Komfort (die Bequemlichkeiten) lieber.

4 *Ich kann mir diese Schuhe nicht leisten, sie sind zu teuer.*

Nie . . . . mnie . . te . . . . , ... zbyt . . . . . .

5 *In einer Woche organisiere ich einen kleinen Empfang; könnt ihr kommen?*

. . tydzień . . . . małe . . . . , możecie . . . . ?

6 *Ich möchte mich gerne etwas ausruhen; ich habe einen sehr harten Tag gehabt.*

.... trochę ...., miałem ...... ciężki ..... .

LEKCJA OSIEMDZIESIĄTA ÓSMA (88)

Smacznego! (1)

1 — Dobrze się bawiłaś na imieninach u Ewy? **(2)**
2 — Tak sobie. Było raczej nudno.
3 — To prawda, ale trzeba przyznać, że Ewa umie świetnie gotować. Podobno sama wszystko przygotowała. **(3)**
4 — Tak? Moim zdaniem, jedzenie nie było nadzwyczajne.
5 — Nie jadłaś ciasta? Było bardzo smaczne. **(4)**

WYMOWA

ßmatschnego! 3 ... pschîsnac¡ ... umje ... pschîgottowwaŵa.
4 ... mo'im sdan¡emm ...

ANMERKUNGEN

(1) Der Ausdruck **smacznego!** ("Guten Appetit!") kommt vom Adjektiv **smaczny** ("schmackhaft, lecker").
(2) Das Verb **bawić się**, das Sie bereits als Äquivalent von "spielen" (bei Kindern) kennen, heißt auch "sich amüsieren, unterhalten", z.B.: **bawić się na przyjęciu/na urodzinach**. In der gleichen Bedeutung verwendet man es auch als nichtreflexives Verb, z.B.: **ten film mnie nie bawi** ("dieser Film amüsiert mich nicht"); **bawić gości rozmową** ("die Gäste durch Konversation unterhalten").

Diese Wörter hätten Sie einsetzen sollen:

1 Często – wyjeżdża – granicę. Wyjeżdżam – dwa – w -. 2 Kiedy – wyjedzie – wakacje – całą -. 3 – przyszłym – wybieram – w góry – żoną – dziećmi. 4 – stać – na – buty kosztują – drogo. 5 Za – urządzam – przyjęcie – przyjść. 6 Chciałbym – odpocząć – bardzo – dzień.

Zweite Welle: Aktivieren Sie heute Lektion 38!

ACHTUNDACHTZIGSTE LEKTION

Guten Appetit!

1 — Hast du dich auf Evas Namenstagsfeier gut amüsiert?
2 — So einigermaßen. Es war eher langweilig.
3 — Das stimmt, aber man muss anerkennen, dass Eva sehr gut kochen kann. Es scheint, dass sie alles selbst zubereitet hat.
4 — Ach ja? Meiner Meinung nach war das Essen nicht besonders (außergewöhnlich).
5 — Hast du den Kuchen nicht gegessen? Er war sehr lecker.

ANMERKUNGEN

(3) **Umieć** ("können" im Sinne von "in der Lage sein, etwas zu tun", "das Talent oder die Gewohnheit haben, etwas zu tun"); **wiedzieć** ("wissen", "sich einer Sache bewusst sein" oder "von einer Sache Kenntnis haben") und **znać** ("kennen"). Dem Verb **umieć** folgt der Infinitiv, z.B.: **nie umiem śpiewać** oder der Akkusativ, z.B.: **umiem lekcje, umiem to na pamięć** ("ich weiß es auswendig"). Nach dem Verb **wiedzieć** folgt der Lokativ, dem die Präposition **o** vorangeht, z.B.: **wiem o tym, nie wiedziałem o twoich imieninach** oder es leitet einen Nebensatz ein, der mit **że, jak, ile, gdzie, kiedy** usw. beginnt, z.B.: **nie wiedziałem, że są twoje imieniny; nie wiesz, jak się robi bigos?** Dem Verb **znać** folgt der Akkusativ, z.B.: **Czy znasz tę książkę?** ("Kennst du das Buch?"). Die Verben **wiedzieć** und **umieć** gehören zur 4. Konjugation, also: **wiem, umiem; wiesz, umiesz** usw. Sie unterscheiden sich jedoch in der 3. Person Plural: **wiedzą** ("sie wissen") und **umieją** ("sie können"). Das Verb **znać** dagegen gehört der 3. Konjugation an, also: **znam, znasz** usw.

(4) **Ciasto** ("Kuchen") ist größer als **ciastko** und heißt auch "Teig".

353 Trzysta pięćdziesiąt trzy

6 — Nie, nie byłam głodna. Szkoda, w takim razie, że nie wziąłeś przepisu, mogłabym zrobić.
7 — Ależ oczywiście, że wziąłem. Wychodząc, poprosiłem Ewę, żeby mi zapisała.
8 — Dobrze, to daj, zaraz zrobimy. No więc tak: trzeba pół kilo mąki, 40 deka masła... Możesz mi podać? Jest w lodówce. **(5)**
9 — Zdaje się, że już nie ma masła.
10 — Nie szkodzi. weźmiemy margaryny. Trzeba też 20 deka cukru, sześć jaj... **(6)**
11 — Są tylko trzy.
12 — Trudno. Daj mi dwie cytryny i kieliszek rumu.
13 — Proszę, tu są cytryny, ale butelka rumu jest niestety pusta.
14 — To weźmy trochę wódki do smaku. Możesz zobaczyć, czy są jeszcze rodzynki?
15 — Nie, nie ma.
16 — Trudno, będzie bez rodzynek... No, już. Kładę je do pieca, za pół godziny będzie gotowe.
17 — Daj, pokroję... Proszę, spróbuj. No i co, smakuje ci? **(7)**
18 — ... Hm... Naprawdę przesadzasz, mówiąc, że Ewa tak świetnie gotuje.

WYMOWA

7 ... wîhodso$_n$z ... **10** ... zukru ... jajj ... **12** ... zîtrînî ... kjelischekk rumu. **13** ... pußta. **14** ... wutki ... rodsînki? **16** ... kŵadde ... pjezza ... **17** ... pokrojje ...

ANMERKUNGEN

(5) Das Gewicht wird in Polen bis zu 1 kg in 10-g-Einheiten angegeben: 400 g = 40 **dekagram**, die abgekürzte Form davon lautet **deka**. In diesem Zusammenhang sollten Sie auch wissen, dass das Wort "Pfund" (= 1/2 kg) **funt** heißt. Es wird jedoch mittlerweile nicht mehr benutzt, außer im Ausdruck **to nie warte funta kłaków** ("das ist nichts wert").

(6) In den Ausdrücken **chcesz kawy?** ("Willst du Kaffee?"), **daj mi margaryny** ("Gib mir von der Margarine"), **kup jabłek** ("Kauf von den Äpfeln") wird der Genitiv verwendet. Auch nach allen Zahlwörtern über "fünf" und nach Maßeinheiten benutzt man den Genitiv, z.B.: **6 jaj** oder **jajek** ("sechs Eier"), der Singular lautet **jajko**; **20 deka cukru** ("200 g Zucker"), der Nominativ lautet **cukier**; **kieliszek wódki** ("ein Gläschen Wodka").

6 — Nein, ich hatte keinen Hunger. Das ist aber schade, dass du in diesem Fall nicht das Rezept mitgenommen hast. Ich hätte [ihn] zubereiten (machen) können.

7 — Aber natürlich habe ich [es] mitgenommen. Beim Hinausgehen habe ich Eva gebeten, [es] mir aufzuschreiben.

8 — Gut, dann gib [es mir], wir backen (machen) [ihn] sofort. Also, man braucht ein Pfund Mehl, 400 g Butter ... Kannst du [sie] mir herüberreichen? Sie ist im Kühlschrank.

9 — Ich glaube, dass keine Butter mehr da ist.

10 — Das macht nichts, wir nehmen Margarine. Man braucht auch [noch] 200 g Zucker, sechs Eier ...

11 — Es gibt nur noch drei.

12 — Schade. Gib mir zwei Zitronen und ein Gläschen Rum.

13 — Bitte, hier sind die Zitronen, aber die Rumflasche ist leider leer.

14 — Dann nehmen wir doch ein bisschen Wodka, für den Geschmack. Kannst du nachsehen, ob es noch Rosinen gibt?

15 — Nein, es sind keine [mehr] da.

16 — Schade, dann wird er eben ohne Rosinen (sein) bleiben... So, das wär's. Ich schiebe ihn in den Ofen, in einer halben Stunde wird er fertig sein.

17 — Gib her, ich werde [ihn] anschneiden ... Bitte, probier [ihn]. Und? Schmeckt er dir?

18 — ... Hmm ... Wirklich, du übertreibst, wenn du sagst, dass Eva gut kochen kann.

ANMERKUNGEN

(7) Kroić sowie das perfektive Verb **pokroić** heißen "schneiden". Die Präsens-/Futurform lautet: **(po)kroję, (po)kroisz** usw.; die Vergangenheitsform lautet: **(po)kroiłem, (po)kroiłeś** usw. Der Imperativ heißt: **pokrój**i.

355 Trzysta pięćdziesiąt pięć

ĆWICZENIE

1. Jak było na imieninach u Krysi, spędziłeś miły wieczór? 2. Dawno się tak świetnie nie bawiłem. 3. Czy twoje dzieci umieją pływać? 4. Tak, nauczyły się, jak były małe, od dzieciństwa lubiły wodę. 5. Czy wiedzą państwo, jak można załatwić tę sprawę? 6. Moim zdaniem, trzeba napisać podanie. 7. Robiąc zakupy, nie zapomnij kupić rodzynek, to zrobimy ciasto. 8. Niestety, zdaje mi się, że piec jest zepsuty. 9. Poproś Andrzeja, na pewno będzie umiał go naprawić. 10. Włóż masło do lodówki, widzisz przecież, że jest gorąco.

WYPEŁNIĆ BRAKUJĄCE SŁOWA

1 *Wie habt ihr euch auf der Hochzeit von Andreas amüsiert?*

... się .... na ...... Andrzeja?

2 *Wir haben uns gut amüsiert. Das war ein sehr angenehmer Abend.*

.... się ...., to ... bardzo .... wieczór.

3 *Trinken Sie ein Glas Cognac? Nein, danke, ich trinke keinen Alkohol.*

...... się .... koniaku? Nie ....,

nie .... alkoholu.

4 *Könntest du mir das Rezept für diesen Kuchen aufschreiben?*

.... mi .... przepis .. to ......?

5 *Können Sie (auf) Polnisch sprechen? Ich kann [es] lesen und ich verstehe viel.*

.... pan ..... po ......? ..... czytać ......

rozumiem.

ÜBUNG

1. Wie war es auf Christines Namenstagsfeier? Hast du einen angenehmen Abend verbracht? **2.** Ich habe mich schon lange nicht mehr so gut amüsiert. **3.** Können deine Kinder schwimmen? **4.** Ja, sie haben es gelernt, als sie klein waren. Seit [ihrer] Kindheit lieben sie das Wasser. **5.** Wissen Sie, wie man diese Angelegenheit erledigen kann? **6.** Meiner Meinung nach muss man einen Antrag schreiben. **7.** Wenn du Einkäufe machst, vergiss nicht, Rosinen zu kaufen. Dann backen (machen) wir einen Kuchen. **8.** Leider scheint der Ofen kaputt zu sein. **9.** Frag (bitte) Andreas, er wird ihn sicher reparieren können. **10.** Leg die Butter in den Kühlschrank hinein. Du siehst doch, dass es heiß ist.

6 *Kannst du mir helfen? Man muss das Brot schneiden.*

. . . . . . mi . . . . . ? . . . . . . pokroić . . . . . .

Diese Wörter hätten Sie einsetzen sollen:

1 Jak – bawiliście – weselu –. **2** Bawiliśmy – świetnie – był – przyjemny –. **3** Napije – pan kieliszek –. – dziękuję – piję –. **4** Mógłbyś – zapisać – na – ciasto. **5** Umie – mówić – polsku. Umiem – i sporo –. **6** Możesz – pomóc. Trzeba – chleb.

Zweite Welle: Aktivieren Sie heute Lektion 39!

LEKCJA OSIEMDZIESIĄTA DZIEWIĄTA (89)

Niezawodny sposób

1 — Ciągle się spóźniam do pracy. Jak tak dalej pójdzie, będę miał kłopot z szefem. **(1)**
2 — Znam tę sytuację bardzo dobrze. Stale mnie kiedyś zwalniano z tego powodu.
3 — Nie wiem już, co robić. Wszystkiego próbowałem; kupiłem nawet budzik, który dzwoni bez przerwy.
4 — Tak? Nie wiedziałem, że są takie budziki. I co?
5 — Nic. Miałem tylko kłopoty z sąsiadami z dołu.
6 — Próbowałeś starej metody z talerzykiem i drobnymi pieniędzmi? **(2)**
7 — Oczywiście, wiele razy.
8 — Spróbuj kłaść się wcześniej spać.

WYMOWA

1 ... dallejj puj'dz$_i$e ... 2 ... swaln$_i$anno ... 6 ... tallejîkjemm ... pjen$_i$e$_n$dsmi?

ANMERKUNGEN

(1) Wir erinnern daran, dass "zu spät kommen" dem reflexiven Verb **spóźniać się** oder seinem perfektiven Äquivalent **spóźnić się** entspricht, z.B.: **spóźniłem się na pociąg** ("ich habe den Zug verpasst"). Merken Sie sich auch: **spóźnienie** ("Verspätung") und **spóźniony** auch **opóźniony** ("verspätet"). Das imperfektive Verb **iść** bzw. das perfektive **pójść** ist Teil zahlreicher umgangssprachlicher Ausdrücke.

NEUNUNDACHTZIGSTE LEKTION

Eine unfehlbare Methode

1 — Ich verspäte mich ständig zur Arbeit. Wenn das so weitergeht, werde ich Ärger mit [meinem] Chef bekommen (haben).
2 — Ich kenne diese Situation sehr gut. Früher hat man mich ständig aus diesem Grund entlassen.
3 — Ich weiß nicht mehr, was ich machen soll. Ich habe alles versucht. Ich habe sogar einen Wecker gekauft, der pausenlos (ohne Pause) klingelt.
4 — Ach ja? Ich wusste nicht, dass es solche Wecker gibt. Und?
5 — Nichts. Ich hatte nur Ärger mit den Nachbarn unter mir (von unten).
6 — Hast du die alte Methode mit einem kleinen Teller und dem Kleingeld (kleinen Geldstücken) ausprobiert?
7 — Natürlich, mehrfach.
8 — Versuch, früher schlafen zu gehen.

ANMERKUNGEN

Sie kennen seine Anwendung im Sinne von "passieren, ablaufen", z.B.: **jak ci idzie?** (Präsens); **jak ci poszło?** (Vergangenheit); **jestem pewien, że ci dobrze pójdzie** (Futur); hier: **jak tak dalej pójdzie** ("wenn das so weitergeht"). **Dalej** ("weiter") bedeutet auch "immer noch, weiterhin", z.B.: **I co dalej?** ("Und, wie geht's weiter?"); **i tak dalej** ("und so weiter"), die Abkürzung davon lautet **itd.** ("usw."). Folgt **dalej** einem Verb, bedeutet es "fortfahren, etwas zu tun", z.B.: **czytać dalej** ("weiterlesen").

(2) **Talerzyk** ("kleiner Teller, Tellerchen") kommt von **talerz** ("Teller"). **Drobny** heißt "klein, fein", z.B.: **drobny deszcz** ("feiner Regen, Nieselregen"), **drobne kawałki** ("kleine Stückchen"). Im Plural verwendet man **drobne** auch als Nomen, was "Kleingeld" bedeutet, z.B.: **nie mam drobnych** ("ich habe kein Kleingeld"), **rozmienić na drobne** ("Geld in Kleingeld wechseln"). Für einen Betrag, der von einer größeren Summe übrig bleibt, sagt man jedoch **reszta** ("Rest"), z.B.: **wydać resztę** ("Restgeld herausgeben"). Erinnern Sie sich auch an **drobiazg = drobnostka** ("Bagatelle, Kleinigkeit"). Man verwendet es oft als Antwort auf einen Dank, z.B.: **to drobiazg** ("nichts zu danken, nicht der Rede wert").

359 Trzysta pięćdziesiąt dziewięć

9 — Chciałbym, **ale** sąsiedzi hałasują do późna w nocy i nie dają mi zasnąć. **(3)**
10 — Telefon też cię oczywiście nie budzi?
11 — Jasne, że nie. Nie chcą już przyjmować moich zamówień na budzenie, bo nigdy nie odbieram. **(4)**
12 — Świetnie cię rozumiem. Znam to z doświadczenia.
13 — No właśnie, a ty znalazłeś jakiś sposób, żeby się budzić? Słyszałem, że pracujesz od dłuższego czasu w tym samym zakładzie. Chyba się już nie spóźniasz?
14 — Nie. Odkąd mam papugę, budzę się bez problemu.
15 — Kupiłeś sobie papugę? Po co?
16 — Kładę budzik do jej klatki. Zapewniam cię, że to niezawodny sposób, żeby obudzić największego śpiocha.
17 — Jak to? nie rozumiem.
18 — Jest tak wściekła, jak słyszy dzwonek, że jej wrzaski mogłyby obudzić cały pułk.

WYMOWA

9 ... haŵaßujo$_n$ ... puz$_i$na ... saßno$_n$c$_i$. 11 ... pschîjmowwac$_i$ ... 12 ... dos$_i$'fjatt'tschen$_i$a. 13 ... dŵusch'scheggo ... 14 ... ott'ko$_n$t ... pappuge ... 16 ... s$_i$pjohha. 18 ... fs$_i$'c$_i$ekŵa ... ŵjaßki ... puŵk.

ANMERKUNGEN

(3) Das Verb **dawać** (perfektiv: **dać**) hat hier die Bedeutung "zulassen, erlauben". **Nie dają = nie pozwalają**, z.B.: **daj/pozwól mi spać** ("lass mich schlafen"). Das perfektive Verb **zasnąć** und das imperfektive **zasypiać** heißen "einschlafen".

Trzysta sześćdziesiąt **360**

9 — Ich würde gerne, aber die Nachbarn machen bis spät in die Nacht Lärm und lassen mich nicht einschlafen.
10 — Das Telefon weckt dich natürlich auch nicht auf?
11 — Natürlich nicht. Der Weckdienst will meine Bestellungen auch nicht mehr annehmen, weil ich nie abhebe.
12 — Ich verstehe dich sehr gut. Ich kenne das aus Erfahrung.
13 — Ach ja, genau, und du, hast du ein Mittel gefunden, zum Wachwerden? Ich habe gehört, dass du schon länger im selben Betrieb arbeitest. Du kommst wohl nicht mehr zu spät?
14 — Nein, seit ich einen Papagei habe, wache ich ohne Probleme auf.
15 — Du hast dir einen Papagei gekauft? Wozu?
16 — Ich stelle den Wecker in seinen Käfig. Ich versichere dir, das ist ein unfehlbares Mittel, um selbst die größte Schlafmütze zu wecken.
17 — Wie das? Ich verstehe nicht.
18 — Er ist so wütend, wenn er das Klingeln (die Klingel) hört, dass sein Schreien ein ganzes Regiment aufwecken könnte.

ANMERKUNGEN

(4) Przyjmować ist imperfektiv und gehört der 1. Konjugation an, also: **przyjmuję, przyjmujesz** usw., **przyjąć** dagegen ist perfektiv, gehört aber auch der 1. Konjugation an, also: **przyjmę, przyjmiesz** usw. Beide Verben heißen "akzeptieren, annehmen". Beispiele: **przyjąć prezent/zaproszenie** ("ein Geschenk/eine Einladung annehmen") (aber "ein Geschenk erhalten" heißt **otrzymać = dostać prezent**); **przyjąć gości** ("Gäste empfangen"); **przyjąć hipotezę** ("eine Hypothese annehmen"). Merken Sie sich auch: **przyjęcie**, das Sie in der Bedeutung von "Empfang" kennen, heißt auch "Annahme" oder "Aufnahme"; **przyjęty** ("empfangen, angenommen"). **Odbierać** (perfektiv: **odebrać**) wird hier in einer besonderen Bedeutung benutzt, und zwar "den Hörer abheben". In der Hauptbedeutung heißt es "in Empfang nehmen, zurücknehmen", z.B.: **odebrać książkę/ bagaż/buty**. Bei den Futurformen entfällt der Buchstabe e des Infinitivs, sie lauten daher: **odbiorę, odbierzesz** usw. **Nie chcą** ("man will nicht"). Die 3. Person Plural im Präsens (ohne Personalpronomen) wird gelegentlich unpersönlich benutzt.

LEKTION 89

361 Trzysta sześćdziesiąt jeden

ĆWICZENIE

1. Przepraszam za spóźnienie, ale mój budzik jest zepsuty. **2.** Mam nadzieję, że znajdzie pan w przyszłości jakiś sposób, żeby się nie spóźniać. **3.** Dałem samochód do naprawy, mam go odebrać dopiero w przyszłym tygodniu. **4.** Wychodzę na chwilę. Jeżeli zadzwoni telefon, odbierz proszę i powiedz, że zaraz wracam. **5.** Nie ma pani drobnych? Nie będę miała reszty z tysiąca złotych. **6.** Powiedz dzieciom, żeby nie hałasowały. Nie chcę mieć kłopotów z sąsiadami. **7.** Dlaczego nie dajesz mi spać? Jest jeszcze bardzo wcześnie.

WYPEŁNIĆ BRAKUJĄCE SŁOWA

1 *Das Telefon klingelt. Könntest du abheben? Du siehst doch, dass ich beschäftigt bin.*

...... telefon. ... mógłbyś ....? ....

przecież, .. jestem ....

2 *Warum kommen Sie immer zu spät? Haben Sie keine Uhr?*

.... stale ... pan ....? Nie .. pan ....?

3 *Ich höre nie [meinen] Wecker. Sag mir, was ich tun soll.*

Nie ...... nigdy .... mi, ..

mam ....

4 *Ich kenne ein unfehlbares Mittel, um aufzuwachen: nicht zu Abend essen.*

.... niezawodny ......, żeby ... obudzić: ...

jeść ....

ÜBUNG

1. Entschuldigen Sie die Verspätung, aber mein Wecker ist kaputt. 2. Ich hoffe, dass Sie in Zukunft ein Mittel finden, um nicht zu spät zu kommen. 3. Ich habe [mein] Auto zur Reparatur gegeben, ich soll es erst nächste Woche abholen. 4. Ich gehe für eine Weile weg. Wenn (wird klingeln) das Telefon [klingelt], heb ab und sag bitte, dass ich gleich zurückkomme. 5. Haben Sie kein Kleingeld? Ich werde nicht das Kleingeld haben, um auf 1000 Zloty herauszugeben. 6. Sag den Kindern, dass Sie keinen Lärm machen sollen. Ich möchte keinen Ärger mit den Nachbarn haben. 7. Warum lässt du mich nicht schlafen? Es ist noch sehr früh.

5 *Hast du ein bisschen Kleingeld für's Telefon? Ich habe [das] Portemonnaie vergessen.*

 . . . . trochę . . . . na . . . .? . . . . portfela.

6 *Lass mich [das] fertig machen. Du störst mich ununterbrochen.*

 . . . mi . . . ., ciągle .. przeszkadzasz.

Diese Wörter hätten Sie einsetzen sollen:

1 Dzwoni -. Czy – odebrać. Widzisz -, że – zajęty. 2 Dlaczego – się – spóźnia. – ma – zegarka. 3 – słyszę – budzika. Powiedz -, co – zrobić. 4 Znam – sposób, – się – nie – kolacji. 5 Masz – drobnych – telefon. Zapomniałem -. 6 Daj – skończyć, – mi -.

Zweite Welle: Aktivieren Sie heute Lektion 40!

LEKCJA DZIEWIĘĆDZIESIĄTA (90)

Dobra rada

1 — Dzień dobry, panie doktorze. Przychodzę znowu, bo mój stan wcale się nie polepszył od ostatniej wizyty. **(1)**
2 — Tak, a co panu dolega? **(2)**
3 — Nie mam apetytu, kaszlę i mam nudności.
4 — Dobrze, proszę się rozebrać i położyć. Zbadam pana... **(3)** Ciśnienie jest w porządku... płuca też. Serce ma pan zdrowe... **(4)** Nie ma pan jakichś kłopotów?
5 — Widzę, że jest pan nie tylko lekarzem, ale i psychologiem.

WYMOWA

1 ... pollepschîw ... 3 ... nud'nosi'cji. 4 ... rosebracj ... powojîicj. ... cjisjnjenje ... pŵuza ... ßer'ze ... 5 ... pßîhollogjemm.

BARDZO MI SIĘ PRZYDAŁA PAŃSKA RADA

ANMERKUNGEN

(1) Polepszyć się (imperfektiv: **polepszać się**) heißt "sich bessern" und kommt von **lepszy** ("besser"). Merken Sie sich auch: **polepszenie** ("Besserung").

NEUNZIGSTE LEKTION

Ein guter Rat

1 — Guten Tag, Herr Doktor. Ich komme (wieder) noch einmal, weil sich mein Zustand seit dem letzten Besuch überhaupt nicht gebessert hat.
2 — Ja, und was fehlt Ihnen?
3 — Ich habe keinen Appetit, ich huste und mir ist übel.
4 — Gut, ziehen Sie sich aus und legen [Sie] sich [hin]. Ich werde Sie untersuchen ... der Blutdruck ist in Ordnung ... die Lunge auch. Sie haben ein gesundes Herz ... Haben Sie nicht irgendwelche Sorgen?
5 — Ich sehe, dass Sie nicht nur Arzt, sondern auch Psychologe sind.

ANMERKUNGEN

(2) **Dolegać** heißt eigentlich "plagen". Bei der Frage **co dolega pani?** kann es mit "was fehlt Ihnen?" übersetzt werden. Im Falle **dolega mi serce** heißt es "das Herz tut mir weh". Merken Sie sich: **dolegliwość** ("Leiden" oder "Schmerzen"), **dolegliwy** ("leidend").

(3) **Rozebrać się** oder imperfektiv **rozbierać się** heißt "sich ausziehen". Bei den Futurformen entfällt bei diesem Verb (ähnlich wie bei **odebrać**) der Buchstabe **e** des Infinitivs (perfektive Form), also: **rozbiorę się, rozbierzesz się** usw. Die nichtreflexive Form hat mehrere Bedeutungen. Beispiele: **rozebrać dziecko** ("das Kind ausziehen"); **rozebrać łóżko** ("Bettwäsche abziehen", wörtlich: "das Bett abziehen") oder **rozebrać zegarek/maszynę** ("eine Uhr/Maschine auseinandernehmen"). **Ubrać (się), ubierać (się)** heißt "sich anziehen" bzw. (nichtreflexiv) "jemanden anziehen".

Sie kennen bereits den Ausdruck **kłaść się spać** ("sich zum Schlafen hinlegen"). Das perfektive Äquivalent des Verbs **kłaść** lautet **położyć** ("legen, setzen"). In unserem Beispiel wird es in der reflexiven Form benutzt und heißt somit "sich legen".

(4) **Zdrowy** ("gesund, zuträglich"). Das Gegenteil lautet **chory** ("krank"). Bei einer Verabschiedung von männlichen Personen kann man die Kurzform **zdrów** anwenden, man sagt dann: **Bądź zdrów** ("Bleib gesund"). Die weibliche Variante lautet **Bądź zdrowa**. Erinnern Sie sich in diesem Zusammenhang an das Wort **zdrowie** ("Gesundheit"). Merken Sie sich: **Na zdrowie!** ("Prost!", wörtlich: "Auf die Gesundheit!").

6 — Trochę psychologii czasem się przydaje. **(5)**
7 — Ja, prawdę mówiąc, nie bardzo wierzę w te historie z chorobami psychosomatycznymi. To tylko moda, nic więcej.
8 — Hm... Często się spotykałem w mojej praktyce z przypadkami, w których diagnoza tradycyjna okazała się niewystarczająca. Ale jeszcze mi pan nie odpowiedział na pytanie. **(6)**
9 — No więc, nie, nie mam żadnych kłopotów. Zastanawiam się natomiast, czy moje nudności nie są związane z pastą do zębów. Zauważyłem, że jak tylko myję zęby, nie czuję się najlepiej. **(7)**
10 — To niewykluczone. Jakiej pasty pan używa?
11 — Chlorofilowej. Czytałem gdzieś, że jest bardzo dobra dla palaczy.
12 — A! A propos, dużo pan pali?
13 — Posłuchałem pana rady i nie palę więcej niż **5** papierosów dziennie.
14 — W takim razie to nie papierosy są przyczyną pańskich dolegliwości. Zapewne pali pan o wiele mniej? **(8)**
15 — Nie, przedtem wcale nie paliłem, ale chciałem zastosować się do pańskiego zalecenia!

WYMOWA

6 ... pschidajje. **7** ... wjeje ... pßihoßommati'tschnimi ... **8** ... praktîze ... djagnosa ... njewißtar'tschajjo$_n$za. ... **10** ... njewîklutschonne ... **11** hlorroffilowwejj ... pallatschî. **14** ... panjißkih ... **15** ... pschett'temm ... saßtoßowwacj ... sallezzenja!

ANMERKUNGEN

(5) Przydać się (imperfektiv: **przydawać się**) heißt "dienen, nützlich sein", z.B.: **To na nic się nie przyda** ("das wird nichts nützen").
(6) Dem Verb **spotkać** bzw. dem imperfektiven **spotykać**, was "treffen" heißt, folgt, wenn es in seiner reflexiven Form benutzt wird, die Präposition **z** + der Instrumentalfall, z.B.: **spotkałem się z przypadkiem** (im Nominativ: **przypadek** "Fall")/**z kolegą/z kolegami**. Das von diesem Verb abstammende Substantiv **spotkanie** heißt "Treffen, Verabredung".

6 — Ein bisschen Psychologie ist manchmal nützlich.

7 — Ich, um ehrlich zu sein, glaube nicht so sehr an diese Geschichten mit den psychosomatischen Krankheiten. Das ist nur eine Mode, nichts sonst.

8 — Hmm... ich habe in meiner Praxis oft Fälle kennengelernt (getroffen), in denen sich die traditionelle Diagnose als unzureichend erwiesen hat. Aber Sie haben (mir) [meine] Frage noch nicht beantwortet.

9 — Also nein, ich habe keinerlei Sorgen. Ich überlege jedoch, ob meine Übelkeit nicht mit der Zahncreme zusammenhängt. Ich habe bemerkt, wenn (nur) ich mir die Zähne putze, dann fühle ich mich nicht gut (am besten).

10 — Das ist nicht ausgeschlossen. Welche Zahncreme benutzen Sie?

11 — Eine mit Chlorophyll. Ich habe irgendwo gelesen, dass sie sehr gut für Raucher sein soll.

12 — Ach! Apropos, rauchen Sie viel?

13 — Ich habe auf Ihren Rat gehört und rauche nicht mehr als fünf Zigaretten pro Tag.

14 — In diesem Fall sind nicht die Zigaretten die Ursache Ihres Unwohlseins. Sicher rauchen Sie viel weniger?

15 — Nein, vorher habe ich überhaupt nicht geraucht, aber ich wollte mich an ihre Anordnung halten!

ANMERKUNGEN *(Fortsetzung)*

(7) **Pasta do zębów** ("Zahncreme", wörtlich: Paste für die Zähne). Man verwendet auch das Wort **pasta** in einigen weiteren Ausdrücken, z.B.: **pasta do butów** ("Schuhcreme"), **pasta do podłóg** ("Bohnerwachs").

(8) Neben der Form **pana**, die ein Genitiv von **pan** ("Herr", sehr oft im Sinne von "Ihr" im Singular und "Ihre" im Plural) ist, kann man auch das Adjektiv **pański** verwenden. Während **pana** unveränderlich ist, wird **pański** dekliniert. Hier ist **pańskich** der Genitiv Plural. Das Adjektiv **pański** wird nur in Bezug auf Männer benutzt. In Hinblick auf Frauen verwendet man **pani** (unveränderlich). Die Adjektivform existiert nicht. Beispiele: **Pana** = **pańska rada** ("Ihr Ratschlag", bei einem Herrn), **pani rada** (bei einer Frau).

ĆWICZENIE

1. Rozbiorę się, jest mi za gorąco w tym swetrze. 2. Nie wyglądasz najlepiej. Czy coś ci dolega? Tak, boli mnie serce. 3. Rozbierz się i połóż do łóżka, jeżeli jesteś chory. 4. Chciałbym położyć się wcześniej spać, czuję się bardzo zmęczony. 5. Wrócę trochę później, mam się spotkać ze znajomym. 6. Często się z nim spotykasz? 7. Spotykamy się od czasu do czasu w autobusie. 8. Jakie miłe spotkanie! Cieszę się, że cię widzę. 9. Przydałby mi się nowy budzik, stary jest całkiem zepsuty. 10. Bardzo mi się przydała pańska rada.

WYPEŁNIĆ BRAKUJĄCE SŁOWA

1 *Ich werde dich später anrufen. Ich muss jetzt die Kinder ausziehen und ins Bett bringen.*

.... do ...... później. ...... muszę ....

dzieci .... je .. łóżka.

2 *Geh zum Arzt, wenn du dich schlecht fühlst.*

... do ...., jeżeli ... się ....

3 *Es fehlt mir nichts, ich bin ganz einfach müde.*

Nic .. nie ......, jestem .. prostu ....

4 *Ich habe eine wichtige Verabredung; ich werde zum Essen nicht [da] sein.*

... ważne ...., nie .... na ....

5 *Wo werden wir uns treffen? Bei mir, um 6 [Uhr].*

..... się ....? U .... o ....

6 *Nimm eine Thermosflasche mit. Sie wird uns sicher auf der Reise nützlich sein.*

... termos, .. pewno ...... się ... w ....

ÜBUNG

1. Ich werde mich ausziehen; mir ist es in diesem Pullover zu warm. **2.** Du siehst nicht besonders gut aus. Fehlt dir etwas? Ja, ich habe Herzschmerzen. **3.** Zieh dich aus und leg [dich] ins Bett, wenn du krank bist. **4.** Ich möchte gerne früher schlafen gehen. Ich fühle mich sehr müde. **5.** Ich werde ein bisschen später zurückkommen. Ich soll mich mit einem Bekannten treffen. **6.** Triffst du dich oft mit ihm? **7.** Wir treffen uns von Zeit zur Zeit im Bus. **8.** Was für ein angenehmes Zusammentreffen! Ich freue mich sehr, dich zu sehen. **9.** Ich könnte einen neuen Wecker [gut] gebrauchen. Der alte ist völlig kaputt. **10.** Ihr Rat hat mir viel genützt.

EIGENE NOTIZEN:

Diese Wörter hätten Sie einsetzen sollen:

1 Zadzwonię – ciebie –. Teraz – rozebrać – i położyć – do –. **2** Idź – lekarza, – źle – czujesz. **3** – mi – dolega, – po – zmęczony. **4** Mam – spotkanie, – będę – obiedzie. **5** Gdzie – spotkamy. – mnie – szóstej. **6** Weź –, na – przyda – nam – podróży.

Zweite Welle: Aktivieren Sie heute Lektion 41!

LEKCJA DZIEWIĘĆDZIESIĄTA PIERWSZA (91)

Wiederholung und Anmerkungen

1 Anreden für Personen

Eines der wichtigsten Dinge beim Erlernen einer Sprache besteht darin, zu wissen, wie man seine Gesprächspartner anreden soll. Im Polnischen gibt es hierfür einen speziellen Fall, den Sie bereits kennengelernt haben, den *Vokativ*. Aber außer dieser Form, die zum direkten Ansprechen von Personen angewandt wird, gibt es auch noch andere Möglichkeiten, über deren Verwendung Sie Bescheid wissen sollten. Da die Benutzung dieser Varianten nicht unbedingt einfach ist (denn sie erfordern die korrekte Verwendung der Verbformen), gehen wir sie hier noch einmal systematisch durch.

1) Das "du" wird, wie im Deutschen, unter Freunden, Verwandten und engen Bekannten benutzt.
2) **Pan** ("Herr") und **pani** ("Dame, Frau") entspricht unserem höflichen "Sie" bei formelleren Anlässen. Diesen Formen folgt das Verb in der 3. Person Singular.
3) Wenn man sich an eine Gruppe von Personen richtet, die man siezt, verwendet man **panie** ("Meine Damen"), **panowie** ("Meine Herren") oder **państwo** ("Meine Damen und Herren"). Diesen Formen folgt das Verb in der 3. Person Plural. Achtung! Das Wort **państwo** bezeichnet ebenfalls ein verheiratetes Paar, z.B.: **państwo Nowakowie**. Wendet man sich an eine unbekannte Person, setzt man die Wörter **pan**, **pani** bzw. **państwo** in den Genitiv und stellt **proszę** voran, also: **pana**, **pani** bzw. **państwa**.
4) Spricht man dagegen eine Gruppe von Freunden oder Kindern an, verwendet man das Verb in der 3. Person Plural.

EINUNDNEUNZIGSTE LEKTION

ÜBUNG

Übersetzen Sie die beiden folgenden Sätze und verwenden Sie dabei alle soeben wiederholten Ausdrucksformen. Vergessen Sie dabei nicht, dass sich die Formen des Maskulinums und des Femininums in der Vergangenheit unterscheiden.

1) Warum bist du (sind Sie) in der letzten Zeit nicht zu uns gekommen?
2) Ich war (wir waren) beschäftigt, ich hatte (wir hatten) viel Arbeit.

2 Der Vokativ

Wie bereits erwähnt, setzt man, wenn man eine Person direkt anspricht, den Namen dieser Person, ihren Titel oder ihre Funktion in den Vokativ.

Hier die Endungen des Vokativs auf einen Blick:

Singular	Maskulinum	Femininum	Neutrum
Vokativ	-e, -u	-o, -i, -y	-o, -e, -ę = Nominativ
Beispiele:	panie, chłopcze gościu, mężu	mamo, kobieto pani myszy ("Maus")	dziecko słońce imię
Plural			
Vokativ	-owie, -e, -i, -y = Nominativ	-e, -i, -y = Nominativ	-a = Nominativ
Beispiele:	profesorowie goście sąsiedzi koledzy	noce, panie drogi ("Wege") dziewczyny	zwierzęta

Abschließend dazu lassen sich noch folgende allgemeine Regeln feststellen:

Mit **-u** enden der Vokativ *männlicher Substantive*, deren Wortstamm mit einem weichen Konsonanten oder mit einem **k**, **g**, **ch/h** ausgeht sowie *männliche und weibliche Diminutive*, die mit einem weichen Konsonanten ausgehen, z.B. **Jasiu, Basiu, Krysiu**.

Mit **-e** endet der Vokativ *männlicher Substantive*, deren Wortstamm mit einem harten Konsonanten (außer **k, g, ch/h**) schließt bzw. wenn das Wort auf **-ec** (z.B. **chłopiec**) ausgeht.

Mit **-o** endet der Vokativ *weiblicher und männlicher Substantive*, die mit **-a** schließen, außer weiblichen Diminutiven, sowie diejenigen *weiblichen Diminutive*, die mit einem harten Konsonanten schließen, z.B.: **Irenko, Helenko**.

Mit **-i** endet der Vokativ *weiblicher Substantive*, die mit einem weichen Konsonanten oder mit einem **-l, -ew, -i** schließen.

In der Umgangssprache wird der Vokativ der Vornamen durch ihren Nominativ ersetzt, es sei denn, ihnen gehen die Wörter **pan** oder **pani** oder ein Adjektiv voraus.

Schließlich sind die *Adjektive* und alle anderen Substantive, die wie Adjektive dekliniert werden, im Nominativ und Vokativ identisch.

3 Die Präfixe *(Fortsetzung)*

Sie kennen schon die Bedeutung der Präfixe im polnischen Verbalsystem. Sie haben nicht nur eine rein grammatikalische Funktion, bei der sie imperfektive in perfektive Verben umwandeln, sondern sie bewirken auch Bedeutungsänderungen. Wir weisen jedoch darauf hin, dass ihre Bedeutungen oft sehr feine Nuancen aufweisen und dadurch schwer zu definieren sind. Sie können oft nur bei ganzen Sätzen genau bestimmt werden.

Im folgenden eine Liste der häufigsten Präfixe und ihrer wichtigsten Verwendungsmöglichkeiten:

do-: — Vollendung einer Handlung im zeitlichen bzw. örtlichen Sinne, z.B.: **dojść/ dojechać** ("ankommen, sich nähern"), **dokończyć** ("abschließen, beenden");

— Zusätzliche bzw. ergänzende Handlung, z.B.: **dorzucić** ("hinzufügen"), **dopłacić** ("nachzahlen, zuzahlen").

na-: — Richtungsorientierte Handlung, z.B.: **naprowadzić** ("hinführen, hinlenken"), **nakierować** ("richten");

— Verstärkte Intensität einer Handlung, z.B.: **nazbierać** ("eine große Menge sammeln"), **najeść się** ("sich satt essen").

od-: — Entfernung, Trennung, z.B.: **odejść** ("sich entfernen, weggehen"), **odjechać** ("wegfahren"), **odłożyć** ("weglegen" oder "vertagen").

— Demontage, z.B.: **odkręcić** ("abschrauben", oder "öffnen", z.B. einen Wasserhahn), **odpakować** ("auspacken").

— Wiederherstellung, Erneuerung, z.B.: **odmłodzić** ("erneuern"), **odrestaurować** ("restaurieren").

	— Wiederholung einer Handlung, z.B.: **odpisać** ("abschreiben"), **odśpiewać** ("singen" im Sinne von "ein Lied interpretieren"), **odebrać** ("abholen").
	— Intensivierung einer Handlung, z.B.: **odczekać** ("abwarten"), **odespać** ("Schlaf nachholen").
po-:	— Das komplexeste unter den Präfixen. Es kann folgendes ausdrücken: Nebeneinanderstellen, Hinzufügen, Handlungen von kurzer Dauer, Relation zwischen mehreren Objekten, Erhöhung usw. Beispiele: **popłacić długi** ("Schulden abzahlen"); **powiązać** ("verbinden, verknüpfen"); **polepszyć** ("verbessern"); **pogodzić się** ("sich versöhnen"); **pokryć** ("bedecken").
pod-:	— Richtung einer Handlung unterhalb einer Sache, z.B.: **podkreślić** ("unterstreichen"), **podpisać** ("unterschreiben");
	— Annäherung an einen Gegenstand, z.B.: **podejść** ("herankommen"), **podjechać** ("heranfahren");
	— Heimliche Handlung, z.B.: **podrobić** ("nachmachen, fälschen"), **podsłuchać** ("lauschen").
prze-:	— Etwas neu herstellen, z.B.: **przetłumaczyć** ("übersetzen"), **przerobić** ("überarbeiten, ändern"), **przebudować** ("umbauen");
	— Verlust, z.B.: **przepić** ("versaufen"), **przegrać** ("verlieren");
	— Stärkere Intensität einer Handlung, z.B.: **przepracować się** ("sich totarbeiten"), **przestudiować** ("durchstudieren"), **przecenić** ("überschätzen").
przy-:	— Erreichen eines räumlichen Ziels, z.B.: **przyjść/przyjechać** ("ankommen"), **przysunąć** ("heranschieben").
roz-:	— Zerkleinern, z.B.: **rozedrzeć** ("zerreißen"), **rozdzielić** ("auf-, verteilen");
	— Beginn einer Handlung, z.B.: **rozpalić** ("Feuer anzünden").
u-:	— Beendigung einer Handlung, z.B.: **ukończyć** ("beenden, abschließen, fertigstellen"), **ugotować** ("fertig kochen")
	— Verringerung: **umniejszyć** ("vermindern"), **utracić** ("verlieren").
w-:	— Ins Innere hineinlangen, z.B.: **wejść** ("eintreten"), **wjechać** ("hineinfahren"), **wnieść** ("hineintragen, einführen"), **wpaść** ("hineinfallen" oder "kurz besuchen").
wy-:	— Richtung von innen nach außen und unten nach oben, z.B.: **wyjść** ("herausgehen"), **wypaść** ("herausfallen")
	— Erreichen eines Ziels, z.B.: **wykończyć** ("vollständig beenden" und "ausarbeiten").
s-(z-):	— Bewegung von unten nach oben, z.B.: **spaść** ("herunterfallen"), **zejść** ("herunterkommen"), **zjechać** ("herunterfahren");
	— Vollendung, z.B.: **skończyć** ("beenden").

za-:
— Kurzzeitige Dauer einer Handlung, manchmal mit Betonung des Beginns, z.B.: **zapłakać** ("anfangen zu weinen"), **zadziwić** ("Erstaunen hervorrufen");
— Erreichen des Ziels einer Handlung, z.B.: **zabrać** ("wegnehmen, mitnehmen"), **zanieść** ("hinbringen").

Dies sind nur die häufigsten Präfixe, die wir in unseren Texten und Übungen verwenden. Es gibt noch einige weitere, deren Bedeutungen recht unterschiedlich und manchmal schwer zu beschreiben sind, z.B.: **nad-, ob-, przed-, wz-**.

Beachten Sie, dass alle Präfixe den Präpositionen entsprechen (vgl. Lektion 63) und dass ihre Bedeutungen diesen sehr ähnlich sind. Manchmal sind sie sogar identisch. Darüber hinaus können verschiedene imperfektive Verben mit verschiedenen Präfixen zahlreiche neue Verben bilden. So zum Beispiel werden auf der Grundlage des Verbs **pisać** ("schreiben") folgende Verben gebildet: **dopisać** ("dazuschreiben, hinzufügen"), **odpisać** ("abschreiben" oder "einen Brief beantworten"), **opisać** ("beschreiben"), **podpisać** ("unterzeichnen"), **popisać** ("ein bisschen schreiben"), **przepisać** ("umschreiben"), **przypisać** ("hinzuschreiben"), **spisać** ("aufschreiben, niederschreiben"), **wypisać** ("herausschreiben"), **wpisać** ("einschreiben, eintragen"), **zapisać** ("notieren, aufschreiben").

4 Die Suffixe

Sie sind nicht so zahlreich wie die Präfixe, sind aber trotzdem sehr vielseitig einsetzbar. Sie dienen in erster Linie zur Bildung der Aspektformen der Verben. Die wichtigsten Suffixe sind:

-a- tritt auch in der Form **-ja-** oder **-wa-** auf, z.B.: **dać – dawać** ("geben").

-na- kennzeichnet einen punktuellen Aspekt, z.B.: **kopać** ("Fußtritte versetzen") – **kopnąć** ("einen Fußtritt versetzen").

-ywa- weist auf eine Wiederholung hin, z.B.: **pisać – pisywać, czytać – czytywać**.

Es existieren Verben, die mit mehreren Präfixen und Suffixen gebildet werden, und die auf diese Weise verschiedene Bedeutungen in sich vereinen, z.B.: **po-roz-dawać** ("in kleinen Stückchen verteilen"), **po-na-lepiać** ("nach und nach überall kleben"), **po-prze-pisywać** ("systematisch wiederholt abschreiben").

Wie Sie sehen, ist dieses Spiel mit den Präfixen und den Suffixen ein sehr wichtiges Wortbildungsphänomen, und obwohl es am Anfang ein bisschen verwirrend erscheinen mag, ist es wesentlich, dass Sie mit der Zeit lernen, es anzuwenden. Lesen Sie diese Lektion ruhig mehrmals hintereinander und zögern Sie nicht, sie von Zeit zu Zeit noch einmal zum Nachsehen aufzuschlagen.

Lösung der Übung:
1 Dlaczego ostatnio nie **przychodziłeś (przychodziłaś); przychodził(a) pan(i); przychodzili panowie (przychodziły panie); przychodzili państwo; przychodziliście (przychodziłyście)** do nas?
2 Byłem zajęty (byłam zajęta); byliśmy zajęci (byłyśmy zajęte), miałem (miałam); mieliśmy (miałyśmy) dużo pracy.

Zweite Welle: Aktivieren Sie heute Lektion 42!

EIGENE NOTIZEN:

LEKCJA DZIEWIĘĆDZIESIĄTA DRUGA (92)

Niezbity argument

1 — Wychodzę. Potrzebujesz czegoś? **(1)**
2 — A dokąd idziesz?
3 — Po gazetę i papierosy.
4 — Kup mi proszek do prania, mydło i szampon.
5 — Poczekaj, zapiszę sobie... Jaki szampon chcesz?
6 — Wszystko jedno, jaki dostaniesz. Może będzie rumiankowy. **(2)** Aha, przy okazji, kup mi też wałki i siatkę na włosy. Niczego nie zapomniałeś? **(3)**
7 — ... wałki i siatkę. To wszystko?
8 — Tak, tylko poproś o bardzo cienką, żeby nie było jej widać. Idź do drogerii, tam wszystko dostaniesz.

WYMOWA

... argument 4 ... mîd'wo ... schamponn. 6 ... rumjankowwî. ... waŵki ... sjatke ... 8 ... cjenkon ... droggerri ...

ANMERKUNGEN

(1) Wir erinnnern daran, dass auf **potrzebować** ("brauchen") immer der Genitiv folgt, z.B.: **potrzebuję pomocy/spokoju** ("ich brauche Hilfe/Ruhe"). **Potrzeba** ("Bedürfnis") wird auch als Äquivalent für "man braucht" benutzt, z.B.: **powiedz, czego ci potrzeba** ("sag, was du brauchst"). Das Adjektiv heißt **potrzebny** ("notwendig"). Um das unbestimmte Pronomen **coś** ("etwas") zu erhalten, reicht es, die Endung **-ś** an das Frage- bzw. Relativpronomen **co** ("was, das") anzuhängen (vergleichen Sie **kto – ktoś; który – któryś; jaki – jakiś** usw.). Hier nun alle Formen: Nominativ und Akkusativ **co(ś)**, Genitiv **czego(ś)**, Dativ **czemu(ś)**, Instrumentalfall und Lokativ **czym(ś)**.

(2) Rumiankowy ist ein Adjektiv, das vom Wort **rumianek** ("Kamille") abgeleitet wird. Die meisten polnischen Adjektive werden auf diese Weise gebildet. Die häufigsten Suffixe, die zur Bildung von Adjektiven auf der Grundlage von Substantiven dienen, sind: **-ski**, z.B.: **Polak-polski; Gdańsk-gdański; -cki**, z.B.: **student-studencki; gotyk-gotycki; -dzki**, z.B.: **sąsiad-sąsiedzki; Szwed-szwedzki** ("Schwede-schwedisch"); **-ny**, z.B.: **szkoła-szkolny; moda-modny; -owy**, z.B.: **papier-papierowy; dom-domowy**. Die von Substantiven abgeleiteten Adjektive werden hinter die Substantive gestellt und haben keine Steigerungsstufen (Komparativ und Superlativ).

ZWEIUNDNEUNZIGSTE LEKTION

Ein schlagkräftiges Argument

1 — Ich gehe (raus). Brauchst du etwas?
2 — Und wo gehst du hin?
3 — (Nach) Eine Zeitung und Zigaretten holen.
4 — Kauf mir Waschpulver, Seife und ein Shampoo.
5 — Warte, ich werde es mir aufschreiben... Welches Shampoo willst du?
6 — Das ist [mir] egal. Was du findest (bekommst). Vielleicht (gibt es) Kamille[nshampoo]. Ach, kauf mir bei der Gelegenheit auch Lockenwickler und ein Haarnetz. Hast du nichts vergessen?
7 — ... Lockenwickler und [Haar]netz. Ist das alles?
8 — Ja, aber frag nach einem sehr feinen, damit man es nicht sieht. Geh in die Drogerie, dort wirst du alles bekommen.

ANMERKUNGEN

(3) Die Formen von **nic** (Nominativ und Akkusativ) sind denen von **co** ähnlich, also: Genitiv **niczego**, Dativ **niczemu**, Instrumentalfall und Lokativ **niczym**.
Beachten Sie, dass auf **zapomnieć** sowie auf das imperfektive **zapominać** ("vergessen") der Genitiv, z.B.: **zapomnieć parasola**, oder der Lokativ, dem die Präposition **o** vorangeht, folgen kann: **zapomnieć o parasolu**.

(4) **Widać** ("man sieht") ist ein unpersönliches Verb und wird nur im Infinitiv benutzt. Um die Vergangenheit zu bilden, fügt man **było** hinzu, und um das Futur zu bilden, **będzie**. Vergessen Sie nicht, dass der Genitiv den Akkusativ in der negativen Form ersetzt, z.B.: **widać ją**, aber **nie widać jej** (Femininum). Weitere Formen sind: Nominativ **ona**, Dativ **jej** (identisch mit dem Genitiv), Instrumentalfall **nią** (was auch die andere Form des Genitivs ist), Lokativ **niej** (was auch die andere Form des Dativs und des Genitivs ist). **Niej** wird immer mit einer Präposition verwendet.

377 Trzysta siedemdziesiąt siedem

9 — Czy jest szampon rumiankowy?
10 — Tak, proszę. Czy jeszcze coś?
11 — Ma pan wałki do włosów?
12 — Jakie pan chce: metalowe czy plastykowe?
13 — Hm... A które są lepsze?
14 — To zależy od włosów. To dla pana?
15 — Nie, skąd! Dla żony. Wezmę te, chyba będą dobre. A czy są siatki na włosy?
16 — Proszę, na pewno żona będzie zadowolona.
17 — Prosiła o bardzo cienką. Jest pan pewien, że nie będzie jej widać?
18 — Niech pan będzie spokojny, jest niewidoczna. **(5)** Sprzedaję codziennie po kilkanaście sztuk, mimo że już od paru miesięcy nam ich brakuje. **(6)**

ĆWICZENIE

1. To, czego pani potrzebuje, można dostać w każdej drogerii. 2. Ile czasu ci potrzeba, żeby przeczytać tę książkę? 3. Zupełnie o niej zapomniałem! Dam ci ją w przyszłym tygodniu. 4. Podobno dzwoniłeś do Krysi. O czym z nią rozmawiałeś? 5. O niczym poważnym, nie chciałem jej męczyć. 6. Jak się ma Ewa? Nie wiedziałem, że byłeś u niej. 7. Nie martw się o nią, niczego jej nie brakuje. 8. Widać po jej minie, że jest szczęśliwa.

WYPEŁNIĆ BRAKUJĄCE SŁOWA

1 *Woran denkst du? Brauchst du nichts?*

O .... myślisz? .... nie ....?

2 *Ich denke an nichts besonderes; ich ruhe mich aus.*

Nie ..... o ...... specjalnym, ...

3 *Ich gehe zu Christine; hast du etwas für sie?*

... do ...., masz ... dla ....?

4 *Sag ihr, dass ich nichts gefunden habe, aber dass ich es nicht vergessen habe.*

Powiedz ..., że .... nie ...., ale ...

nie .... o .... .

9 — Gibt es Kamillenshampoo?
10 — Ja, bitte schön. Noch etwas?
11 — Haben Sie Lockenwickler?
12 — Welche möchten Sie: aus Metall oder aus Plastik?
13 — Hmm ... Und welche sind die besseren?
14 — Das hängt von den Haaren ab. Sind sie für Sie?
15 — Nein, ganz und gar nicht! Für [meine] Frau. Ich werde diese nehmen, ich glaube, die werden richtig (gut) sein. Haben Sie [auch] Haarnetze?
16 — Bitte, [Ihre] Frau wird sicher zufrieden sein.
17 — Sie möchte (bat) ein sehr feines. Sind Sie sicher, dass man es nicht sieht?
18 — Seien Sie unbesorgt, es ist unsichtbar. Ich verkaufe jeden Tag mehrere (Stück) [davon], obwohl wir schon seit einigen Monaten keine mehr haben.

ANMERKUNGEN

(5) **Widoczny** ("sichtbar") kommt von **widok** ("Ansicht, Aussicht"). Achtung! **Widocznie** heißt "anscheinend, offensichtlich" und kann durch das unpersönliche Verb **widać** ersetzt werden, z.B.: **widocznie** (= **widać**) **nie mógł przyjść** ("offensichtlich konnte er nicht kommen").

(6) Sie kennen das Wort **kilka** (männliche Form **kilku** und neutrale Form **kilkoro**), was "einige, mehrere" bedeutet. Dies ist ein sehr nützliches Wort, denn man kann mit seiner Hilfe zusammengesetzte Wörter und vor allem unbestimmte Zahlen bilden, z.B.: **kilkanaście/kilkunastu/kilkanaścioro** ("zwischen zehn und zwanzig"), **kilkadziesiąt/ kilkudziesięciu** ("einige Zehn", eine unbestimmte Zahl zwischen 20 und 90) und **kilkaset/kilkuset** ("einige Hundert", eine unbestimmte Zahl zwischen 200 und 900).

ÜBUNG

1. Das, was Sie brauchen, kann man in jeder Drogerie bekommen. **2.** Wie viel Zeit brauchst du, um dieses Buch zu lesen? **3.** Ich habe es total vergessen! Ich werde es dir nächste Woche geben. **4.** Hast du mit Christine telefoniert? Worüber hast du mit ihr gesprochen? **5.** Über nichts Ernstes, ich wollte sie nicht langweilen (müde machen). **6.** Wie geht es Eva? Ich wusste nicht, dass du bei ihr gewesen bist. **7.** Mach dir keine Sorgen um sie, ihr fehlt nichts. **8.** Man sieht ihr am Gesicht an, dass sie glücklich ist.

379 Trzysta siedemdziesiąt dziewięć

5 *Du sprichst mehr von ihr als du solltest; anscheinend kennst du sie gut.*

...... o .... więcej ... potrzeba, ...

znasz .. bardzo ....

6 *Ich weiß viele Dinge von ihr und ihrer Familie.*

.... dużo ..... i .... rodzinie.

LEKCJA DZIEWIĘĆDZIESIĄTA TRZECIA (93)

Sumienny wykładowca (1)

1 — No i jak się czujesz w roli asystenta? Jesteś zadowolony?

2 — Oczywiście. Czekałem na to stanowisko prawie trzy lata.

3 — Trzy lata? Niektórzy czekają o wiele dłużej. (2)

4 — A studia? Zapominasz, że zabrały mi mnóstwo czasu. Już myślałem, że nigdy nie skończę. (3)

WYMOWA

ßumjen'nî wîkŵaddofza **1** ... aßîßtenta? **2** ... ßtannowîßko ... **4** ... ßtudja? ...

Diese Wörter hätten Sie einsetzen sollen:

1 – czym -. Niczego – potrzebujesz. 2 – myślę – niczym – odpoczywam. 3 Idę – Krystyny – coś – niej. 4 – jej – niczego – znalazłem – że – zapomniałem – niej. 5 Mówisz – niej – niż – widocznie – ją – dobrze. 6 Wiem – o niej – o jej -.

Zweite Welle: Aktivieren Sie heute Lektion 43!

DREIUNDNEUNZIGSTE LEKTION

Ein gewissenhafter Lehrer

1 — Und, wie fühlst du dich in der Rolle eines Assistenten? Bist du zufrieden?
2 — Natürlich. Ich habe fast drei Jahre auf diese Stelle gewartet.
3 — Drei Jahre? Manche warten sehr viel länger.
4 — Und das Studium? Du vergisst, dass das unheimlich viel Zeit [in Anspruch] genommen hat. Ich habe schon gedacht, ich würde es nie beenden.

ANMERKUNGEN

(1) **Wykładowca** kommt von **wykład** ("Vorlesung, Vortrag") und heißt "Hochschullehrer". In allen anderen Schultypen heißt "Lehrer" **nauczyciel** bzw. im Femininum **nauczycielka**.

(2) **Niektórzy** und im Femininum und Neutrum **niektóre** ("einige, manche") wird nur im Plural verwendet. Es kann, wie in unserem Satz, alleine benutzt werden oder von einem Substantiv begleitet werden, z.B.: **niektórzy ludzie, niektóre artykuły**.

(3) Das Verb **zabrać** und dessen imperfektives Äquivalent **zabierać** heißen bei Sachen "wegnehmen, mitnehmen" und bei Personen "mitnehmen". In einigen Ausdrücken hat es eine andere Bedeutung, z.B.: **zabrać głos** ("das Wort ergreifen"), **zabrać miejsce** ("Platz nehmen"), **zabrać czas** ("sich Zeit nehmen").
Hier noch einmal alle Formen des Personalpronomens **ja** ("ich"): Genitiv und Lokativ **mnie**, Dativ **mnie, mi**, Akkusativ **mnie, mię**, Instrumentalfall **mną**. Wie Sie sehen, haben der Dativ und der Akkusativ zwei Formen. Die erste dient dazu, die betreffende Person im Satz zu unterstreichen, vor allem, wenn ein Gegensatz zu einer anderen Person betont wird, z.B.: **daj mi** ("gib [es] mir") und **daj mnie a nie jej** ("gib es mir und nicht ihr").

5 — Tak? To dziwne. Zawsze mi się wydawało, że historia była twoją pasją. Pamiętam, że już w dzieciństwie interesowałeś się życiem w dawnych czasach.
6 — Lubiłem studiować życie codzienne, to prawda, ale zawsze miałem trudności z zapamiętaniem dat. **(4)**
7 — Hm... Dla kogoś, kto zajmuje się historią, to rzeczywiście spory kłopot. **(5)**
8 — Co zrobić? Nigdy nie miałem dobrej pamięci. Musiałem zdawać po kilka razy każdy egzamin.
9 — Dobrze, że masz to z głowy. Teraz jest ci chyba łatwiej? **(6)**
10 — Skąd, prawie wszystko zapomniałem. No, muszę już iść. Mam jeszcze dużo pracy przed jutrzejszym wykładem. **(7)**
11 — Jak to? Siedziałeś wczoraj nad nim całe popołudnie! Jeszcze go nie przygotowałeś?
12 — Zrobiłem notatki. Teraz muszę się ich nauczyć na pamięć.
13 — Dlaczego ich nie przeczytasz, tak jak to robią wszyscy wykładowcy?
14 — No wiesz! Jak mogę wymagać, żeby studenci zapamiętali mój wykład, skoro sam nie potrafię!? **(8)**

WYMOWA

6 ... sappamje$_n$tan$_i$emm ... 8 ... pamje$_n$c$_i$i ... 10 ... jut'schejjschîm ...

ANMERKUNGEN

(4) **Zapamiętanie** ist ein Substantiv, das vom Verb **zapamiętać** ("im Gedächtnis behalten") abgeleitet wird. Das imperfektive Verb dazu heißt: **zapamiętywać**. Merken Sie sich auch: **Zapamiętaj to sobie!** ("Merk dir das ein für allemal").

(5) Das Pronomen **ktoś** ("jemand") hat folgende Formen: Genitiv und Akkusativ **kogoś**, Dativ **komuś**, Instrumentalfall und Lokativ **kimś**. Durch Weglassen der Endung **-ś** erhält man die Formen des Pronomens **kto** ("der, welcher"), also: **kogo, komu, kim**. Stellt man diesem **ni-** voran, erhält man die Formen von **nikt** ("niemand"), also: **nikogo, nikomu, nikim**.

5 — Ach ja? Das ist komisch. Es kam mir immer so vor, dass Geschichte deine Leidenschaft war. Ich erinnere mich, dass du dich schon in [deiner] Kindheit für das Leben in weit zurückliegenden Zeiten interessiert hast.

6 — Ich studierte gerne das tägliche Leben, das ist wahr, aber ich habe immer Schwierigkeiten mit dem Behalten von Daten gehabt.

7 — Hmm ... Für jemanden, der sich mit Geschichte befasst, ist das in der Tat ein riesiges Problem.

8 — Was soll man da machen? Ich habe nie ein gutes Gedächtnis gehabt. Ich musste jedes Examen mehrmals ablegen.

9 — Es ist gut, dass du es jetzt los bist (aus dem Kopf hast). Jetzt ist wohl [alles] leichter für dich?

10 — Ganz und gar nicht. Ich habe fast alles vergessen. Gut, ich muss schon gehen. Ich habe noch viel Arbeit vor der morgigen Vorlesung.

11 — Wie das? Du hast gestern den ganzen Nachmittag daran gesessen! Hast du sie noch nicht vorbereitet?

12 — Ich habe Notizen gemacht. Jetzt muss ich sie auswendig lernen.

13 — Warum liest du sie nicht ab, wie das alle Dozenten so machen?

14 — Na hör mal! Wie könnte ich verlangen, dass meine Studenten meine Vorlesungen im Gedächtnis behalten, wenn ich selbst [dazu] nicht in der Lage bin?!

ANMERKUNGEN

(6) Die Formen von **ty** ("du") lauten: Genitiv und Akkusativ **ciebie, cię**, Dativ **tobie, ci**, Instrumentalfall **tobą** und Lokativ **tobie**. Wie beim Pronomen **ja** ist die erste Form des Genitivs, des Akkusativs und des Dativs betont (vgl. Anmerkung 3).

(7) Ebenso wie man aus **jutro** ("morgen") das Adjektiv **jutrzejszy** ("von morgen") ableiten kann, kann man aus **dzisiaj** das Adjektiv **dzisiejszy** ("von heute") und aus **wczoraj** das Adjektiv **wczorajszy** ("von gestern") bilden.

(8) **Potrafić** heißt "können", was Verstehen bzw. Wissen voraussetzt.

383 Trzysta osiemdziesiąt trzy

ĆWICZENIE

1. Masz dzisiejszą gazetę? Nie, dałem ją komuś do przeczytania i nie oddał mi. **2.** Trudno mi zrozumieć niektórych kolegów. **3.** Rozmawiałeś z kimś o wczorajszym filmie? Tak, nikomu się nie podobał. **4.** Spotkałeś kogoś na zebraniu? Nie było nikogo znajomego. **5.** Niektórzy wyjechali już na wakacje. **6.** Masz dobrą pamięć? Skąd, nie potrafię nigdy zapamiętać nowych nazwisk. **7.** Uważam, że ta praca zabiera ci zbyt dużo czasu.

WYPEŁNIĆ BRAKUJĄCE SŁOWA

1 *Mit wem gehst du ins Theater? Mit jemandem, den du nicht kennst.*

Z . . . idziesz . . teatru? Z . . . ., kogo . . . znasz.

2 *Oh, was für eine angenehme Überraschung! Wem muss ich danken?*

O, ... miła . . . . ! . . . . mam . . . . ?

3 *Hast du jemanden gesehen, den du kennst? Ich habe niemanden gesehen.*

Widziałeś . . . . . znajomego? . . . . . . nie . . . .

4 *Wen hast du zur morgigen Namenstagsfeier eingeladen? Du wirst sehen, du wirst sicher einige kennen.*

. . . . zaprosiłaś . . . . imieniny? . . . ., na . . . . . znasz . . . .

5 *Es ist schwierig, etwas zu machen, was man nicht kann.*

. . . . . . robić . . . . się . . . potrafi.

6 *Ich werde das mein Leben lang im Gedächtnis behalten.*

. . . . to . . całe . . . . . .

ÜBUNG

1. Hast du die Zeitung von heute? Nein, ich habe sie jemandem zum Lesen gegeben und er hat sie mir nicht zurückgegeben. **2.** Es ist schwierig für mich, einige Kollegen zu verstehen. **3.** Hast du mit jemandem über den gestrigen Film gesprochen? Ja, er hat niemandem gefallen. **4.** Hast du auf der Versammlung jemanden getroffen? Es war niemand da, den ich kannte. **5.** Einige sind bereits in die Ferien gefahren. **6.** Hast du ein gutes Gedächtnis? Ganz und gar nicht, ich kann mir nie neue Namen merken. **7.** Ich finde, dass dich diese Arbeit zu viel Zeit kostet.

EIGENE NOTIZEN:

Diese Wörter hätten Sie einsetzen sollen:

1 – kim – do -. – kimś – nie -. **2** – jaka – niespodzianka. Komu – podziękować. **3** – kogoś -. Nikogo – widziałem. **4** Kogo – na jutrzejsze -. Zobaczysz – pewno – niektórych. **5** Trudno – coś czego – nie -. **6** Zapamiętam – na – życie.

Zweite Welle: Aktivieren Sie heute Lektion 44!

LEKCJA DZIEWIĘĆDZIESIĄTA CZWARTA (94)

Wystarczy je naśladować

1 — Daleko jeszcze? Kiedy wysiadamy? **(1)**
2 — Na następnym przystanku. Siedź spokojnie, przestań się kręcić. **(2)**
3 — Pójdziemy najpierw obejrzeć małpy? Albo nie, zacznijmy od krokodyli.
4 — Uspokój się, zdążysz wszystko zobaczyć. Daj mi rękę, wysiadamy. **(3)**
5 — Tato, są tu słonie?
6 — Nie pamiętam już. Dawno nie byłem w zoo. Zaczekaj, kupię bilety... Proszę normalny i ulgowy. **(4)**
7 — Po co są te strzałki?
8 — Żeby się nie zgubić. Chodź, obejrzymy najpierw ptaki. To tu, na lewo.
9 — A gdzie są żółwie? Pójdziemy je zobaczyć? Jeszcze nigdy nie widziałem żywego żółwia.

WYMOWA

... nasi'laddowwac_i 2 ... pscheßtan_i ... kre_nc_ic_i. 3 ... maŵ'pî ... 4 ... sdo_nĵîsch ... 5 ... ßŵon_ie? 6 ... ulgowwî. 7 ... ßt'schaŵki? 9 ... ĵuŵ'wje? ...

ANMERKUNGEN

(1) Wysiadać sowie dessen perfektives Äquivalent **wysiąść** heißen "aussteigen" (z.B. aus einem Fahrzeug). Beachten Sie im Futur und in der Vergangenheit der perfektiven Form das Auftreten des Buchstabens **d**: Futur **wysiądę, wysiądziesz** usw.; Vergangenheit **wysiadłem, wysiadłeś** usw. Im Maskulinum Plural wird der Buchstabe **a** durch **e** ersetzt, z.B.: **wysiedliśmy, wysiedliście, wysiedli**. **Wsiadać** (perfektiv **wsiąść**) drückt den Gegensatz aus ("einsteigen", in ein Fahrzeug).

VIERUNDNEUNZIGSTE LEKTION

Es reicht aus, sie nachzumachen

1 — [Ist es] noch weit? Wann steigen wir aus?
2 — An der nächsten Haltestelle. Bleib (sitz) ruhig, hör auf, herumzuzappeln.
3 — Gehen wir uns zuerst die Affen ansehen? Oder, nein, beginnen wir bei den Krokodilen.
4 — Beruhige dich, du schaffst [es], [dir] alles anzusehen. Gib mir die Hand, wir steigen aus.
5 — Papa, gibt es hier Elefanten?
6 — Ich erinnere mich nicht mehr. Ich bin lange nicht mehr im Zoo gewesen. Warte, ich werde Eintrittskarten kaufen ... Eine normale und eine ermäßigte bitte.
7 — Wofür sind diese Pfeile?
8. — Damit man sich nicht verläuft (verliert). Komm, wir schauen uns zuerst die Vögel an. Sie sind hier, links.
9 — Und wo sind die Schildkröten? Werden wir sie ansehen? Ich habe noch nie eine lebende Schildkröte gesehen.

ANMERKUNGEN

(2) **Kręcić się** heißt hier "herumzappeln". Weitere Bedeutungen ergeben sich aus folgenden Wendungen: **kręci mi się w głowie** ("mir dreht sich alles im Kopf" im Sinne von "mir schwindelt"); **kręcić się po mieszkaniu** ("in der Wohnung hin und her gehen"); **włosy się kręcą** ("die Haare kringeln sich"). Die nichtreflexive Form bedeutet "drehen, winden" aber auch "schwindeln, mogeln", z.B.: **kręcić film/korbką/włosy/papierosa**; **powiedz prawdę, nie kręć** ("sag die Wahrheit, schwindel nicht"). Merken Sie sich auch: **kręcić głową** ("den Kopf schütteln"), **kręcić nosem** ("die Nase rümpfen"). "Nase" heißt **nos**. **Skręcić** (imperfektiv: **skręcać**) heißt "zusammendrehen", aber auch "abbiegen", z.B. **skręcić na lewo/prawo** ("nach links/nach rechts abbiegen").

(3) Das Verb **zdążyć** (perfektiv) wird hauptsächlich im Sinne von "rechtzeitig ankommen, schaffen", aber auch im Sinne von "gelingen, schaffen" benutzt, z.B. **zdążyć na pociąg**. Das Gegenteil heißt **spóźnić się** ("zu spät kommen, verpassen"). Das imperfektive Äquivalent lautet **zdążać** ("erreichen, zur rechten Zeit kommen") und ist eher ein literarischer Ausdruck.

(4) **Bilet ulgowy** ("ermäßigte Eintrittskarte"). **Ulga** ("Erleichterung" und "Ermäßigung"). Merken Sie sich: **odetchnąć z ulgą** ("erleichtert aufatmen").

LEKTION 94

10 — Oglądajmy po kolei. Tak będzie szybciej i nie będziemy się kręcić w kółko. **(5)**
11 — Tato, czy wszystkie zwierzęta są w klatkach?
12 — Oczywiście. Wiesz przecież, że niektóre są bardzo niebezpieczne, jak są na wolności. Gdyby nie były zamknięte... **(6)**
13 — A jak byliśmy w cyrku, to tygrysy wcale nie były w klatkach.
14 — To co innego. W cyrku zwierzęta są oswojone, a te są dzikie. Pospiesz się, bo nie zdążymy wszystkiego zobaczyć.
15 — Co jest napisane na tej tabliczce?
16 — Karmienie zwierząt zabronione.
17 — To dlaczego ten pan rzuca im cukierki?
18 — Nie wiem, może nie widział tabliczki. O, tam, na prawo jest wiwarium, zobaczysz swoje żółwie i krokodyle.
19 — O, jakie fajne ryby! ... Wiesz, zazdroszczę im. Chciałbym tak umieć pływać, jak one. **(7)**
20 — To nic trudnego. Wystarczy naśladować rękami i nogami wszystkie ich ruchy.

WYMOWA

11 ... swjeję_n_ta ... klatt'kahh? **12** ... sam'knję_n_te ... **13** ... tîgrîßi... **14** ... oßfojjonne, ... **17** ... zukjerki? **18** ... wiwarjum ... **19** ... sas'drosch'tsche im. ...

ANMERKUNGEN

(5) Po kolei = **kolejno** ("einer/eins nach dem anderen") kommt von **kolej** ("Reihe, Reihenfolge"), z.B.: **kolej na mnie = moja kolej** ("ich bin an der Reihe"). **Kolejny** ("nachfolgender"). **Kolejka** heißt "Schlange" (z.B. vor einer Kasse) oder "Kleinbahn, Seilbahn", denn das Wort **kolej** heißt außerdem "Eisenbahn". (Vgl. **tor kolejowy**, Lektion 76). **W kółko** ("im Kreis", z.B. drehen, oder "ununterbrochen", z.B. nachdenken). Das Wort **kółko** ist der Diminutiv von **koło** ("Kreis, Runde, Rad"). **Koło** ist aber auch eine Präposition und bedeutet "ungefähr, rund (bei Zahlen), etwa", z.B.: **koło północy** ("etwa um Mitternacht") sowie "neben, nahe", z.B.: **koło domu** ("in der Nähe des Hauses").

10 — Wir sollten uns [alles] der Reihe nach anschauen. Das wird schneller gehen und wir werden nicht im Kreis herumlaufen.
11 — Papa, sind alle Tiere in Käfigen?
12 — Natürlich. Du weißt doch, dass einige sehr gefährlich sind, wenn sie in Freiheit sind. Wenn sie nicht eingesperrt wären ...
13 — Und als wir im Zirkus waren, waren die Tiger aber gar nicht in Käfigen.
14 — Das ist etwas anderes. Im Zirkus sind die Tiere gezähmt und diese hier sind wild. Beeil dich, denn [sonst] schaffen wir es nicht, uns alles anzusehen.
15 — Was steht auf diesem Schild (geschrieben)?
16 — Füttern der Tiere verboten.
17 — Und warum wirft dieser Herr ihnen Bonbons zu?
18 — Ich weiß es nicht, vielleicht hat er das Schild nicht gesehen. Oh, da, links, dort ist ein Terrarium, du wirst deine Schildkröten und deine Krokodile sehen.
19 — Oh, was für tolle Fische! ... Weißt du, ich beneide sie. Ich würde gerne so schwimmen können wie sie.
20 — Das ist nicht schwierig. Es reicht, all ihre Bewegungen mit den Armen und Beinen nachzumachen.

ANMERKUNGEN

(6) **Zamknięty** (hier: "eingesperrt") kommt vom Verb **zamknąć**, dessen imperfektives Äquivalent **zamykać** heißt und auch "verriegeln, zumachen" bedeutet.
(7) **Zazdrościć** ("beneiden"). Darauf folgt der Dativ (jemanden um etwas beneiden), der dann vom Genitiv begleitet wird, z.B.: **zazdroszczę mu sukcesów/pieniędzy** ("ich beneide ihn um seinen Erfolg/sein Geld"). Merken Sie sich auch: **zazdrosny** ("eifersüchtig"), z.B.: **jestem zazdrosny** ("ich bin eifersüchtig") und **zazdrość** ("Eifersucht").

389 Trzysta osiemdziesiąt dziewięć

ĆWICZENIE

1. Nie zdążyłem na pociąg, powiedz mamie, że przyjadę następnym.
2. Nie wiem, czy zdążę załatwić wszystko przed wyjazdem. 3. Proszę wysiąść na następnym przystanku i skręcić w drugą ulicę na prawo.
4. Musimy zaczekać na swoją kolej, ci panowie byli przed nami.
5. Kupiłeś bilety? Nie, była długa kolejka i nie chciało mi się czekać.
6. Zobacz, płyta się nie kręci. Zdaje się, że adapter jest zepsuty. 7. To dobrze, kręci mi się w głowie od tej muzyki. 8. Nie warto myśleć w kółko o jednym i tym samym.

WYPEŁNIĆ BRAKUJĄCE SŁOWA

1 *Ich habe mich vertan und bin zwei Haltestellen zu früh aus dem Bus ausgestiegen.*

Pomyliłem ... i .... z ....

dwa .... wcześniej.

2 *Wenn du dich nicht beeilst, werden wir den Zug verpassen.*

...... się ... pospieszysz, nie .... na ....

3 *Ich kann dir dieses Buch nicht geben. Ich brauche es für die morgige Vorlesung.*

... mogę .. dać ... książki. Potrzebuje ...

na .... wykład.

4 *Sei nicht beunruhigt, ich werde es schaffen, es bis morgen zu lesen.*

Nie ..... się, ... ją .... do ....

5 *Steigen Sie einer nach dem anderen ein; das wird schneller gehen (sein).*

Proszę .... po ....., tak ...... szybciej.

6 *Setz dich hin und hör endlich auf, im Kreis zu laufen.*

...... i .... wreszcie ..... się ....

ÜBUNG

1. Ich habe den Zug verpasst. Sag Mama, dass ich mit dem nächsten kommen werde. **2.** Ich weiß nicht, ob ich es schaffen werde, alles vor [meiner] Abreise zu regeln. **3.** Steigen Sie bitte an der nächsten Haltestelle aus und gehen (biegen) Sie die zweite Straße rechts. **4.** Wir müssen warten, bis wir an der Reihe sind. Diese Herren waren vor uns [dran]. **5.** Hast du die Karten gekauft? Nein, es gab eine lange Schlange, und ich hatte keine Lust zu warten. **6.** Sieh mal, die Platte dreht sich nicht. Ich glaube, dass der Plattenspieler kaputt ist. **7.** Das ist gut, in meinem Kopf dreht sich [schon] alles von dieser Musik. **8.** Es hat keinen Sinn (nicht nötig), ununterbrochen an dieselbe [Sache] zu denken.

Diese Wörter hätten Sie einsetzen sollen:

1 – się – wysiadłem – autobusu – przystanki -. **2** Jeżeli – nie – – zdążymy – pociąg. **3** Nie – ci – tej -. – jej – jutrzejszy -. **4** – martw – zdążę – przeczytać – jutra. **5** – wsiadać – kolei – będzie -. **6** Usiądź – przestań – kręcić – w kółko.

Zweite Welle: Aktivieren Sie heute Lektion 45!!

LEKCJA DZIEWIĘĆDZIESIĄTA PIĄTA (95)

Coś praktycznego

1 — Jestem przerażony czekającymi mnie zakupami. Nie poszedłbyś ze mną? **(1)**
   Razem będzie nam raźniej. **(2)**
2 — A co zamierzasz kupować?
3 — Muszę kupić dzieciom jakieś prezenty na gwiazdkę.
4 — Nie możesz odłożyć tego na później? O tej porze jest straszny tłok. **(3)**
5 — Nie mam innego wyjścia. Wyjeżdżam jutro na parę dni. Jak wrócę, nie będę miał czasu na chodzenie po sklepach. **(4)**
6 — A co chcesz im kupić?
7 — Nie mam zielonego pojęcia.
8 — Dlaczego nie zapytasz żony?

WYMOWA

1 ... pscherrajônnî ... raz¡'n¡ejj. 4 ... od'ŵojîc¡ ... tŵokk.
7 ... z¡ellonneggo poje$_n$c$_i$a.

ANMERKUNGEN

(1) Sie haben bereits das Adverbialpartizip kennengelernt, z.B.: **czekając** ("wartend, während des Wartens"), **idąc** ("gehend, während des Gehens"), **mówiąc** ("sagend"). Über diese Form hinaus, die unveränderlich bleibt, gibt es noch eine andere, die dem Partizip Präsens ähnelt, die jedoch wie ein Adjektiv dekliniert wird, z.B.: **czekający/ czekająca/czekające; czekającego/czekającą** usw. ("der/die/das Wartende; der, der wartet"). Einige von diesen Adjektiven haben ihren Partizip-Präsens-Charakter verloren und sind zu reinen Adjektiven geworden, z.B.: **interesujący** ("interessant"), **męczący** ("ermüdend"), **miejsce stojące/siedzące** ("Steh(platz), Sitz(platz)"). Die beiden Partizipien können (vor allem in der Umgangssprache) durch zeitliche Nebensätze oder Relativsätze ersetzt werden.

FÜNFUNDNEUNZIGSTE LEKTION

Etwas Praktisches

1 — Ich bin erschreckt über die Einkäufe, die mich erwarten. Würdest du nicht mit mir kommen? Gemeinsam wird [es] (uns) viel angenehmer sein.
2 — Und was hast du vor zu kaufen?
3 — Ich muss Weihnachtsgeschenke für [meine] Kinder kaufen.
4 — Kannst du das nicht auf später verschieben? Zu dieser Zeit herrscht ein fürchterliches Gedränge.
5 — Ich habe keine andere Lösung (Ausgang). Ich fahre morgen für ein paar Tage weg. Wenn ich zurückkomme, werde ich keine Zeit haben, einkaufen zu gehen (durch die Läden laufen).
6 — Und was willst du ihnen kaufen?
7 — Ich habe keine (grüne) Ahnung.
8 — Warum fragst du nicht [deine] Frau?

ANMERKUNGEN

(2) **Raźniej** ist der Komparativ von **raźno** und ist hier identisch mit **przyjemniej** ("angenehmer").
(3) Wie Sie wissen, erfüllen die Demonstrativpronomen im Polnischen auch die Funktion eines Adjektivs. Es handelt sich dabei um die Pronomen: **ten** ("dieser, der")/**tamten** ("jener"), **ta** ("diese, die")/**tamta** ("jene"), **to** ("dieses, das")/**tamto** ("jenes"). Sie können jeweils mit oder ohne Substantiv verwendet werden. Diese beiden Wortarten werden nach demselben Schema dekliniert und nehmen folgende Formen an: Genitiv **tego, tej**, Dativ **temu, tej**, Akkusativ **tego** oder **ten, to, tę**, Instrumentalfall **tym, tą** und Lokativ **tym, tej**. Die Form **ten** im Akkusativ bezieht sich auf Sachen, **tego** bezieht sich auf Personen und Tiere.
(4) **Chodzić po sklepach** ("einkaufen gehen", wörtlich: durch die Läden laufen). Die Präposition **po** hat hier dieselbe Funktion wie in den Ausdrücken **chodzić po pokoju/po ulicach**. **Chodzenie** ist das Verbalsubstantiv von **chodzić** ("gehen").

393 Trzysta dziewięćdziesiąt trzy

9 — W tym roku jest moja kolej. Zawsze kupujemy prezenty na zmianę. Oszczędzamy w ten sposób czas i unikamy sprzeczek. **(5)**
10 — Sprzeczaliście się przy kupowaniu prezentów?
11 — Nie podobały jej się nigdy moje pomysły. Zawsze chciała im kupować coś praktycznego. Dlatego też postanowiliśmy się nie wtrącać i od tej pory każdy kupuje co chce.
12 — Widzisz coś ciekawego?
13 — Nie, ale może na pierwszym piętrze coś dostaniemy.
14 — A ten bębenek? Jest niedrogi. Kupię go Markowi. **(6)**
15 — Dlaczego? Lubi muzykę?
16 — Nie, ale jest już dość mocny i szybko go połamie.

WYMOWA

9 ... osch'tsche_ndsammî ... ßpschetschekk. 11 ... ftronzac_i ... 13 ... pje_nt'sche ... 14 ... be_nbennekk? ... 16 ... moznî ... poŵamje.

ĆWICZENIE

1. Człowiek lubiący zwierzęta ma na pewno dobre serce. 2. Ludzie pracujący po południu robią zakupy rano. 3. Kim jest ta pani siedząca koło okna i czytająca gazetę? 4. Widzisz tę dziewczynę oglądającą żurnal? To moja znajoma. 5. Szukamy kogoś mówiącego dobrze po angielsku. 6. Potrzebuję książki mówiącej o podróżach w kosmos. 7. Powiedz panu wysiadającemu z autobusu, że zostawił parasol. 8. Adam jest człowiekiem potrzebującym pomocy. 9. Nie zapomnij o czekających cię egzaminach. 10. Pracuję z ludźmi nie interesującymi się niczym.

Lesen Sie noch einmal die Übung der Lektion 92 und wandeln Sie die Sätze (bis auf die Sätze 1 und 2) dann in das Maskulinum um. Vergessen Sie auch nicht, in den Sätzen 4 und 6 anstelle der weiblichen Vornamen männliche Vornamen zu verwenden.

9 — Dieses Jahr bin ich dran (meine Reihe). Wir kaufen die Geschenke immer abwechselnd. Auf diese Weise sparen wir Zeit und vermeiden Streit.
10 — Habt ihr euch beim Kauf von Geschenken gestritten?
11 — Meine Ideen haben ihr nie gefallen. Sie wollte ihnen immer etwas Praktisches kaufen. Deshalb haben wir entschieden, dass wir uns nicht [in die Dinge des anderen] einmischen und seitdem kauft jeder, was er will.
12 — Siehst du etwas Interessantes?
13 — Nein, aber vielleicht finden (bekommen) wir etwas in der ersten Etage.
14 — Und diese Trommel? Sie ist nicht teuer. Ich kaufe sie für Mark.
15 — Warum? Mag er Musik?
16 — Nein, aber er ist schon relativ stark und er wird sie schnell kaputtmachen (zerbrechen).

ANMERKUNGEN

(5) **Na zmianę** ("abwechselnd") kommt von **zmiana** ("Wechsel, Veränderung, Ablösung"). Beachten Sie auch das Verb **zmienić** (imperfektiv **zmieniać**), das "wechseln, verändern" bedeutet.
(6) Die Formen des Pronomens **on** ("er") lauten: Genitiv und Akkusativ **jego** bzw. **niego** oder **go**, Dativ **jemu** bzw. **niemu** oder **mu**, Instrumentalfall und Lokativ **nim**. Welche Form benutzt wird, hängt von der jeweiligen Verwendungsweise ab, d.h. es ist wichtig, ob betont oder unbetont gesprochen wird, ob sie mit oder ohne Präposition benutzt werden. Vergleichen Sie: **daj mu** und **daj jemu**, **nie jej** (Dativ); **widzę go**, **widzę jego**, **nie ją** und **idę do niego** (Genitiv).

ÜBUNG

1. Ein Mensch, der Tiere liebt, hat sicher ein gutes Herz. 2. Die Leute, die nachmittags arbeiten, machen morgens Einkäufe. 3. Wer ist diese neben dem Fenster sitzende und Zeitung lesende Dame? 4. Siehst du dieses sich eine Zeitschrift anschauende Mädchen? Das ist meine Bekannte. 5. Wir suchen jemanden, der gut (auf) Englisch spricht. 6. Ich brauche ein von Reisen ins Weltall handelndes Buch. 7. Sag dem aus dem Bus aussteigenden Herrn, dass er [seinen] Regenschirm liegengelassen hat. 8. Adam ist ein Hilfe brauchender Mann (Mensch). 9. Vergiss die anstehenden (wartenden) Prüfungen nicht. 10. Ich arbeite mit Leuten, die sich für nichts interessieren.

395 Trzysta dziewięćdziesiąt pięć

WYPEŁNIĆ BRAKUJĄCE SŁOWA

1 *Ein Mensch, der so guten Appetit hat, kann nicht krank sein.*

   Człowiek ...... tak ..... apetyt ... może ... chory.

2 *Kennst du dieses die Zeitung lesende Mädchen? Nein, ich sehe sie zum ersten Mal.*

   Znasz .. dziewczynę .... gazetę? ..., widzę ..

   po ... pierwszy.

3 *Ich habe diesen Herrn, der Blumen kauft, schon einmal getroffen.*

   Spotkałem ... gdzieś .... pana .... kwiaty.

4 *Denk an die anstehenden (wartenden) Prüfungen.*

   ...... o .... cię ....

LEKCJA DZIEWIĘĆDZIESIĄTA SZÓSTA (96)

Prawdziwi amatorzy literatury

1 — Przepraszamy za spóźnienie, ale nie było taksówek. Czekaliśmy prawie pół godziny.
2 — Nic nie szkodzi. Nie ma jeszcze wszystkich. Proszę rozgośćcie się. **(1)**

WYMOWA
... ammattojî ... **2** ... ros'gos,'c,e ...

5 *Gib diesen Brief dem Herrn, der in der ersten Etage wohnt.*

... ten .... panu .... na .... piętrze.

6 *Vergiss nicht die Kinder, die Hilfe brauchen (die Hilfe brauchenden Kinder).*

... zapominaj . dzieciach .... pomocy.

Diese Wörter hätten Sie einsetzen sollen:

1 – mający – dobry – nie – być –. **2** – tę – czytającą –. Nie – ją – raz –.
3 – już – tego – kupującego –. **4** Pomyśl – czekających – egzaminach.
5 Daj – list – mieszkającemu – pierwszym –. **6** Nie – o – potrzebujących –.

Lösung der Übung (Formen des Maskulinum):

3 – – nim –. – – go – – –. **4** – – – – Marka. – – – nim –. **5** – – – – – go
–. **6** – – – Adam. – – – – – niego. **7** — – – – niego – mu – –. **8** – – jego
– – – szczęśliwy.

Zweite Welle: Aktivieren Sie heute Lektion 46!!

SECHSUNDNEUNZIGSTE LEKTION

Echte Literatur-Liebhaber

1 — Entschuldigt die Verspätung, aber es gab keine Taxis. Wir haben fast eine halbe Stunde gewartet.
2 — Das macht nichts. Es sind noch nicht alle da. Bitte setzt euch.

ANMERKUNGEN

(1) Beachten Sie, dass in **rozgościć się** das Wort **gość** ("Gast") vorkommt. In der Tat verwendet man dieses Verb, wenn man seine Gäste bittet, Platz zu nehmen, im Sinne von "macht es euch bequem". Hier einige andere Wörter aus derselben Familie: **gościć u siebie** ("bei sich empfangen"), **gościć u kogoś** ("sich bei jemandem aufhalten", im Sinne von "bei jemandem zu Gast sein"); **gościnność** ("Gastfreundschaft"); **gościnny** ("gastfreundlich") oder auch **pokój gościnny** ("Gästezimmer").

397 Trzysta dziewięćdziesiąt siedem

3 — Gdzie można powiesić palta? **(2)**
4 — Nie ma już miejsca na wieszaku? Dajcie, położę je w drugim pokoju. **(3)** Częstujcie się. Czego się chcecie napić? **(4)**
5 — Nie troszcz się o nas, damy sobie radę.
6 — Czujcie się, jak u siebie w domu. O, ktoś dzwoni, pójdę otworzyć. Na razie. **(5)**
7 — Czego ci nalać: wina czy wódki? **(6)**
8 — Nie, wezmę szklankę soku. Znasz tego faceta w szarej marynarce? **(7)**
9 — Zdaje się, że już go gdzieś spotkałem. Dlaczego pytasz?
10 — Zawsze jest otoczony tłumem ludzi... Czy to nie Bogdański?

WYMOWA

3 ... powjes$_i$ic$_i$ ... **4** ... wjeschakku? ... tsche$_n$ßtujc$_i$e ...
5 ... trosch'tsch ... **7** ... nallac$_i$ ... **8** ... fazzetta ... scharrejj marrînar'ze? **10** ... ottotschonnî tłumemm ...

3 — Wo kann man [hier] die Mäntel aufhängen?
4 — Gibt es keinen Platz mehr an der Garderobe? Gebt [sie mir], ich werde sie in das andere Zimmer legen. Bedient euch. Was möchtet ihr trinken?
5 — Kümmer dich nicht um uns, wir kommen [schon] zurecht.
6 — Fühlt euch wie zu Hause. Oh, es (jemand) klingelt. Ich werde öffnen gehen. Bis gleich.
7 — Was soll ich dir einschenken: Wein oder Wodka?
8 — Nein, ich nehme ein Glas Saft. Kennst du den Typ in dem grauen Sakko?
9 — Ich glaube, dass ich ihn schon einmal irgendwo getroffen habe. Warum fragst du?
10 — Er ist immer von einer Menge Leute umringt ... Ist das nicht Bogdanski?

ANMERKUNGEN

(2) **Powiesić** heißt "aufhängen, hängen" und ist ein perfektives Verb der (2. Konjugation. Die Konjugationsformen lauten also: **powieszę, powiesisz** usw. Das imperfektive Äquivalent lautet **wieszać** (3. Konjugation: **wieszam, wieszasz** usw.). **Wieszak** bedeutet eigentlich "Aufhänger, Kleiderbügel", kann aber auch im Sinne von "Garderobe" benutzt werden.

(3) Wir erinnern Sie daran, dass **położyć** ("legen") das perfektive Äquivalent von **kłaść** ist, dessen einzelne Formen lauten: Gegenwart **kładę, kładziesz** usw.; Vergangenheit **kładłem, kładłeś** usw.; Imperativ **kładź!** oder **połóż!**.

(4) (Po)częstować + Instrumentalfall heißt "etwas anbieten", z.B.: **częstować obiadem/papierosami**. Merken Sie sich: **(po)częstować się** ("nehmen, sich bedienen" und zwar bei Mahlzeiten und bei Genussartikeln), z.B. **proszę się (po)częstować = niech się pan (pani) (po)częstuje** ("bedienen Sie sich"), **(po)częstuj się** ("bediene dich").

(5) **Na razie** ("im Augenblick") wird auch verwendet im Sinne von "bis gleich".

(6) **Nalać** ist perfektiv und gehört der (1. Konjugation an, also: **naleję, nalejesz** usw. **Nalewać** ist dagegen imperfektiv und gehört der (3. Konjugation an. Beides bedeutet "einschenken" oder "eingießen".

(7) **Szklanka** ("Glas") wird für Fruchtsäfte, Milch und Tee benutzt. Dagegen verwendet man **kieliszek** für Wodka, Wein usw. Beispiele: **szklanka mleka** ("ein Glas Milch"), **kieliszek wódki** ("ein Glas Wodka").
Facet ("Typ, männliche Person") ist ein umgangssprachlicher Ausdruck, der ein bisschen scherzend und ironisch gemeint ist. Sein weibliches Äquivalent lautet **facetka**. Der Plural heißt **faceci** für Männer und **facetki** für Frauen.

399 Trzysta dziewięćdziesiąt dziewięć

11 — Ten, co wydał ostatnio nową książkę? Nie tak go sobie wyobrażałem. **(8)**
12 — Dlaczego? Czytałeś ją?
13 — Nie, rzuciłem tylko okiem. Nie jestem amatorem tego typu literatury. **(9)**
14 — W każdym razie, wygląda na to, że ma masę wielbicieli. Ciekawa jestem, czy wszyscy kupują jego książki.
15 — Jestem pewien, że nie. Gdyby tak było, nie miałby tylu wielbicieli!

ĆWICZENIE

1. Niech się państwo rozgoszczą, zaraz przyniosę szklanki. 2. Nalać ci herbaty? Nie, dziękuję, wolę kawę. 3. Nie kładź książek na stole, połóż je na półce. 4. Położyłem tu gdzieś gazetę. Nie widziałeś jej? 5. Gdzie masz zamiar powiesić ten obraz? Powieszę go w jadalni, koło okna. 6. Dlaczego nie wieszasz nigdy swoich rzeczy na miejscu? 7. Kto rzucił tę piłkę do ogrodu? Na pewno dzieci sąsiadów. 8. Dlaczego rzucasz cukierki, są niedobre? 9. Wydajesz zbyt dużo pieniędzy, powinieneś trochę oszczędzać.

WYPEŁNIĆ BRAKUJĄCE SŁOWA

1 *Setzt euch bitte und fühlt euch wie zu Hause.*

..... się .... i .... jak .... w ..... .

2 *Kannst du mir ein Glas Wein einschenken? Und wo ist dein Glas?*

..... mi ..... trochę ....? . gdzie ....

twój ....?

3 *Es war da, auf dem Tisch, aber anscheinend hat es jemand weggenommen.*

Był .. na ....., ale .... ktoś .. zabrał.

4 *Wo kann man [hier] die Mäntel hinlegen? Hängt sie an der Garderobe auf.*

..... można .... palta? .... je .. wieszaku.

11 — Der, der kürzlich ein neues Buch veröffentlicht hat? So habe ich ihn mir nicht vorgestellt.

12 — Warum? Hast du es gelesen?

13 — Nein, ich habe nur einen Blick hineingeworfen. Ich bin kein Liebhaber dieser Art von Literatur.

14 — Auf jeden Fall, es sieht [zumindest] so aus, als hätte er viele Bewunderer. Ich bin neugierig, ob alle seine Bücher kaufen.

15 — Ich bin nicht sicher. Wenn es so wäre, hätte er nicht so viele Bewunderer!

ANMERKUNGEN

(8) In der Umgangssprache wird das Relativpronomen **który** ("der, welcher") oft durch das Pronomen **co** ersetzt, z.B.: **Który sweter wolisz? Ten, co leży na wystawie.** ("Welchen Pullover bevorzugst du? Den, der im Schaufenster ist.").
Wydać (imperfektiv: **wydawać**) heißt hier "veröffentlichen, eine Publikation herausgeben". Dieses Verb hat aber zahlreiche Bedeutungen. Sie haben es z.B. als Synonym für "Geld herausgeben" kennengelernt. Darüber hinaus bedeutet es im Zusammenhang mit Geld "ausgeben": **wydawać pieniądze**. Hier seine weiteren Bedeutungen: **wydawać tajemnicę** ("ein Geheimnis verraten"); **wydawać dekret** ("ein Dekret bekanntgeben"). Denken Sie auch an den Ausdruck **wydaje mi się** ("es scheint mir").

(9) **Rzucić** ist das perfektive Äquivalent von **rzucać**, das Sie in der vorhergehenden Lektion kennengelernt haben und das "werfen, schleudern" oder "jemanden verlassen" heißt.
Amator hat mehrere Bedeutungen. Mit einem darauffolgenden Genitiv heißt das Wort "Liebhaber", z.B., **amator muzyki** ("Musikliebhaber"); in dem Ausdruck **grać jak amator** bedeutet es "wie ein Amateur/Laie spielen". Folgt ihm die Präposition **na**, dann bezeichnet es eine Person, die an etwas interessiert ist, z.B.: **amator na mieszkanie** ("er ist an der Wohnung interessiert").

ÜBUNG

1. Setzen Sie sich, ich bringe sofort die Gläser. 2. Soll ich dir Tee einschenken? Nein, danke, ich möchte lieber Kaffee. 3. Lege die Bücher nicht auf den Tisch, lege sie in das Regal hinein. 4. Ich habe [meine] Zeitung hier irgendwo hingelegt. Hast du sie nicht gesehen? 5. Wo hast du vor, dieses Bild aufzuhängen? Ich werde es im Esszimmer neben dem Fenster aufhängen. 6. Warum hängst du deine Sachen nie an [ihrem] Platz auf? 7. Wer hat diesen Ball in den Garten geworfen? Sicherlich die Kinder der Nachbarn. 8. Warum wirfst du die Bonbons weg? Sind sie nicht gut? 9. Du gibst zu viel Geld aus. Du solltest ein bisschen sparen.

401 Czterysta jeden

5   *Kannst du einen Blick auf diesen Artikel werfen? Was denkst du davon?*

   Możesz . . . . . . okiem . . ten . . . . ? . . o . . . myślisz?

6   *Du solltest nicht so viel Geld ausgeben. Es scheint mir, dass du recht hast.*

   . . . powinieneś . . . . tyle . . . . , ...

   mi . . . , że . . . . rację.

LEKCJA DZIEWIĘĆDZIESIĄTA SIÓDMA (97)

Prawdziwy pech

1 — O rany! Już wpół do dziesiątej?! Stanowczo za długo śpimy.

2 — Przecież jesteśmy na wakacjach. Nie musimy wstawać wcześnie.

3 — Chcesz spędzić cały urlop w łóżku? Nie po to przyjechaliśmy w góry.

4 — A co mamy robić? Nie możemy iść na narty, skoro nie ma śniegu. **(1)**

5 — Może byśmy poszli na łyżwy? Zdaje się, że można wypożyczyć na miejscu. **(2)**

WYMOWA

... pehh **1** ... ßtannof'tscho ... **5** ... wîjwî? ...

ANMERKUNGEN

(1) Im Ausdruck **iść na narty** ("Skifahren gehen") weist die Präposition **na** auf das Ziel hin, daher folgt ihr der Akkusativ. In **jeździć na nartach** ("Skifahren", wörtlich: "auf Skiern fahren") weist sie auf den Standort hin (man befindet sich "auf" den Skiern), wodurch die Verwendung des Lokativs nötig wird. Ähnliches gilt für das Wort **łyżwy** ("Schlittschuhe"). Vergleichen Sie **iść na łyżwy** und **jeździć na łyżwach**.

Diese Wörter hätten Sie einsetzen sollen:

1 Proszę – rozgościć – czuć – u siebie – domu. 2 Możesz – nalać – wina. A – jest – kieliszek. 3 – tu – stole – widocznie – go -. 4 Gdzie – położyć -. Powieście – na -. 5 – rzucić – na – artykuł. Co – nim -. 6 Nie – wydawać – pieniędzy. Wydaje – się – masz -.

Zweite Welle: Aktivieren Sie heute Lektion 47!!

SIEBENUNDNEUNZIGSTE LEKTION

Ein wirkliches Pech

1 — Oh, Mist! Schon halb zehn?! Wir schlafen entschieden zu lange.
2 — Schließlich sind wir in den Ferien. Wir müssen nicht früh aufstehen.
3 — Willst du den ganzen Urlaub im Bett verbringen? Dafür sind wir nicht in die Berge gekommen (gefahren).
4 — Und was sollen wir machen? Wir können nicht Skifahren gehen, da es keinen Schnee gibt.
5 — Vielleicht könnten wir Schlittschuhlaufen (gehen)? Ich glaube, dass man vor Ort [welche] leihen kann.

ANMERKUNGEN

(2) **(Wy)pożyczyć** (imperfektiv: **(wy)pożyczać**) entspricht, wenn es vom Dativ begleitet wird, "jemandem etwas ausleihen". Dasselbe Verb bedeutet, wenn ihm die Präposition **z** oder **od** + der Genitiv folgen, "sich etwas ausleihen". In privaten Beziehungen verwendet man die Form ohne das Präfix **wy-**. Das ausgeliehene Objekt wird in den Akkusativ gesetzt, z.B.: **pożyczyć komuś książkę/pieniądze** ("jemandem ein Buch/Geld leihen"). Das Objekt, das man sich von einer anderen Person leiht, steht dagegen im Genitiv, z.B.: **pożyczyć od kogoś książki/pieniędzy** ("sich von jemandem ein Buch/Geld ausleihen"). Mietet man eine Wohnung oder ein Haus, wird das Verb **wynająć** (imperfektiv: **wynajmować**) benutzt. Vergleichen Sie dazu Lektion 76, Anmerkung 2.

6 — Wiesz przecież, że nie umiem jeździć na łyżwach.
7 — Nie szkodzi. To dobra okazja, żeby się nauczyć.
8 — Nie mam ochoty. Gdybym chciał, mógłbym się nauczyć wcześniej. Ślizgawki są wszędzie. **(3)**
9 — Myślałam, że lubisz sporty zimowe.
10 — Lubię narty, ale w tym roku niestety nic z tego. Cały urlop stracony... **(4)**
11 — Może byśmy pojechali wyciągiem na Kasprowy? **(5)**
12 — Nic nie zobaczymy, jest straszna mgła.
13 — To chodźmy na spacer. Trzeba skorzystać z górskiego powietrza.
14 — Nie widzisz, że pada? Przy takiej pogodzie lepiej siedzieć w domu.
15 — Może po południu będzie ładniej?
16 — Straciłem już nadzieję na ładną pogodę. Mamy wyjątkowego pecha.

WYMOWA

8 ... s̨lisgafki ... **10** ... ßtrazzonnî... **11** ... wîc̨i**o**ngjemm ... **16** ... wîjont'kowweggo ...

ANMERKUNGEN

(3) Wie wir bereits in einer der vorhergehenden Lektionen erwähnt haben, können die Sätze, in denen das Verb im Konjunktiv steht, eine Vermutung (die sich naturgemäß auf die Zukunft bezieht) oder einen in der Vergangenheit nicht realisierten Umstand ausdrücken. Um klarzumachen, was von beidem man ausdrücken will, kann man an die Hauptaussage eine adverbiale Bestimmung der Zeit anfügen, mit der die Hauptaussage in das Futur oder in die Vergangenheit gesetzt wird. So hieße der Satz **gdybym chciał, mógłbym się nauczyć** ohne **wcześniej** ("früher") und ohne Kontext "wenn ich wollte, könnte ich [es] lernen". In einem Kontext, der die Aussage in die Vergangenheit zurücksetzt, würde der Satz "wenn ich gewollt hätte, hätte ich lernen können" heißen.

6 — Aber du weißt doch, dass ich nicht Schlittschuh laufen kann.

7 — Das macht nichts. Das ist eine gute Gelegenheit, um es zu lernen.

8 — Ich habe keine Lust. Wenn ich es gewollt hätte, hätte ich es früher lernen können. Es gibt überall Eisbahnen.

9 — Ich habe gedacht, du magst Wintersport.

10 — Ich mag Skifahren, aber dieses Jahr wird leider nichts daraus. Die ganzen Ferien [sind] verpfuscht (verloren) ...

11 — Vielleicht könnten wir mit der Seilbahn auf den Kasprowy fahren?

12 — Wir werden nichts sehen. Es gibt schrecklichen Nebel.

13 — Dann lass uns einen Spaziergang machen. Man muss die Luft in den Bergen ausnutzen.

14 — Siehst du nicht, dass es regnet? Bei diesem Wetter sollte man lieber zu Hause bleiben.

15 — Vielleicht wird es am Nachmittag schön?

16 — Ich habe die Hoffnung auf gutes Wetter schon aufgegeben (verloren). Wir haben ein außergewöhnliches Pech.

ANMERKUNGEN

(4) **Stracony** ("verloren") kommt vom Verb **(s)tracić**, das Sie nicht mit **(z)gubić** verwechseln sollten. Das erste wird benutzt, wenn von einem definitiven oder abstrakt gemeinten Verlust die Rede ist, z.B.: **tracę czas** ("ich verliere Zeit"), **straciłem nadzieję** ("ich habe die Hoffnung verloren"). Das zweite weist auf den Verlust von etwas hin, das man theoretisch zurückerlangen kann, z.B.: **ciągle gubię parasol** ("ich verliere immer meinen Regenschirm"), **zgubiłem pieniądze** ("ich habe mein Geld verloren"), aber **straciłem pieniądze** ("ich habe das Geld unwiederbringlich verloren/vergeudet").

(5) Im Süden Polens, entlang der Grenze zur Tschechischen und Slowakischen Republik, erstrecken sich die polnischen Gebirgszüge: **Sudety** ("Sudeten") im Süd-Westen, **Beskidy** ("Beskiden") im Süd-Osten. *Kasprowy* ist ein Gipfel von 1.985 m Höhe, der im **Tatry**-Gebirge ("Hohe Tatra") liegt. Dieses Massiv gehört zu den Beskiden.

17 — Nie przesadzaj. Gdybyś wiedział, co się przytrafiło Zbyszkowi w tamtym roku... To on miał prawdziwego pecha, nie my. **(6)**

18 — A co mu się stało?

19 — Wyobraź sobie, że tak nieszczęśliwie upadł pierwszego dnia na nartach, że przez dwa tygodnie musiał leżeć.

20 — Dlaczego? Nie było nikogo, żeby go podnieść? **(7)**

WYMOWA

17 ... pschîtraffiẇo ... **19** ... n$_i$esch'tsche$_n$s$_i$liwje ... **20** ... podn$_i$es$_i$'c$_i$?

ĆWICZENIE

1. Taka okazja rzadko się przytrafia, nie możesz jej stracić.
2. Opowiem ci, co mi się wczoraj przytrafiło; miałem prawdziwego pecha.
3. Zgubiłem tysiąc złotych, które pożyczyłem od kolegi.
4. Możesz mi pożyczyć parasola? Zdaje się, że zaczyna padać.
5. Upadam ze zmęczenia, straciłem dwie godziny czekając w kolejce po bilety.
6. Upadła mi książka. Możesz mi ją podnieść?
7. Mam już tego dosyć! Podnoszę ciągle zabawki, które dzieci rzucają na ziemię.
8. Musisz podnosić głos, rozmawiając przez telefon? Myślałem, że nie słyszysz, co mówię.

WYPEŁNIĆ BRAKUJĄCE SŁOWA

1 *Mein Sohn hat den Appetit verloren. Ich muss mit ihm zum Arzt gehen.*

... syn .... apetyt. Muszę ... z ... do ....

2 *Du vergeudest (verlierst) [deine] Zeit beim Lesen dieser Zeitung. Es steht nichts drin.*

.... czas .... tę .... w .... nie ...

3 *Kannst du mir [deine] Skier leihen? Ich habe vor, in die Berge zu fahren.*

.... mi .... nart? .... się . góry.

17 — Übertreib nicht. Wenn du wüsstest, was Zbyszek letztes Jahr passiert ist ... Er war es, [der] ein richtiges Pech hatte, nicht wir.

18 — Und was ist ihm passiert?

19 — Stell dir vor: er ist am ersten Tag beim Skifahren so unglücklich gestürzt, dass er zwei Wochen lang liegen bleiben musste.

20 — Warum? War niemand da, um ihn wieder aufzuheben?

ANMERKUNGEN

(6) **Przytrafić się** und das imperfektive Äquivalent **przytrafiać się** ("passieren, zustoßen") werden nur in der 3. Person benutzt. **Tamtym** ist das umgangssprachliche Synonym von **ubiegłym** oder **zeszłym** ("vergangen, abgelaufen" aber auch "letzt-"), z.B : **w tamtym miesiącu** ("im letzten Monat").

(7) **Podnieść** und die imperfektive Variante **podnosić** heißen "hochheben, erheben". z.B.: **podnosić ręce** ("die Hände erheben"), ... **głos** ("die Stimme heben"); "aufheben", z.B.: **podnosić kamień** ("den Stein aufheben"); "anheben", z.B.: **podnosić ceny** ("die Preise anheben") aber auch "erhöhen", z.B.: **podnosić kwalifikacje** ("die Qualifikationen erhöhen").

ÜBUNG

1. Eine solche Gelegenheit kommt selten, du kannst sie nicht vergeuden (verlieren). 2. Ich werde dir erzählen, was mir gestern passiert ist, ich habe echtes Pech gehabt. 3. Ich habe tausend Zloty verloren, die ich von einem Freund geliehen hatte. 4. Kannst du mir einen Regenschirm leihen? Ich glaube, es fängt an zu regnen. 5. Ich falle vor Müdigkeit um, ich habe zwei Stunden verloren, als ich in der Schlange gewartet habe, um Karten zu kaufen (auf Karten). 6. [Mein] Buch ist heruntergefallen. Kannst du es aufheben? 7. Ich habe genug! Ich hebe ständig das Spielzeug auf, das die Kinder auf den Boden werfen. 8. Musst du die Stimme heben, wenn du am Telefon sprichst? Ich habe gedacht, dass du nicht hörst, was ich sage.

4 *Weißt du, was Eva gestern Abend passiert ist? Auf dem Heimweg (nach Hause gehend) ist sie auf der Straße hingefallen.*

Wiesz, .. się .... Ewie .... wieczorem?

.... na ..... wracając .. domu.

5 *Was für ein Pech! Ich hoffe, sie hat sich nichts gebrochen.*

. to . . . .! Mam . . . ., że . . . sobie . . . złamała.

6 *Wirf [deine] Bonbons nicht auf den Boden. Wer wird sie aufheben?*

Nie . . . . . . cukierków . . ziemię. Kto . . będzie . . . .?

LEKCJA DZIEWIĘĆDZIESIĄTA ÓSMA (98)

Wiederholung und Anmerkungen

1 Wir wollen noch einmal durchgehen, was Sie über die polnischen *Pronomen* gelernt haben:

Alle Pronomen (Personal-, Reflexiv-, Frage-, Possessiv-, Demonstrativpronomen sowie die unbestimmten Pronomen) werden dekliniert. Um sich alle Formen noch einmal ins Gedächtnis zu rufen, empfehlen wir Ihnen, das Kapitel über die Pronomen im grammatikalischen Anhang aufzuschlagen.

1) Die *Personalpronomen* der 1. und 2. Person haben kein Geschlecht (Genus), sie lauten im Singular **ja, ty** und im Plural **my, wy**. In der 3. Person Singular gibt es eine männliche, eine weibliche und eine sächliche Form (**on, ona, ono**), im Plural jedoch nur zwei Formen: **ono, one**. Im allgemeinen werden die Personalpronomen vor dem Verb weggelassen, insbesondere in der 1. und 2. Person, es sei denn, sie dienen dazu, das Subjekt des Satzes zu betonen.

2) Die *Possessivpronomen* haben drei Geschlechter und entsprechen den deutschen Possessivpronomen: **mój, moja, moje** usw. ("mein, meine, mein usw."). Die Pronomen der 1. und der 2. Person **mój, twój, nasz, wasz** und das reflexive Possessivpronomen **swój** passen sich in Genus (Geschlecht) und Numerus (Zahl) dem *Objekt* an, z.B.: **mój bilet** (Maskulinum, Singular), **moje walizki** (Femininum, Plural), während **jego, jej** sich dem *Subjekt* anpassen, z.B.: **jego bilet, jego walizka** (Maskulinum); **jej bilet, jej walizka** (Femininum).

Diese Wörter hätten Sie einsetzen sollen:

1 Mój – stracił -. – iść – nim – lekarza. **2** Tracisz – czytając – gazetę. Nic – niej – ma. **3** Możesz – pożyczyć -. Wybieram – w -. **4** – co – przytrafiło – wczoraj -. Upadła – ulicy – do -. **5** A – pech. – nadzieję – nic – nie -. **6** – rzucaj – na -. – je – podnosił.

Zweite Welle: Aktivieren Sie heute Lektion 48!!

ACHTUNDNEUNZIGSTE LEKTION

Das reflexive Pronomen **swój**, das für alle Personen verwendet wird, weist darauf hin, dass der Besitzer mit dem Subjekt des Satzes identisch ist. Man verwendet dann im Singular **swój, swoja, swoje** und im Plural **swoi, swoje**, z.B.: **idę do swojego pokoju** ("ich gehe in mein Zimmer"), **daj mi swój adres** ("gib mir deine Adresse"). Im entgegengesetzten Fall benutzt man **mój, twój, jego** usw., z.B.: **idę do twojego pokoju** ("ich gehe in dein Zimmer"), **daj mi jego adres** ("gib mir seine Adresse").

3) Das *Reflexivpronomen* hat weder Numerus noch Genus. Es bezieht sich auf das Subjekt des Satzes, unabhängig davon, in welcher Person das Subjekt steht. Beispiele:

Chcę kupić dla siebie sukienkę ("Ich möchte mir ein Kleid kaufen").
Zrób sobie kawy ("Mach dir Kaffee").
Zabierzcie mnie z sobą ("Nehmt mich mit euch").
Myślisz tylko o sobie ("Du denkst nur an dich").

Die Form **się** begleitet, wie Sie wissen, die reflexiven Verben und ist für alle Personen gleich, z.B.: **myję się** ("ich wasche mich"), **myjesz się** ("du wäschst dich") usw.

4) Bei den *Demonstrativpronomen* werden im Singular drei Geschlechter unterschieden:

ten, ta, to ("dieser, der; diese, die; dieses, das");
tamten, tamta, tamto ("jener, jene, jenes");
taki, taka, takie ("solcher, solche, solches");
sam, sama, samo ("er selbst, sie selbst, es selbst").

Im Plural gibt es nur zwei Geschlechter:

ci, te ("diese")
tamci, tamte ("jene")
tacy, takie ("solche")
sami, same ("sie selbst")

Das Pronomen **sam, sama** usw. benutzt man, wenn das Subjekt in eigener Person handelt, z.B.: **zrób to sam** ("Mach du es selbst"), **idźcie tam sami** ("Geht selbst dorthin").

5) Die *Fragepronomen* lauten: **kto** ("wer", bei Personen), **co** ("was" bei Sachen), **który** oder **jaki** ("welcher") und **czyj** ("wessen"). Abgesehen von den beiden ersten haben die restlichen im Singular drei Geschlechter, also: **który, która, które; jaki, jaka, jakie; czyj, czyja, czyje** und im Plural zwei: **którzy, które; jacy, jakie; czyi, czyje**.
Da weder bei **kto** noch bei **co** das Geschlecht erkennbar ist, verwendet man zur Präzisierung **który**, z.B.: statt **kto z was?** ("wer unter euch?") kann man dann sagen **która/który z was?** ("welche/welcher unter euch?").

Jaki wird nur verwendet, wenn es um eine bestimmte Eigenschaft des Objekts geht, z.B.: **Były tam kwiaty, których jeszcze nie widziałem.** ("Es gab dort Blumen, die ich noch nicht gesehen hatte."), aber: **...jakich jeszcze nie widziałem.** ("...wie ich sie noch nicht gesehen hatte.").
Die Fragepronomen sind im Polnischen auch *Relativpronomen* (vgl. unten, Relativsatz).

6) Die *unbestimmten Pronomen* werden durch Anfügen der Endung **-ś** an die Frage- bzw. Relativpronomen gebildet. Sie lauten: **ktoś** ("jemand"), **coś** ("etwas"), **któryś, jakiś** ("irgendeiner"). Weitere Pronomen sind: **nikt** ("niemand"), **nic** ("nichts"), **żaden** ("kein"), **pewien** ("ein bestimmter"), **wszystko** ("alles"), **wszyscy** ("alle").

Die Pronomen **ktoś**, **coś** und ihre negativen Äquivalente **nikt** und **nic** haben für die drei Geschlechter nur die Singularform. Mit Ausnahme von **wszystko**, das immer im Singular benutzt wird, und **wszyscy**, das immer im Plural benutzt wird, haben die anderen Pronomen jeweils eine Singular- und eine Pluralform und unterscheiden sich in Bezug auf die Geschlechter, z.B.: **żaden, żadna, żadne** (Singular); **żadni, żadne** (Plural).

2 Der *Relativsatz* wird, wie Sie wissen, durch die Pronomen **kto, co** und **który** eingeleitet. Er bezieht sich immer auf ein Element des Hauptsatzes. **Kto** und **co** beziehen sich auf Demonstrativpronomen, unbestimmte Pronomen und Fragepronomen. Beispiele:

Znalazłem to, co chciałem ("Ich habe gefunden, was ich wollte");

Ten, kto skończył, może wyjść ("Der, der fertig ist, kann hinausgehen");

Powiedziałem wszystko, co wiem ("Ich habe alles gesagt, was ich weiß");

Znam kogoś, kto to chętnie zrobi ("Ich kenne jemanden, der es gerne machen wird");

Nie znam nikogo, kto mógłby ci pomóc ("Ich kenne niemanden, der dir helfen könnte").

Który bezieht sich auf Substantive, auf Personalpronomen oder auf Demonstrativpronomen und passt sich in Genus und Numerus an sein Bezugswort an. Es entspricht den Relativpronomen: "der, die, das, dessen, denen, wo, welcher, welche" usw. Beispiele:

To kolega, który jedzie z nami ("Das ist ein Freund, der mit uns fährt");

Myślę o tych, którzy odeszli ("Ich denke an die, die weggegangen sind");

Książka, którą kupiłem, jest bardzo ciekawa ("Das Buch, das ich gekauft habe, ist sehr interessant");

To ta, o której ci mówiłem ("Es ist die, von der ich dir erzählt habe");

Historia kraju, z którego pochodzę, jest niezwykła ("Die Geschichte des Landes, aus dem ich komme, ist außergewöhnlich").

Im Nominativ Singular und Plural werden **kto** und **który** oft durch **co** ersetzt, z.B.:

Znam kogoś, co (= kto) to chętnie zrobi.
Myślę o tych, co (=którzy) odeszli.

In der Umgangssprache ersetzt der Relativsatz das Partizip Präsens. Beispiele:
Szukam kogoś znającego (=kto zna) angielski ("Ich suche jemanden, der Englisch kann");
Lubię ludzi mających (=którzy mają) poczucie humoru ("Ich liebe Leute, die Sinn für Humor haben").

Es wäre für Sie eine hervorragende Übung, wenn Sie versuchen würden, die Partizip-Präsens-Formen in der Übung der Lektion 95 durch Relativsätze zu ersetzen. Die Lösung zu dieser Übung finden Sie am Ende dieser Wiederholungslektion.

3 Der Gebrauch der Zeiten
Sie haben bestimmt gemerkt, dass die Zeiten, die in den Nebensätzen verwendet werden, in den beiden Sprachen (Polnisch und Deutsch) nicht immer übereinstimmten. Wir wollen versuchen, diesen Punkt anhand der folgenden drei Sätze ein bisschen klarer zu machen:

Mówi, że jest chory. – "Er sagt, dass er krank ist."
Mówi, że był chory. – "Er sagt, dass er krank gewesen ist."
Mówi, że będzie chory. – "Er sagt, dass er krank sein wird."

Wie Sie festgestellt haben, steht das Verb des Hauptsatzes ("sagen") im Präsens. Es stellt in allen drei Sätzen die Beziehung zwischen der im Nebensatz ausgedrückten Handlung ("krank sein") und der im Hauptsatz ausgedrückten Handlung her. Im ersten Satz erfolgen beide Handlungen zeitgleich, im zweiten Satz erfolgt die untergeordnete Handlung zeitlich vor der Handlung des Hauptsatzes, im dritten Satz erfolgt sie zeitlich nach der Handlung des Hauptsatzes. Bis hierher waren die Zeiten im polnischen und im deutschen Satz gleich. Ein Unterschied tritt dann auf, wenn die Aussage des Hauptsatzes auf die Vergangenheit bezogen wird. Im Deutschen benutzt man bei der Gleichzeitigkeit von zwei Handlungen im Nebensatz das Imperfekt: "Er hat gesagt, dass er krank war". Für die Vorzeitigkeit einer Handlung benutzt man das Plusquamperfekt: "Er hat gesagt, dass er krank gewesen sei" und für die Nachzeitigkeit den Konjunktiv: "Er hat gesagt, er sei krank".

In all diesen Fällen wird im Polnischen dagegen die Zeit beibehalten. Beispiele:

Bei *Gleichzeitigkeit* von zwei Handlungen – die *Gegenwart*: **Powiedział, że jest chory.**
Bei *Vorzeitigkeit* – die *Vergangenheit*: **Powiedział, że był chory.**
Bei *Nachzeitigkeit* – die *Zukunft*: **Powiedział, że będzie chory.**

Merken Sie sich, dass im Polnischen die im Nebensatz verwendete Zeit *unabhängig* von der im Hauptsatz verwendeten Zeit ist.

Lösung der oben gestellten Übung (Konditionalsatz statt Partizip Präsens):

1– który lubi – – – – – –. **2** – którzy pracują – – – – –. **3** – – – – która siedzi – – – czyta –. **4** – – – która ogląda –. **5** – – kto mówi – – –. **6** – – która mówi – – – –. **7** – – który wysiada – – – – –. **8** – – – który potrzebuje –. **9** – – – egzaminach które – czekają. **10** – – – którzy się niczym nie interesują.

PRAWDZIWY PECH

Zweite Welle: Aktivieren Sie heute Lektion 49!!

LEKTION 98

LEKCJA DZIEWIĘĆDZIESIĄTA DZIEWIĄTA (99)

Przezorny ojciec

1 — Przepraszam pana, czy mógłby mi pan powiedzieć, o której przyjeżdżamy do Gdańska? **(1)**
2 — Za piętnaście trzecia.
3 — A która jest teraz?
4 — Czy musi mi pan zawracać głowę? Niech pan zapyta kontrolera. **(2)**
5 — Nie może mi pan odpowiedzieć? Widzi pan, że nie mam zegarka. **(3)**
6 — Nie mam ochoty na dyskusje!
7 — Przecież pytam tylko o godzinę. Nic się nie stanie, jeżeli mi pan odpowie. **(4)**
8 — Znajdzie pan inne pytania. Wiem, jak to jest.

WYMOWA

pschesornî ... 1 ... pschîjej'dschammî ... gdan¡ßka? **4** ... sawrazzac¡ ... **5** ... ott'powjedz¡ec¡? ...

ANMERKUNGEN

(1) Das perfektive Verb **przyjechać** und das imperfektive Äquivalent **przyjeżdżać** heißen "ankommen", und zwar mit einem Verkehrsmittel. Sie kennen bereits die Verben **wyjechać** und **wyjeżdżać** (vgl. Lektion 87, Anmerkung 2), die das Gegenteil bedeuten, aber auf dieselbe Weise gebildet werden. Hier noch einige weitere Beispiele: **dojechać** und **dojeżdżać** ("sich nähern"); **odjechać** und **odjeżdżać** ("abfahren, sich entfernen"); **przejechać** und **przejeżdżać** ("durchfahren"); **wjechać** und **wjeżdżać** ("hinein-, hinauffahren"); **zjechać** und **zjeżdżać** ("hinab-, hinunterfahren"). Denken Sie daran, dass die Äquivalente der Verben, die eine Fortbewegung "zu Fuß" beschreiben, folgendermaßen lauten: **przyjść** und **przychodzić** ("ankommen"); **wyjść** und **wychodzić** ("hinausgehen, weggehen"); **dojść** und **dochodzić** ("sich nähern") usw.
Gdańsk ("Danzig") ist ein wichtiger Ostseehafen. Die Stadt zählt über 460.000 Einwohner. Die "Ostsee" heißt im Polnischen **Bałtyk** [bawtîk] oder **Morze Bałtyckie**.

NEUNUNDNEUNZIGSTE LEKTION

Ein vorausschauender Vater

1 — Entschuldigen Sie, könnten Sie mir sagen, um wie viel [Uhr] wir in Gdansk ankommen?
2 — Um Viertel vor drei.
3 — Und wie viel [Uhr] ist es jetzt?
4 — Warum müssen Sie mich belästigen? Fragen Sie den Schaffner.
5 — Können Sie mir nicht antworten? Sie sehen, dass ich keine Uhr habe.
6 — Ich habe keine Lust zu diskutieren (auf Diskussionen)!
7 — Aber ich frage Sie doch nur nach der Uhrzeit. Es wird nichts geschehen, wenn Sie mir antworten (antworten werden).
8 — Sie werden andere Fragen finden. Ich weiß, wie das ist.

ANMERKUNGEN

(2) Das Verb **zawracać** und sein perfektives Äquivalent **zawrócić** heißen eigentlich "umkehren". In den idiomatischen Wendungen hat es jedoch eine andere Bedeutung, und zwar: **zawracać komuś głowę** ("belästigen", entspricht dem deutschen Idiom "jemandem in den Ohren liegen"), z.B.: **Nie zawracaj mi głowy!** ("Lass mich in Ruhe!") sowie **zawracać głowę** ("Blech reden"). Achtung! **Zawrót głowy** ("Schwindelgefühl").
(3) **Odpowiedzieć** ("antworten") ist ein perfektives Verb, das wie **wiedzieć** konjugiert wird. **Odpowiadać** ist das imperfektive Äquivalent, z.B.: **odpowiedzieć na pytanie** ("die Frage beantworten"). Das Substantiv **odpowiedź** heißt "Antwort".
(4) Wie Sie wissen, kann man in einem Konditionalsatz nach "wenn" und "falls" das Futur anwenden. Der Satz wird dann z.B. mit **jeżeli, jeśli, jak** eingeleitet.

415 Czterysta piętnaście

9 — Nie lubi pan rozmawiać z nieznajomymi? Dlaczego? Przecież w ten sposób czas płynie szybciej i podróż jest przyjemniejsza.
10 — Wiem, jak to się skończy, jeżeli zaczniemy rozmawiać. Wolę nie ryzykować.
11 — Nie rozumiem, o co panu chodzi.
12 — Wysiadam w Gdańsku, tak jak pan. Jeżeli spędzimy podróż na rozmowie, to będzie pan chciał mi pomóc znieść walizki. (5)
13 — Oczywiście. Nie mam bagaży, więc chętnie panu pomogę.
14 — Właśnie! I przy okazji poznałby pan moją córkę, która ma na mnie czekać na dworcu. Co to, to nie! (6)
15 — A co by się stało, gdybym ją poznał?
16 — Zaczęlibyście się spotykać i kto wie, czy w końcu nie chciałby się pan z nią ożenić.
17 — Ma pan wyobraźnię! Nawet gdyby to była prawda, to co w tym złego?
18 — Jak to?! Nie myśli pan chyba, że wydałbym córkę za kogoś, kto nawet nie ma zegarka! (7)

WYMOWA

9 ... pschîjemm'n_iejscha. 12 ... sn_ies_i'c_i ... 13 ... baggąjî... 14 ... d'worzu. ... 16 satsche_nlibîs_i'c_ie ... 17 ... wî'obraz_in_ie! ...

ANMERKUNGEN

(5) Znieść (imperfektiv: **znosić**) heißt "herunterbringen; heruntertragen", auch "ertragen", z.B.: **nie znoszę hałasu** ("ich ertrage den Lärm nicht") und "abschaffen, aufheben", z.B.: **znieść zakaz** ("ein Verbot aufheben"). Hier noch einige andere Verbpaare, die dieselbe Wurzel haben: **odnieść/odnosić** ("zurücktragen, hinbringen; erringen, erzielen"); **podnieść/podnosić** ("hochheben, erheben"); **przynieść/przynosić** ("bringen"); **wnieść/wnosić** ("hereintragen, hereinbringen"); **wynieść/wynosić** ("heraustragen, herausbringen; verschwinden"). Alle Verben werden nach demselben Schema konjugiert (2. Konjugation): Präsens **noszę, nosisz** usw.; Futur (immer mit einem Präfix) **(z)niosę, (z)niesiesz, (z)niesie, (z)niesiemy, (z)niesiecie, (z)niosą**; in der Vergangenheit: **zniosłem, zniosłeś, zniósł (o/ó), znieśliśmy (o/e)**.
(6) Na dworcu (Lokativ) kommt von **dworzec** ("Bahnhof"). Beachten Sie den Wechsel von **r** zu **rz** und das Entfallen des Buchstabens **e**.

9 — Sprechen Sie nicht gerne mit Fremden? Warum? Auf diese Weise vergeht (rinnt) die Zeit doch schneller und die Reise ist angenehmer.
10 — Ich weiß, wie das endet, wenn wir anfangen zu reden (sprechen). Ich ziehe es vor, kein Risiko einzugehen.
11 — Ich verstehe nicht, worum es Ihnen geht.
12 — Ich steige genauso wie Sie in Gdansk aus. Wenn wir die Reise mit Diskutieren verbringen (verbringen werden), (dann) werden Sie mir helfen wollen, [meine] Koffer hinauszutragen (hinunterzutragen).
13 — Natürlich. Ich habe kein Gepäck, also würde ich Ihnen gerne helfen.
14 — Genau! Und bei dieser Gelegenheit würden Sie meine Tochter kennenlernen, die auf mich am Bahnhof warten soll. Also das, (nein) das kommt nicht in Frage!
15 — Und was würde passieren, wenn ich sie kennenlernen würde?
16 — Sie würden anfangen, sich zu treffen und wer weiß, ob Sie sie am Ende nicht noch heiraten möchten.
17 — Sie haben Fantasie! Selbst, wenn das wahr wäre (Wahrheit), was gibt es daran Schlechtes?
18 — Wie? Sie werden doch wohl nicht glauben (denken), dass ich [meine] Tochter mit jemandem verheiraten würde, der nicht einmal eine Uhr besitzt!

ANMERKUNGEN

(7) Das Verb **wydać** oder **wydawać**, über das wir in einer der vorhergehenden Lektionen gesprochen haben, wird hier im Sinne von "seine Tochter verheiraten, jemandem seine Tochter zur Frau geben" verwendet. Beachten Sie jedoch, dass man dies nur in Bezug auf eine Frau sagen kann, für einen Sohn gilt das nicht. Der komplette Ausdruck lautet: **wydać za mąż** (Erinnern Sie sich? **Wyjść za mąż** heißt "heiraten", aber nur bei Frauen). Man muss jedoch anmerken, dass dieses Verb mit dem Wandel der Sitten und Gebräuche immer seltener benutzt wird.

417 Czterysta siedemnaście

ĆWICZENIE

Die folgenden Konditionalsätze beziehen sich auf die Zukunft und drücken die Umsetzung der Handlung aus, falls die jeweilige Bedingung eintritt. Formen Sie die Sätze so um, dass sie eine Vermutung ausdrücken oder sich auf die Vergangenheit beziehen.

1. Jeżeli będzie ładna pogoda, pojedziemy na wycieczkę. **2.** Pójdziemy na koncert, jeżeli kupisz bilety. **3.** Jeżeli mi nie pomożesz, nie dam sobie rady. **4.** Zdążymy do kina, jeżeli się pospieszysz. **5.** Jeżeli będę miała czas, zacznę robić sweter. **6.** Znajdziesz pracę, jeżeli dobrze poszukasz. **7.** Jeżeli będziesz chciał, zrobisz to dla mnie. **8.** Zda pan egzamin, jeżeli odpowie pan na to pytanie.

WYPEŁNIĆ BRAKUJĄCE SŁOWA

1 *Ich werde dir helfen, wenn ich Zeit habe.*

...... ci, jeżeli .... czas.

2 *Wenn morgen schönes Wetter ist, werden wir in den Zoo gehen.*

...... jutro ...... ładnie, ... do .... .

3 *Wenn ich nicht so viel Arbeit hätte, würde ich dir helfen.*

...... nie .... tyle ....., ... ci.

4 *Wenn wir wüssten, was uns erwartet, wäre das Leben langweilig.*

............., co ... czeka, życie ...... nudne.

5 *Wenn du dich beeilt hättest, hätten wir den Zug nicht verpasst.*

...... się ...., ... na ..... .

6 *Wenn wir gewusst hätten, dass ihr kommt, hätten wir euch am Bahnhof erwartet.*

............, że ...., ...

na ... na ....

ÜBUNG

1. Wenn das Wetter schön ist, werden wir einen Ausflug machen.
2. Wir werden ins Konzert gehen, wenn du Karten kaufst. **3.** Wenn du mir nicht hilfst, werde ich nicht zurechtkommen. **4.** Wir werden rechtzeitig im Kino ankommen, wenn du dich beeilst. **5.** Wenn ich Zeit habe, werde ich anfangen, einen Pullover zu stricken (machen). **6.** Du wirst eine Arbeit finden, wenn du intensiv (gut) suchst. **7.** Wenn du willst, wirst du es für mich machen. **8.** Sie werden [Ihr] Examen bestehen, wenn Sie diese Frage beantworten.

Lösung der Übung (Konjunktivformen):

1 Gdyby była – – pojechalibyśmy – –. **2** Poszlibyśmy – – gdybyś kupił –. **3** Gdybyś – – pomógł – dałabym – –. **4** Zdążylibyśmy – – gdybyś – pospieszył. **5** Gdybym miała – zaczęłabym – –. **6** Znalazłbyś – gdybyś – poszukał. **7** Gdybyś chciał zrobiłbyś – – –. **8** Zdałby – – gdyby pan odpowiedział – –.

Diese Wörter hätten Sie einsetzen sollen:

1 Pomogę – – będę miał –. **2** Jeżeli – będzie – pójdziemy – zoo. **3** Gdybym – miał – pracy pomógłbym –. **4** Gdybyśmy wiedzieli – nas – – byłoby –. **5** Gdybyś – pospieszył zdążylibyśmy – pociąg. **6** Gdybyśmy wiedzieli – przyjedziecie czekalibyśmy – was – dworcu.

Zweite Welle: Aktivieren Sie heute Lektion 50!!

LEKCJA SETNA (100)

Bardzo mi miło!

1 — Dobry wieczór. Wszystkiego najlepszego w dniu imienin. **(1)**
2 — Dziękuję. Proszę wejdź. Zaraz ci wszystkich przedstawię. To pani Ostrowska, państwo Michalscy. **(2)**
3 — Bardzo mi przyjemnie. **(3)**
4 — A to pani Kowalska z córką Małgosią. **(4)**
5 — Dobry wieczór pani. Miło mi panią poznać.
6 — Pan Lisowski jest Francuzem, ale mówi świetnie po polsku. Trudno poznać, prawda?
7 — Ma pan typowo polskie nazwisko. Rodzice są polakami?

WYMOWA

2 ... oßtrofßka ... mihalßzî. 4 ... kowalßka ... mawgosjon.
6 ... lißofßki ... franzusemm, ...

Czterysta dwadzieścia **420**

HUNDERTSTE LEKTION

Freut mich sehr!

1 — Guten Abend. Alles Gute (Beste) zu deinem (im) Namenstag.
2 — Danke sehr. Komm bitte herein. Ich werde dir gleich alle vorstellen. Das ist Frau Ostrowski, Herr und Frau Michalski.
3 — Freut mich sehr.
4 — Und das ist Frau Kowalski mit [ihrer] Tochter Margarete.
5 — Guten Abend (Frau). Ich freue mich, Sie kennenzulernen.
6 — Herr Lisowski ist Franzose, aber er spricht sehr gut (auf) Polnisch. Schwer zu erkennen, nicht wahr?
7 — Sie haben einen typisch polnischen Namen. Sind [Ihre] Eltern Polen?

ANMERKUNGEN

(1) Drückt man jemandem seine Wünsche, **życzenia**, aus, kann man sagen: **składam ci/panu/pani/wam** usw. **najlepsze/gorące/serdeczne życzenia** oder ganz einfach **wszystkiego najlepszego** ("alles Beste"). **W dniu imienin/urodzin = z okazji imienin/urodzin** ("zum Namenstag/Geburtstag").

(2) Die polnischen Familiennamen werden nach Genus und Numerus unterschieden und dazu noch dekliniert. Die Namen beispielsweise, die auf **-ski** (sehr häufig), **-cki** oder **-dzki** enden, erhalten im Femininum die Endungen **-ska, -cka, -dzka**, z.B.: **pan Kowalski, pani Kowalska** und im Plural **-scy, -ccy, -dzcy**, z.B.: **państwo Kowalscy**. Alle Namen werden wie Adjektive dekliniert. Endet ein Familienname im Maskulinum auf einen Konsonanten, auf **-a** oder **-o**, fügt man für den Namen einer verheirateten Frau die Endung **-owa** und für den Namen einer unverheirateten Frau die Endung **-ówna** an, z.B.: **pan Bielak** (Vater und Sohn), **pani Bielakowa** (Mutter), **panna Bielakówna** (Tochter). **Panna** heißt "Fräulein", und wird ähnlich wie im Deutschen nicht mehr so häufig gebraucht. Im Plural fügt man die Endung **-owie** hinzu, z.B.: **państwo Bielakowie**.

(3) **Bardzo mi miło = bardzo mi przyjemnie** sind die Kurzformen für **bardzo mi miło pana/ panią/państwa poznać** ("ich freue mich, sie kennenzulernen").

(4) **Małgosia** ist der Diminutiv von **Małgorzata**. Wir erinnern uns, dass die Diminutive, die bei Eigennamen häufig vorkommen, vor allem bei Vornamen viel benutzt werden; häufig gibt es für einen Vornamen mehrere Diminutive, z.B.: von **Anna**: **Ania, Anka, Aneczka**; von **Barbara**: **Basia, Baśka, Basieńka**; von **Jan**: **Janek, Jaś, Jasiek**; von **Stanisław**: **Stasiek, Staszek, Stach, Staś** usw.

8 — Dziadek był polskiego pochodzenia, ale urodził się już we Francji. **(5)**
9 — I cała pańska rodzina mówi po polsku?
10 — Nie, nauczyłem się polskiego sam, w domu.
11 — Miał pan chyba doskonały podręcznik. Z czego pan korzystał? **(6)**
12 — Z książki «Polski bez trudu» i z kaset. (7)
13 — O, to ciekawe! I co pan o niej myśli?
14 — Hm... Jest zbyt trudna, szczególnie pod koniec.
15 — Tak pan sądzi?
16 — Poza tym wyjaśnienia są bardzo długie, ćwiczenia skomplikowane...
17 — Słowem, nie podobała się panu?
18 — Uważam, że mogłaby być lepsza. A dlaczego pani pyta? Chce ją pani komuś polecić?
19 — Nie, po prostu interesuje mnie opinia czytelników. Jestem jej autorem.
20 — Ah tak? Bardzo mi miło. Gratulacje, to naprawdę świetna książka!

WYMOWA

11 ... pod're_ntschnik. ... kojîßtaŵ? **14** ... sch'tscheggulnje ...
16 ... wîjasj'njenja ...

8 — [Mein] Großvater ist polnischer Abstammung, aber er ist (bereits) in Frankreich geboren.
9 — Und Ihre ganze Familie spricht Polnisch?
10 — Nein, ich habe Polnisch ganz alleine gelernt, zu Hause.
11 — Sie hatten wohl ein ausgezeichnetes Lehrbuch. Was haben Sie benutzt?
12 — Das Buch "Polnisch ohne Mühe" und Kassetten.
13 — Oh, das ist interessant! Und was halten Sie davon?
14 — Hmm ... Es ist zu schwierig, besonders am Ende.
15 — Meinen Sie (so)?
16 — Außerdem sind die Erläuterungen sehr lang, die Übungen [sind] kompliziert ...
17 — Mit einem Wort [gesagt]: es hat Ihnen nicht gefallen?
18 — Ich finde, es könnte besser sein. Und warum fragen Sie? Möchten Sie es jemandem empfehlen?
19 — Nein, mich interessiert einfach die Meinung der Leser. Ich bin [nämlich] der Autor.
20 — Ach ja? Freut mich sehr. Gratulationen, es ist wirklich ein hervorragendes Buch!

ANMERKUNGEN

(5) **Polskiego pochodzenia** oder **z pochodzenia Polakiem/Polką** bedeutet "polnischer Abstammung". Merken Sie sich auch: **pochodzić z ...** ("stammen aus ..."). **Pochodzenie** heißt auch "Herkunft".

(6) **(S)korzystać** heißt hier "benutzen", aber auch "profitieren, nutzen", z.B.: **skorzystać z okazji** ("die Gelegenheit nutzen") und "Vorteil(e) ziehen", z.B.: **skorzystać z życia** ("aus dem Leben einen Vorteil ziehen"). Merken Sie sich auch: **korzyść** ("Vorteil, Nutzen") und **korzystny** ("vorteilhaft, günstig, nützlich").

(7) **Kaset** "Kassette"; **płyta kompaktowa** "CD"; **odtwarzacz płyt CD** "CD-Player"; **odtwarzacz mp3** "MP3-Player".

423 Czterysta dwadzieścia

ĆWICZENIE

1. Nie umiem zrobić tego ćwiczenia. Dlaczego nie skorzystasz z pomocy kolegi? 2. Przepraszam, czy mógłbym skorzystać z telefonu? Proszę bardzo, jest w drugim pokoju. 3. Gdzie pracuje pani Bielakowa? Nie znam nikogo o takim nazwisku. 4. Czy Nowakowie byli na twoich imieninach? Nie, zaprosiłem tylko Bielaków i Lisowskich. 5. Rozmawiałeś z Kowalskimi? Nie, nie było ich, ale widziałem się z Bielakami. 6. Słyszałem, że syn Kowalskiego chodzi do szkoły z twoją córką. 7. Nie wiedziałem, że państwo są Polakami. 8. Spotkałem ostatnio bardzo dużo Francuzów polskiego pochodzenia.

WYPEŁNIĆ BRAKUJĄCE SŁOWA

1 *Ich bin polnischer Abstammung, aber ich bin in Deutschland geboren.*

. . . . . . polskiego . . . ., ale . . . .

się . Niemczech.

2 *Möchtest du vielleicht das Badezimmer benutzen? Gerne, wo ist es?*

. . . . chcesz . . . . z . . . . ? . . . . ,

a . . . . . jest?

3 *Du solltest die Gelegenheit nutzen und mit den Nowaks im Auto fahren.*

Powinieneś . . . . z . . . . . . i . . . .

z . . . . samochodem.

4 *Ich ziehe es vor, bei (mit) den Lisowskis zu bleiben; Frau Nowak mag mich nicht.*

Wolę . . . . . . z . . . ., pani . . . . mnie . . . lubi.

ÜBUNG

1. Ich kann diese Übung nicht machen. Warum nutzt du nicht die Hilfe eines Freundes? **2.** Entschuldigen Sie, könnte ich das Telefon benutzen? Bitte sehr, es ist im anderen (zweiten) Zimmer. **3.** Wo arbeitet Frau Bielak? Ich kenne niemanden mit diesem Namen. **4.** Sind die Nowaks auf deiner Namenstagsfeier gewesen? Nein, ich habe nur die Bielaks und die Lisowskis eingeladen. **5.** Hast du mit den Kowalskis gesprochen? Nein, sie waren nicht da, aber ich habe die Bielaks gesehen. **6.** Ich habe gehört, dass der Sohn von Kowalski mit deiner Tochter die Schule besucht. **7.** Ich wusste nicht, dass Sie Polen sind. **8.** Ich habe in der letzten Zeit viele Franzosen polnischer Abstammung getroffen.

5 *Weißt du, wo die Bielaks wohnen? Nein, aber die Kowalskis haben sicher ihre Adresse.*

Wiesz, ... mieszkają ....? ..., ale ....

mają .. pewno ... adres.

6 *Es scheint, dass du Ostrowski im Zug getroffen hast. Ja, er war mit [seiner] Tochter Christine [zusammen unterwegs].*

...... spotkałeś .... w ....? ..., był

. córką ....

Diese Wörter hätten Sie einsetzen sollen:

1 Jestem – pochodzenia – urodziłem – w -. **2** Może – skorzystać – łazienki. Chętnie – gdzie -. **3** – skorzystać – okazji – pojechać – Nowakami -. **4** – zostać – Lisowskimi – Nowakowa – nie -. **5** – gdzie – Bielakowie. Nie – Kowalscy – na – ich -. **6** Podobno – Ostrowskiego – pociągu. Tak – z – Krysią.

Zweite Welle: Lektion 51

LEKTION 100

GRAMMATIKALISCHER ANHANG

Der folgende grammatikalische Anhang stellt einen Überblick über die Grammatik der polnischen Sprache dar. Er ist wesentlich systematischer und ausführlicher als die Grammatikerläuterungen in den Anmerkungen zu den Lektionen dieses Buches. Er soll Ihnen die Möglichkeit zum Nachschlagen bieten. Achten Sie jedoch darauf, die aufgeführten Formen nicht auswendig zu lernen.

Inhaltsverzeichnis des Anhangs

Die Aussprache 426

Das Substantiv 427

Das Adjektiv 436

Die Numeralia 440

Das Pronomen 444

Das Verb 449

Das Adverb 466

Die Präpositionen 468

Die Konjunktionen 469

Vereinfachte Lautschrift: Tabelle & Erklärungen 470

Grammatikalischer Anhang **426**

DIE AUSSPRACHE

Am Ende dieses Buches haben wir für Sie – wie in der Einleitung erwähnt – eine vollständige Liste der vereinfachten Lautschriftzeichen und zahlreiche Hinweise zur Aussprache zum Nachschlagen hinzugefügt.

Mittlerweile haben Sie sicher noch einiges dazugelernt. Deshalb möchten wir zum Schluss noch einmal die wichtigsten Regeln zusammenfassen.

Im Polnischen werden grundsätzlich alle Buchstaben ausgesprochen. Einige Laute unterliegen jedoch bestimmten Veränderungen:

1) Am Wortende werden stimmhafte Konsonanten automatisch stimmlos ausgesprochen:

chleb [hlepp]	"Brot"		**ogród** [ogrut]	"Garten"
Jedz! [jezz]	"Iss!"		**Idź!** [ic$_i$]	"Geh!"
róg [ruk]	"Ecke"		**malarz** [mallasch]	"Maler"
rów [ruf]	"Graben"		**zakaz** [sakaß]	"Verbot"
Weź! [wes$_i$]	"Nimm!"		**garaż** [garasch]	"Garage"

2) Treten innerhalb eines Wortes stimmhafte Konsonanten vor oder nach stimmlosen Konsonanten auf, werden sie stimmlos ausgesprochen:
łóżko [w̃uschko] "Bett"   **twój** [tfuj] "dein"

3) Wenn ein stimmloser Konsonant mit einem stimmhaften zusammentrifft, werden beide stimmhaft ausgesprochen:
także [tagje] "auch"   **prośba** [proz$_i$ba] "Bitte"

4) Einige harte Konsonanten, denen ein **i** folgt, werden weich ausgesprochen:
cisza [c$_i$scha] "Ruhe/Stille"   **siatka** [s$_i$atka] "Netz"

5) Manchmal wird einer der Konsonanten stumm und die Aussprache dadurch vereinfacht:
jabłko [japko] "Apfel"
poszedł [poschet] "er ist gegangen"

6) Die nasalen Vokale **ą** und **ę**, die normalerweise am Wortende wie die französischen Nasallaute [on] und [in] gesprochen werden, werden vor **l** und **ł** zu [o] bzw. [e]:
wziąłem [wz$_i$oŵemm] "ich habe genommen"
wzięliśmy [wz$_i$elis$_i$mî] "wir haben genommen"

Vor den Konsonanten **b, p, d, t, g, k, dz, c, cz** werden sie zu [oₙ], [eₙ] oder [om], [em]:
kąt [koₙt] "Winkel/Ecke"   **ręce** [reₙze] "Hände"

Am Wortende wird das **ę** in der Umgangssprache zu [e]:
widzę matkę [widse matke]   "ich sehe die Mutter"

Die Betonung liegt normalerweise auf der vorletzten Silbe, **Po̱lak**, **E̱wa**. Ausnahmen gibt es bei Wörtern, die aus dem Griechischen oder aus dem Lateinischen kommen: **mu̱zyka, biblio̱teka, fizyka** ... und in den Vergangenheitsformen der Verben (1. u. 2. Person Plural): **by̱liśmy** "wir waren", **pisa̱liście** "ihr habt geschrieben".

DAS SUBSTANTIV (Hauptwort)

1 Das Genus (Geschlecht)
Das Polnische kennt keine Artikel, hat aber trotzdem drei Genera: das Maskulinum (männlich), das Femininum (weiblich) und das Neutrum (sächlich). Sie unterscheiden sich durch ihre Endungen.

- Die männlichen Substantive enden zum größten Teil auf einen Konsonanten, wie bei **koncert** "Konzert", **syrop** "Sirup", **wagon** "Waggon". Manchmal enden sie auf einen Vokal, wie -**a**, -**o**, -**i**, -**y**, z. B. **mężczyzna** "Mann", **poeta** "Poet/Lyriker", **Kazio** Diminutiv von **Kasimir**, **Kowalski** als Familienname, **Jerzy** "Georg".

- Die weiblichen Substantive enden auf -**a** oder -**i**, z. B. **mama** "Mama", **pani** "Frau"; seltener auf einen Konsonanten, wie bei **noc** "Nacht", **wieś** "Dorf/Land", **rzecz** "Sache" und **miłość** "Liebe".

- Die sächlichen Substantive nehmen die Endung -**o**, -**e**, -**ę** oder -**um** an, z. B. **okno** "Fenster", **pole** "Feld", **imię** "Vorname", **muzeum** "Museum".

Beim Maskulinum sind folgende Unterscheidungen wichtig:
- Im Singular: zwischen Substantiven, die Lebewesen bezeichnen, und solchen, die Sachen bezeichnen;

- Im Plural: zwischen Substantiven, die Personen bezeichnen, und solchen, die Sachen oder Tiere bezeichnen.

2 Der Numerus (Zahl)

Im Polnischen gibt es zwei Numeri: den Singular (Einzahl) und den Plural (Mehrzahl).

Bestimmte Substantive werden ausschließlich im Plural verwendet. Einige Beispiele:

drzwi	"Tür"	**nożyczki**	"Schere"	**skrzypce**	"Geige"
usta	"Mund"	**rajstopy**	"Strumpf"	**okulary**	"Brille"
sanki	"Schlitten"	**spodnie**	"Hose"	**wakacje**	"Ferien"
plecy	"Rücken"	**schody**	"Treppe"	**rodzice**	"Eltern"

und noch weitere Beispiele ...

imieniny	"Namenstag"	**Niemcy**	"Deutschland"
urodziny	"Geburtstag"	**Węgry**	"Ungarn"
zaręczyny	"Verlobung"	**Włochy**	"Italien"

Abstrakte Begriffe, Namen von Wissenschaften und einige Sammelbegriffe werden wiederum nur im Singular gebraucht:

matematyka	"Mathematik"	**żywność**	"Nahrung"
małżeństwo	"Ehepaar/Eheleute"	**broń**	"Waffen"
państwo	"Herr und Frau/Herrschaften" oder auch "Staat"		

3 Der Kasus (grammatikalischer Fall)

Das polnische Deklinationssystem umfasst sieben Fälle:

- Nominativ: Dieser Fall wird als Antwort auf die Frage "wer oder was?" gesetzt. Vor dem Nominativ werden keine Präpositionen benutzt (vgl. L. 49).

- Genitiv: Dieser Fall kennzeichnet die Zugehörigkeit oder ein Besitzverhältnis und wird auch nach einer Negation verwendet. Er ist die Antwort auf die Frage "wessen?" (vgl. L. 7, 14, 42, 49).

- Dativ: Dies ist der Fall des indirekten Objekts bzw. einer Zuweisung. Er wird als Antwort auf die Frage "wem?" gesetzt (vgl. L. 56).

- Akkusativ: Der Fall des direkten Objekts und die Antwort auf die Frage "wen oder was?". Nach Verben der Bewegung wird er mit einer Präposition angewandt (vgl. L. 14, 49).

- Instrumental: Dieser Fall drückt ein Mittel oder ein Instrument aus und ist die Antwort auf die Frage "mit wem?" oder "womit?". Er drückt auch das Attribut aus (vgl. L. 63).

- Lokativ: Dieser Fall wird immer mit einer Präposition benutzt und ist die Antwort auf die Fragen "über wen?" oder "worüber?" (vgl. L. 63).

- Vokativ: Er ist der Fall der Anrede und tritt dann auf, wenn man jemanden oder etwas anspricht (vgl. L. 91).

Deklination der männlichen Substantive

Substantive, die **Personen** bezeichnen

	Singular "Professor"	Plural	Singular "Pole"	Plural
Nom	profesor -..	-owie	Polak -..	Polac -y
Gen	profesor -a	-ów	Polak -a	-ów
Dat	profesor -owi	-om	Polak -owi	-om
Akk	profesor -a	-ów	Polak -a	-ów
Instr	profesor -em	-ami	Polaki-em	-ami
Lok	profesor -ze	-ach	Polak -u	-ach
Vok	profesor -ze	-owie	Polak -u	Polac -y

Substantive, die **Tiere** bezeichnen

	Singular "Katze"	Plural	Singular "Pferd"	Plural
Nom	kot -..	-y	koń	koni -e
Gen	kot -a	-ów	koni -a	koni -..
Dat	kot -u	-om	koni -owi	-om
Akk	kot -a	-y	koni -a	-e
Instr	kot -em	-ami	koni -em	koń -mi
Lok	koci -e	kot -ach	koni -u	-ach
Vok	koci -e	kot -y	koni -u	-e

Substantive, die **Sachen** bezeichnen

	Singular "Frühstück"	Plural	Singular "Zimmer"	Plural
Nom	obiad -..	-y	pokój -..	pokoj -e
Gen	obiad -u	-ów	pokoj -u	-ów
Dat	obiad -owi	-om	pokoj -owi	-om
Akk	obiad -..	-y	pokój -..	-e
Instr	obiad -em	-ami	pokoj -em	-ami
Lok	obied -zie	obiad -ach	pokoj -u	-ach
Vok	obied -zie	obiad -y	pokoj -u	-e

Anmerkungen

1) Der Genitiv Singular endet auf -a, wie bei allen Substantiven, die Lebewesen bezeichnen, außer **wół** "Ochse", das in diesem Fall zu **wółu** wird, oder auf -u.

Lassen wir die Regel, die wir Ihnen eben genannt haben, einmal außer Acht, so ist es schwierig, exakt zu definieren, wann die Endung -a und wann sie -u lautet.

2) Die häufigste Endung des Dativ Singular ist **-owi**. Dennoch haben bestimmte Substantive, deren Genitiv auf **-a** endet und die Lebewesen bezeichnen, die Endung **-u**:

z. B. **brat** "Bruder" > **bratu** **kot** "Katze" > **kotu**
chłopiec "Junge" > **chłopcu** **ojciec** "Vater" > **ojcu**

3) Im Lokativ Singular tritt die Endung **-e** bei Substantiven auf, die auf einem harten Konsonanten enden, außer **k**, **g**, **ch**, mit Ausnahme von **synu** "Sohn", **domu** "Haus", **panu** "Herr", ansonsten die Endung **-u**. Vor der Endung **-e** ändern sich bestimmte Vokale und Konsonanten (vgl. L. 77).

4) Die Endungen des Vokativ Singular sind identisch mit denen des Lokativs. Ausnahmen: **pan**, das den neuen Vokativ **panu** angenommen, jedoch seinen normalen Vokativ **panie** beibehalten hat: **Bóg** "Gott" > **Boże**
ksiądz "Priester" > **księże**
ojciec "Vater" > **ojcze**.

5) Im Plural sind die Formen des Nominativs und des Akkusativs abhängig von der Kategorie, der das Substantiv angehört. Die Endungen **-owie** und **-i** treten bei persönlichen Substantiven auf, **-y** bei unpersönlichen, **-e** hat gemischte Bedeutung und **-a** wird nur für bestimmte Substantive verwendet, die Sachen bezeichnen. Die Endung **-owie** wird für Familiennamen und Vornamen benutzt, z. B. **Nowakowie**, **Markowie**; außerdem für Verwandtschaftsverhältnisse, bestimmte Titel oder Berufe, z. B. **ojcowie** "Väter", **profesorowie** "Professoren", **generałowie** "Generäle", und für alte Volksstämme, z. B. **Celtowie** "Kelten", **Etruskowie** "Etrusker".

Bei Substantiven, die Personen bezeichnen, wird **-i** nach **c**, **k** (das im Wechsel zu **c** auftreten kann), **r** (**rz**), **g** (**dz**) durch **-y** ersetzt: **chłopcy**, **Polacy**, **reporterzy**, **koledzy**. In der unpersönlichen Kategorie verwendet man immer **-i** nach **-k**, **-g**, z. B. **fabryki**, **drogi** "Wege".

Der Akkusativ der unpersönlichen Substantive ähnelt dem Nominativ, der Akkusativ der persönlichen Substantive dem Genitiv. Einige Substantive haben unregelmäßige Pluralformen.
Beispiele: **rok** "Jahr" > **lata**
tydzień "Woche" > **tygodnie**
dzień "Tag" > **dni** oder **dnie**
człowiek "Mensch" > **ludzie**
brat "Bruder" > **bracia**.

6) Der Genitiv Plural, der gleichzeitig der Akkusativ für Personen ist, hat die Endung **-ów** für Substantive, die im Nominativ mit einem harten Konsonanten, auf **-ec** oder **-owie** enden, z. B. **panów** "Herren", **ojców** "Väter".

Substantive, die auf einem weichen Konsonanten oder einem **-l** enden, nehmen die Endung **-i** an, z. B. **koni** "Pferde", **gości** "Gäste".

Diejenigen, die auf **-dz**, **-sz**, **-rz** oder **-z** enden, nehmen als Endung **-y** an, z. B. **pieniędzy** "Geld", **kapeluszy** "Hüte", **talerzy** "die Teller", **noży** "die Messer", aber **mężów** "Ehemänner".

Substantive, die im Singular auf **-anin** enden, z. B. **Rosjanin** "Russe", **Paryżanin** "Pariser", haben im Genitiv Plural keine Endung, also **Rosjan**, **Paryżan**. Ähnliches gilt auch bei **przyjaciel** "Freund": **przyjaciół**.

Einige Substantive haben eine Doppelform. Sie nehmen die Endungen -i bzw. -y und -ów an: **okoi**, **pokojów** "die Zimmer".

Deklination der weiblichen Substantive

Vokalisch harter Typ

	Singular "Wasser"	Plural	Singular "Buch"	Plural
Nom	wod-a	-y	książk-a	-i
Gen	wod-y	wód	książk-i	-ek
Dat	wod-zie	-om	książc-e	książk-om
Akk	wod-ę	-y	książk-ę	-i
Instr	wod-ą	-ami	książk-ą	-ami
Lok	wod-zie	-ach	książc-e	książk-ach
Vok	wod-o	-y	książk-o	-i

Vokalisch weicher Typ

	Singular "Frau"	Plural	Singular "Arbeit"	Plural
Nom	pani-..	-e	prac-a	-e
Gen	pani-..	pań	prac-y	-..
Dat	pani-..	-om	prac-y	-om
Akk	pani-ą	-e	prac-ę	-e
Instr	pani-ą	-ami	prac-ą	-ami
Lok	pani-..	-ach	prac-y	-ach
Vok	pani-..	-e	prac-o	-e

Grammatikalischer Anhang **432**

Weibliche sowie männliche Personen, die auf -**a** enden, wie z. B. **artysta** "Künstler", **kolega** "Kollege, Freund", **poeta** "Poet, Lyriker", werden im Singular nach demselben Schema dekliniert. Im Plural folgen sie jedoch der männlichen Deklination.

Konsonantischer Typ

	Singular "Nacht"	Plural	Singular "Liebe"	Plural
Nom	**noc** -..	-e	**miłość** -..	miłości -i
Gen	**noc** -y	-y	**miłośc** -i	-i
Dat	**noc** -y	-om	**miłośc** -i	miłości -om
Akk	**noc** -..	-e	**miłość** -..	miłośc -i
Instr	**noc** -ą	-ami	**miłości** -ą	-ami
Lok	**noc** -y	-ach	**miłośc** -i	miłości -ach
Vok	**noc** -y	-e	**miłośc** -i	-i

Deklination des Nomens **ręka** "Hand"

	Singular	Plural		Singular	Plural
Nom	**ręk** -a	**ręc** -e	Instr	**ręk** -ą	-ami/-oma
Gen	**ręk** -i	**rąk**	Lok	**ręc-e/ręk-u**	**ręk** -ach
Dat	**ręc** -e	**ręk** -om	Vok	**ręk** -o	**ręc** -e
Akk	**ręk** -ę	**ręc** -e			

Anmerkungen

1) Die weiblichen Substantive unterliegen denselben Vokal- und Konsonantenwechseln wie die männlichen Substantive, vor allem im Dativ und im Lokativ Singular, bei denen die Formen identisch sind.

2) Der Akkusativ Singular der Substantive auf -**a** und -**i** (außer **pani**) hat die Endung -**ę**. Bei Substantiven, die mit einem Konsonanten enden, ist der Akkusativ identisch mit dem Nominativ.

3) Im Plural sind für alle weiblichen Substantive die Formen des Nominativs und des Akkusativs identisch. Sie nehmen die Endungen -**e**, -**i**, -**y** an.

DAS SUBSTANTIV

4) Die meisten Sonderfälle treten im Genitiv Plural auf:

a) Die Substantive auf -i oder -a, deren Stamm mit einem harten oder weichen Konsonanten endet, dem ein Vokal vorangeht, verlieren diesen Endvokal im Genitiv Plural:
ulica "Straße" > ulic
płyta "Platte" > płyt
pani "Frau" > pań.

Man findet hier auch einen Wechsel von o zu ó:
woda "Wasser" > wód
... und von ę zu ą (vgl. S. 432):
ręka "Hand" > rąk.

Endet der Stamm mit mehreren Konsonanten, wird ein -e- eingeschoben:
matka "Mutter" > matek
książka "Buch" > książek

b) Die Endung -i im Genitiv Plural findet man in erster Linie bei Wörtern, die mit einem weichen Konsonanten oder mit -ew enden:
miłość "Liebe" > miłości
marchew "Karotte" > marchwi (= Genitiv Singular).

c) Bei Substantiven, die auf -ia oder -ja enden, und bei denen diesen Endungen ein Konsonant vorangeht, sind die Formen des Genitiv Plural ebenfalls denen des Genitiv Singular ähnlich:
drogeria "Drogerie" > drogerii
lekcja "Lektion" > lekcji

Bei den Substantiven jedoch, die mit -ja enden und bei denen dieser Endung ein Vokal vorangeht, steht im Genitiv Plural ein -j oder -i:
nadzieja "Hoffnung" > nadziei
suknia "Kleid" > sukni (möglich ist auch die Form sukien).

Deklination der neutralen Substantive

Typ auf -o oder -e

	Singular "Fenster"	Plural	Singular "Herz"	Plural
Nom	okn -o	-a	serc -e	-a
Gen	okn -a	ok -ie-n	serc -a	-..
Dat	okn -u	-om	serc -u	-ami
Akk	okn -o	-a	serc -e	-a
Instr	okn -em	-ami	serc -em	-ami
Lok	okn -i	-ach	serc -u	-ach
Vok	okn -o	-a	serc -e	-a

Grammatikalischer Anhang **434**

Typ auf -ę

	Singular "Vorname"	Plural	Singular "Tier"	Plural
Nom	imi -ę	-on-a	zwierz -ę	-ęt-a
Gen	imi -eni-a	-on	zwierz -ęci-a	-ąt
Dat	imi -eni-u	-on-om	zwierz -ęci-u	-ęt-om
Akk	imi -ę	-on-a	zwierz -ę	-ęt-a
Instr	imi -eni-em	-on-ami	zwierz -ęci-em	-ęt-ami
Lok	imi -eni-u	-on-ach	zwierz -ęci-u	-ęt-ach
Vok	imi -ę	-on-a	zwierz -ę	-ęt-a

Deklination unregelmäßiger Substantive

	Singular "Auge"	Plural	Singular "Ohr"	Plural
Nom	ok -o	ocz -y	uch -o	usz -y
Gen	ok -a	ocz -u	uch -a	usz -u
Dat	ok -u	ocz -om	uch -u	usz -om
Akk	oki -o	ocz -y	uch -o	usz -y
Instr	oki -em	ocz -ami	uch -em	usz -ami
Lok	ok -u	ocz -ach	uch -u	usz -ach
Vok	ok -o	ocz -y	uch -o	usz -y

	Singular "Kind"	Plural	Singular "Sommer"	Plural
Nom	dziec -k-o	-i	lat -o	-a
Gen	dziec -k-a	-i	lat -a	-..
Dat	dziec -k-u	-i-om	lat -u	-om
Akk	dziec -k-o	-i	lat -o	-a
Instr	dziec -ki-em	dzieć -mi	lat -em	-ami/-y
Lok	dziec -k-u	-i-ach	lec -ie	lat -ach
Vok	dziec -k-o	-i	lat -o	-a

Anmerkungen

1) Substantive auf **-um**, die aus dem Lateinischen stammen, haben im Singular in jedem Kasus diesselbe Form: **liceum** "Gymnasium", **muzeum**, **technikum**.

2) Die Formen des Akkusativ Singular und Plural sind mit denen des Nominativs identisch.

3) Im Lokativ Singular gibt es die Endungen **-u** und **-e**. Wann die eine oder die andere auftritt, ergibt sich aus denselben Regeln, die für den männlichen Lokativ Singular gelten.

4) Der Genitiv Plural besitzt drei Merkmale:

- Die Endung **-ów** bei Substantiven auf **-um**:
liceum > **liceów**.

- Die Endungen **-y** oder **-i** bei einigen Wörtern auf **-e**, die von anderen Substantiven abgeleitet sind:
wybrzeże "Küste" > **wybrzeży**
narzędzie "Werkzeug, Gerät" > **narzędzi**

- Bei allen Wörtern auf **-o**, **-ę** und bei den meisten auf **-e** fehlt eine Endung:
lato "Sommer" > **lat**   **serce** "Herz" > **serc**

Hiermit gehen Vokalwechsel einher:
o zu **ó** wie bei **pole** "Feld" > **pól** oder **morze** "Meer" > **mórz**, und **ę** zu **ą** wie bei **święto** "Fest" > **świąt**.

Endet der Wortstamm auf zwei oder drei Konsonanten, wird ein **-e-** eingeschoben: **piętro** "Etage" > **pięter**.

5) Einige Substantive haben eine spezielle Pluralform:
dziecko "Kind" > **dzieci**   **ziele** "Heilkraut" > **zioła**
oko "Auge" > **oczy**   **ucho** "Ohr, Henkel" > **uszy**

4 Verkleinerungs- und Vergrößerungs- bzw. Verstärkungsformen

1) Für die meisten Substantive können Verkleinerungsformen (Diminutive) gebildet werden, die im Polnischen sehr häufig vorkommen. Hier die wichtigsten Suffixe, die zu Ihrer Bildung benutzt werden.

- Bei männlichen Substantiven:
-ek:	**syn** "Sohn"	> **synek** "Söhnchen"
	dom "Haus"	> **domek** "Häuschen"
-ik/-yk:	**fotel** "Sessel"	> **fotelik** "Sesselchen"
	talerz "Teller"	> **talerzyk** "Tellerchen"

- Bei weiblichen Substantiven:
-ka:	**lampa** "Lampe"	> **lampka** "Lämpchen"
	herbata "Tee"	> **herbatka** "Fünf-Uhr-Tee"
-uszka:	**paczka** "Paket"	> **paczuszka** "Päckchen"
-eczka:	**książka** "Buch"	> **książeczka** "Büchlein"
-yczka:	**siostra** "Schwester"	> **siostrzyczka** "Schwesterchen"

- Bei sächlichen Substantiven:
-**ko**: **mleko** "Milch" > **mleczko** "Gesichtsmilch"
oko "Auge" > **oczko** "Äuglein"/"Laufmasche"

2) Die Vergrößerungsformen sind nicht so zahlreich. Hier die häufigsten Suffixe:

-**sko**: **chłop** "Kerl" > **chłopisko** "Kerl, Riese"
pijak "Säufer" > **pijaczysko** "Saufbruder"

-**al**: **nos** "Nase" > **nochal** "Zinken"

-**ła**: **guzdrać się** "sich Zeit lassen, bummeln, trödeln"
wird zu **guzdrała** "Trödelfritze, Trödelliese".

DAS ADJEKTIV (Eigenschaftswort)

Grundsätzlich unterscheidet man im Polnischen zwischen den qualitativen Adjektiven, die direkte Eigenschaften eines Gegenstands bezeichnen, und den Beziehungsadjektiven, die einen Gegenstand z. B. in Bezug auf seine Zugehörigkeit, seine Herkunft oder das Material, aus dem er gemacht ist, bestimmen.

Die Beziehungsadjektive werden von Substantiven abgeleitet und haben die Endungen -**ski**, -**owski**, -**owy**, -**ny**, -**any** oder -**i**/-**y**.

Im Unterschied zu den qualitativen Adjektiven werden die Beziehungsadjektive nicht gesteigert.

Polnische Adjektive haben …

… im *Singular* drei Geschlechter:
 - das *Maskulinum* mit den Endungen -**y** oder -**i**,
 - das *Femininum* mit der Endung -**a** und
 - das *Neutrum* mit der Endung -**e**.

… im *Plural* zwei Geschlechter:
 - das *personale Geschlecht* bei Adjektiven, die männliche Personen beschreiben,
 - das *nichtpersonale Geschlecht* bei Adjektiven, die männliche Sachen bzw. Tiere oder weibliche und sächliche Substantive beschreiben.

Einige Adjektive haben neben der gewöhnlichen Form noch eine Form ohne Endung:
ciekaw = **ciekawy** "neugierig/interessant"
gotów = **gotowy** "fertig/bereit"
pełen = **pełny** "voll"
pewien = **pewny** "sicher"
wesół = **wesoły** "fröhlich/lustig"
winien = **winny** "schuldig"
zdrów = **zdrowy** "gesund/zuträglich"
Sie werden wie die anderen männlichen Adjektive dekliniert.

Nach dem Schema der Adjektive werden auch Partizipien, Ordinalzahlen, Relativ-, Possessiv- und Demonstrativpronomen sowie Familiennamen dekliniert, die auf -**ski**, -**cki**, -**dzki** (im Femininum -**ska**, -**cka**, -**dzka**) enden.

Das Gleiche gilt außerdem für einige Substantive, die von Adjektiven abgeleitet werden:
krewny "Verwandter", **myśliwy** "Jäger", **służący** "Diener", **luty** "Februar", **narzeczony** "Verlobter".

1 Die Deklination der Adjektive

		Singular		Plural	
	Personales Maskulinum	Femininum	Neutrum	Personales Geschlecht	Nichtpers. Geschlecht
Hartstämmige Adjektive auf -y					
Nom dobr	-y	-a	-e	-z-y	-e
Gen dobr	-ego	-ej	-ego	-ych	-ych
Dat dobr	-emu	-ej	-emu	-ym	-ym
Akk dobr	-ego	-ą	-e	-ych	-e
Instr dobr	-ym	-ą	-ym	-ymi	-ymi
Lok dobr	-ym	-ej	-ym	-ych	-ych
Vok dobr	-y	-a	-e	-z-y	-e
Weichstämmige Adjektive auf -i					
Nom polsk	-i	-a	-i-e	k>c -y	-i-e
Gen polsk	-i-ego	-i-ej	-i-ego	-ich	-ich
Dat polsk	-i-emu	-i-ej	-i-emu	-im	-im
Akk polsk	-i-ego	-ą	-i-e	-ich	-i-e
Instr polsk	-im	-ą	-im	-imi	-imi
Lok polsk	-im	-i-ej	-im	-ich	-ich
Vok polsk	-i	-a	-i-e	k>c -y	-i-e

Grammatikalischer Anhang **438**

2 Die Steigerung der Adjektive

Die Adjektive treten in drei Stufen auf:
- im *Positiv (Grundstufe)*
- im *Komparativ (Vergleichsstufe, bzw. erste Steigerungsstufe)*
- im *Superlativ (Höchststufe)*.

Die Komparative und Superlative nehmen verschiedene Formen an (Vgl. Lektion 70).

Der Komparativ (Erste Steigerungsstufe)

1) Um ihn zu bilden, wird der Endvokal durch eines der Suffixe **-szy**, **-sza** oder **-sze** ersetzt:

młod-y/-a/-e "jung"	>	**młod-szy/-sza/-sze** "jünger"
star-y/-a/-e "alt"	>	**star-szy/-sza/-sze** "älter"
now-y/-a/-e "neu"	>	**now-szy/-sza/-sze** "neuer"

2) Endet der Wortstamm mit mehreren Konsonanten, wird **-(i)ej-** eingefügt:

piękny "wunderschön"	>	**piękniejszy** "wunderschöner"
zimny "kalt"	>	**zimniejszy** "kälter"
łatwy "leicht"	>	**łatwiejszy** "leichter"

3) Alle, die mit **-ki/-eki/-oki** enden, verlieren diese Endung:

słodki "süß"	>	**słodszy** "süßer"
krótki "kurz"	>	**krótszy** "kürzer"
szeroki "breit"	>	**szerszy** "breiter"

4) Einige bilden ihre Komparativform unregelmäßig:

dobry "gut"	>	**lepszy** "besser"
zły "schlecht"	>	**gorszy** "schlechter"
duży "groß"	>	**większy** "größer"
mały "klein"	>	**mniejszy** "kleiner"
lekki "leicht"	>	**lżejszy** "leichter"

5) Bei einigen Steigerungen finden Vokal- bzw. Konsonantenwechsel statt:

a zu **e**: **biały** "weiß"	>	**bielszy** "weißer"
o zu **e**: **wesoły** "fröhlich"	>	**weselszy** "fröhlicher"
ą zu **ę**: **wąski** "eng"	>	**węższy** "enger"
ł zu **l**: **miły** "nett"	>	**milszy** "netter"
g zu **ż**: **długi** "lang"	>	**dłuższy** "länger"
s zu **ż**: **wysoki** "hoch"	>	**wyższy** "höher"
r zu **rz**: **mądry** "schlau"	>	**mądrzejszy** "schlauer"
n zu **ń**: **cienki** "dünn"	>	**cieńszy** "dünner"
c zu **t**: **gorący** "heiß"	>	**gorętszy** "heißer"

DAS ADJEKTIV

6) Weiterhin gibt es Adjektive, deren Komparativformen mithilfe der Adverbien **bardziej** "mehr" für eine positive Steigerung und **mniej** "weniger" für eine negative Steigerung gebildet werden:

bardziej ... / **mniej** ...

> **doświadczony** "erfahrener / weniger erfahren"
> **gorzki** "bitterer / weniger bitter"
> **chory** "kränker / weniger krank"
> **kolorowy** "bunter / weniger bunt"

7) Adjektive, die ein bestimmtes Erzeugnis oder ein Material beschreiben (Beziehungsadjektive), haben keine Steigerungsstufen:

cytrynowy, metalowy, porcelanowy.

Der Superlativ (Höchststufe)

Um den Superlativ zu bilden, stellt man der Komparativform das Präfix **naj-** voran:
najmłodszy "der jüngste ..."
najlepsze "das beste ...".
najpiękniejsza "die schönste ..."

Alternativ kann man den Superlativ wie beim Komparativ mit **najbardziej** ... / **najmniej** ..."am meisten/wenigsten" bilden:
najbardziej doświadczony "der erfahrenste ..."
najmniej doświadczony "der am wenigsten erfahrene ..."

Die polnischen Komparative und Superlative werden ähnlich wie die Positive (Grundstufen der Adjektive) dekliniert.

Im Plural findet man bei denen, die sich auf männliche Personen beziehen, den Wechsel von **-szy** zu **-si**:
większy/największy artysta "der größere/-te Künstler"
więksi/najwięksi artyści "die größeren/-ten Künstler"
lepszy/najlepszy student "der bessere/beste Student"
lepsi/najlepsi studenci "die besseren/besten Studenten"

Wie bei den Substantiven kann man auch bei den Adjektiven Diminutive bilden. Dies geschieht mithilfe des Suffixes **-utki**:
mały "klein" > **malutki** "klitzeklein"
miły "nett" > **milutki** "sehr lieb, lieblich"
krótki "kurz" > **króciutki** "besonders kurz, ganz kurz".

DIE NUMERALIA *(Zahlwörter)*

	Kardinalia (Grundzahlwörter)	**Ordinalia** (Ordnungszahlwörter)
1	jed -**en** / -**na** / -**no**	pierwsz -**y** / -**a** / -**e**
2	dw -**a** / -**aj** / -**óch** / -**ie**	drug -**i** / -**a** / -**ie**
3	trz -**y** / -**ej** / -**ech**	trzec -**i** / -**ia** / -**ie**
4	czter -**y** / -**ej** / -**ech**	czwart -**y** / -**a** / -**e**
5	pię -**ć** / -**ciu**	piąt -**y** / -**a** / -**e**
6	sześ -**ć** / -**ciu**	szóst -**y** / -**a** / -**e**
7	sied -**em** / -**miu**	siódm -**y** / -**a** / -**e**
8	os**iem** / oś**miu**	ósm -**y** / -**a** / -**e**
9	dziewię -**ć** / -**ciu**	dziewiąt -**y** / -**a** / -**e**
10	dziesię -**ć** / -**ciu**	dziesiąt -**y** / -**a** / -**e**
11	jedena -**ście** / -**stu**	jedenast -**y** / -**a** / -**e**
12	dw -**anaście** / -**unastu**	dwunast -**y** / -**a** / -**e**
13	trzyna -**ście** / -**stu**	trzynast -**y** / -**a** / -**e**
14	czterna -**ście** / -**stu**	czternast -**y** / -**a** / -**e**
15	piętna -**ście** / -**stu**	piętnast -**y** / -**a** / -**e**
16	szesna -**ście** / -**stu**	szesnast -**y** / -**a** / -**e**
17	siedemna -**ście** / -**stu**	siedemnast -**y** / -**a** / -**e**
18	osiemna -**ście** / -**stu**	osiemnast -**y** / -**a** / -**e**
19	dziewiętna -**ście** / -**stu**	dziewiętnast -**y** / -**a** / -**e**
20	dw -**adzieścia** / -**udziestu**	dwudziest -**y** / -**a** / -**e**
21	dw**a**dzie**ścia** jeden dw**u**dzie**stu** jeden	dwudziesty pierwszy / - usw.
22	dw**a**dzie**ścia** dwa dw**u**dzie**stu** dwóch	dwudziesty drugi / - usw.
...		
30	trzydzie -**ści** / -**stu**	trzydziest -**y** / -**a** / -**e**
40	czterdzie -**ści** / -**stu**	czterdziest -**y** / -**a** / -**e**
50	pięćdziesi -**ąt** / -**ęciu**	pięćdziesiąt -**y** / -**a** / -**e**
60	sześćdziesi -**ąt** / -**ęciu**	sześćdziesiąt -**y** / -**a** / -**e**
70	siedemdziesi -**ąt** / -**ęciu**	siedemdziesiąt -**y** / -**a** / -**e**
80	osiemdziesi -**ąt** / -**ęciu**	osiemdziesiąt -**y** / -**a** / -**e**
90	dziewięćdziesi -**ąt** / -**ęciu**	dziewięćdziesiąt -**y** / -**a** / -**e**
100	sto / stu	setn -**y** / -**a** / -**e**
200	dwieście / dwustu	dwusetn -**y** / -**a** / -**e**
300	trzyst -**a** / -**u**	trzechsetn -**y** / -**a** / -**e**
400	czteryst -**a** / -**u**	czterechsetn -**y** / -**a** / -**e**
500	pięć -**set** / -**iuset**	pięćsetn -**y** / -**a** / -**e**
600	sześ -**ćset** / -**ciuset**	sześćsetn -**y** / -**a** / -**e**
700	sied -**emset** / -**miuset**	siedemsetn -**y** / -**a** / -**e**
800	os**iem**set / oś**miu**set	osiemsetn -**y** / -**a** / -**e**
900	dziewię -**ćset** / -**ciuset**	dziewięćsetn -**y** / -**a** / -**e**

1.000	tysiąc	tysiączn -y / -a / -e
2.000	dwa tysiące	dwutysięczn -y / -a / -e
5.000	pięć tysięcy	pieciotysięczn -y / -a / -e
...		
10.000	dziesięć tysięcy	dziesięciotysięczn -y / -a / -e
100.000	sto tysięcy	stutysięczn -y / -a / -e
1.000.000	milion	milionow -y / -a / -e

Anmerkungen

1) Jeden, jedna, jedno werden wie ein Adjektiv dekliniert.

2) Dwa, dwaj, dwóch usw. werden folgendermaßen dekliniert:

		Personales Maskulinum	Nichtpersonales Maskulinum & Neutrum	Femininum
Nom	dw	-aj	-a	-ie
Gen	dw	-óch / -u	=	=
Dat	dw	-om / -u	=	=
Akk	dw	-óch / -u	-a	-ie
Instr	dw	-oma	=	= / -iema
Lok	dw	-óch / -u	=	=
Vok		entfällt		

3) Neben **dwa** gibt es das Zahlwort **oba / obaj, obie** "alle beide", das ebenso dekliniert wird.

4) In **trzy** und **cztery** ist die Unterscheidung zwischen den Geschlechtern noch viel eingeschränkter. Sie erfolgt ausschließlich in diesen beiden Fällen:

		Personal		Nichtpersonal	
Nom	trz	-y / -ech	czter -ej / -ech	trz -y	czter -y
Akk	trz	-ech / -y	czter -ech / -y	trz -y	czter -y

In den drei anderen Fällen gibt es nur eine Form pro Fall:
Dativ	**trzem**	**czterem**
Instrumentalfall	**trzema**	**czterema**
Lokativ	**trzech**	**czterech**

5) Bei Zahlwörtern von "fünf" bis "hundert" wird nur im Nominativ und Akkusativ eine Unterscheidung zwischen dem personalen und dem nichtpersonalen Geschlecht vorgenommen. Die anderen Fälle haben alle dieselbe Form.

Hier die Formen des Zahlwortes "fünf":
- Nominativ + Akkusativ: personal/nichtpersonal **pięciu/pięć**
- alle anderen Fälle: **pięciu**
- Instrumentalfall: neben **pięciu** auch die Form **pięcioma**

6) Substantive, denen das Zahlwort "fünf" vorangeht, werden in den Genitiv gesetzt:
personal   **pięciu aktorów** "fünf Schauspieler";
nichtpersonal   **pięć aktorek/stołów/lat**
                "fünf Schauspielerinnen/Tische/Jahre)".

7) Die zusammengesetzten Zahlen bis "99" werden in zwei Wörtern ohne Bindestrich geschrieben, wobei jeder Bestandteil für sich dekliniert wird:
pięćdziesiąt sześć "56"   > **pięćdziesięciu sześciu**
                              > **pięćdziesięcioma sześcioma.**
Bei Zahlwörtern, die auf **jeden** enden, bleibt **jeden** unveränderlich:
trzydzieści jeden "31" - **trzydziestu jeden**.

8) Die Ordinalzahlen werden wie Adjektive dekliniert. In einer aus drei Ziffern bestehenden Zahl sind nur die beiden letzten Ordinalzahlen deklinierbar:
na stronie trzysta dwudziestej czwartej "auf der Seite 324"
w roku tysiąc dziewięćset osiemdziesiątym szóstem "im Jahr 1986"

Ordinalzahlen werden bei folgenden Angaben angewandt:
- beim Datum: **piąty/piątego marca** "5. März";
- bei der Uhrzeit: **o dziesiątej** "um 10 Uhr";
- bei Eigennamen von Monarchen etc.:
  Ludwik Czternasty "Ludwig XIV.";
- bei einzelnen Teilen einer Serie:
  tom pierwszy, **rozdział trzeci** "Band 1, Kapitel 3".

9) Die polnischen Ziffern sind Substantive, die aus den Zahlwörtern gebildet werden:
jedynka "die 1"; **dwójka** "die 2"; **trójka** "die 3" usw.

Man verwendet sie bei:
- Schulnoten von "1" bis "6";
- Linien von Straßenbahnen, Bussen usw.:
  siòdemka "Straßenbahn Nr. 7";
- Münzen und Geldnoten;
- Nummern von Wohnungen, Hotelzimmern usw.

10) Man benutzt die Kollektiva (Sammelzahlwörter) **dwoje, troje, czworo** usw. (vgl. Lektion 77) für:
- Gruppen von Personen unterschiedlichen Geschlechts;
- neutrale Substantive, die Lebewesen bezeichnen;
- Substantive, die nur im Plural verwendet werden.

Die Zahlen "2" und "3" haben im Wortstamm das Suffix -**oj(g)**, die anderen das Suffix -**or(g)**.
Sie werden folgendermaßen dekliniert:

	Personal	Nichtpersonal
Nom = Akk	dwoje	czworo
Gen	dwojga	czworga
Dat = Lok	dwojgu	czworgu
Instr	dwojgiem	czworgiem

Anwendung der Zahlwörter in Sätzen

1) Wenn das Subjekt des Satzes eine der Zahlen **dwa, trzy, cztery** oder eine zusammengesetzte Zahl (z. B. "22", "32", usw.) enthält, wird das Verb (im Präsens) in den *Plural* gesetzt:
W pokoju są dwa krzesła. "Im Zimmer gibt es zwei Stühle".

2) Ist die verwendete Zahl höher als "4", wird das Verb in den *Singular* gesetzt:
W pokoju jest pięć krzeseł. "Im Zimmer gibt es fünf Stühle."

3) Wird dieser letzte Satz in die *Vergangenheit* gesetzt, so benutzt man die neutrale Form des Verbs (Endung -**ło**):
W pokoju było pięć krzeseł. "Im Zimmer gab es fünf Stühle".

4) Die neutrale Form des Verbs wird auch in allen Sätzen verwendet, die die Vergangenheit ausdrücken und bei denen das Subjekt ein *männliches Substantiv* ist, das von einem beliebigen Zahlwort begleitet wird.
Beispiele:
Dwóch panów rozmawiało. "Zwei Herren unterhielten sich."
Pięciu chłopców czekało. "Fünf Jungen warteten."

Beachten Sie, dass das Substantiv immer im Genitiv steht. Steht der Satz im Präsens, wird das Verb immer in den Singular gesetzt, also:
Dwóch panów rozmawia. bzw. **Pięciu chłopców czeka.**

Grammatikalischer Anhang **444**

DAS PRONOMEN (Fürwort)

Personalpronomen (persönliche Fürwörter) 444
Possessivpronomen (besitzanzeigende Fürwörter) 445
Reflexivpronomen (rückbezügliche Fürwörter) 446
Interrogativpronomen (Fragewörter) 446
Relativpronomen (bezügliche Fürwörter) 446
Demonstrativpronomen (hinweisende Fürwörter) 447
Indefinitpronomen (unbestimmte Fürwörter) 448

Bei den meisten unterscheidet man im Singular drei Geschlechter und im Plural zwei (personales & nichtpersonales Geschlecht). Alle Pronomen werden dekliniert. Die Personal-, Frage- und Reflexivpronomen haben eine eigene Deklination, die restlichen richten sich nach der Deklination der Adjektive.

1 Personalpronomen (Persönliches Fürwort)
ja "ich", **ty** "du" im Singular und **my** "wir", **wy** "ihr" im Plural werden im Allgemeinen nur benutzt, um das Subjekt zu betonen. Der Dativ und der Akkusativ haben im Singular eine Doppelform. Die erste ist betont und wird verwendet, um die Person hervorzuheben, die zweite ist unbetont und tritt niemals am Satzanfang auf.
Die Formen der 3. Person von **on**, **ona**, **ono** "er, sie, es", die mit einer Präposition verwendet werden, werden mit einem **n** geschrieben (vgl. Sie dazu die Lektionen 28 und 98).

Die Deklination der Personalpronomen

	Singular	Plural	Singular	Plural
	1. Person		2. Person	
Nom	**ja** "ich"	**my** "wir"	**ty** "du"	**wy** "ihr"
Gen	**mnie**	**nas**	**ciebie**	**was**
Dat	**mnie, mi**	**nam**	**tobie, ci**	**wam**
Akk	**mnie, mię**	**nas**	**ciebie, cię**	**was**
Instr	**mną**	**nami**	**tobą**	**wami**
Lok	**mnie**	**nas**	**tobie**	**was**

	Singular		
	3. Person		
Nom	**on** "er"	**ona** "sie"	**ono** "es"
Gen	**jego, niego, go**	**jej, niej**	**jego, niego, go**
Dat	**jemu, niemu, mu**	**jej, niej**	**jemu, niemu, mu**
Akk	**jego, niego, go**	**ją, nią**	**je, nie**
Instr	**nim**	**nią**	**nim**
Lok	**nim**	**niej**	**nim**

	Plural	
	Personales Geschlecht	Nichtpersonales Geschlecht
Nom	**oni** "sie"	**one** "sie"
Gen	**ich, nich**	**ich, nich**
Dat	**im, nim**	**im, nim**
Akk	**ich, nich**	**je, nie**
Instr	**nimi**	**nimi**
Lok	**nich**	**nich**

2 Possessivpronomen (Besitzanzeigendes Fürwort)

Zu den Possessivpronomen, die meistens die Funktion eines Adjektivs übernehmen, zählen:

mój/moja/moje; moi/moje "mein/meine; meine (Plural)"
twój/twoja/twoje; twoi/twoje "dein/deine; deine (Plural)"
jego/jej; ich "sein/ihr oder seine/ihre; seine oder ihre (Plural)";
nasz/nasza/nasze; nasi/nasze "unser/unsere; unsere (Plural)"
wasz/wasza/wasze; wasi/wasze "euer/eure; eure"*
swój/swoja/swoje; swoi/swoje "ihr/ihre, ihre (Plural)"
* auch Höflichkeitsform "Ihr/Ihre; Ihre (Plural)"

Alle Formen der Pronomen **mój**, **twój**, **nasz**, **wasz**, **swój** passen sich dem Besitztum an, **jego** und **jej** dem Besitzer.

Bezieht sich ein Possessivpronomen auf das Subjekt der Aussage, verwendet man bei allen Personen **swój**. Die Deklination der Possessivpronomen erfolgt analog zu der der Adjektive.

Hier die Deklination der Pronomen **mój**, **moja** usw. (**twój**, **swój**, **nasz**, **wasz** werden ebenso dekliniert).

Achtung: **jego**, **jej**, **ich** werden nicht dekliniert!

	Singular		
	Maskulinum	Femininum	Neutrum
Nom	**mój**	**moja**	**moje**
Gen	**mojego, mego**	**mojej, mej**	**mojego, mego**
Dat	**mojemu, memu**	**mojej, mej**	**mojemu, memu**
Akk	**mojego, mego***	**moją, mą**	**moje, me**
Instr	**moim, mym**	**moją**	**moim, mym**
Lok	**moim**	**mojej**	**moim**

* oder **mój**

	Plural	
	Personales Geschlecht	Nichtpersonales Geschlecht
Nom	**moi**	**moje**
Gen	**moich, mych**	**moich, mych**
Dat	**moim, mym**	**moim, mym**
Akk	**moich, mych***	**moje**
Instr	**moimi, mymi**	**moimi, mymi**
Lok	**moich, mych**	**moich, mych**

* oder **moje**

Beim Akkusativ gibt es im Maskulinum zwei Ausdrucksmöglichkeiten:

mojego/mego (Singular), **moich/mych** (Plural), die für Personen und andere Lebewesen benutzt werden, sowie **mój** (Singular) und **moje** (Plural) für Sachen.

Im Nominativ Plural ist **moi** die Form des personalen Maskulinums, **moje** die des nichtpersonalen Maskulinums.

Die Kurzformen werden selten benutzt. Sie treten lediglich in der Schriftsprache auf.

3 Reflexivpronomen (Rückbezügliches Fürwort)

Das polnische Reflexivpronomen entspricht etwa dem deutschen "sich", ist aber nicht nur auf die 3. Person bezogen. Es wird in allen Personen des Singulars und des Plurals verwendet und bezieht sich auf das Subjekt des Satzes. Es hat keinen Nominativ. (Vgl. Lektion 98)

Die Deklination des Reflexivpronomens

Nom	-	Akk	**siebie, się**
Gen	**siebie**	Instr	**sobą**
Dat	**sobie**	Lok	**sobie**

Mit den reflexiven Verben verwendet man für alle Personen die Akkusativform **się**. Sie wird jedoch niemals an den Satzanfang gestellt.

4 Interrogativ- bzw. Relativpronomen

Hierzu zählen:
który, która, które und **którzy, które**.
Sie werden benutzt, wenn man nach einem Gegenstand von vielen fragt bzw. gefragt wird;

jaki, jaka, jakie und **jacy, jakie**. Sie werden benutzt, wenn man nach der Eigenschaft eines Gegenstands fragt bzw. gefragt wird;

czyj, **czyja**, **czyje** und **czyi**, **czyje**. Sie werden benutzt, wenn man nach der Zugehörigkeit fragt bzw. gefragt wird;

kto "wer", **co** "was". Das erste wird bei Fragen nach Personen, das zweite bei Fragen nach Sachen und Tieren benutzt.

Die drei ersten haben eine regelmäßige Deklination, die der Deklination der Adjektive ähnelt. **Kto** und **co**, die weder Genus noch Numerus haben, werden folgendermaßen dekliniert:

Nom	**kto**	**co**	Akk	**kogo**	**co**
Gen	**kogo**	**czego**	Instr	**kim**	**czym**
Dat	**komu**	**czemu**	Lok	**kim**	**czym**

5 Demonstrativpronomen (Hinweisendes Fürwort)

Sie können in der Funktion eines Adjektivs, eines Adverbs, eines Substantivs und eines Pronomens auftreten. Sie werden im Sinne von "dieser hier, dieser da, diese hier, diese da" usw. benutzt. Zu Ihnen gehören:

ten, **ta**, **to**; **ci**, **te** "dieser, diese, dieses"
tamten, **tamta**, **tamto**; **tamci**, **tamte** "jener, jene, jenes"
taki, **taka**, **takie**; **tacy**, **takie** "solcher, solche, solches"
sam, **sama**, **samo**; **sami**, **same** "er/sie/es selbst"

	Singular			Plural	
	Mask.	Fem.	Neut.	Pers.	Nichtpers.
Nom	**ten**	**ta**	**to**	**ci**	**te**
Gen	**tego**	**tej**	**tego**	**tych**	**tych**
Dat	**temu**	**tej**	**temu**	**tym**	**tym**
Akk	**tego, ten***	**tę**	**to**	**tych**	**te**
Instr	**tym**	**tą**	**tym**	**tymi**	**tymi**
Lok	**tym**	**tej**	**tym**	**tych**	**tych**

* **tego** benutzt man für Personen oder Tiere, **ten** für Sachen.

Die Deklination von **tamten**, **taki** und **sam** ähnelt der von **ten**.

6 Indefinitpronomen (Unbestimmtes Fürwort)

Dies sind Fragepronomen, an die man das Suffix **-ś** anhängt: **ktoś** "jemand", **coś** "etwas", **któryś** "irgendeiner", **jakiś** "ein gewisser", **czyjś** "irgend jemandes".

Man bildet sie auch durch Anfügen des Suffixes **-kolwiek** oder des Wortes **bądź**:

ktokolwiek = kto bądź	"wer auch immer, irgend jemand"
cokolwiek = co bądź	"was auch immer, irgendetwas"
jakikolwiek = jaki bądź	"irgendeiner, irgendwelcher"
którykolwiek = który bądź	"irgendeiner, irgendwelcher"
czyjkolwiek = czyj bądź	"wessen auch immer"

Auch mithilfe des Präfixes **ni(e)-** werden unbestimmte Pronomen mit negativer Bedeutung gebildet:

nikt	"niemand"	**nic**	"nichts"
nijaki	"neutral"	**niejaki**	"ein gewisser"
niczyj	"niemandes"	**niektóry***	"mancher"

* Es wird hauptsächlich in den Pluralformen **niektórzy, niektóre** angewandt.

Alle diese Pronomen werden wie ihre einfachen Pendants dekliniert.

Um die Liste zu vervollständigen, wollen wir noch folgende Pronomen nennen:
każdy "jeder, jedermann"
żaden "keiner"
pewien "ein gewisser"
wszystko "alles"
wszyscy "alle"

DAS VERB *(Tätigkeitswort)*

Das gesamte System der Verben wird durch die **Aspekte** bestimmt. Diese speziellen Verbkategorien, die im Deutschen keine direkte Entsprechung haben, kompensieren zu einem großen Teil das Fehlen bestimmter **Tempora** (Zeiten), denn von ihnen gibt es im Polnischen nur drei:
- Präsens (Gegenwart) 451
- Imperfekt (Vergangenheit) 452
- Futur (Zukunft) 454

Weiterhin verfügt das System über drei Modi (Aussageweisen):
- Indikativ (Wirklichkeitsform)
- Imperativ (Befehlsform) 454
- Konjunktiv (Möglichkeits- bzw. Bedingungsform) 456
sowie über zwei Aktionsformen:
- Aktiv (Tatform) und das Passiv (Leideform) 459

Die Verbformen werden in deklinierbare Formen (Partizip und Verbalsubstantiv) und unveränderliche Formen (Infinitiv und Adverbialpartikel) unterteilt.

1 Die Aspekte der Verben

Jede Handlung und jeder Zustand wird unter zwei entgegengesetzten Blickwinkeln gesehen, von denen einer auf die Dauer der Handlung abzielt (*imperfektiver Aspekt*) und der andere die Handlung auf einen Punkt konzentriert (*perfektiver Aspekt*).

Der erste Aspekt betrachtet den Verlauf einer gegenwärtigen oder abgelaufenen Handlung und ihre Entwicklung in der Zukunft, während der zweite Aspekt das Resultat betrachtet, das erzielt oder definitiv nicht erzielt wurde. Es versteht sich von selbst, dass die Verben, die eine Handlung ausdrücken, die prinzipiell ausgeführt wurde, nicht in der Präsensform auftreten können (vgl. L.21, 35, 84). Hieraus ergibt sich ein asymmetrisches System, das am folgenden Beispiel dargestellt wird:

	Imperfektiver Aspekt	Perfektiver Aspek
Präsens	**Robię zakupy.** "Ich mache Einkäufe."	
Imperfekt	**Robiłem zakupy.** "Ich machte Einkäufe."	**Zrobiłem zakupy.** "Ich habe Einkäufe gemacht."
Futur	**Będę robił zakupy.** "Ich werde Einkäufe machen."	**Zrobię zakupy.** "Ich werde bestimmt Einkäufe machen."

Imperfektive und perfektive Verben
Ein einfaches Verb, z. B. ein Verb ohne Präfix, ist im Allgemeinen ein imperfektives Verb. Mit wenigen Ausnahmen besitzt jedes imperfektive Verb ein perfektives Äquivalent.

Um seine perfektive Variante zu bilden (ohne die Bedeutung zu ändern), stellt man ihm ein Präfix voran wie **na-**, **po-**, **prze-**, **z-** usw., z. B. **pisać** > **napisać** "schreiben", **prosić** > **poprosić** "fragen", **czytać** > **przeczytać** "lesen", **robić** > **zrobić** "machen".

Bei den anderen Verben wird der perfektive Aspekt durch eine Änderung des Wortstamms erreicht, z. B. **kupować** > **kupić** "kaufen", **dawać** > **dać** "geben", **otwierać** > **otworzyć** "öffnen".

In einigen anderen Fällen wird das Aspektpaar mithilfe zweier völlig unterschiedlicher Verben gebildet, z. B. **brać** > **wziąć** "nehmen"; **kłaść** > **położyć** "legen"; **mówić** > **powiedzieć** "sprechen, sagen"; **wiedzieć** > **zobaczyć** "sehen".

Schließlich existieren noch einige wenige imperfektive Verben, die keine perfektive Variante haben, z. B. **mieć** "haben"; **woleć** "möchten, bevorzugen"; **wiedzieć** "wissen"; **życzyć** "wünschen". Der umgekehrte Fall tritt auch auf, aber seltener.

Bestimmte und unbestimmte imperfektive Verben
Innerhalb des imperfektiven Aspekts müssen manche Verben noch paarweise gelernt werden.
- Die bestimmte Form weist auf eine reale Handlung mit geplantem Ziel und Ende hin.
- Die unbestimme Form bezeichnet dieselbe Handlung, jedoch ohne genaues Ziel, eine gewohnheitsmäßige Handlung oder schlicht und einfach die Fähigkeit, eine Handlung auszuführen.

Zu dem perfektiven/imperfektiven Basispaar gesellt sich also ein drittes Verb hinzu. Hierbei handelt es sich im Wesentlichen um Verben der Bewegung.

Imperfektiver Aspekt		Perfektiver Aspek
Unbestimmt	Bestimmt	
chodzić	**iść**	**pójść** "gehen"
jeździć	**jechać**	**pojechać** "fahren"
pływać	**płynąć**	**popłynąć** "schwimmen"
latać	**lecieć**	**polecieć** "fliegen"
ganiać	**gonić (gnać)**	**pogonić (pognać)** "verfolgen"
biegać	**biec (biegnąć)**	**pobiec (pobiegnąć)** "laufen"

Verbformen für wiederholt ausgeführte Handlungen

Bestimmte Verben haben spezielle Formen, die darauf hinweisen, dass die durch das Verb bezeichnete Handlung wiederholt oder häufiger ausgeführt wird (**Frequentativ**). Sie stellen eine andere Variante des imperfektiven Verlaufs dar, d. h. dass das Gewicht nicht auf der Dauer der Handlung, sondern auf der Häufigkeit ihrer Ausführung liegt. Die Frequentative stellen also eine nicht zusammenhängende Handlung dar, die mehrfach oder gewohnheitsmäßig ausgeführt wird. Die Form wird in den meisten Fällen mit dem Suffix -**ywać** gebildet:

czytać > **czytywać** "lesen"   **grać** > **grywać** "spielen"
pisać > **pisywać** "schreiben"   **widzieć** > **widywać** "sehen"

Andere Formen dieser Kategorie werden mit unterschiedlichen Suffixen gebildet:

chodzić > **chadzać** "gehen"   **jeść** > **jadać** "essen"
mówić > **mawiać** "sprechen"   **pić** > **pijać** "trinken"

2 Die Tempora (Zeitformen)

Im Indikativ unterscheidet man drei Zeitformen: das Präsens, das Futur und das Imperfekt. Siehe auch L. 98.

Das Präsens (Gegenwart)

Die Präsensformen werden nur von imperfektiven Verben gebildet. Die Personalendungen werden direkt an den Wortstamm angehängt, oder es wird zwischen Wortstamm und Endung ein Suffix eingeschoben. Die Endungen weisen auf die Person und das Geschlecht hin. Das Zeichen -.. bedeutet, dass das Verb ohne Personalendung angewandt wird.

	1. Person	2. Person	3. Person
Singular	-ę, -m, -m	-esz, -i/ysz, -sz	-e, -i/y, -..
"schreiben"	pisz-**ę**	pisz-**esz**	pisz-**e**
"sehen"	widz-**ę**	widz-**isz**	widz-**i**
"lesen"	czyta-**m**	czyta-**sz**	czyta-..
"können"	umie-**m**	umie-**sz**	umie-..
Plural	-emy, -i/ymy, -my	-ecie, -i/ycie, -cie	-ą
"schreiben"	pisz-**emy**	pisz-**ecie**	pisz-**ą**
"sehen"	widz-**imy**	widz-**icie**	widz-**ą**
"lesen"	czyta-**my**	czyta-**cie**	czyta-**j-ą**
"können"	umie-**my**	umie-**cie**	umie-**j-ą**

Bei gewissen Verben treten Unregelmäßigkeiten auf. Etwa Vokal- oder Konsonantenwechsel und/oder zusätzliche Buchstaben, die vor der Endung an den Wortstamm angehängt werden. Hier die häufigsten Unregelmäßigkeiten:

Infinitiv	1. und 3. Person Singular
iść "gehen"	idę, idzie
jechać "fahren"	jadę, jedzie
musieć "müssen, sollen"	muszę, musi
móc "können"	mogę, może
brać "nehmen"	biorę, bierze
nieść "tragen"	niosę, niesie
wziąć "nehmen"	wezmę, weźmie
znaleźć "finden"	znajdę, znajdzie
zacząć "beginnen"	zacznę, zacznie
prosić "bitten"	proszę, prosi
kupować "kaufen"	kupuję, kupuje
bać się "Angst haben"	boję się, boi się

Nach diesem Schema werden auch alle abgeleiteten Verben konjugiert, denen ein Präfix vorangeht.

Die mit **iść** zusammengesetzten Verben nehmen im Infinitiv die Endung **-jść** an:
dojść "ankommen" **przyjść** "kommen" **wyjść** "hinausgehen" usw.

Wie **kupować**, das vor der Endung das Suffix des Wortstamms **-uj-** hat, werden alle Verben konjugiert, die mit **-ować** enden: **żartować** "scherzen, spaßen"; **żałować** "bedauern"; **próbować** "versuchen"; **dziękować** "sich bedanken, danken".

Das Imperfekt (Vergangenheit)
Die Bildung des Imperfekts ist für Verben aller Konjugationsarten gleich. Die Infinitivendung wird durch l oder ł ersetzt, danach hängt man die dem Genus und Numerus entsprechenden Personalendungen an (vgl. L. 35, 49). Beispiel: **czytać** "lesen"

Singular	1. Person	2. Person	3. Person
Maskulinum	czytał-**em**	czytał-**eś**	czytał-..
Femininum	czytał-**am**	czytał-**aś**	czytał-**a**
Neutrum			czytał-**o**
Plural			
Pers. Mask.	czytał-i-**śmy**	czytał-i-**ście**	czytał-**i**
Nichtpers.*	czytał-y-**śmy**	czytał-y-**ście**	czytał-**y**

* Maskulinum, Femininum u. Neutrum

Grammatikalischer Anhang

Bei vielen Verben sind Unregelmäßigkeiten zu beachten. Hier einige Beispiele:

1) Verben auf **-eć** im Infinitiv wie **mieć** "haben".
Sie haben in allen Formen anstelle des **e** den Buchstaben **a**:
miałem/miałam, miałeś/miałaś, miał/miała/miało; miałyśmy, miałyście, miały, außer in den Pluralformen des personalen Maskulinums; diese lauten: **mieliśmy, mieliście, mieli**.

chcieć "wollen"	woleć "bevorzugen"
musieć "sollen"	rozumieć "verstehen"
umieć "können"	wiedzieć "wissen"

2) Verben auf **-ąc** wie **wziąć** "nehmen", **zacząć** "beginnen", **odpocząć** "sich ausruhen" behalten nur im Maskulinum Singular den Buchstaben **ą**:
wziąłem, wziąłeś, wziął.
In allen anderen Formen wird das **ą** durch ein **ę** ersetzt:
wzięłam, wzięłaś, wzięła,
wzię-liśmy / -łyśmy, wzię-liście / -łyście, wzięli / wzięły

3) Verben auf **-c** oder mit zwei Konsonanten im Infinitiv:
móc "können"   **biec** "laufen"   **usiąść** "sich hinsetzen"
kłaść "legen"   **nieść** "tragen"   **wieźć** "führen"
Bei ihnen findet sich vor der Endung des Imperfekts derselbe Konsonant wie in der 1. Person Singular Präsens bzw. Futur:
móc > mogę, mogłem, mogłeś usw.
biec > biegnę, biegłem, biegłeś usw.
usiąść > usiądę, usiadłem, usiadłeś usw.

Bei den Verben **móc, nieść, wieźć** erfolgt in der 3. Person Singular Maskulinum ein Vokalwechsel von **o** nach **ó**:
móc / mogę / mógł
nieść / niosę / niósł
wieźć / wiozę / wiózł

Alle von **iść** "gehen" abgeleiteten Verben werden auf dieselbe Weise konjugiert:

iść	1. Person	2. Person	3. Person
Singular	szedłem, szłam	szedłeś, szłaś	szedł, szła, szło
Plural	szliśmy, szłyśmy	szliście, szłyście	szli, szły

pójść	"hingehen"	poszedłem, poszłam usw.
wejść	"hereinkommen"	wszedłem, weszłam usw.
wyjść	"hinausgehen"	wyszedłem, wyszłam usw.
zejść	"hinuntergehen"	zszedłem, zeszłam usw.

Die Verben **zjeść** "aufessen", **najeść się** "sich satt essen", **pojeść** "ein bisschen essen" werden nach demselben Schema wie **jeść** "essen" konjugiert:

jeść	1. Person	2. Person	3. Person
Singular	jadłem, jadłam	jadłeś, jadłaś	jadł, jadła, jadło
Plural	jedliśmy, jadłyśmy	jedliście, jadłyście	jedli, jadły

Das Futur (Zukunft)
Das Futur der perfektiven Verben wird auf dieselbe Weise wie das Präsens der imperfektiven Verben gebildet. Man spricht dabei vom einfachen Futur. Das Futur der imperfektiven Verben ist das sog. zusammengesetzte Futur (vgl. L. 56), das Sie auf zwei Arten bilden können:

- Mithilfe der Futurform von **być** "sein" + 3. Person Imperfekt:
będę czytał(♂)/**czytała**(♀) "ich werde lesen"
będziesz czytał/czytała "du wirst lesen"
będzie czytał/czytała/czytało "er/sie/es wird lesen"
będziemy czytali/czytały "wir werden lesen"
będziecie czytali/czytały "ihr werdet lesen"
będą czytali/czytały "sie werden lesen"

- Mithilfe der Futurform des Verbs **być** und dem Infinitiv:
będę czytać, **będziesz czytać** usw.

3 Der Modus (Aussageweise)
Handlungen und Zustände, die mit Verben beschrieben werden, kann man auf verschiedene Weise zum Ausdruck bringen. Dazu werden die Modi benutzt.

Der Imperativ (Befehlsform)
Der Imperativ hat nur drei eigene Formen, und zwar die 2. Person Singular sowie die 1. und 2. Person Plural. Die 3. Person Singular bzw. Plural haben eine umschreibende Form.

1) Um den Imperativ der 2. Person Singular der Verben der 1. und 2. Konjugation zu bilden, lässt man die Endung der 3. Person Singular Präsens bzw. Futur weg:

Infinitiv	3. Person	Imperativ
pisać "schreiben"	pisze	Pisz!
żyć "leben"	żyje	Żyj!

Bei den Formen, die mit einem Konsonanten oder einer Gruppe von Konsonanten enden, denen ein -i- folgt, wird das i weggelassen. Der vorhergehende Konsonant ist weich, es sei denn, es handelt sich bei ihm um **p**, **b**, **f**, **w** oder **l**.

Infinitiv	3. Person Sing.	Imperativ
wejść "hineingehen"	wejdzie	Wejdź!
prosić "bitten"	prosi	Proś!
iść "gehen"	idzie	Idź!
aber ...		
kupić "kaufen"	kupi	Kup!
myśleć "denken"	myśli	Myśl!
Bei einigen Verben taucht im Imperativ ein Vokalwechsel auf:		
zrobić "machen"	zrobi	Zrób!
stać "stehen"	stoi	Stój!
położyć "legen"	położy	Połóż!
Silben mit mehreren Konsonanten fügt man mitunter -ij/-yj an:		
spać "schlafen"	śpi	Śpij!
biegnąć "laufen"	biegnie	Biegnij!

2) Um den Imperativ der 2. Person Singular der Verben der 3. und 4. Konjugation zu bilden, unterdrückt man die Endung **-ą** der 3. Person Plural:

Infinitiv	3. Person Sing.	Imperativ
czytać "lesen"	czytają	Czytaj!
jeść "essen"	jedzą	Jedz!
wiedzieć "wissen"	wiedzą	Wiedz!

Einige Verben haben eine unregelmäßige Imperativform:
być "sein" > **Bądź!**   **dać** "geben" > **Daj!**
mieć "haben" > **Miej!**   **wziąć** "nehmen" > **Weź!**

3) Der Imperativ der 1. und 2. Person Plural wird duch die Endungen **-my** und **-cie** gekennzeichnet, die an den Imperativ der 1. Person Singular angehängt werden:

1. Pers. Singular	1. Pers. Plural	2. Pers. Plural
Pisz!	Piszmy!	Piszcie!
Czytaj!	Czytajmy!	Czytajcie!
Bądź!	Bądźmy!	Bądźcie!

4) In der 3. Person Singular und Plural verwendet man **niech**. Diese Form des Imperativs wird generell mit den Wörtern **pan**, **pani**, **państwo**, **panowie** und **panie** verwendet, die zwischen **niech** und dem Verb eingeschoben werden:

Niech pan/pani wejdzie! "Kommen Sie (Mann/Frau) herein!"
Niech państwo/panowie/panie wejdą! "Kommen Sie herein!"
(an eine gemischte Gruppe bzw. an Männer/Frauen gerichtet).

Der Konjunktiv (Möglichkeitsform)
Der Konjunktiv wird auf der Grundlage des Verbs im Imperfekt gebildet, indem zwischen den Wortstamm und die Personalendung die Partikel **-by-** eingeschoben wird.
In der 1./2. Pers. Sing. Mask. wird das Endungs **-e** unterdrückt.

Der Konjunktiv des Verbs chcieć "wollen"

Singular	1. Person	2. Person	3. Person
Maskulinum	chciał**b**-ym	chciał**b**-yś	chciał**b**-y
Femininum	chciała**b**-ym	chciała**b**-yś	chciała**b**-y
Neutrum			chciało**b**-y
Plural			
Maskulinum	chcieli**b**-yśmy	chcieli**b**-yście	chcieli**b**-y
Femininum	chciały**b**-yśmy	chciały**b**-yście	chciały**b**-y
Neutrum			chciały**b**-y

Beim Konjunktiv der Verben liegt die Betonung auf der gleichen Silbe wie beim Imperfekt:
chcieli > **chcieliby**   **mogli** > **moglibyście**.

Die Partikel **by** mit ihren Endungen ist mobil. Gewöhnlich steht Sie hinter dem ersten betonten Wort des Satzes. In Fragesätzen steht sie davor:

Kiedy byście mogli przyjść? "Wann könntet ihr kommen?"
Co byś zrobił na moim miejscu? "Was würdest du an meiner Stelle machen?"

Wenn die Partikel **by** an das Verb, an die Konjunktion oder an die Partikel angehängt wird, wird sie sowohl beim Schreiben als auch beim Sprechen mit diesen verbunden; in den anderen Fällen ist sie ein eigenständiges Wort.

4 Die Konjugationen

Um ein polnisches Verb korrekt konjugieren zu können, reicht es nicht aus, wie im Deutschen seinen Infinitiv zu kennen. Man muss zusätzlich die Endungen der 1. und 2. Person Singular Präsens kennen.
Auf der Grundlage dieser Endungen unterscheidet man vier Konjugationsmodelle (vgl. L. 28, 35).
Hier die Endungen der 1. und 2. Person Singular Präsens für die vier Konjugationsmodelle:

1	2	3	4
-ę	-ę	-m	-m
-esz	-isz/-ysz	-sz	-sz

KONJUGATIONSTABELLE A

1. Konjugation
pisać "schreiben"

2. Konjugation
robić "machen"

Präsens

Singular		Plural		Singular		Plural	
piszę		piszemy		robię		robimy	
piszesz		piszecie		robisz		robicie	
pisze		piszą		robi		robią	

Imperfekt

Singular:
pisałem, pisałam
pisałeś, pisałaś
pisał, pisała, pisało

Plural:
pisaliśmy, pisałyśmy
pisaliście, pisałyście
pisali, pisały

robiłem, robiłam
robiłeś, robiłaś
robił, robiła, robiło
robiliśmy, robiłyśmy
robiliście, robiłyście
robili, robiły

Zusammengesetztes Futur

Singular:
będę pisał, pisała (pisać)
będziesz pisał, pisała (pisać)
będzie pisał, pisała, pisało (pisać)

Plural:
będziemy pisali, pisały (pisać)
będziecie pisali, pisały (pisać)
będą pisali, pisały (pisać)

będę robił, robiła (robić)
będziesz robił, robiła (robić)
będzie robił, robiła, robiło (robić)
będziemy robili, robiły (robić)
będziecie robili, robiły (robić)
będą robili, robiły (robić)

Konjunktiv

Singular:
pisał-by-m, pisała-by-m
pisał-by-ś, pisała-by-ś
pisał-by, pisała-by, pisało-by

Plural:
pisali-by-śmy, pisały-by-śmy
pisali-by-ście, pisały-by-ście
pisali-by, pisały-by

robił-by-m, robiła-by-m
robił-by-ś, robiła-by-ś
robił-by, robiła-by, robiło-by
robili-by-śmy, robiły-by-śmy
robili-by-ście, robiły-by-ście
robili-by, robiły-by

Imperativ

Singular		Plural		Singular		Plural	
–		Piszmy!		–		Róbmy!	
Pisz!		Piszcie!		Rób!		Róbcie!	
Niech pisze!		Niech piszą!		Niech robi!		Niech robią!	

Grammatikalischer Anhang **458**

KONJUGATIONSTABELLE B

3. Konjugation
czytać "lesen"

4. Konjugation
wiedzieć "wissen"

Präsens

Singular		Plural		Singular		Plural	
czyt**am**		czyt**amy**		wi**em**		wi**emy**	
czyt**sz**		czyt**acie**		wi**esz**		wi**ecie**	
czyt**a**		czyt**ają**		wi**e**		wie**dzą**	

Imperfekt

Singular
czyta**łem**, czyta**łam**
czyta**łeś**, czyta**łaś**
czyta**ł**, czyta**ła**, czyta**ło**

Plural
czytali**śmy**, czytały**śmy**
czyta**ście**, czytały**ście**
czyta**li**, czyta**ły**

wiedzia**łem**, wiedzia**łam**
wiedzia**łeś**, wiedzia**łaś**
wiedzia**ł**, wiedzia**ła**, wiedzia**ło**

wiedzieli**śmy**, wiedziały**śmy**
wiedzieli**ście**, wiedziały**ście**
wiedzieli, wiedziały

Zusammengesetztes Futur

Singular
będę czytał-.., -a (czytać)
będziesz czytał-.., -a (czytać)
będzie czytał-.., -a, -o (czytać)

Plural
będziemy czyta-li, -ły (czytać)
będziecie czyta-li, -ły (czytać)
będą czyta-li, ły (czytać)

będę wiedział-.., -a (wiedzieć)
będziesz wiedział-.., -a (wiedzieć)
będzie wiedział-.., -a, -o (wiedzieć)

będziemy wiedzi-eli, -ały (wiedzieć)
będziecie wiedzi-eli, -ały (wiedzieć)
będą wiedzi-eli, -ały (wiedzieć)

Konjunktiv

Singular
czytał-by-**m**, czytała-by-**m**
czytał-by**ś**, czytała-by-**ś**
czytał-by, -a-by, -o-by

Plural
czyt-ali-by-**śmy**, -ały-by-**śmy**
czyt-ali-by-**ście**, -ały-by-**ście**
czyt-ali-by, -ały-by

wiedział-by-**m**, wiedziała-by-**m**
wiedział-by-**ś**, wiedziała-by-**ś**
wiedział-by, -a-by, -o-by

wiedzi-eli-by-**śmy**, -ały-by-**śmy**
wiedzi-eli-by-**ście**, -ały-by-**ście**
wiedzi-eli-by, -ały-by

Imperativ

Singular		Plural		Singular		Plural	
-		Czytaj**my**!		-		Wiedz**my**!	
Czytaj!		Czytaj**cie**!		Wiedz!		Wiedz**cie**!	
Niech czyta!		N... czytają!		Niech wie!		N ... wiedzą!	

DAS VERB

KONJUGATIONSTABELLE C

być "sein"

	Präsens			Imperfekt	
Singular	jestem	Plural	jesteśmy	byłem, byłam	byliśmy, byłyśmy
	jeseś		jesteście	byłeś, byłaś	byliście, byłyście
	jest		są	był, była, było	byli, były

	Futur	Konjunktiv	
Singular	będę	był-by-**m**, była-by-**m**	
	będzi**esz**	był-by-**ś**, była-by-**ś**	
	będzie	był-by, była-by, było-by	
Plural	będzi**emy**	byli-by-**śmy**, były-by-**śmy**	
	będzi**ecie**	byli-by-**ście**, były-by-**ście**	
	będą	byli-by, były-by	

	Imperativ		
Singular	-	Plural	Bądźmy!
	Bądź!		Bądźcie!
	Niech będzie!		Niech będą!

5 Die Aktionsformen des Verbs

Das Passiv (Leideform)

Das Passiv ist eine Aktionsform des Verbs, die besagt, was mit dem Subjekt geschieht, d. h. dass das Subjekt die durch das Verb ausgedrückte Handlung "erleidet".

Das Passiv wird mit den Personalformen der Hilfsverben (**być** / **zostać**) und dem Partizip Perfekt des konjugierten Verbs gebildet.

Dem Verb **być** folgt im Allgemeinen das Partizip Perfekt der perfektiven Verben. Das Subjekt der Aussage wird zum Objekt, das in den Akkusativ gesetzt wird, während ihm **przez** vorangeht:

> **Aktiv**
> Dzieci chętnie czytają tę książkę.
> "Die Kinder lesen dieses Buch gerne."
> Mama zrobiła sweter.
> "Mama hat den Pullover gemacht (gestrickt)."

> **Passiv**
> Ta książka jest chętnie czytana przez dzieci.
> "Dieses Buch wird gerne von den Kindern gelesen."
> Sweter został zrobiony przez mamę.
> "Dieser Pullover wurde von Mama gemacht (gestrickt)."

6 Die unveränderlichen Verbformen

Zu den unveränderlichen Verbformen gehören der Infinitiv und das Adverbialpartizip. Ihr Wesen besteht darin, dass sie nicht das Subjekt der Handlung ausdrücken.

Der Infinitiv
Er endet bei fast allen Verben auf **-ć**:
z.B. **być** "sein"; **mieć** "haben"; **pisać** "schreiben".

Seltener findet man die Endung **-c**. Bei diesen Verben taucht im Präsens ein **g** oder ein **k** auf:
móc "können" > **mogę** **biec** "laufen" > **biegnę**
piec "backen" > **piekę** **tłuc** "zerschlagen" > **tłukę**
uciec "fliehen, entkommen" > **ucieknę**

Die Endung **-c** oder **-ć** wird direkt an den Wortstamm angehängt oder von diesem durch ein Wortstammsuffix getrennt:
leż-e-ć "liegen" **pis-a-ć** "schreiben"

Das Adverbialpartizip
Es beschreibt eine Handlung in derselben Weise wie ein Adverb, wobei es auf eine bestimmte Bedingung hinweist, die zu einem anderen Verb des Satzes in Beziehung steht. Folgendes Beispiel verdeutlicht diese Funktion:
Czytając książkę, robiłem notatki.
"Das Buch lesend, machte ich mir Notizen".

Im Polnischen gibt es zwei Formen des Adverbialpartizips:

1) Das Adverbialpartizip der Gleichzeitigkeit kommt nur bei imperfektiven Verben vor. Es wird durch Anfügen von **-ąc** an den Wortstamm des Verbs in der 3. Person Plural Präsens gebildet. Es unterscheidet sich vom Partizip Präsens nur duch das Fehlen der Personalendung, die auf das Geschlecht hinweist, also:
idący/-a/-e > **idąc** "gehend, beim Gehen"
mówiący/-a/-e > **mówiąc** "sprechend, beim Sprechen".

2) Das Adverbialpartizip der Vorzeitigkeit existiert nur bei den perfektiven Verben. Sein Merkmal ist die Endung **-wszy** oder **-łszy**, die an den Wortstamm des Verbs im Imperfekt angehängt wird:
zjadłszy "gegessen habend" **zrobiwszy** "gemacht habend"

Sowohl die Adverbialpartizipien als auch die im Folgenden beschriebenen Partizipien werden in der Umgangssprache selten benutzt. Sie werden oft durch zeitliche Nebensätze oder Relativsätze ersetzt.

7 Die deklinierbaren Verbformen

Das Partizip
Eine Verbform, die eine Handlung in Form eines Adjektivs ausdrückt. Das Partizip bestimmt ein Substantiv und besitzt folglich drei Geschlechter. Die Partizipien haben zwei Formen:

1) Das Partizip Präsens gibt es nur bei imperfektiven Verben. Man bildet es, indem man die Endungen -cy/-ca/-ce an die 3. Person Plural Präsens anhängt:
znają "sie kennen" > **znający** "kennender"
mają "sie haben" > **mająca** "habende"
mówią "sie sprechen" > **mówiące** "sprechende"

2) Das Partizip Perfekt haben nur Verben, die ein Akkusativobjekt verlangen (transitive Verben). Es wird durch Hinzufügen der folgenden Endungen an den Wortstamm der Verben im Imperfekt gebildet:

-any/-ana/-ane für Verben auf **-ać** und einige Verben auf **-eć** im Infinitiv, z. B. **czytać** "lesen" > **czytany** "gelesener"; **wiedzieć** "sehen" > **widziany** "gesehener";

-ony/-ona/-one für Verben, die auf **-ić/-yć**, **-eźć**, **-eść** oder **-ec** enden, z. B. **prosić** "bitten" > **proszony** "gebetener"; **znaleźć** "finden" > **znaleziona** "gefundene"; **zjeść** "essen" > **zjedzone** "gegessene"; **piec** "backen" > **pieczony** "gebackener";

-ty/-ta/-te für Verben auf **-yć**, **-ąć** und einige Verben auf **-ić**, z. B. **szyć** "nähen" > **szyty** "genähter"; **zacząć** "beginnen" > **zaczęta** "begonnene".

Im Plural des personalen Maskulinums benutzt man die Endungen **-ani**, **-eni** und **-ci**.

Alle diese Formen können Adjektivfunktion übernehmen und werden wie Adjektive dekliniert.

Das Verbalsubstantiv
Fast alle Verben können in Substantive umgewandelt werden, die die Handlung oder das Resultat einer Handlung bezeichnen. Sie werden von der Infinitivform des Verbs abgeleitet, indem die Infinitivendung durch eines der folgenden Suffixe ersetzt wird.
-anie für Verben auf **-ać**:
czytać "lesen", > **czytanie** "das Lesen"
pisać "schreiben" > **pisanie** "das Schreiben"

-enie für Verben der 2. Konjugation, die auf **-eć**, **-ić/-yć** enden:
myśleć "denken" > **myślenie** "das Denken"
chodzić "gehen" > **chodzenie** "das Gehen"

-cie für Verben der 1. Konjugation, die auf -ić/-yć oder -uć enden:
szyć "nähen" > **szycie** "das Nähen"
psuć "kaputtmachen" > **psucie** "das Kaputtmachen"

-ęcie für Verben, die auf -nąć enden:
tnąć "schneiden" > **tnięcie** "das Schneiden"

Alle Verbalsubstantive sind Neutren und werden wie neutrale Substantive dekliniert, die auf -e enden. Sie können perfektiv oder imperfektiv sein, reflexiv oder nichtreflexiv (je nach den Verben, von denen sie abgeleitet werden). Einige haben ihre verbale Bedeutung verloren und sind vollständig zu Substantiven geworden:
mieszkanie "Wohnung" **ćwiczenie** "Übung"
przyjęcie "Empfang" **ubranie** "Kleidung, Anzug"

8 Reflexive Verben

Das Pronomen **się** wird an ein Verb angehängt, um eine reflexive Form zu bilden, die auf eine Handlung hinweist, die das Subjekt an sich selbst ausführt:
myję się "ich wasche mich"; **myjesz się** "du wäschst dich" usw.
Es wird bei allen Personen benutzt.

Einige Verben sind immer reflexiv:
bać się "Angst haben"   **śmiać się** "lachen"
podobać się "gefallen"   **spóźniać się** "sich verspäten"
wstydzić się "sich schämen" **wahać się** "zögern"

Andere Verben werden *niemals* von **się** begleitet:
usiąść "sich setzen"
wstawać "sich erheben"
milczeć "schweigen"

Die meisten Verben können mit oder ohne **się** auftreten:
myć "waschen"   > **myć się** "sich waschen"
bić "schlagen"   > **bić się** "sich schlagen"
uczyć "lehren"   > **uczyć się** "lernen"
mylić "verwechseln" > **mylić się** "sich irren"
kończyć "beenden"   > **kończyć się** "enden, zu Ende gehen"

Das Pronomen **się** steht im Allgemeinen hinter dem ersten betonten Wort des Satzes, *niemals* am Satzanfang. In Sätzen mit mehreren Wörtern kann **się** vor dem Verb stehen, auf das es sich bezieht, oder von ihm durch andere Wörter getrennt sein.
In Fragesätzen steht **się** immer vor dem Verb:
Czego się uczysz? "Was lernst du?"
Dlaczego się śmiejesz? "Warum lachst du?"

Enthält der Satz mehrere reflexive Verben, wird das Pronomen **się** nicht wiederholt:
Zaczekaj, muszę się umyć, ubrać i ogolić. "Warte, ich muss mich waschen, [mich] anziehen und [mich] rasieren."

Manchmal kann das Pronomen **się**, das unbetont ist, durch die betonte Form **sobie** ersetzt werden:
wyobrażać sobie "sich [etwas] vorstellen"
przypomnieć sobie "sich erinnern"
dawać sobie radę "zurechtkommen, sich zurechtfinden"

Die unpersönliche Form
Diese Form ist eine Konstruktion, bei der das Subjekt, das die Handlung ausführt, nicht genannt wird.

Außer den Konstruktionen mit Wörtern wie **można** "man kann", **trzeba** "man muss", **należy** "man muss, man sollte", **wolno** "es ist erlaubt" und **warto** "es lohnt sich", denen der Infinitiv folgt, verwendet man auch folgende Konstruktionen:

1) Die 3. Person Singular (Präsens Indikativ) + das Reflexivpronomen **się**:
Gdzie się kupuje znaczki? "Wo kauft man Briefmarken?"
Robi się ciepło. "Es beginnt, warm zu werden."
Często się słyszy o wypadkach. "Man hört oft von Unfällen."
Nie nosi się już takich krawatów!
"Man trägt solche Krawatten nicht mehr!"

In der Vergangenheit verwendet man die neutrale Form des Verbs:
mówiło się "man sagte"
nosiło się "man trug"

Im Futur fügt man **będzie** hinzu:
będzie się mówiło/nosiło "man wird sagen/tragen"

Die 3. Person Singular benutzt man, mit oder ohne **się**, auch, um Naturereignisse oder physische bzw. seelische Zustände einer Person zu bezeichnen:
pada "es regnet"
błyska się "es blitzt"
grzmi "es donnert" **boli mnie** "ich habe Schmerzen"
śniło mi się "ich habe geträumt"
kręci mi się w głowie "mir dreht sich der Kopf"
chce mi się jeść/pić/spać "ich bin hungrig/durstig/müde"

2) Die 3. Person Plural Präsens (ohne Personalpronomen):
Banki otwierają o dziewiątej.
  "Man öffnet die Banken um 9 Uhr";
Sklepy zamykają o szóstej.
  "Man schließt die Geschäfte um 6 Uhr";
Gdzie przyjmują listy polecone?
  "Wo nimmt man Einschreibebriefe an?";
Znaczki sprzedają na poczcie
  "Man verkauft Briefmarken bei der Post".

3) Die unpersönliche Form der Verben in der Vergangenheit ist identisch mit dem Partizip Perfekt, bei dem man die Endung durch **-o** ersetzt:
znaleziony/-a/-e > znaleziono "man hat gefunden"
podany/-a/-e > podano "man hat serviert"

4) Auch einige Infinitive sind unpersönliche Wendungen:
widać "man sieht"
słychać "man hört"
czuć "man fühlt, riecht"

9 Die Verbzusammensetzung

Wie bereits erwähnt, können die Verben durch das Voranstellen von Präfixen, die unter anderem die Rolle von Präpositionen spielen, zu zusammengesetzten Verben werden.

Die Präfixe haben eine Doppelfunktion: Einerseits dienen sie dazu, aus imperfektiven Verben perfektive Verben zu machen, andererseits bewirken sie bestimmte semantische Veränderungen.

Wir empfehlen Ihnen, zu diesem Punkt noch einmal die **Lektionen 84** u. **91** durchzuarbeiten, in denen dieses Thema ausführlich behandelt wurde. Sie finden dort eine Liste der Präfixe und ihrer Bedeutungen sowie eine Aufstellung der gängigsten Suffixe.

Liste der Verben und Fälle, mit denen sie benutzt werden
Die polnischen Verben regieren verschiedene Fälle. Auf der nächsten Seite haben wir, zum Nachschlagen, die häufigsten Verben zusammengestellt, die mit dem Genitiv, dem Dativ, dem Akkusativ, dem Instrumentalfall und dem Lokativ verwendet werden.

Verben mit dem Genitiv

bać się "Angst haben"	**słuchać** "hören"
chcieć "wollen"	**szukać** "suchen"
cieszyć się z "sich freuen über"	**uczyć (się)** "lehren, lernen"
korzystać z "profitieren"	**używać** "benutzen"
potrzebować "brauchen/benötigen"	**wejść do** "hineingehen"
pożyczać "ausleihen"	**wyjść z** "herausgehen"
próbować "versuchen/probieren"	**żałować** "bedauern"
przymierzać "anprobieren"	**żądać** "verlangen, fordern"

Verben mit dem Dativ

dawać "geben"	**pomagać** "helfen"
dziękować "danken"	**pozwalać** "erlauben"
dziwić się "sich wundern"	**pożyczać** "leihen"
grozić "drohen"	**przypominać** "sich erinnern"
kazać "befehlen, fordern"	**służyć** "bedienen"
odpowiadać "antworten"	**szkodzić** "schaden"
płacić "bezahlen"	**ufać** "vertrauen"
podobać się "gefallen"	**wierzyć** "glauben"
pokazywać "zeigen"	**wysłać** "abschicken"

Verben mit dem Akkusativ*

grać w "spielen" (Karten usw.)	**prosić o** "fragen"
iść po "etw. holen (gehen)"	**prosić na** "einladen zu"
martwić się o "sich sorgen um"	**pytać o** "fragen nach"
patrzeć na "schauen auf"	**płacić za** "zahlen für"
wierzyć w "glauben an"	**pchać ku** "zu etw. drängen"
zdążyć na "rechtzeitig ankommen"	**wchodzić (wejść) na** "hinaufsteigen"

Verben mit dem Instrumental

być "sein"	**pisać** "schreiben"
interesować się "sich interessieren"	**rozmawiać z** "sprechen mit"
zajmować się "sich beschäftigen"	**jechać** "fahren"
opiekować się "betreuen, pflegen"	**zostać** "werden, bleiben"

Verben mit dem Lokativ

grać na "spielen auf"	**myśleć o** "denken an"
mieszkać w "wohnen in"	**mówić o** "sprechen von"
polegać na "sich verlassen auf"	**studiować na** "studieren an"
marzyć o "träumen von"	**tańczyć przy** "tanzen bei"

* Was den Akkusativ betrifft, so weisen wir nur auf die Verben hin, denen eine Präposition folgt, da es überflüssig wäre, alle transitiven Verben aufzulisten, die normalerweise mit diesem Fall benutzt werden.

DAS ADVERB (Umstandswort)

Wie der Name sagt, ist ein Adverb ein Wort, das ein Verb begleitet und bestimmt. Die Mehrheit der Adverbien bezeichnet die Art und Weise, wie etwas ist oder wie eine Handlung ausgeführt wird. Ihre Funktion im Vergleich zu den Verben ist analog zur Funktion der Adjektive im Vergleich zu den Substantiven.

Die meisten Adverbien werden aus Adjektiven gebildet. Sie sind unveränderlich und haben sowohl einfache als auch zusammengesetzte Formen.

Die einfachen Adverbien werden gebildet, indem die Endung -**o** oder -**e** an den Wortstamm des Adjektivs angehängt wird.

Mit der Endung -**o**:
duży "groß" > **dużo** "viel"
mały "klein" > **mało** "wenig"
długi "lang" > **długo** "lange"
wesoły "fröhlich" > **wesoło** "fröhlich" (Adv.)

Mit der Endung -**e**:
dobry "gut" > **dobrze** "gut" (Adv.)
zły "schlecht" > **źle** "schlecht" (Adv.)
ładny "hübsch" > **ładnie** "hübsch" (Adv.)
przyjemny "angenehm" > **przyjemnie** "angenehm" (Adv.)

Adverbien, die auf -**o**/-**e** enden, werden wie Adjektive gesteigert.

1) Der Komparativ wird durch Anhängen des Suffixes -(i)ej gebildet:
ładnie > **ładniej**, **przyjemnie** > **przyjemniej**

Wie bei den Adjektiven ändern sich bestimmte Vokale und Konsonanten:
blisko "nah" > **bliżej** "näher"
wesoło "fröhlich" > **weselej** "fröhlicher"

2) Der Superlativ wird gebildet, indem der Komparativform das Präfix **naj**- vorangestellt wird.

Es gibt auch unregelmäßige Komparativ- und Superlativformen:
dobrze/lepiej/najlepiej "gut/besser/am besten"
Źle/gorzej/najgorzej "schlecht/schlechter/am schlechtesten"
Dużo/więcej/najwięcej "viel/mehr/am meisten"
mało/mniej/najmniej "wenig/weniger/am wenigsten"

Hier zuletzt noch ein Adverb, das nicht von einem Adjektiv abstammt und eine eigene Komparativ- und Superlativform hat: **bardzo** "sehr" / **bardziej** / **najbardziej**.

Die zusammengesetzten Adverbien werden mithilfe von Präpositionen gebildet:

po + Adverb mit dem Suffix -u
po polsku "auf Polnisch"
po francusku "auf Französisch"
po niemiecku "auf Deutsch"

z + Adverb mit dem Suffix -a
z bliska "von Nahem"
z daleka "von Weitem"

na + Adverb mit dem Suffix -o
na lewo "links"
na prawo "rechts"
na zimno "kalt"

za + Adverb mit dem Suffix -o
za długo "zu lange"
za drogo "zu teuer"
za gorąco "zu heiß"

Bestimmte Adverbien stammen nicht von Adjektiven ab. Sie drücken Bedingungen der Zeit, des Ortes, der Menge usw. aus. Dies sind die sogenannten Pronominaladverbien:

Zeit	**kiedyś** "einst" **zawsze** "immer" **już** "schon" **teraz** "jetzt"	**nigdy** "niemals" **wtedy** "damals" **jeszcze** "noch"
Ort	**tu**, **tam** "hier, dort" **gdzieś** "irgendwo" **dokąd** "wo, wohin" **wszędzie** "überall"	**gdzie** "wo" **nigdzie** "nirgendwo" **skąd** "von wo, woher"
Menge	**dość, dosyć** "genug" **prawie** "fast" **trochę** "ein wenig"	**ledwo, ledwie** "kaum" **zbyt** "zu sehr" **więcej** "mehr"

DIE PRÄPOSITIONEN *(Verhältniswörter)*

Sie drücken unterschiedliche Beziehungen und Verhältnisse aus. Von ihnen hängt es ab, in welchen Fall das folgende Substantiv oder Pronomen gesetzt wird (alle mit Ausnahme des Nominativs und des Vokativs).

Diese Tabelle soll Ihnen verdeutlichen, welche Präposition mit welchem Fall verwendet wird (Vgl. auch Lektion 63 und 56).

Genitiv	Dativ	Akkusativ	Instrumental	Lokativ
bez	dzięki	między	między	na
dla	ku	na	nad	o
do	przeci	nad	pod	po
obok/ koło	w	o	przed	przy
od		po	z/ze	w/we
oprócz		pod	za	
u		przed		
wśród		przez		
z/ze		w/we		
		za		

Eine präzise Übersetzung einer Präposition ist immer schwierig. Die richtige Bedeutung ergibt sich zumeist aus dem Kontext. Dennoch versuchen wir hier, Ihnen die gängigsten Bedeutungen für die wichtigsten Präpositionen anzugeben:

bez	"ohne"	oprócz	"außer"
dla	"für"	po	"auf, nach, zu je"
do	"nach, bis, zu"	pod	"unter, bei, unterhalb"
dzięki	"dank"	przeciw	"gegen"
koło	"bei"	przed	"vor"
ku	"nach, gegen"	przez	"durch, über"
między	"zwischen"	przy	"an, bei, neben"
na	"auf, in"	u	"bei"
nad	"über, oberhalb, an"	w/we	"in"
o	"über, um, von"	wśród	"bei, von"
obok	"nebenan"	za	"hinter, für"
od	"von, seit"	z/ze	"aus, von, mit"

☛ In Lektion 63 finden Sie Verwendungsbeispiele sowie eine Liste der Präpositionen, die mit zwei Fällen benutzt werden können. Lesen Sie auch in Lektion 56 nach.

DIE KONJUNKTIONEN (Bindewörter)

Die Konjunktionen werden weder gebeugt noch treten sie als selbstständige Wortart in einem Satz auf. Sie verbinden Sätze und Wörter. Im Gegensatz zu den Pronomen verlangen sie nicht nach bestimmten Fällen. Ihre Bedeutungen hängen, ähnlich wie bei den Präpositionen, vom Kontext der Aussage ab.
Hier die wichtigsten Konjunktionen:

Konjunktionen für beigeordnete Nebensätze:

i "und"	**oraz** "sowie, und"
a "und, aber"	**albo**, **lub** "oder"
czy "ob"	**ani**, **ni** "weder"
ale "aber"	**lecz** "aber, sondern"
natomiast "dagegen/hingegen"	**więc** "also"
dlatego "deshalb"	**jednak** "jedoch, dennoch"

Konjunktionen für untergeordnete Nebensätze:

że "dass"	**żeby** "damit"
jak "wie, als, wenn"	**jakby** "als ob, wenn"
dlatego że "weil"	**ponieważ** "weil"
bo "weil, denn"	**skoro** "sobald, wenn"
jeśli/jeżeli "wenn, falls"	**aby**, **żeby** "dass, damit, um zu"
gdyby "falls, wenn"	**choć/chociaż** "obgleich/obwohl"

☞ Wenn Sie die Texte der kleinen Zeichnungen in diesem Anhang nicht immer verstehen, können Sie die Übersetzung in der jeweiligen Lektion nachschlagen. Die Lektionsnummer steht unten im Bild!

DIE VEREINFACHTE LAUTSCHRIFT

In der Tabelle auf der letzten Seite finden Sie alle Buchstaben des polnischen Alphabets im Überblick, zusammen mit der jeweiligen Lautschrift und einer Aussprachebeschreibung. Diese Tabelle dient zum Nachschlagen; bitte lernen Sie sie nicht auswendig!

Viele Laute werden Ihnen keine Schwierigkeiten bereiten, da sie genauso wie die deutschen ausgesprochen werden. Hören Sie sich so oft wie möglich die Tonaufnahmen der Lektionstexte an, und vergleichen Sie, was Sie hören, mit der Tabelle.

Hier noch einige Erklärungen zu speziellen Lauten:

$[o_n]$ Nur vor **w**, **f**, **s**, **z**, **sz**, **rz**, **ż**, **ć**, **ś**, **ź**, **ch**; vor anderen Konsonanten sprechen Sie diesen Nasallaut [om], [on] oder [o] aus.

$[c_i]$ Beim Diminutiv "Kät**ch**en" sprechen Sie das **t** und das **ch** zusammen, und Sie kommen annähernd an das polnische **ć** bzw. $[c_i]$ heran (Vordergaumen mit dem Zungenrücken berühren, loslassen und dabei Luft ausstoßen).

$[dz_i]$ Mit dem Zungenrücken den Gaumen kurz berühren und loslassen (im Anlaut ein leichtes **d** und zum Schluss ein leichtes **i** ertönen lassen).

$[e_n]$ Nur vor **w**, **f**, **s**, **z**, **sz**, **rz**, **ż**, **ć**, **ś**, **ź**, **ch**; vor anderen Konsonanten sprechen Sie diesen Laut [em], [en] oder [e] aus (achten Sie auf die Lautschrift).

[ŵ] Achten Sie auf den Vokal hinter dem **a** in a**u**a. Das **u**, das Sie mit gespitzten Lippen aussprechen, entspricht etwa dem schweren polnischen **ł**. Es klingt ähnlich wie im englischen '<u>w</u>ater'.

[r] Das polnische **r** wird mit der ein wenig vibrierenden Zunge am vorderen Gaumen erzeugt.

$[z_i]$ Sprechen Sie den $[s_i]$-Laut stimmhaft aus (mit dem Zungenrücken den Gaumen berühren, am Schluss ein leichtes [i] ertönen lassen).

Grammatikalischer Anhang

Polnischer Buchstabe	Lautschrift-zeichen	Beschreibung	Beispiele
a	a	kurz/offen	Latte, Mast
ą	o$_n$	nasal	Fondue
b	b	stimmhaft[1]	Buch, Bank
c	z	stimmlos[1]	Zettel, Zwiebel
ć, ci	c$_j$	stimmlos	
cz	tsch	stimmlos	deutsch, Lutscher
d	d	stimmhaft	Dame, Damm
dz	ds	stimmhaft	beredsam
dź	dz$_j$	stimmhaft	
dż, drz	dsch	stimmhaft	Dschungel, Manager
e	e	kurz/offen	Rest, hätte
ę	e$_n$	nasal	Teint, Verdun
f	f	stimmlos	Feige, Folge
g	g	stimmhaft	Glaube, Geschenk
h, ch	h	stimmlos	Haus, Heft
i	i	lang/geschlossen	Diplom, Bilanz
j	j	stimmhaft	Jacke, Jugend
k	k	stimmlos	Kampf, kleben
l	l	stimmhaft	Land, lesen
ł	ŵ	stimmhaft	aua, Auto
m	m	stimmhaft	Mut, Mode
n	n	stimmhaft	Nest, Not
ń, ni	n$_j$	stimmhaft	Kampagne
o	o	kurz/offen	Lotte, Post
ó, u	u	kurz/geschlossen	unten, Student
p	p	stimmlos	packen, Polen
r	r	stimmhaft	Risiko, Rose
s	ß	stimmlos	Lust, Kasse
ś, si	s$_j$	stimmlos	mich, Küche
sz	sch	stimmlos	Schule, schreiben
t	t	stimmlos	Tag, Tisch
w, v	w	stimmhaft	Wetter, Woche
y	î	kurz/offen	Bild, Wissen
z	s	stimmhaft	sausen, suchen
ź, zi	z$_j$	stimmhaft	
ż, rz	ĵ	stimmhaft	Jalousie, Garage

[1] Zum Unterschied zwischen stimmhaften und stimmlosen Konsonanten: Sagen Sie laut und langsam "Loch", und fassen sich dabei mit zwei Fingern an den Kehlkopf. Halten Sie den ersten Buchstaben [*l*] lang an, und Sie werden merken, dass Ihr Kehlkopf vibriert. Dieser Laut ist also stimmhaft. Halten Sie auch beim [*ch*] den Laut lang an, und Sie werden merken, dass Ihr Kehlkopf nicht mehr vibriert. Dieser Laut ist stimmlos.